# *COMMENTAIRE À LA* MÉTAPHYSIQUE *D'ARISTOTE*

*COMMENTAIRE À LA* MÉTAPHYSIQUE
*D'ARISTOTE*

sous la direction de

Anne BALANSARD

et des membres de l'équipe « Didaskalos »

Cette série offre une traduction nouvelle de cette œuvre fondamentale. L'introduction et une riche annotation réinscrivent chaque livre dans l'ensemble du projet métaphysique. Chaque auteur propose un commentaire à la fois textuel et philosophique qui veut prendre acte du renouveau des études aristotéliciennes.

**À PARAÎTRE**

*Commentaire au livre* Alpha *de la* Métaphysique, introduction, traduction et notes par A. Balansard

*Commentaire au livre* Gamma *de la* Métaphysique, introduction, traduction et notes par A. Jaulin et Cl. Louguet

*Commentaire au livre* Delta *de la* Métaphysique, introduction, traduction et notes par C. Cerami

BIBLIOTHÈQUE DES TEXTES PHILOSOPHIQUES

Fondateur Henri GOUHIER — Directeur Emmanuel CATTIN

---

ALEXANDRE D'APHRODISE

# *COMMENTAIRE À LA* MÉTAPHYSIQUE *D'ARISTOTE*

Introduction, traduction et notes

du livre Petit Alpha

par

**LAURENT LAVAUD**

du livre Beta

par

**GWELTAZ GUYOMARC'H**

*Ouvrage publié avec le soutien de l'ANR – convention n°ANR-13-BSH3-0002-03*

PARIS

LIBRAIRIE PHILOSOPHIQUE J. VRIN

6 place de la Sorbonne, V[e]

2021

Cette traduction a été réalisée dans le cadre du projet ANR DIDASKALOS « Alexandre d'Aphrodise et la métaphysique aristotélicienne. Contextes, enjeux, réceptions ». Ce projet a été porté par l'UMR 7297 « Textes et documents de la Méditerranée antique et médiévale » de l'Univerité d'Aix-Marseille, l'UMR 7219-SPHERE « Sciences, Philosophie, Histoire » de l'Université Paris 1-Panthéon Sorbonne et l'UMR 8163-STL « Savoirs Textes Langage » de l'Université Lille 3.



*Imprimé en France*

ISSN 0249-7972
ISBN 978-2-7116-2890-2

*www.vrin.fr*

# PRÉFACE

Parmi les commentateurs d'Aristote, Alexandre d'Aphrodise (IIe-IIIe siècles) est, depuis l'Antiquité, tenu pour « l'Exégète par excellence ». Titulaire de la chaire impériale de philosophie péripatéticienne à Athènes, il a rédigé nombre de commentaires aux œuvres d'Aristote. Son commentaire à la *Métaphysique*, notamment, a servi à la fois de modèle et de source à la tradition ultérieure, des Néoplatoniciens grecs à la pensée médiévale byzantine, arabe et latine.

Modèle, il l'est en ceci que sa méthode fournira un canon aux commentateurs ultérieurs. Alexandre suit le texte ligne à ligne et s'applique constamment à dégager tous les sens possibles d'un passage, d'une phrase ou d'un mot, avec un souci qui confine parfois à la méticulosité. Mais il s'efforce toujours de conjuguer analyse de la lettre et interprétation de l'esprit du texte – une distinction qui se fait d'ailleurs jour chez lui [1].

De ce fait, le *Commentaire* d'Alexandre constitue également une source, à la fois philologique et philosophique. D'abord parce qu'il témoigne d'un état du texte de la *Métaphysique* au tournant des IIe et IIIe siècles [2]. Il est donc incontournable pour les éditeurs de la *Métaphysique*. Mais aussi parce qu'il a orienté les lectures et interprétations ultérieures de la pensée d'Aristote. Comme le rappelle R.W. Sharples, nombre de doctrines qui ont été, pendant deux millénaires, considérées comme étant « d'Aristote », aussi bien par ses partisans que par ses critiques, sont en réalité le produit de l'interprétation d'Alexandre [3]. Et quoique nous n'ayons conservé que les commentaires aux cinq premiers livres de la *Métaphysique* (A, α, B, Γ, Δ), ce fait s'avère au plus haut point dans le cas de la métaphysique. Les interprétations que livre Alexandre, à la faveur d'une lecture scrupuleuse, sont avant tout celles d'un philosophe.

1. Par exemple en *In Met.* 276, 27-28.

2. Voir le travail important réalisé par M.E. Kotwick *Alexander of Aphrodisias and the Text of Aristotle's Metaphysics*, Berkeley, California Classical Studies, 2016.

3. R.W. Sharples, *Peripatetic Philosophy 200 BC to AD 200, An Introduction and Collection of Sources in Translation*, Cambridge, Cambridge University Press, 2010, p. XI.

Il n'existait jusqu'ici que deux traductions en langue moderne du *Commentaire à la Métaphysique* : la première, en anglais (1989-1993), dans la collection « *Ancient Commentators on Aristotle* » dirigée par R. Sorabji, la seconde, en italien (2007), sous la direction de G. Movia. Toutes deux reposent sur l'édition du texte grec faite par M. Hayduck (1891). Or cette édition, comme les deux éditions antérieures de H. Bonitz (1847) et de C.A. Brandis (1836), souffre de défauts structurels[1]. L'équipe « Didaskalos » ne s'est pas contentée de fournir une traduction la plus précise et documentée possible, tenant compte des recherches les plus récentes sur le commentarisme antique en général, et Alexandre en particulier. Elle s'est également engagée dans un travail de révision profonde du texte grec édité par M. Hayduck. Le texte ici traduit diffère sensiblement de celui édité par M. Hayduck.

Le texte grec traduit est accessible sur le site www.didaskalos.org. Ce site permet aussi au chercheur de consulter la photo-reproduction des deux prototypes byzantins de la tradition manuscrite (*Paris. gr.* 1876 et *Laurentianus Plut.* 85.1), et la photo-reproduction des trois éditions modernes du *Commentaire.* À ces outils philologiques, le site associe des outils de requête par ses indexations des lemmes et citations d'Aristote.

La nouvelle traduction des cinq livres du *Commentaire à la Métaphysique* d'Alexandre d'Aphrodise est d'abord le fruit d'un travail collectif. L'équipe « Didaskalos » a entamé ses travaux en 2009, puis a bénéficié du soutien de l'Agence Nationale de la Recherche, de 2013 à 2017. Coordonné par Anne Balansard, ce projet a associé trois laboratoires : l'UMR 7297 Textes et documents de la Méditerranée antique et médiévale ; l'UMR 7219 SPHERE, Sciences, Philosophie, Histoire ; l'UMR 8163-STL, Savoirs Textes Langage. L'équipe a rassemblé : Anne Balansard, Cristina Cerami, Michel Crubellier, Gweltaz Guyomarc'h, Annick Jaulin, Laurent Lavaud et Claire Louguet. Ce travail collectif a bénéficié du concours de Gérard Journée pour les outils numériques et de L. Calvié pour la partie philologique.

La traduction des commentaires aux livres Petit alpha (Laurent Lavaud) et Beta (Gweltaz Guyomarc'h) sera suivie des publications des commentaires aux livres Gamma (Annick Jaulin et Claire Louguet), Grand Alpha (Anne Balansard) et Delta (Cristina Cerami).

L'équipe « Didaskalos »

1. Voir ci-après, la note de L. Calvié « Sur le texte grec ».

## SUR LE TEXTE GREC

On s'accorde aujourd'hui à reconnaître qu'aucune des éditions complètes du *Commentaire à la Métaphysique* d'Alexandre d'Aphrodise [1] n'est conforme aux exigences actuelles de la critique textuelle : leur texte ne saurait donc servir de base à une nouvelle traduction universitaire qui, à l'instar des deux précédentes, ne s'en écarterait que de manière ponctuelle [2]. Des recherches récentes ont en effet montré que même sa dernière édition, fondée sur des collations partielles ou complètes de sept manuscrits [3], ne souffrait pas seulement d'inexactitude [4], mais de quatre défauts *structurels* [5] : (1) l'absence de distinction claire entre la tradition

1. Voir Chr. A. Brandis (éd.), *Scholia in Aristotelem*, Berlin, Reimer, 1836; H. Bonitz (éd.), *Alexandri Aphrodisiensis, Commentarius in libros metaphysicos Aristotelis*, Berlin, Reimer, 1847; et M. Hayduck (éd.), *Alexandri Aphrodisiensis, In Aristotelis Metaphysica commentaria*, Berlin, Reimer, 1891.

2. Voir A. Madigan (trad.), *Alexander of Aphrodisias. On Aristotle* Metaphysics *4*, London, Bloomsbury, 2014², p. 3; W. E. Dooley (trad.), *Alexander of Aphrodisias. On Aristotle* Metaphysics *5*, London, Bloomsbury, 2014², p. 5 et p. 7-8; et G. Movia (éd.), *Alessandro di Afrodisia. Commentario alla Metafisica di Aristotele*, Milano, Bompiani, 2007, p. v.

3. Les *Paris, BnF, Ms. gr.* 1876 [A] et *Coisl.* 161 [C], les *Milano, BA, Ms.* D 115 sup. [B] et F 113 sup. [F], le *Firenze, BML, Ms. Plut.* 87, 12 [L], le *München, BSB, Ms. gr.* 81 [M] et le *Vaticano, BAV, Ms. Reg. gr.* 115 [V].

4. Voir F. Susemihl, « Bericht über Aristoteles und die ältesten Akademiker und Peripatetiker für 1891 », *Jahresbericht über die Fortschritte der Classischen Alterthumswissenschaft* 75, 1893, p. 94-95.

5. Voir D. Harlfinger, « Prefazione », dans W. Leszl (éd.), *Il De ideis di Aristotele e la teoria delle idee*, Firenze, Olschki, 1975, p. 17-20; P. Golitsis, « La *recensio altera* du Commentaire d'Alexandre d'Aphrodise à la *Métaphysique* d'Aristote et le témoignage des manuscrits byzantins *Laurentianus plut.* 87,12 et *Ambrosianus* F113 sup. », dans J. Signes Codoñer et I. Pérez Martin (éd.), *Textual Transmission in Byzantium*, Turnhout, Brepols, 2014, p. 199-230; L. Calvié, « À propos de l'édition Hayduck du *Commentaire* d'Alexandre d'Aphrodise à la *Métaphysique* d'Aristote », *DIDASKALOS* [Carnet de recherche], 28 septembre 2014¹, 18 juin 2015²; P. Gatsioufa, « El códice sacromontano del *Comentario a la Metafísica* de Alejandro de Afrodisíade : Filiación textual », *Estudios griegos e indœuropeos* 25, 2015, p. 301-316; P. Gatsioufa, « Der Kommentar Alexanders von Aphrodisias zur *Metaphysik* im *Codex sacromontanus* : textkritische Bemerkungen », dans M. Tziatzi *et al.* (éd.), *Lemmata*, Berlin

directe et la tradition indirecte du *Commentaire* ; (2) l'absence de recension systématique et de classement précis des témoins de la tradition directe ; (3) l'oubli de l'un des prototypes byzantins de celle-ci ; et (4) l'ignorance de certains *recentiores* qui pourraient remonter à des hyparchétypes perdus. Ces défauts sont si graves qu'ils ne laissaient aux traducteurs du *Commentaire* d'autre choix que d'attendre la parution d'une nouvelle édition critique ou de procéder à une révision systématique du texte de celle de M. Hayduck. C'est cette dernière option qu'ils ont retenue, après qu'ont été corrigés, dans la limite des connaissances actuelles, les quatre défauts structurels énoncés ci-dessus

(1) Alors même qu'il reconnaissait que ce qu'il appelait « la *recensio altera* » devait « assurément être attribuée à un commentateur plus tardif » qu'Alexandre et Asclépius, M. Hayduck a largement utilisé les leçons de ses témoins manuscrits (L et F) pour corriger le texte de la *vulgate* et en combler les lacunes supposées, comme s'ils appartenaient à sa tradition directe. Or cette prétendue *recensio altera*, qui doit être tenue, au même titre que la version latine (1527) de J. G. de Sepúlveda et le *Commentaire* d'Asclépius [1], pour une pièce de la tradition indirecte du *Commentaire* d'Alexandre, doit être traitée comme telle. À l'instar du *Commentaire* d'Asclépius, elle présente certes l'intérêt de remonter à un état du texte plus ancien que celui de l'archétype de la *vulgate*, mais elle ne peut être utilisée mécaniquement pour corriger les prototypes de celle-ci, car son texte résulte d'un remaniement du *Commentaire* d'Alexandre et ne signale pas explicitement les emprunts qu'il lui fait : on ne doit en user « qu'avec circonspection » [2].

(2) M. Hayduck n'a pas recensé l'ensemble des témoins manuscrits du *Commentaire*, n'a pas utilisé deux anciens *codices* alors connus des

– Boston, De Gruyter, 2015, p. 370-393 ; L. Calvié, « Le *Paris. gr.* 1878 [P b/P] : *recentior, non deterior ?* », *DIDASKALOS* [Carnet de recherche], 20 juillet 2016 ; et P. Golitsis, « The manuscript tradition of Alexander of Aphrodisias' commentary on Aristotle's *Metaphysics* : towards a new critical edition », *Revue d'Histoire des Textes* 11, 2016, p. 55-94 et pl. I-II.

1. Voir *Asclepii in Aristotelis Metaphysicorum libros A-Z commentaria*, M. Hayduck (éd.), *CAG* VI. 2, 1888 ; *Alexandri Aphrodisiei commentaria in duodecim Aristotelis libros de prima Philosophia*, trad. I. G. Sepúlveda, Romae, M. Silber, alias Franck, 1527 ; et A. Coroleu, « The Fortuna of Juan Ginés de Sepúlveda's Translations of Aristotle and of Alexander of Aphrodisias », *Journal of the Warburg and Courtauld Institutes* 59, 1996, p. 325-332.

2. S. Mansion, « La critique de la théorie des idées dans le Περι ιδεων d'Aristote », *Revue philosophique de Louvain* 47, 1949, p. 174, n. 15. Voir aussi P. Golitsis, « La *recensio altera* du Commentaire d'Alexandre d'Aphrodise à la *Métaphysique* d'Aristote », *op. cit.*, p. 199-230 ; et L. Calvié, « À propos de l'édition Hayduck du Commentaire d'Alexandre », *op. cit.*, p. 2-5.

savants (le *Venetus Marc. gr.* 255 [Z] et le *Laurentianus Plut.* 85. 1 [O])[1] et n'a classé les cinq manuscrits de la *vulgate* qu'il a utilisés (A, B, C, M et V) ni chronologiquement ni systématiquement. Des vingt-quatre manuscrits conservés du *Commentaire*, quatre seulement (A, C, O et Z) sont pourtant antérieurs à 1400 et assignables à l'époque byzantine : tant qu'il n'aura pas été établi qu'un ou plusieurs des *recentiores* sont indépendants de ces témoins, on peut les tenir pour leurs apographes. Or la comparaison du texte de ces quatre manuscrits d'époque byzantine a permis à D. Harlfinger d'éliminer deux d'entre eux (Z et C), en établissant de manière indubitable que Z est un apographe direct de O, que C a été copié sur A, et qu'O, qui n'est pas entaché des omissions détectées dans A, ne peut donc avoir été copié sur lui[2].

(3) Deux récentes études du texte de O ont d'autre part établi qu'A n'est pas non plus une copie de O, car ce dernier a souffert de nombreux sauts du même au même (homéotéleutes) dont A est exempt[3]. Comme A, O doit donc être l'un des prototypes de la tradition. Un archétype α aura ainsi été copié d'une part par le scribe de A, dont la copie aura à son tour été recopiée dans C, d'autre part par le copiste de O, dont la copie l'aura à son tour été dans Z, puis dans M, qui est un apographe tardif de O (il reproduit ses omissions) et doit lui aussi être éliminé.

(4) Deux *recentiores* ont enfin été signalés comme appartenant à des rameaux indépendants de la tradition manuscrite du *Commentaire* et comme vérifiant la thèse de G. Pasquali que « l'autorité d'un témoin n'est pas liée à son antiquité » (*recentiores, non deteriores*)[4] : le *Granada,*

1. Leur contenu avait été décrit dans les vieux catalogues de manuscrits grecs de Venise (A. M. Zanetti et A. Bongiovanni, *Graeca D. Marci Bibliotheca codicum manuscriptorum per titulos digesta*, Venetiis, 1740, p. 127) et de Florence (A.-M. Bandini, *Catalogus codicum graecorum Bibliothecae Laurentianae*, Florentiae, Typis Regiis, 1770, t. III, col. 237-247) ; la présence dans O du texte d'Alexandre avait été signalée dans J. A. Fabricii, *Bibliotheca graeca sive notitia scriptorum veterum graecorum*, G. C. Harless (éd.), Hamburgi, Apud C. E. Bohn, 1793 [4], t. III, p. 237 ; O avait déjà été partiellement collationné par Chr. A. Brandis, V. Rose, A. Torstrik, G. Vitelli et J. Tschiedel (entre 1893 et 1903, il allait l'être de nouveau par W. Stüwe, J. Tschiedel et M. Wallies) ; ces collations utilisées par H. Diels et M. Wallies ; et celles de V. Rose, A. Torstrik et W. Stüwe allaient être mises à profit par M. Hayduck lui-même de 1897 à 1901 : sur tout cela, voir L. Calvié, « À propos de l'édition Hayduck du *Commentaire* d'Alexandre », *op. cit.*, p. 11-13.

2. Voir D. Harlfinger, « Prefazione », *op. cit.*, p. 17-20 ; et L. Calvié, « À propos de l'édition Hayduck du *Commentaire* d'Alexandre », *op. cit.*, p. 5-11.

3. Voir L. Calvié, « À propos de l'édition Hayduck du *Commentaire* d'Alexandre », *op. cit.*, p. 11-15 ; et P. Golitsis, « The manuscript tradition of Alexander of Aphrodisias' commentary on Aristotle's *Metaphysics* », *op. cit.*, p. 71-72.

4. Voir G. Pasquali, *Storia della tradizione e critica del testo*, Firenze, Le Monnier, 1952 [2], p. XVI-XVIII.

*Archivo secreto de las Cuatro Llaves de la Abadía del Sacromonte, Ms. gr.* 5 [G], copié en 1582 par A. Darmarios[1]; et le *Paris, BnF, Ms. gr.* 1878 [$P^{b}$/P], transcrit un siècle plus tôt par un copiste anonyme (f. $1^{r}$-$24^{v}$ et f. $26^{r-v}$) et par A. Callistos (f. $25^{r-v}$ et f. 27-$162^{v}$)[2]. Rien ne prouve cependant que G ait été copié sur un modèle byzantin aujourd'hui perdu[3], car la démonstration de P. Gatsioufa repose sur une documentation très insuffisante : elle ignore l'existence d'un des deux prototypes byzantins conservés [O] et de 17 autres manuscrits, ne distingue pas entre *vulgate* et *recensio altera*, et s'en tient à comparer les leçons de G avec celles qui sont indiquées (non sans inexactitude) dans l'apparat de Hayduck. Quant à $P^{b}$/P, son statut fait encore objet de discussion : d'après P. Golitsis, le manuscrit procèderait (au moins en partie) d'un hyparchétype byzantin disparu (β), indépendant de A et O[4]; suivant l'auteur de ces lignes, il s'agirait en revanche d'une véritable édition manuscrite, conforme aux habitudes ecdotiques de son maître d'œuvre (A. Callistos), dont le principal intérêt serait de renfermer les conjectures d'un bon philologue byzantin du XV$^{e}$ siècle (le maître d'A. Politien), qui pourraient valoir celles de Sepúlveda, Brandis, Bonitz et Hayduck : sa partie copiée par un scribe anonyme (H$2^{2}$-H$105^{9}$ et H$109^{7}$-$113^{16}$), qui reproduit les sauts du même au même de O, aurait ainsi pour modèle un apographe de ce dernier (Z ou un manuscrit aujourd'hui disparu), dont le texte aurait été contaminé par le recours à un témoin appartenant à la branche A de la tradition manuscrite (*ope codicis*) et corrigé *ope ingenii* par Callistos; tandis que sa partie transcrite par ce dernier (H$105^{9}$-$109^{11}$ et H$113^{16}$-$170^{11}$), qui reproduit les sauts du même au même de A, constituerait une copie du même témoin de la famille A, abondamment corrigé *ope*

1. Voir P. Gatsioufa, « El códice sacromontano del *Comentario a la Metafisica* de Alejandro de Afrodisíade », *op. cit.*, p. 301-316; et P. Gatsioufa, « Der Kommentar Alexanders von Aphrodisias zur *Metaphysik* im *Codex sacromontanus* », *op. cit.*, p. 370-393. G. a tout d'abord été signalé par P. Fuentes González, « Andrés Darmario, copista en Granada de Alejandro de Afrodisíade », *Bibliothèque d'Humanisme et Renaissance* 61, 1999, p. 719-728, qui estimait que son utilité pour l'établissement du texte serait « probablement nulle » (p. 721).

2. Voir P. Golitsis, « The manuscript tradition of Alexander of Aphrodisias' commentary on Aristotle's *Metaphysics* », *op. cit.*, p. 67-68 et p. 72-79; et M. E. Kotwick, *Alexander of Aphrodisias and the Text of Aristotle's* Metaphysics, Berkeley, University of California, 2016, p. 26 et les n. 50-51.

3. P. Golitsis dans « The manuscript tradition of Alexander of Aphrodisias' *commentary* », *op. cit.*, p. 60, n. 21) a ainsi affirmé qu'il devait s'agir d'« un apographe du *Mutinensis gr.* 214 ».

4. *Cf.* P. Golitsis, « The manuscript tradition of Alexander of Aphrodisias' commentary », *op. cit.*, p. 67-68, p. 72-79 et p. 94.

*ingenii*[1]. En l'état de la discussion, un traducteur ne peut recourir à P $^{b}$/P qu'avec la plus extrême prudence.

L'équipe de Didaskalos a donc entrepris de procéder à une révision systématique de l'édition Hayduck susceptible de remédier aux défauts mentionnés : son texte a été débarrassé des leçons provenant de la *recensio altera* (L et F) et des *codices recentiores* (B, C, M et V), de manière à former une simple copie de A ; celui de O a été systématiquement collationné et confronté à celui de A, afin que soit reconstitué celui de l'archétype α ; là où O et A paraissaient être en désaccord, les leçons de A indiquées dans l'apparat de Hayduck ont été vérifiées dans le manuscrit parisien ; là où A semblait être fautif, ses leçons ont été remplacées par celles de O ou, quand celles-ci ne valaient pas mieux (corruption de l'archétype α), par des corrections tirées de la tradition indirecte ancienne (le *Commentaire* d'Asclépius et la *recensio altera*), du manuscrit P $^{b}$/P, ou, plus rarement des autres *codices recentiores* (B, C, G, M et V), enfin de la version latine de Sepúlveda et des travaux des philologues modernes. C'est ce texte, souvent différent de celui de Hayduck, qui a servi de base à la première traduction en français du *Commentaire à la Métaphysique* d'Alexandre d'Aphrodise.

Laurent CALVIÉ
Chercheur associé UMR7297 – TDMAM, 13094,
Aix-en-Provence, France

1. Voir L. Calvié, « Le *Paris. gr.* 1878 [P $^{b}$/P] : *recentior, non deterior ?* », *op. cit.*

ALEXANDRE D'APHRODISE

# *COMMENTAIRE AU LIVRE PETIT ALPHA DE LA* MÉTAPHYSIQUE *D'ARISTOTE*

*Traduction, introduction et notes par*
Laurent Lavaud

# INTRODUCTION

Un maître, *didaskalos*, Alexandre l'est à plus d'un titre. Tout d'abord, par le souci pédagogique partout présent dans son exégèse de la *Métaphysique*, quitte parfois à tomber dans une certaine pesanteur didactique : à chaque nouvelle étape de l'argumentation, il reprend, récapitule et résume sans faiblir ce qui a été précédemment établi par Aristote, de sorte à ne perdre en route aucun de ses élèves. Ensuite, par la virtuosité exégétique dont il sait faire preuve : la moindre difficulté posée par la signification d'un passage donne lieu à une arborescence d'interprétations toutes minutieusement exposées. Enfin, par sa rigueur philologique : Alexandre ne cesse de confronter les leçons divergentes d'un même passage, en fonction des versions du texte de la *Métaphysique* dont il dispose, et d'exposer quel sens peut prendre le texte d'Aristote en fonction de la version que l'on privilégie.

*Le livre* Petit Alpha *entre physique et métaphysique*

Cette rigueur et cette honnêteté intellectuelle d'Alexandre trouvent une première illustration dans l'examen qu'il livre de la place du livre *Petit Alpha* dans le *corpus* aristotélicien. Cette question n'a cessé, jusqu'à nos jours, de susciter de vifs débats. La position la plus radicale consiste à dire qu'il n'est pas d'Aristote, mais doit être attribué à Pasiclès de Rhodes, disciple d'Aristote et neveu d'Eudème. Cette attribution trouve son origine dans une scholie au manuscrit E de la *Métaphysique* : « la plupart affirment que ce livre est de Pasiclès de Rhodes, qui était un auditeur d'Aristote, fils de Boéthos, le frère d'Eudème. Mais Alexandre d'Aphrodise affirme qu'il est bien d'Aristote ». Cependant la fiabilité d'une telle attribution a à son tour été fortement contestée. Notons, quoi qu'il en soit, que face à l'opinion majoritaire (« la plupart », οἱ πλείους) qui conteste l'authenticité de *Petit Alpha* (à moins qu'il ne s'agisse de celle de *Grand Alpha*[1] ?), l'auteur de la scholie invoque l'autorité du seul Alexandre, défenseur de son attribution à Aristote.

À dire vrai, Alexandre ne semble marquer aucune hésitation : *Petit Alpha* est à ses yeux incontestablement d'Aristote. En revanche, sa place dans la *Métaphysique*, voire son appartenance même à ce traité, soulève selon lui beaucoup plus de difficultés. En premier lieu, sur le plan textuel, le manuscrit de *Petit Alpha* que lisait Alexandre commençait par un ὅτι, « que », ce qui laisserait supposer qu'il ne s'agit pas du début d'un traité ou d'un livre, mais plutôt la continuation d'une phrase précédente, désormais manquante (136, 26-28) ; dès lors, le caractère autonome et unifié de ce livre se trouve d'emblée soumis à suspicion. En outre, Alexandre souligne (comme bon nombre de commentateurs après lui) que si l'on met entre parenthèses *Petit Alpha*, l'enchaînement entre *Grand Alpha* et *Beta* paraît se faire naturellement : le premier annonce en effet, dans sa conclusion, qu'il est nécessaire de résoudre certaines apories sur les questions qu'il a précédemment soulevées (993a25), apories auxquelles semble bien se consacrer *Beta* (138, 2-6). Selon Alexandre cependant, l'examen que propose *Petit Alpha* de la progression indéfinie des causes, pourrait bien constituer la première aporie dont *Grand Alpha* réclame l'élucidation.

Plus grave : par certains aspects, *Petit Alpha* se présente plutôt comme une introduction à la physique qu'à la métaphysique (137, 12-17). À cet égard, la fin de *Petit Alpha* a tout pour semer le doute : « c'est pourquoi on doit d'abord examiner ce qu'est la nature. De cette manière ce sur quoi porte la physique deviendra clair » (995a17-19). Ces lignes pourraient être l'indice de ce que l'ensemble de *Petit Alpha* constitue des prolégomènes à l'étude de la nature et devrait donc, à ce titre, être rattaché à la *Physique* (137, 12-17).

Ce n'est cependant pas cette option interprétative qui recueille les faveurs d'Alexandre. Il propose des hypothèses alternatives dont la première est que *Petit Alpha* aurait pour tâche d'introduire à l'ensemble de la philosophie théorique (138, 6-9). Cette dernière est tout d'abord envisagée par son opposition à la philosophie pratique : la première a

1. Voir G. Vuillemin-Diem, « Anmerkungen zum Pasikles-Bericht und zu Echtheitszweifeln am grösseren und kleineren Alpha in Handschriften und Kommentaren », *Zweifelhaftes im Corpus Aristotelicum. Studien zu einigen Dubia*, Berlin-New York, W. De Gruyter, 1983, p. 157-192. Selon cette commentatrice, la scholie, contrairement à ce que l'on a longtemps cru, ne se rapporte pas à *Petit Alpha*, mais bien à *Grand Alpha* : ce serait donc l'authenticité du premier livre de la *Métaphysique*, et non du deuxième qui s'y trouverait contestée. Voir aussi, sur cette même question, M. Hecquet-Devienne, « L'authenticité de *Métaphysique Alpha* (*meizon* ou *elatton*) d'Aristote, un faux problème ? Une confirmation codicologique », *Phronesis* 50, 2005, p. 129-149.

pour objet principal la connaissance et la recherche de la vérité, alors que la fin de la seconde est l'action. Précisons en outre que la « philosophie théorique » s'articule elle-même en trois sciences : la physique, qui est « pour nous première » (169, 24-25), les mathématiques, et enfin la métaphysique, science des principes et des causes premières, partie la plus éminente de la *theôria*.

Pour établir ce lien entre *Petit Alpha* et la *theôria*, Alexandre fait feu de tout bois. Tout d'abord, il souligne qu'Aristote évalue, au début du livre, l'apport de ses prédécesseurs à l'étude de la vérité (ἡ περὶ τῆς ἀληθείας θεωρία, 993a30) : celle-ci est dite à la fois facile et difficile, facile puisque chacun a avancé à son sujet des thèses « sensées » (ὑγιές, 139, 12), difficile parce qu'aucun des penseurs antérieurs n'a pu y apporter une contribution déterminante. Le propos du Stagirite en *Petit Alpha* serait donc bien centré sur la *theôria* dont la finalité propre est de saisir la vérité, et non sur le domaine plus limité de la nature, comprise au sens strict, comme objet de la seule physique.

Par ailleurs, étrangement, il s'appuie sur la remarque d'Aristote selon laquelle « chaque philosophe dit quelque chose au sujet de la nature » pour en inférer que *Petit Alpha* introduit bien à la philosophie théorique (139, 22-140, 1), alors que cela aurait pu constituer un argument pour rattacher ce livre à l'étude de la physique. Alexandre semble ici donner un sens large au terme de *phusis*, comprise non comme ordre des réalités physiques, mais comme signifiant plus globalement la nature des choses, c'est-à-dire leur essence.

Soulignons cependant que, si l'on se fie à l'argumentation d'Alexandre, l'objet de *Petit Alpha* ne paraît pas seulement être d'introduire à la *theôria* comprise en son sens le plus large, dont on a vu qu'il incluait la physique, mais son objet apparaît plus resserré : il s'agit de l'appréhension des principes, qui est le but de la philosophie première, la métaphysique *stricto sensu*. C'est justement sur ce point que *Petit Alpha* semble s'enchaîner sans trop de heurts à *Grand Alpha* (137, 5-7). Plus précisément, Alexandre souligne que l'enquête de *Petit Alpha* porte sur « la connaissance des principes et des causes » qui est « ce qui contribue le plus à l'étude théorique et à la connaissance de la vérité » (138, 17-19). La dimension métaphysique du livre repose aux yeux d'Alexandre sur deux piliers. Le premier est le lien entre être et vérité : si les causes ont un être supérieur à leurs effets elles sont aussi plus vraies ; et si elles sont causes de leur être, elles sont aussi causes de leur vérité (138, 19-21). Le second est l'aporie centrale, traitée au chapitre 2, de la remontée des causes à l'infini (138, 21-23) : s'il y a une infinité de causes, il ne saurait y avoir de principe, et s'il n'y a pas de principe ou de cause première, il ne saurait y avoir de connaissance possible. L'enjeu que pose l'interrogation sur la causalité est donc double : il est d'abord celui de la possibilité même de la métaphysique, puisque dans le cas d'une prolifération an-archique des causes, il ne saurait y avoir de connaissance des principes, ce qui définit la philosophie première. Mais l'enjeu est aussi celui de la possibilité de toute connaissance en général : sans cause première, aucune chose ne sera connue, puisqu'on ne connaît un être qu'en saisissant sa cause, et qu'en cas de progression indéfinie de la causalité, aucune connaissance ne trouvera d'achèvement.

Dans la perspective ouverte par Alexandre par conséquent, le livre *Petit Alpha* non seulement introduit à la philosophie théorique, en ce qu'il pose la question de la connaissance de la vérité, mais plus précisément, il constitue une voie d'accès au domaine le plus haut de la *theôria*, à savoir la métaphysique, en ce qu'il met en jeu, à travers l'enquête sur la causalité, la question des principes de toutes choses. Remarquons toutefois qu'une telle argumentation ne permet d'établir de façon définitive ni la juste localisation de *Petit Alpha* dans l'ordre des livres de la *Métaphysique*, ni même son appartenance à ce traité. Les différents points examinés dans ce livre (le lien entre être et vérité, l'aporie sur la régression infinie des causes ou l'importance de l'habitude dans de la réception du discours métaphysique) peuvent constituer un traité à part ou même appartenir à différents traités disjoints.

À la fin de son commentaire néanmoins, Alexandre avance de nouveau des arguments en faveur de l'insertion de *Petit Alpha* dans la *Métaphysique*. En premier lieu, lorsqu'Alexandre interprète α 3, qui porte sur l'importance des habitudes antérieures dans l'audition des discours, il voit dans le propos général d'Aristote un avertissement liminaire à la *Métaphysique*. Le texte d'Aristote établit en effet le lien entre la culture de l'auditeur et le type de discours qu'il s'apprête à entendre : l'amateur de poèmes ne sera pas adapté à la rigueur mathématique, de même que le mathématicien sera sans doute déconcerté par la licence poétique. Aristote souligne encore que « l'on ne doit pas exiger en toutes choses la précision mathématique, mais seulement dans celles qui n'ont pas de matière. C'est pourquoi sa méthode ne relève pas de la physique » (994a14-17). La lecture que propose Alexandre de cette phrase est révélatrice. Dans son interprétation, les réalités « sans matière » constituent l'objet propre de la *Métaphysique* : la « précision mathématique » évoquée par Aristote ne serait dès lors que l'analogue de la rigueur requise pour aborder la philosophie première. Aristote avertirait donc le lecteur que les thèmes dont il va traiter dans cet ouvrage « exigent des raisonnements d'une précision supérieure à celle qui prévaut dans les objets physiques » (169, 16-17). On constate ici l'habileté interprétative d'Alexandre : alors qu'à première vue α 3, pourrait sembler introduire à la physique (Aristote prenant soin d'avertir que les raisonnements qui vont suivre ne sauraient relever d'une précision mathématique), Alexandre retourne totalement l'interprétation : seuls les lecteurs avertis, rompus à la logique et à la rigueur mathématique, seront capables de lire la *Métaphysique*.

Ensuite, Alexandre revient sur l'idée selon laquelle *Petit Alpha* introduirait à la *Physique*, puisqu'Aristote soutient à la fin du livre qu'« on doit d'abord examiner ce qu'est la nature. De cette manière ce sur quoi porte la physique deviendra clair » (995a17-19). L'argumentation d'Alexandre, une nouvelle fois, ne manque pas d'ingéniosité. La phrase d'Aristote ne voudrait pas dire qu'il faut se consacrer dans la suite exclusivement à l'étude de la nature, mais qu'il convient de tracer une claire ligne de partage entre ce qui relève de la physique et ce qui relève de la métaphysique[1]. Ce n'est qu'une fois ce partage établi, que peut se déployer la tâche propre du métaphysicien (169, 26-170, 4). Autrement dit, la fin de *Petit Alpha* rappellerait que l'étude de la nature est un réquisit indispensable avant d'aborder les objets propres à la métaphysique (et cet ordre théorique se retrouve dans l'enchaînement des traités : la *Physique* précède nécessairement la *Métaphysique* (αὕτη γὰρ ἡ τάξις τῶν πραγματειῶν, 170, 2)).

### *La métaphysique : une science en progrès*

Alexandre prend soin par ailleurs d'établir de façon plus précise un lien entre les deux premiers livres de la *Métaphysique*, pour assurer la place de *Petit Alpha* dans l'ordre du traité. C'est le thème de l'histoire de la métaphysique, et de la fonction des prédécesseurs d'Aristote au sein de cette histoire, qui lui permet en premier lieu d'établir la connexion entre les deux livres. *Grand Alpha* était en partie consacré à une enquête sur les thèses relatives aux principes des différents philosophes précédant Aristote. Alexandre lit, à partir de là, les remarques de *Petit Alpha* sur

1. Cette interprétation que livre Alexandre va directement à l'encontre de la thèse de certains interprètes modernes, comme E. Berti, selon lequel Aristote n'établirait pas encore, en *Petit Alpha*, une distinction claire entre la physique et la métaphysique (« La fonction de *Metaph. Alpha Elatton* dans la philosophie d'Aristote », dans *Zweifelhaftes im Corpus Aristotelicum. Studien zu einigen Dubia*, *op. cit.*, p. 288-291 notamment). Selon ce commentateur, *Petit Alpha* introduirait à une « physique-métaphysique », qui inclut dans l'examen de la nature la recherche de ses causes et principes.

l'ambivalence de la recherche des principes, qui se présente à la fois comme facile et difficile, et sur l'importance des penseurs antérieurs dans la constitution de la philosophie théorique, comme la suite naturelle de l'enquête menée en *Grand Alpha* : « après avoir en effet, dans le livre *Grand Alpha*, enquêté sur les opinions de ses prédécesseurs concernant les premiers principes et avancé certaines objections à leur encontre, dans le livre *Petit Alpha* il soutient que ce n'est pas parce que nous soulevons des objections contre les opinions de certains penseurs, qu'il faut pour autant les dédaigner » (143, 24-144, 3). Le premier chapitre de *Petit Alpha* dresserait donc le bilan de l'enquête menée au livre précédent, en évaluant l'apport des systèmes philosophiques précédemment examinés.

Cet apport est présenté par Alexandre selon deux perspectives complémentaires, l'une statique, l'autre dynamique, qui ne font toutes deux que reprendre assez fidèlement le propos d'Aristote (993b1-19). La première dessine une sorte de puzzle métaphysique, où chaque philosophe antérieur a apporté sa pièce sans être capable de considérer le schéma d'ensemble (139, 13-19). Individuellement, les philosophes précédents ont tous été capables de saisir l'un des principes ou, si l'on en croit l'analyse menée en *Grand Alpha*, à appréhender l'une des quatre causes distinguées dans la *Physique* (matérielle, formelle, finale ou efficiente). Mais il a manqué à ces philosophes d'assembler en une doctrine unifiée la totalité des causes, ce que précisément la théorie d'Aristote entreprend de faire. Cette saisie parcellaire des principes de la métaphysique est ce qui fait à la fois la valeur des doctrines antérieures, mais aussi leur caractère nécessairement déficient. Même la partie dont ils ont pu avoir l'intuition, précise Alexandre (141, 2-6), ils n'en ont qu'une vision tronquée puisque précisément ils sont incapables d'en produire la signification intégrale, faute de pouvoir l'articuler au système total des principes.

La seconde approche de l'histoire de la métaphysique est dynamique en ce qu'elle est envisagée selon un progrès allant des philosophes les plus anciens jusqu'à Aristote : « Aristote estime en effet que nous devons être reconnaissants non seulement à l'égard de ceux qui ont formulé des doctrines telles que nous aussi nous puissions en faire usage comme étant bien formulées et partager leur opinion, mais aussi à l'égard de penseurs plus anciens, même s'ils semblent avoir traité de ces sujets de façon plus superficielle » (143, 9-13). Plus l'histoire de la métaphysique se développe, plus elle s'approche de sa vérité, synthétisée dans la pensée d'Aristote. Sur ce point, l'analogie avec l'histoire de la poésie lyrique est instructive : l'instigateur de cet art, Phrynis, n'atteint pas le niveau de perfection où l'a porté son successeur, Timothée; pourtant, sans les efforts du premier, le second n'aurait pu déployer son art. Analogiquement, les penseurs les plus anciens ont pu élaborer une première approche des principes qui ont pour ainsi dire porté leur fruit chez les philosophes postérieurs, pour atteindre leur pleine maturité chez Aristote.

Alexandre esquisse donc, à partir des indications aristotéliciennes, une conception remarquable de l'histoire de la philosophie, qui trouve son expression la plus frappante dans l'idée que les philosophes antérieurs ont contribué à l'activation et à l'exercice de notre propre faculté intellective (143, 14-18). L'éveil de l'intelligence humaine à sa vocation la plus essentielle, qui est la saisie des premiers principes, apparaît en effet dans le texte d'Alexandre à un double niveau : celui de l'individu et celui de l'histoire de la métaphysique.

Au niveau individuel, l'intelligence doit se convertir à l'appréhension des « êtres les plus manifestes », c'est-à-dire les objets immatériels, qui, paradoxalement, sont aussi les plus difficiles à percevoir. Ce paradoxe s'explique par l'habitude : dans le régime quotidien de l'existence, l'intellect ne peut exercer son activité propre avec aisance parce que les « puissances passives » et en particulier la perception sensible, rivent l'âme humaine aux objets sensibles, et font ainsi obstacle à l'appréhension d'objets abstraits et intelligibles. Dès lors, par l'exercice et l'ascèse intellective (γυμνάζειν τε καὶ ἐπεγείρειν, 142, 10), le *noûs* se détache des puissances sensibles et s'accoutume à la perception de ce qui est, en soi, le plus évident. Pour expliciter cette idée, Alexandre met en jeu deux ordres de naturalité : d'un côté, l'objet intelligible, parce qu'il est simple, « *par sa nature* » (τῇ αὑτοῦ φύσει, 142, 5) se prête bien à l'activité de l'intellect ; de l'autre, *notre nature* elle-même est appropriée à l'activité théorétique et à la saisie de l'intelligible (κατὰ φύσιν ἡμῖν, 140, 2 ; 7). Ainsi le contraste entre le caractère *par nature* aisé à connaître de l'objet intelligible, et sa difficulté *pour nous* (marqué par exemple en 142, 5-7 ou en 142, 26-26), n'est-il en définitive que provisoire : notre nature véritable ne réside pas dans notre état actuel de faiblesse qui nous empêche d'accéder aux réalités intelligibles, mais dans l'exercice actif de l'intellect, qu'il s'agit de reconquérir par un usage vigilant de la pensée. C'est à ce prix que notre nature la plus propre, celle de l'intellect, peut s'égaler à celle des êtres en soi les plus manifestes.

Or l'éveil de l'intellect individuel et sa progressive accoutumance à la visibilité de l'intelligible, trouve un parallèle dans l'histoire collective de la métaphysique : les premiers penseurs en effet qui se sont enquis des principes de la nature, ont éveillé « la disposition » de l'intellect et « l'ont exercé en l'aiguisant et en la mettant en mouvement par leurs recherches » (143, 14-16). Ce qui se joue à un niveau individuel a donc été préfiguré par le mouvement général de la pensée au fil de l'histoire : les philosophes les plus anciens ont mobilisé l'intellect, et l'ont peu à peu exercé à l'activité théorétique, de sorte que les penseurs ultérieurs ont pu recueillir leur héritage et, comme le souligne Alexandre, ont pu prendre conscience que la saisie des principes leur était « appropriée » (οἰκεία ἡμῖν, 143, 18). L'activation de l'intelligence dans l'âme individuelle trouve ainsi son exact analogue dans les progrès accomplis dans l'histoire de la pensée.

*Extension du domaine de la vérité*

Le dernier paragraphe d'α 1 est consacré à établir le lien entre philosophie théorique et vérité. Cela donne à Alexandre l'occasion d'explorer, dans son commentaire, les modalités distinctes de l'*alêtheia* et d'interroger le lien entre les différents degrés d'être et les différents degrés de vérité, selon une perspective « gradualiste [1] » qui infléchit l'aristotélisme dans le sens d'une ontologie verticalement hiérarchisée.

Alexandre commence par insister sur la distinction entre philosophie théorique et philosophie pratique. Si la première a la vérité pour finalité essentielle, la seconde n'a qu'un rapport pour ainsi dire accidentel au vrai : une vérité est certes en jeu dans l'action, mais seulement en ce qu'elle permet d'accomplir la *praxis* avec la plus grande efficacité. Le point important est cependant que cette divergence entre théorie et pratique permet d'éclairer une première distinction fondamentale entre différents modes de la vérité. Si en effet le vrai théorique est éternel et universel, le vrai pratique relève de circonstances particulières et se trouve soumis aux variations dues aux conditions présentes dans lesquelles s'insère l'action (145, 8-16). Or ces deux modalités du vrai ne sont pas équivalentes : seul le vrai théorique, précise Alexandre, est « au sens fort et au plus haut point vérité » (τῆς περὶ τὰ ἀίδια ἀληθείας κυρίως καὶ μάλιστα ἀληθείας οὔσης, 145, 11-12). À la vérité précaire des circonstances, on doit opposer la vérité forte des êtres éternels.

L'affirmation d'une pluralité des modes de vérité trouve sa justification dans l'idée que « le vrai suit l'être » (τῷ ὄντι ἕπεται τὸ ἀληθές, 148, 18), c'est-à-dire que c'est le degré d'achèvement et de perfection de l'être qui détermine le degré de vérité de la connaissance qui le saisit. Ce qu'Alexandre résume d'une autre manière à travers l'axiome : « autant en

1. Pour cette idée d'un « gradualisme » propre à Alexandre, voir M. Rashed, *Essentialisme. Alexandre d'Aphrodise entre logique, physique et cosmologie*, Berlin, W. De Gruyter, 2007, p. 309-323.

effet chacun des êtres participe à l'être, autant il participe aussi à la vérité » (ὡς γὰρ ἕκαστον ἔχει τε καὶ μετέχει τοῦ εἶναι, οὕτω καὶ τῆς ἀληθείας, 149, 9-10[1]). À partir de là, Alexandre s'appuie sur l'écart entre les êtres qui sont objets de science (ἐπιστητὰ) et ceux qui sont objets d'opinion (δοξαστά) : si les connaissances que l'on peut avoir de ces deux types de réalité diffèrent radicalement, il n'en demeure pas moins qu'elles relèvent toutes deux de la vérité. Autrement dit, le domaine de la vérité déborde totalement celui de la science : l'opinion aussi peut être vraie. Pour illustrer ce point, Alexandre prend l'exemple de la connaissance de la matière (148, 12-13) : celle-ci peut être connue par la médiation des êtres en mouvement, qui, en tant qu'ils passent de la puissance à l'acte révèlent la présence en eux de la *hulê*. Mais la matière ne peut être immédiatement objet de science. L'idée sous-jacente à cet exemple de la matière est que cette dernière, n'ayant d'être qu'instable et inachevé, ne peut prétendre au même degré de connaissance que les êtres véritables. Ce qui veut dire que l'on peut établir un parallèle entre les degrés hiérarchisés de l'être et les degrés de vérité qui leur correspondent. Cette idée va loin (plus loin en tout cas que ce que suggère le texte même d'Aristote). Si l'on se fie en effet à la hiérarchie qu'Alexandre établit entre les êtres éternels et leurs causes (147, 12-14), hiérarchie qui renvoie à la différence entre les astres et les formes qui les meuvent, on se trouve confronté à un véritable système étagé des modes de vérité. Non seulement il faut marquer la différence de nature entre la vérité de ce qui est objet d'opinion (la matière et les êtres soumis à la génération et la corruption) et la vérité des êtres objets de science, mais au sein de ces derniers, on doit distinguer la vérité des êtres éternels et celle de leurs causes, c'est-à-dire la vérité relative aux différents corps célestes, et la vérité des formes séparées qui leur correspondent, en y intégrant la vérité ultime qui est celle du premier moteur immobile[2].

On peut hésiter cependant quant à la conception que se fait Alexandre de l'essence de la vérité. D'un côté, si l'on suit l'axiome selon lequel « autant chacun des êtres participe à l'être, autant il participe aussi à la vérité », la vérité semble prendre en priorité une dimension ontologique et non épistémologique : c'est la réalité elle-même qui est vraie, en fonction du degré d'être qui lui est propre. De l'autre, Alexandre affirme

1. Notons que cette lecture gradualiste et quantitative des rapports entre la vérité et l'être n'est sans doute pas fidèle à l'intention première d'Aristote (voir sur ce point G. Guyomarc'h, *L'Unité de la métaphysique selon Alexandre d'Aphrodise*, Paris, Vrin, 2015, p. 106-107).

2. Pour une lecture qui fait le lien entre le commentaire qu'Alexandre propose d'α 1, et sa théorie d'une gradation ontologique des formes, voir M. Rashed, *Essentialisme. Alexandre d'Aphrodise entre logique, physique et cosmologie*, *op. cit.*, p. 311-323.

explicitement que « [les êtres] ne sont pas vrais par eux-mêmes, mais ils le sont dans la mesure où la connaissance de l'être tel qu'il est, est vérité » (148, 15-16). C'est donc bien, semble-t-il, le rapport de la pensée à l'être qui constitue l'essence du vrai. Sans doute ne faut-il pas projeter sur le texte d'Alexandre une opposition trop tranchée entre vérité ontologique et vérité épistémologique. C'est bien en effet la qualité de l'être qui décide de la qualité de la vérité qui s'en empare : la hiérarchie du réel est première et détermine la hiérarchie du vrai. Mais sans la relation de l'être à la pensée, il ne saurait y avoir de vérité : seul le lien du réel à l'intelligence institue l'*alêtheia*.

Or ce lien passe principalement – mais, on le verra, non exclusivement – par la médiation de la causalité : connaître une chose, c'est connaître sa cause. À partir de ce principe fondamental, Alexandre fait de la hiérarchie des causes la médiation entre la hiérarchie des êtres et la hiérarchie des vérités : « les choses qui sont au plus haut point causes des êtres, sont elles-mêmes aussi des êtres, et elles sont plus encore des êtres qu'eux parce qu'elles sont leurs causes, et elles sont encore plus vraies » (147, 27-148,1). Plus on remonte dans l'échelle des causes, plus on remonte parallèlement dans celle des êtres et des degrés de vérité. Le principe qui régit ces différentes hiérarchies est tiré directement du texte d'Aristote : « chaque chose en vertu de laquelle une propriété synonyme appartient aussi à d'autres, possède cette propriété à un plus haut point que ces dernières » (993b24). C'est l'exemple du feu qui illustre ce principe que l'on peut baptiser « causalité du maximum [1] » : si le feu est cause de la chaleur dans les réalités dont il est proche, c'est qu'il est lui-même éminemment chaud. Dès lors, les causes premières, en tant qu'elles sont causes à la fois de l'être et de la vérité des réalités qu'elles régissent, sont elles-mêmes éminemment des êtres et éminemment vraies. On constate cependant, sur ce point essentiel, comment Alexandre fait subir à la métaphysique d'Aristote une inflexion décisive. Le principe de causalité du maximum se trouve en effet interprété selon une perspective verticale et hiérarchisée, qui va des êtres soumis à la génération et à la corruption, jusqu'aux principes les plus élevés, que sont les formes et l'intellect agent[2]. Ce qui était chez

1. Voir G. Guyomarc'h, *L'Unité de la métaphysique selon Alexandre d'Aphrodise*, *op. cit.*, p. 104-111.

2. À cet égard, la lecture que livre Alexandre d'α 1 doit être complétée par ce texte de son *De Anima*, qui explicite le rapport de causalité du maximum en l'appliquant à l'Intellect agent : « [L'intellect agent] sera la forme proprement et maximalement intelligible, c'est-à-dire la forme séparée de la matière. Car dans tous les domaines l'être qui possède maximalement et proprement une propriété est cause de l'existence de cette propriété aussi dans les autres êtres ; par exemple, le maximalement visible, c'est-à-dire la lumière est cause de la visibilité aussi

Aristote une règle générale de la causalité devient chez Alexandre un principe ontologique et cosmologique. Sur ce point la phrase suivante est révélatrice : « telles sont les causes des êtres qui sont toujours, celles par exemple de notre monde, des astres, ou des quatre corps, dont l'éternité relève de l'espèce, et de ce qui est éternel dans le cas des êtres particuliers et sujets à la génération » (148, 24-27). La causalité des principes (à savoir celle des substances premières) se trouve déclinée selon une série descendante déterminée qui passe par tous les niveaux du *kosmos*, des astres aux êtres corruptibles (envisagés cependant non individuellement mais selon l'éternité de leur espèce).

Il est tentant de voir dans cette lecture verticale et scalaire de la causalité une forme de « platonisation » de la théorie aristotélicienne des causes. Il est sûr en tout cas, que l'on trouvera chez Plotin, lecteur averti d'Alexandre, une exploitation très comparable de ce schème de la causalité du maximum, ce qui ne manquera d'ailleurs pas de provoquer des tensions au sein de sa propre métaphysique [1].

Notons toutefois que la connaissance par les causes ne recouvre pas totalement le champ de la vérité. Car si cette règle (à savoir : toute chose est connue par sa cause) était universelle, soit les principes, qui n'ont pas eux-mêmes de cause, seraient inconnaissables; soit il faudrait que les causes régressent indéfiniment et donc qu'il n'y ait pas de principe (146, 13-14) : habilement, Alexandre rattache la question de la connaissance par la cause évoquée en α 1, de la réfutation de l'infinité des causes accomplie en α 2, ce qui est une manière d'insister sur l'unité d'ensemble de *Petit Alpha*. Mais surtout, cette question de la connaissance des causes premières aboutit à étendre encore le domaine de la vérité. On se trouve en effet désormais confronté à une triple modalité de l'*alêtheia* : celle, infra-épistémique, des objets d'opinion; celle de la science en son sens plénier, qui recoupe la connaissance par les causes; celle enfin de la connaissance des principes

des autres visibles; de même aussi, le maximalement et souverainement bien est cause de l'excellence des autres biens, car on juge de ces derniers par leur contribution à celui-là. Donc ce qui est maximalement et par soi intelligible est aussi cause de l'intellection des autres [intelligibles] » (88, 24-89, 5, trad. M. Rashed, *Essentialisme. Alexandre d'Aphrodise entre logique, physique et cosmologie*, *op. cit.*, p. 319). Sur la question délicate et controversée de l'existence ou non de « formes pures » dans la métaphysique d'Alexandre, voir les remarques de R. Sharples, « Alexander of Aphrodisias : Scholasticism and Innovation », dans H. Temporini, W. Haase (éd.), *Aufstieg und Niedergang der römischen Welt. Geschichte und Kultur Roms im Spiegel der neueren Forschung*, 36.1, Berlin, W. De Gruyter, 1987, p. 1210-1211.

1. J'ai étudié cette exploitation plotinienne du schème de la causalité du maximum (que j'ai pour ma part appelé causalité par éminence) et les difficultés qu'il provoque en ce qui concerne la métaphysique du premier principe, dans L. Lavaud, *D'une métaphysique à l'autre. Figures de l'altérité dans la philosophie de Plotin*, Paris, Vrin. 2008, p. 209-221.

qui ne sauraient être connus par leurs causes, mais bien par une saisie non démonstrative (146, 11-25).

*Causalité et infinité*

Encore faut-il néanmoins prouver que les causes ne sont pas infinies, ce qu'Aristote s'attache à faire en α 2. L'enjeu est crucial car il en va de la possibilité même de la métaphysique : si les causes sont infinies, il n'y a pas de premier principe, et l'ensemble du dispositif de la philosophie première s'écroule, et avec lui, celui de toute science.

Alexandre articule l'argumentation d'Aristote selon trois moments. Tout d'abord, il faut prouver que les causes ne peuvent être infinies selon une régression infinie des causes. Ce premier moment est sans doute le plus essentiel dans la perspective d'assurer les conditions de possibilité de la métaphysique : l'infinité des causes réduit en effet à néant l'idée même de principialité. Ensuite, il s'agit d'examiner l'infinité de l'enchaînement cause-effet vers le bas, à partir de la position d'un principe. Ce second moment est l'occasion pour Alexandre de développer une sorte de mini-traité de la génération. La réfutation de l'infinité descendante des causes se déploie en effet elle-même selon deux perspectives : celle de la génération absolue à partir de la destruction d'autre chose (dont l'exemple paradigmatique est la génération de l'air à partir de l'eau); celle de l'accomplissement d'un être à partir de son propre devenir (ce qui est illustré par l'exemple de l'adulte qui devient ce qu'il est à partir de l'enfant). Enfin, le troisième moment de l'argumentation est constitué selon Alexandre par l'examen particulier de l'éventuelle infinité de trois types de cause : matérielle, finale et formelle.

Le cœur de la réfutation de la première hypothèse, celle de la régression infinie des causes, est constitué par l'opposition fondamentale entre infinité et causalité. Pour le dire de façon ramassée : s'il y a infinité de causes, alors, il ne saurait y avoir de cause du tout. Pour le montrer, Alexandre prend d'abord soin d'opérer des distinctions conceptuelles précises sur l'idée d'infini. La première distinction, tirée de *Métaphysique*, 994a2, sépare l'infinité selon une série rectiligne (κατ' εὐθυωρίαν) et l'infinité selon l'espèce (κατ' εἶδος). Alexandre explicite ainsi le sens de la première : « il y a des choses infinies selon une série rectiligne si, pour une cause considérée, au sein de chaque espèce de cause, on peut citer, en remontant plus haut dans la série, de nouveau une autre cause » (149, 27-28). Cette infinité rectiligne peut s'appliquer aux différentes causes : on pourrait remonter indéfiniment de matière en matière, ou de fin en fin, ou encore de forme en forme. Quant à l'infinité selon l'espèce, elle pourrait exister, selon Alexandre « s'il n'y [avait] pas quatre espèces de causes, comme Aristote l'a montré, ou un autre nombre déterminé, mais une infinité » (150, 14-16). Autrement dit, l'infinité rectiligne se déploie par régression à l'intérieur d'un type de cause, quand l'infinité selon l'espèce implique un nombre illimité d'espèces différentes de causes.

À partir de là, l'infinité selon une série rectiligne doit elle-même être différenciée de l'infinité temporelle, où un même type de rapport entre la cause et l'effet se répète indéfiniment dans le temps : par exemple, au sein de l'espèce humaine, un individu est le fils d'un père, qui a été lui-même le fils d'un autre père, et ce, indéfiniment. Ce mode de causalité engage bien une forme d'infinité, ce qui pourrait remettre en cause la réfutation de la régression indéfinie des causes. Alexandre réplique donc que dans l'infinité causale qui est l'objet de la réfutation, ce n'est pas le même type de cause qui se répète indéfiniment (ce qui est le cas dans l'infinité temporelle) mais des causes d'espèces différentes (150, 25-27[1]). L'enjeu est d'importance : il s'agit d'éviter que la réfutation de l'infinité causale ne contrevienne à l'affirmation aristotélicienne de la perpétuité du monde et donc du temps (150, 22-23). Alexandre anticipe ainsi sur un débat qui fera rage dans la controverse entre Philopon et Simplicius. Le premier souhaite en effet prouver, contre Aristote, que le monde est fini (et peut donc avoir été créé). Pour ce faire, il utilise Aristote contre lui-même en démontrant qu'aucun mouvement ne pourrait avoir lieu, s'il avait pour cause une infinité antérieure de mouvements (*Contra Aristotelem* apud Simplicius, *In Phys.* 1178, 7-35 (fr. 132 Wildberg)), ce qui paraît bien coïncider avec le propre commentaire que fait Alexandre de la réfutation de l'infinité des causes (et qui reprend explicitement la démonstration aristotélicienne en *Génération et corruption*, II, 5, contre les atomistes qui affirment l'infinité des éléments des corps). Philopon y voit par conséquent un argument qui démontre que le monde ne saurait qu'avoir commencé : ainsi, à ses yeux, le raisonnement d'Aristote contre l'infinité des causes contredit directement sa thèse sur le caractère éternel du monde. Par anticipation, la réponse d'Alexandre est que l'on ne doit pas confondre les deux modalités de l'infinité : d'un côté, le monde doit avoir un nombre fini de causes d'espèces différentes; mais cela n'est pas

1. Encore faut-il préciser, pour garder au propos d'Alexandre sa cohérence : dans le cadre de l'infinité rectiligne, la diversité spécifique des causes ne peut pas être celle des grandes espèces de causes (matérielle, motrice, formelle, finale…) mise en jeu dans l'infinité selon l'espèce. Peut-être faut-il comprendre ici différentes espèces internes à chaque ordre causal (voir par exemple pour les causes matérielles et motrices en 149, 31-150, 7).

contradictoire avec l'infinité temporelle du monde, au sein de laquelle un même type de cause peut se répéter indéfiniment (comme c'est le cas par exemple dans la répétition indéfinie de la génération humaine). Autrement dit, nier la diversité infinie des causes du monde n'entraîne pas nécessairement de nier l'infinité temporelle du monde, ainsi que le prétendra Philopon.

Revenons alors à la contradiction fondamentale qu'Alexandre repère entre infinité et causalité. L'idée maîtresse est que là où il n'y a pas de principe, il ne peut y avoir de cause en général : or, dès lors que l'on entérine l'infinité causale, on ruine du même coup l'existence d'un principe, ce qui entraîne la dissolution générale de toute cause. Deux arguments utilisés en ce sens par Alexandre sont particulièrement saillants. Tout d'abord, il souligne le lien entre l'idée d'ordre et l'idée de cause : pour que la causalité soit possible il est nécessaire de distinguer un terme antérieur et un terme postérieur. Or, au sein d'une série infinie, l'ordre selon l'antérieur et le postérieur disparaît, et, ainsi que le souligne Alexandre, « toutes choses seront semblablement intermédiaires » (152, 8). C'est en effet l'existence d'un terme premier, c'est-à-dire d'un principe, qui garantit à la fois l'ordre selon une différenciation entre un antérieur et un postérieur, et, par conséquent, la possibilité d'un enchaînement causal : « si en effet sont antérieures les choses qui sont plus proches du principe et du premier, dans les choses où il n'y a pas de principe ni de premier, il n'y a rien qui soit plus près ou plus loin du principe : c'est pourquoi les intermédiaires n'ont plus d'ordre, et si c'est bien le cas, aucun d'eux ne sera antérieur, ni aucun cause d'un autre » (152, 9-13).

Le second argument à retenir souligne qu'en l'absence de principe, le pouvoir causal est toujours hérité d'une cause précédente, et ne saurait tenir à la nature de la chose qui se présente comme cause (152, 29-32). Car si une telle nature existait, capable de tirer de son propre fonds son pouvoir causal, elle serait précisément un principe, ce qui est contraire à l'hypothèse initiale. Par conséquent, dans cette hypothèse d'une causalité nécessairement héritée d'une cause antérieure, la possibilité même d'une efficience causale se trouve ruinée, puisqu'il n'y a pas de cause première capable d'initier la transmission de la capacité à être cause.

L'étape suivante consiste alors à inverser la perspective, en posant la question de la progression indéfinie de la causalité vers le bas. On aborde ici les pages les plus techniques du commentaire à *Petit Alpha*. Une nouvelle fois, c'est une distinction conceptuelle fondamentale qui va être rectrice de toute l'argumentation : celle qui marque la différence entre la génération à partir d'un être en devenir et la génération absolue.

Alexandre décline le premier mode de génération à travers différents exemples : la transformation de l'enfant en adulte qui s'accomplit par accroissement ; l'étudiant qui devient savant, ce qui est une génération par altération ; le passage de celui qui ne pense pas à celui qui pense, qui est accomplissement selon la forme (153, 18-21). Alexandre rappelle que dans ces cas de figure, selon Aristote, la *genesis* s'accomplit non pas *à partir de* la génération, mais *après* la génération. Il veut dire par là qu'une génération première et absolue a déjà eu lieu (celle par exemple de la naissance du nouveau-né qui, lui, vient précisément à exister *à partir* de la génération), et que la génération propre au devenir de l'enfant en adulte n'est en quelque sorte qu'une génération seconde : celle-ci vient *après* la génération première qui est la naissance de l'enfant (Alexandre explicite cet exemple en 157, 4-8). C'est cependant l'exemple de la transformation des éléments qu'Alexandre privilégie pour illustrer le second mode de génération, la génération absolue, qui suppose le passage du non-être à l'être [1] : ainsi l'air ne peut-il advenir qu'une fois survenue la destruction de l'élément précédent, qui est l'eau.

En quoi, dès lors, la question de la progression infinie des causes est-elle en jeu dans ces deux modes de génération ? C'est pour le second, la génération absolue, que la réponse est la plus aisée. Dans ce cas de figure, la causalité ne progresse pas indéfiniment mais fait retour sur elle-même (ἀνακάμπτει) : si l'eau se transforme en air, l'air peut à rebours se transformer en eau. Dès lors, il ne saurait y avoir progression indéfinie de la causalité, mais simplement une causalité circulaire qui se retourne sur elle-même.

En ce qui concerne le premier mode de génération, Alexandre pose le problème ainsi : une chose peut-elle indéfiniment devenir, sans jamais parvenir à un terme ? La réponse est négative : tout devenir est orienté vers une fin, qui, une fois atteinte, marque l'achèvement du processus de génération. Alexandre parvient à cette idée par le croisement de la *genesis* et de la *teleiotēs* : l'être qui devient n'est pas soumis à un processus indéterminé, mais il est toujours, comme le dit Alexandre, « en voie d'accomplissement », c'est-à-dire orienté vers un état précis et délimité où son être trouvera son point d'achèvement. C'est le cas par exemple du matin qui se change en jour (157, 8-17) ou de l'enfant qui

1. Ce terme de « génération absolue » ne doit cependant pas prêter à confusion : toute génération, pour Alexandre comme pour Aristote, suppose, même dans le cas d'un engendrement d'une *ousia* à partir de la destruction d'une autre, le maintien d'une matière commune qui subsiste « sous » le changement. Ce processus ne saurait donc être confondu avec l'idée d'une création *ex nihilo*.

devient un adulte (157, 4-7). Alexandre téléologise ainsi le devenir : à l'ordre strictement a-téléologique du temps (celui par exemple qui veut que les jeux olympiques succèdent aux jeux isthmiques), il faut opposer l'accomplissement polarisé vers sa fin de la *genesis*. Ce qu'Alexandre résume ainsi : « car il y a une certaine fin de ce qui est intermédiaire tout en étant déjà un être. Pour cette raison, la génération de ces choses ne se poursuit pas à l'infini vers le bas, puisqu'elles ont une certaine fin vers laquelle elles progressent à travers les intermédiaires » (157, 30-33). Notons néanmoins un certain déplacement de la problématique : le problème initial était celui de l'infinité des causes vers le bas, une fois posé un principe à partir duquel s'initie le processus causal. De cette question, Alexandre est subrepticement passé à celle de l'éventuelle infinité de la génération d'un même individu. En ce sens, les intermédiaires ne sont plus les causes d'espèces différentes qui prennent le relais du principe originaire, mais les états par lesquels passe l'être dans l'accomplissement de son devenir.

La problématique de l'infinité des causes reprend le dessus lorsqu'Alexandre examine successivement les causalités matérielle, finale et formelle. La réfutation de l'infinité de la cause matérielle se fait par l'affirmation du caractère éternel, et donc indestructible, du substrat premier, sous-jacent à toutes choses. Ce sont les accidents qui se trouvent détruits dans la génération et le changement d'un contraire en un autre, mais la matière reste quant à elle préservée : elle est la condition du changement, mais elle ne passe pas elle-même d'une détermination à une autre. Il n'y a donc pas en définitive infinité des causes matérielles (ce qui serait le cas si le substrat d'une chose était détruit lorsqu'elle se transforme en une autre) mais, tout à rebours, unicité de la *hulê* : c'est un même substrat qui demeure sous les aléas de la *genesis*. L'argumentation déployée par Alexandre dans ces lignes confirme sa tendance à faire de la « matière première » (159, 2-3) une entité distincte, séparée des déterminations dont elle constitue le support : une telle absolutisation de la *hulê*, qui devient ainsi une réalité métaphysique autonome, diverge avec la discrétion du *corpus* aristotélicien sur la réalité « en soi » de la matière première[1]. Alexandre n'est pas loin de faire du substrat premier et éternel un principe, qui pourrait entrer de ce fait dans le champ propre de la métaphysique. Le seul point de résistance à cette dimension proprement

1. Voir par exemple sur ce point V. Cordonier, « Matière, qualités, mélange. La physique élémentaire d'Aristote chez Galien et Alexandre d'Aphrodise », *Quaestio. Annuario di storia della metafisica* 7, 2007, p. 82-83.

métaphysique de la matière se situe dans son statut épistémologique : elle n'est connaissable que par analogie, ou précise Alexandre en reprenant le *Timée*, par un « raisonnement bâtard » (164, 20-22). Cette position infra-épistémique de la matière, qui la condamne à n'être que le parent pauvre des êtres véritablement objets de science, lui interdit d'être de plein droit intégrée à l'investigation de la philosophie première.

Tel n'est évidemment pas le cas de la causalité finale, qui est ensuite examinée par Alexandre. La question de l'enchaînement des causes se trouve illustrée par deux systèmes téléologiques distincts : celui de l'intellect et celui de la nature (160, 12-13 ; 17-18). Les exemples pris par Alexandre dans son argumentation semblent bien indiquer que le *noûs* ici en jeu est l'intellect pratique : les actions ne peuvent être entreprises que sous l'égide de l'intelligence qui leur fixe une fin déterminée. Le rapprochement entre l'intelligence et la nature veut dire que l'on peut établir un strict parallèle entre la téléologie qui préside à l'accomplissement des actions humaines et celle qui régit les phénomènes naturels. Alexandre reprend donc dans ces pages le finalisme qu'il avait déjà esquissé dans son étude des êtres en voie d'accomplissement : le sens du devenir doit être lu à la lumière de la fin qui l'oriente et qui représente son point de perfection. Une dimension nouvelle apparaît cependant désormais : celle d'une architectonique générale des fins, qui doit culminer en un *telos* ultime, « le bien suprême vers lequel tendent toutes choses » (τὸ κυριώτατον ἀγαθόν, 160, 12). Même si Alexandre ne le précise pas, on peut subodorer qu'il s'agit là de l'intellect divin, premier moteur immobile auquel est suspendu tout le *kosmos*, et vers lequel est ultimement orienté tout acte. Une fois encore, le décalage avec le texte aristotélicien est sensible. En α 2 en effet, Aristote se contentait d'exposer une règle générale selon laquelle si l'on ne pose pas de fin ultime, la série entière des fins se trouve pour ainsi dire dé-téléologisée. De plus, il limitait l'illustration de cette règle à l'exemple des actions humaines entreprises selon la représentation intellective d'une fin. En intégrant en outre la nature dans le cadre de la téléologie, et surtout en désignant la fin ultime par le concept de « souverain bien », Alexandre donne aux réflexions d'Aristote une inflexion métaphysique déterminée : la réfutation de l'enchaînement infini des fins devient l'occasion d'évoquer le bien premier et souverain, qui vient couronner aussi bien l'ordre des actes raisonnables que le système téléologique de la nature.

La réfutation de l'infinité des causes formelles en passe quant à elle par une discussion serrée de la théorie aristotélicienne de la définition. Alexandre pose d'emblée en effet l'équivalence entre l'ordre des formes et l'ordre des définitions (159, 29-160, 1). C'est cependant sur le second qu'il concentre son analyse : la réfutation de l'extension indéfinie des définitions est censée montrer par ricochet que les formes ou les « êtres essentiels » (τὸ τί ἦν εἶναι) ne se démultiplient pas à l'infini (de sorte qu'il y aurait indéfiniment une essence de l'essence). Alexandre propose donc deux interprétations de la réfutation de l'extension indéfinie de la définition. Dans la première, il y aurait une définition se rapportant à la définition première de la chose, puis une autre définition de cette seconde définition, et ce, indéfiniment. Or, remarque Alexandre, par ce processus, loin de serrer de plus près l'essence de la chose on ne fait que s'en éloigner. Si la définition première parvient à exprimer d'emblée ce qu'est la chose, il ne sert à rien de courir en quelque sorte derrière son ombre, en cherchant à cerner l'essence par une multiplication pléthorique des niveaux de définition. La seconde interprétation va dans le même sens : elle consiste à lire l'augmentation de la définition comme impliquant l'ajout, incessamment renouvelé d'une différence spécifique : si on définit l'homme comme « animal bipède pédestre », on y ajoute ensuite la différence raisonnable, puis, encore, indéfiniment une autre différence. Dans l'une et l'autre interprétation, il s'agit d'affirmer le caractère achevé et suffisant de la définition première : celle-ci exprime d'emblée l'essence de la chose, sans avoir à être explicitée par une définition ultérieure, ou spécifiée par l'ajout d'une différence supplémentaire.

C'est la même logique qui préside à la lecture de la phrase difficile qui suit dans le texte d'Aristote : « car il n'est pas possible de connaître avant de parvenir aux éléments indivisibles (εἰς τὰ ἄτομα) » (994b21). Alexandre comprend ces *atoma* comme désignant les attributs inséparables de l'essence. Il prend appui en ce sens sur la théorie des *Seconds Analytiques* selon laquelle il ne peut y avoir de science qu'à partir de prémisses où les attributs sont immédiatement saisis comme appartenant à l'essence de façon nécessaire (I 6, 74b 5-12). L'idée est que si l'attribut est relié à un sujet dans une définition, le lien entre le premier et le second doit être saisi de façon immédiate et nécessaire (« l'homme est un animal » par exemple). Si en revanche, on multiplie à l'infini les définitions des termes de la définition initiale (« l'homme est une substance animée capable de percevoir »), on ne progressera pas dans la saisie de la relation entre le sujet et l'attribut, mais, tout au contraire, on rendra cette saisie impossible au fur et à mesure que les médiations se multiplient entre le sujet et ses attributs.

Le détour par la théorie de la définition en 160-163 constitue l'équivalent sur le plan logique de ce qu'était la démonstration de la nécessité des principes sur le plan métaphysique. De même que la saisie du principe donne un coup d'arrêt à la démultiplication des causes, de même l'intuition immédiate de la définition et du lien nécessaire qu'elle instaure entre un sujet et son attribut, interdit la prolifération indéfinie du langage, qui ne fait qu'éloigner la pensée de l'essence.

Alexandre termine son commentaire d'α 2 en distinguant différentes modalités de l'infini : tous les infinis ne sont pas en effet au même titre inconnaissables. Tout d'abord, il est possible de connaître l'infinie divisibilité d'un segment de ligne, en tant que l'on saisit cette infinité seulement en puissance (164, 9-10), sans avoir à saisir en acte toutes les parties de la ligne. Le cas de la matière est plus ambigu. D'un côté, par sa nature propre, elle semble bien être infinie et être réfractaire à toute connaissance (« elle est sans figure de par sa nature particulière et elle n'a pas de limite propre », 164, 17-18). Pourtant, d'un autre côté, elle reste accessible à la pensée en tant qu'elle peut être saisie par la médiation des êtres en mouvement. De ce fait, précise Alexandre, elle reste « intelligible et objet de science » et « n'est pas infinie de la même façon que les choses inconnaissables » (164, 29-165, 1).

Le but d'Alexandre est précisément de montrer que l'infinité des causes fait partie de ce qui est en soi totalement inconnaissable, et appartient donc à une autre catégorie que l'infinité en puissance de la divisibilité ou que l'infinité matérielle, qui s'offrent toutes deux à la saisie cognitive. Pour ce faire cependant, il doit en passer par une thèse au premier abord déroutante : si l'infinité des causes est inconnaissable, c'est qu'elle constitue un infini en acte (166, 10). La pensée procède par délimitation et détermination de son objet, elle est en outre elle-même finie et donc inadéquate à l'infinité en acte. Le problème est qu'Aristote lui-même, en *Physique* III, paraît nier la possibilité qu'existe une infinité en acte. Alexandre ne veut sans doute pas dire que l'infinité des causes est inconnaissable *en tant qu'elle existerait réellement en acte*, puisque c'est précisément l'hypothèse de l'infini des causes qu'il faut réfuter. Le raisonnement d'Alexandre est plutôt : *si l'on admet qu'il existe des causes infinies*, il s'agit nécessairement d'une infinité en acte (et non en puissance comme l'est par exemple la divisibilité de la ligne), qui, dès lors, est totalement exclue du champ de la connaissance.

En revanche, on peut être plus circonspect sur les conséquences qu'Alexandre en tire. Le fait que par l'infinité en acte des causes, « la science [soit] détruite, puisque la connaissance des principes est détruite » (166, 5-6) paraît suffire à Alexandre pour en conclure qu'Aristote « en procédant ainsi, a montré qu'il n'était pas possible qu'il y ait des causes infinies » (166, 18-19). Or on pourrait très bien admettre un monde d'où se trouverait bannie non seulement la connaissance des principes, mais encore toute connaissance en général et donc, par là même un monde où les causes seraient infinies. Alexandre répliquerait sans doute, cependant, que l'existence *de fait* de la science requiert nécessairement que la série des causes soit finie et trouve son achèvement dans des principes absolus.

On l'a souvent noté, le livre *Petit Alpha* semble appartenir à une période précoce de la philosophie d'Aristote, proche par ses thèmes du *Protreptique*. Il est possible en ce sens qu'Aristote, lorsqu'il l'a rédigé, subissait encore fortement l'influence du platonisme. Or Alexandre livre une interprétation de *Petit Alpha* qui a tendance à systématiser et hiérarchiser les règles générales énoncées par Aristote dans son traité. Cela est particulièrement vrai de la lecture qu'il livre de la causalité du maximum, énoncée par Aristote comme une loi épistémologique, et qui devient chez Alexandre un principe cosmologique et ontologique central de sa métaphysique. C'est même par la médiation de ce principe, comme en témoigne son *De Anima*, qu'Alexandre organise la théorie de l'intellect agent : celui-ci devient, dans son système, la forme éminemment intelligible qui, en tant que telle, est la source de l'intelligibilité des autres formes, mais aussi de l'intellection propre aux intellects particuliers. L'interprétation du premier moteur immobile comme une forme première et éminente, si typique de la métaphysique d'Alexandre – et si distincte sur ce point de celle d'Aristote qui privilégie, pour caractériser le premier principe, le concept de pure *energeia* – trouve sans doute dans l'interprétation de la causalité du maximum de *Petit Alpha*, sa source exégétique majeure. De même, l'idée esquissée par Aristote d'une distinction entre causes et effets au sein des êtres éternels, prend une ampleur métaphysique inattendue chez l'Aphrodisien. Cette distinction porte en effet en germe l'articulation cosmologico-métaphysique entre les corps célestes et les formes séparées qui les mettent en mouvement, et qui en constituent donc les causes intelligibles. Enfin, la règle fondamentale de l'épistémologie aristotélicienne qui veut que chaque être ne soit connu que par la médiation de la connaissance de sa cause, se trouve lue par Alexandre à travers une ontologie scalaire où s'ordonnent parallèlement les degrés de cause, de réalité et de vérité. En résumé, en organisant en un système déterminé les intuitions éparses de *Petit Alpha*, livre qui occupe lui-même une position marginale dans l'élaboration théorique du Stagirite, Alexandre a transformé radicalement et durablement la figure de la métaphysique aristotélicienne.

# CONFIRMATIONS ET CORRECTIONS DU TEXTE GREC

## *Table des sigles*

**A :** *Parisinus gr.* 1876.
**O :** *Laurentianus plut.* 85.1.
**P :** *Parisinus gr.* 1878.
**L :** *Laurentianus plut.* 87.12.
**F :** *Ambrosianus* F 113 sup.
**Ascl.** : Asclépius, *In Aristotelis metaphysicorum libros A-Z*, M. Hayduck (éd.), *CAG* VI. 2, Berlin, 1888.
**S :** Sepúlveda (de), J. G., *Alexandri Aphrodisiei Commentaria In duodecim Aristotelis libros de prima Philosophia*, Rome, 1527.
**Brandis :** Brandis, C.A., *Scholia in Aristotelem*, Berlin, 1836.
**Bonitz :** Bonitz, H., *Alexandri Aphrodisiensis Commentarius in libros metaphysicos Aristotelis*, Berlin, 1847.
**Hayduck :** Hayduck, M., *Alexandri Aphrodisiensis In Aristotelis Metaphysica commentaria*, *CAG* I, Berlin, 1891.

## *Cas où le manuscrit O confirme le texte édité par Hayduck contre A*

Il s'agit ici de lister les passages que Hayduck a édités, contre les leçons de A, à partir de manuscrits apographes ou de la tradition indirecte, et qui bénéficient en réalité d'une assise philologique plus forte en ce qu'ils sont déjà donnés ou proviennent du manuscrit O (voir la note de L. Calvié en tête de ce volume).

138, 15 : αὐτῆς
140, 2 : διὰ μὲν τοῦ πολλούς
140, 8 : ὡς
141, 12 : τὴν λέξιν καὶ εἶναι
143, 11 : κοινωνήσαιμεν
144, 1 : περὶ τῶν πρώτων ἀρχῶν
144, 5 : προησκήθημεν
145, 20 : πρακτικοῖς
145, 24 : πρακτικοί
145, 29 : πρακτικοὶ
146, 19 : οὐκ ἴσμεν
146, 22 : ἀληθέστερον
148, 11 : διαφέρειν
149, 8-10 : ἴσον λέγων τῷ ὡς γὰρ ἕκαστον ἔχει τε καὶ μετέχει τοῦ εἶναι, οὕτω καὶ τῆς ἀληθείας
150, 11 : πάλιν
151, 5 : αἴτιόν ἐστὶ τῶν ἄλλων
151, 25 : οὐδὲ
152, 7-8 : ἐν τῇ τοιαύτῃ τάξει τοῦ οὗ αἴτιον. ἐν δὲ τοῖς ἀπείροις οὐκ ἔστιν <ἄλλο> ἄλλου πρότερον
153, 9 : τῶν ἐφθακότων
154, 10-11 : ἐπὶ τῶν
154, 17 : δυναμένην
155, 8-9 : τῶν οὕτως
155, 9 : ἄλλο ἄλλου
155, 16 : ὡς
155, 21 : ὁ μεμαθηκὼς ἐκ τοῦ μανθάνοντος καὶ
155, 22-23 : ὁμοίως τούτῳ καὶ ὁ νοῶν· γένεσις γὰρ ἡ κατὰ τὴν τελειότητα

156, 9 : τοῦ τε
156, 29 : ἀνακάμπτει
157, 11 : τὸ
157, 29 : ἅ
158, 14 : ἴσον τῷ
159, 6 : συντόμως
160, 13 : γιγομένοις
160, 15 : τοιοῦτον
160, 18-19 : γιγνόμενα ἕνεκά τινος γίγνεται, μὴ ὄντος δὲ τοῦ οὗ ἕνεκα κατὰ φύσιν καὶ κατὰ νοῦν
160, 23 : αἰτίαν
160, 30 : τί
161, 2 : πλεονάζοντα
162, 10 : τις εἴη

162, 11 : ἀεὶ
162, 12 : πρὸ αὐτοῦ
163, 22 : τε
164, 27 : 712R 2 ἄλλοτε
165, 4-5 : ἐπεὶ μὴ ἐκείνως ἔστιν ἄπειρος. ἢ κϊνουμένην νοεῖν <ἀνάγκη>
165, 15 : τὸ ἀπείρῳ
166, 3 : ἄγνωστοι δηλονότι
167, 4 : 31 συμβαίνουσιν
167, 6 : 32 δύνανται
167, 9 : 33 ἡμῖν
167, 12 : 34 τῶ ἔτι
167, 21 : αὐτῶν διὰ τὸ ἔθος ἴσον ἐστὶ τῷ μεῖζον ἰσχύει τῆς περὶ
167, 21-22 : αὐτὰ ἀληθείας

*Modifications du texte de Hayduck*

| **Hayduck :** | **Texte modifié :** |
|---|---|
| 137, 1 : Εἰς τὸ ἔλαττον α τῶν Μετὰ τὰ Φυσικὰ | Τὸ ἔλαττον ἄλφα τῶν Μετὰ τὰ Φυσικὰ ALFO |
| 137, 3 : καὶ τῇ θεωρίᾳ | τῇ λέξει καὶ τῇ θεωρίᾳ AOP |
| 138, 24-25 : Ἡ περὶ τῆς ἀληθείας θεωρία | <Ὅτι > ἡ περὶ τῆς ἀληθείας θεωρία |
| 139, 11 : ῥᾳδίαν | ῥᾴδιον AO |
| 144, 6 : ἐπεξεργασάμενοι | ἐργασάμενοι AOP |
| 145, 1 : τὴν | ἡ AOMP |
| 145, 14-15 : οὐκ ἀεὶ οὐδὲ καθόλου | οὐ καθόλου OP |
| 145, 24-25 : ἀλλὰ τοῦ πρὸς τόδε | ἀλλὰ τὸ πρὸς τόδε AOP |
| 146, 24 : ἀληθεστάτας· | ἀληθεστάτας οὔσας· AOP |
| 149, 28 : ἄλλο τι προαναβεβηκὸς | προαναβεβηκὸς ἄλλο τι AOP |
| 151, 10 : πρὸς τὸ μέσον | πρὸς τὸ μέσον τοῦτο P |
| 152, 7 † : τοῦ οὗ αἴτιον | του οὐκ αἴτιον scripsi |
| 152, 8 : ἄλλου πρότερον | ἄλλο ἄλλου πρότερον OS Bonitz |
| 153, 17-18 : καὶ τὸ τετελεσμένον ὡς εἰς | ὡς καὶ τὸ τετελεσμένον ἐκ τῶν εἰς S Bonitz |
| 156, 24-25 : αὐτὸ | αὐτὸς Dooley |
| 157, 29-30 : ἃ μὲν ἤδη | ἃ ἤδη O |
| 158, 1 : τὸ πρῶτον ἀίδιον ὂν | τὸ πρῶτον αἴτιον ἀίδιον ὂν AO |
| 159, 1 : τὸ μετ' αὐτὸ ὑποκείμενον φθαρέντος αὐτοῦ τὸ ἐξ αὐτοῦ ἐγένετο οὐκ ἀίδιον | τὸ μετ' αὐτὸ ὑποκείμενον <γίγνεσθαι· εἰ δὲ τοῦτο, καὶ εἰ> φθαρέντος αὐτοῦ τὸ ἐξ αὐτοῦ ἐγένετο, οὐκ ἀίδιον scripsi |

| | |
|---|---|
| 159, 7 : τὸ δεικτικὸν | δεικτικὸν AOLP |
| 162, 13-14 : ἄλλον δὲ πάλιν [ἄλλο] μετὰ τοῦτον ἔχοντα | ἄλλος δὲ πάλιν μετὰ τοῦτον ἔχων P |
| 164, 29 : τοιαύτη | τοιαύτην AOLFP |
| 165, 4 : κινουμένην νοεῖν | κινουμένην νοεῖν ἀνάγκη O |
| 165, 11 : κατὰ γὰρ | καὶ γὰρ O |
| 165, 14 : καὶ | εἰ καὶ AOP |
| 165, 22 : ᾧτινι | ᾧ OP Asclépius |
| 165, 20 : γνωστὸν | ἄγνωστον AOP |
| 165, 27 : αὐτὰ | αὐτῶν AOP |
| 165, 30-166, 1 : μήτε εἰς εὐθυωρίαν μήτε κατ' εἶδος, καὶ δείξας ὅτι κατ' εὐθυωρίαν οὔκ εἰσιν ἄπειρα οὔτε ἐπὶ τὸ ἄνω οὔτε ἐπὶ τὸ κάτω, δείκνυσι νῦν ὅτι οὐδὲ κατ' εἶδος οἷόν τε ἄπειρα εἶναι τὰ αἴτια, συγχρώμενος | εἰς εὐθυωρίαν μήτε ἐπῖ τὸ ἄνω μήτε εἰς τὸ κάτω ὅτι μηδὲ κατ' εἶδος οἷόν τε ἄπειρα εἶναι τὰ αἴτια, νῦν λέγει συγχρώμενος AO |
| 166, 3 : καὶ | Om. AOP |
| 166, 23-24 : κατὰ εἶδος δείκνυταί τι γίγνεσθαι | κατὰ τὸ εἶδος τι γίγνεται O |
| 166, 31 : ἔσται | ἔστι AO |
| 167, 12-13 : καὶ ὡς μὴ εἰθίσμεθα ἀκούειν | καὶ ἄλλα, ἀλλὰ μὴ ὧν εἰθίσμεθα ἀκούειν AOP |
| 169, 4 : ῥητορικὸν | ῥητορικὰς AO |
| 169, 19 : ἐπ' αὐτοῦ | ὑπ' αὐτοῦ Bonitz |
| 169, 25 : φυσική, ἣν ὁποία | φυσική ἥν. ὁποία AO |
| 170, 5 : ὑπεμνηματίσμεθα * * * | ὑπεμνηματίσαμεθα φανερά PS |
| 170, 11 : * * * | τέλος τοῦ ἐλάττονος ἄλφα AO |

## LIVRE PETIT ALPHA DE LA *MÉTAPHYSIQUE*[1]

| Le livre *Petit Alpha* de la *Métaphysique* est bien d'Aristote, autant 137
qu'on peut le prouver aussi bien par le texte[2] que par notre étude[3]; cependant il ne semble pas être complet, mais il est comme la partie d'un livre, si l'on en prend pour preuve son début et sa brièveté[4]. | D'une part,

1. Les manuscrits A et O portent exclusivement le titre du livre de la *Métaphysique* : Τὸ ἔλαττον ἄλφα τῶν Μετὰ τὰ Φυσικά, ce que je traduis ici. Hayduck a ajouté εἰς pour souligner qu'il s'agit d'un commentaire.

2. Je traduis le texte de A, O et P : τῇ λέξει καὶ τῇ θεωρίᾳ (Hayduck donne simplement : καὶ τῇ θεωρίᾳ (137, 3)). Le terme λέξις est généralement utilisé par Alexandre pour désigner le texte du manuscrit qu'il a sous les yeux ou celui d'un manuscrit utilisé par un autre éditeur.

3. Je traduis τῇ θεωρίᾳ par « étude » pour conserver la cohérence avec la traduction ultérieure de θεωρία, que je restitue par « étude théorique ».

4. Alexandre s'interroge déjà sur la question de l'authenticité du livre *Petit Alpha* qui ne cessera de motiver des débats jusque dans les recherches les plus contemporaines. Voir sur ce point le *status quaestionis* d'E. Berti, « La fonction de *Metaph. Alpha Elatton* dans la philosophie d'Aristote », dans *Zweifelhaftes im Corpus Aristotelicum. Studien zu einigen Dubia*, Berlin-New York, W. De Gruyter, 1983, p. 260-265, qui s'inspire en partie des travaux de W. H. Crilly, *The Role of Alpha Minor in Aristotle's* Metaphysics. *A Study in Aristotle's Methodology*, Fribourg, Université de Fribourg, 1962. Berti organise les différentes positions des commentateurs de la façon suivante. Tout d'abord, certains considèrent que le livre α est inauthentique (Christ, Rose, Brandis, Bonitz). Ensuite, parmi ceux qui le considèrent comme authentique, certains l'estiment étranger à la *Métaphysique* (Jaeger et Ross, qui y voient une introduction à la *Physique*; Trendelenburg, Owens et Ravaisson qui en font une introduction générale à la philosophie théorique). D'autres enfin, le considèrent comme une partie authentique de la *Métaphysique* mais qui n'est pas à sa place (Bullinger, Lasson, Goedeckemeyer), quand certains pensent qu'il est bien situé (Tricot, Luthe, Zahlfleisch). Alexandre se range donc dans cette dernière catégorie. À ce bilan dressé par Berti, on peut ajouter les positions suivantes, qui apparaissent dans le recueil collectif paru en 1983, P. Moraux et J. Wiesner (éd.), *Zweifelhaftes im Corpus Aristotelicum. Studien zu einigen Dubia*, *op. cit.* O. Gigon soutient que les thèses de *Métaphysique Petit Alpha* peuvent être rattachées à celles du livre *Grand Alpha*, et en constituent donc une sorte de supplément (« Versuch einer Interpretation von *Metaphysik Alpha Elatton* », *ibid.*, p. 193-220). Selon T. A. Szlezak (« *Alpha Elatton* : Einheit und Einordnung in die *Metaphysik* », *ibid.*, p. 221-259), les trois chapitres du livre sont dépourvus de toute unité, et constituent trois fragments distincts qui développent chacun des thématiques présentes dans différentes œuvres du *corpus* (en particulier, le premier chapitre serait plus platonicien

dans la mesure où, dans ce livre aussi, Aristote développe un exposé sur les principes, le livre *Petit Alpha* ne paraîtra pas diverger du *Grand Alpha*, mais prendre sa suite au sujet des principes et des causes, à partir de ce qu'il dit en terminant le livre *Grand Alpha* : « Mais revenons à toutes les apories que l'on pourrait rencontrer au sujet de ces mêmes questions. Peut-être en effet à partir d'elles trouvera-t-on la solution à celles qui se présenteront ultérieurement » (993a25-7). | Alors donc qu'il a annoncé cela en *Grand Alpha*, il semble chercher en conséquence, en *Petit Alpha*, si les principes et les causes vont à l'infini, et il montre qu'il y a un principe parmi eux, et que la progression ne va pas à l'infini[1]. D'autre part à l'inverse, si l'on considère sa partie finale, le livre *Petit Alpha* ne paraîtra pas s'intégrer dans la composition [de la *Métaphysique*], mais constituer une forme d'introduction au traité de la *Physique*. Car Aristote achève ce livre comme s'il s'apprêtait à parler de la nature par la suite, et à chercher ce qu'elle est. | Il dit en effet : « c'est pourquoi il faut examiner en premier ce qu'est la nature. De cette manière en effet, on verra aussi clairement de quels objets traite la physique » (995a17-19). Or examiner cela, c'est le propre du physicien. C'est pourquoi Aristote a développé son exposé sur la nature dans la *Leçon de Physique*[2]. Par ailleurs, le début de son livre *Beta* ne contient pas non plus l'exposé sur la nature [annoncé], de sorte
**138** qu'il | semblerait prendre la suite de *Petit Alpha*, mais Aristote y passe en

et proche du *Protreptique*, et le troisième à rattacher à *Ethique à Eudème* I 6 et à *Physique* II). E. Berti enfin y voit un écrit de la période précoce d'Aristote, très proche par son contenu du *Protreptique*, et appartenant donc au temps où Aristote était toujours membre de l'Académie : il s'agirait à ses yeux d'un cours où la physique et la métaphysique ne se trouvaient pas clairement distinguées. En ce qui concerne Alexandre, M. E. Kotwick (*Alexander of Aphrodisias and the text of Aristotle's* Metaphysics, Berkeley, California Classical Studies, 2016, p. 18) remarque que s'il soutient manifestement que le livre *Petit Alpha* est à sa place dans la *Métaphysique*, il en fait plutôt un appendice du livre *Grand Alpha* (elle remarque en effet qu'en 257, 10-16 et 264, 31, Alexandre qualifie le livre *Beta* de « deuxième livre » de la *Métaphysique*).

1. Voir la fin du commentaire à *Grand Alpha*, 136, 12-17 où Alexandre établit l'enchaînement entre les deux premiers livres. Il remarque que le livre *Beta* peut sembler à première vue prendre la suite directe de *Grand Alpha*, dans la mesure où à la fin de ce livre, Aristote évoque les « apories » (ἀπορήσειεν ἄν τις, 993a25) qu'il lui faudra aborder dans la suite, apories qui semblent justement examinées en *Beta*. Alexandre réplique cependant que les difficultés relatives aux principes et aux causes examinées en *Petit Alpha*, peuvent précisément remplir le rôle de l'une de ces « apories » évoqué à la fin de *Grand Alpha*. Il reprend ici cette même idée (137, 5-12).

2. Alexandre revient sur cette difficulté à la fin de son commentaire à *Petit Alpha* (169, 26-170, 2). Il propose alors de lire ainsi la phrase d'Aristote (995a17-19) : elle ne constitue pas une introduction immédiate à une étude de la nature, mais elle recommande de savoir au préalable ce sur quoi porte la physique pour pouvoir distinguer clairement ses objets de ceux propres à la métaphysique.

revue et expose les apories qu'il est d'abord nécessaire d'examiner[1] dans ce traité [de la *Métaphysique*]. C'est pourquoi le livre *Beta* semblera plutôt s'enchaîner avec *Grand Alpha* car le début du premier concorde avec la fin du second. Dans le livre *Grand Alpha* en effet, il s'est proposé de parler des apories que l'on peut rencontrer, | celles qui ont trait aux principes et à leur découverte, et dans le livre *Beta* c'est ce qu'il fait manifestement[2].

Cependant, ce qui est dit dans le livre *Petit Alpha* n'est, à mon avis, pas non plus totalement étranger au présent traité[3], mais constitue comme une introduction et des prolégomènes communs à toute la philosophie théorique[4]. En premier lieu, dans ce livre, il parle de ce qui concerne en général toute la | philosophie théorique, montrant qu'en un sens elle est difficile, en en prenant pour preuve le fait que rien qui vaille n'ait été dit à son sujet, et qu'en un autre sens au contraire elle est facile, en en prenant pour preuve, à l'inverse, le fait que personne ne s'est totalement fourvoyé à son sujet. Toutefois il expose plus en détail pourquoi elle est difficile, en montrant que la cause de cela réside en nous. Notre intellect est en effet trop faible pour connaître les choses qui sont évidentes par nature. | Et, à la suite de ces considérations, il loue ceux qui se sont attachés d'une façon ou d'une autre à la philosophie théorique, dans l'idée que leur apport n'est pas négligeable, et il explique en quoi la philosophie théorique diffère de la philosophie pratique, et que ce qui régit la première est la connaissance[5];

1. Le terme προαπορῆσαι (138, 1) « examiner au préalable les apories » est repris au début du livre *Beta*, en 995b2.

2. Alexandre évoque dans ce paragraphe les différents arguments qui vont à l'encontre du positionnement du livre *Petit Alpha* entre *Grand Alpha* et *Beta*. Tout d'abord, la fin de *Petit Alpha* mentionne la nécessité de l'examen de la nature : cet examen est mené dans la *Physique*, ce qui pourrait faire de *Petit Alpha* une introduction à ce traité; ensuite, on ne trouve pas trace d'une telle enquête sur les réalités physiques en *Beta*. Enfin, si l'on déplace *Petit Alpha*, *Grand Alpha* et *Beta* paraissent s'enchaîner parfaitement : le premier s'achève sur l'évocation d'apories à résoudre, quand le second est précisément consacré à l'examen systématique d'apories relatives à la métaphysique.

3. À savoir la *Métaphysique*.

4. Notons que cette hypothèse selon laquelle *Petit Alpha* constituerait une introduction générale à la philosophie théorique ne plaide pas nécessairement en faveur de son positionnement actuel dans la *Métaphysique*, ni même d'ailleurs de son appartenance générale à ce traité. Il pourrait tout aussi bien s'agir d'un cours séparé d'Aristote (comme le veut Berti) ou encore d'un assemblage d'écrits disparates portant sur la métaphysique (comme le soutient Szlezak). Voir note 4, p. 41-42.

5. « Ce qui régit [la philosophie théorique] » traduit τὸ κύριον τῆς θεωρίας (138, 17). La connaissance est en effet la finalité vers laquelle est orientée l'ensemble de la philosophie théorique (ce qui n'est pas le cas de la philosophie pratique, dont la fin est l'action). Il ne me semble cependant pas nécessaire d'adopter la leçon de LF : τὸ κύριον τῆς θεωρίας τέλος, comme le propose Dooley.

il montre [ensuite] que ce qui contribue le plus à l'étude théorique et à la connaissance de la vérité est la connaissance des principes et des causes. Les causes premières et les principes sont en effet au plus haut point; | et les êtres qui sont au plus haut point sont vrais au plus haut point et sont causes de l'être des autres choses et de la vérité qu'elles contiennent. Enfin, il montre aussi dans ce livre que, de façon générale et commune, il y a des principes et des causes des êtres, en réfutant la progression des causes à l'infini[1].

1. Avant d'aborder son commentaire détaillé, Alexandre commence par donner le plan global de l'argumentation des chapitres 1 et 2 du livre *Petit Alpha*. Ce plan, outre sa vertu pédagogique, a pour fonction de montrer que les questions traitées dans ce livre sont centrales dans la métaphysique aristotélicienne : la définition de la philosophie théorique, le problème de la causalité et des principes, le rapport entre l'être et la vérité… Cela renforce donc aux yeux d'Alexandre la thèse selon laquelle ce livre constitue une introduction générale à la métaphysique.

## Chapitre 1

993a30 : *Que*[1] *l'étude théorique de la vérité est en un sens difficile, en un autre, | facile. Un indice de cela...*

Le texte est aussi écrit sans « *que* » : « l'étude théorique de la vérité », ce qui semble plutôt être un début, alors que le texte avec « que » ne semble pas être un début, mais suivre quelque chose qui a d'abord été énoncé. Il appelle « étude théorique de la vérité » toute la philosophie théorique, non qu'elle soit la seule à traiter de la vérité | (de fait, la philosophie politique **139**
comme la philosophie pratique se rapportent au vrai qui est en elles, mais les arts eux aussi procèdent à une étude théorique de la vérité des choses qui sont de leur domaine, s'il est vrai que « l'art est une disposition productive accompagnée d'un raisonnement vrai[2] ») mais parce que la connaissance de la vérité, c'est-à-dire de la vérité au sens strict, est une fin pour elle seule. En effet | celle-ci prend pour objet d'étude théorique le vrai éternel.

1. La suite immédiate du texte montre qu'Alexandre lisait un manuscrit où apparaissait la conjonction ὅτι, que j'insère par conséquent dans le texte du lemme et que je traduis (alors qu'Hayduck édite le texte sans ce ὅτι, qui n'apparaît dans aucun manuscrit conservé). Certes, Alexandre fait aussi référence à un autre manuscrit où la leçon ὅτι n'apparaît pas. La tournure de la phrase « le texte est aussi écrit sans ὅτι » (138, 26) démontre néanmoins qu'originairement il avait bien restitué, dans le lemme, le texte d'Aristote avec ὅτι. Mirjam Kotwick fait l'hypothèse qu'un éditeur zélé a biffé le ὅτι dans le texte même d'Alexandre, parce que la phrase d'Aristote était plus facile à lire ainsi (M. E. Kotwick, *Alexander of Aphrodisias and the Text of Aristotle's* Metaphysics, *op. cit.*, p. 80). Sur ce passage, voir l'ensemble des analyses de cette commentatrice, p. 78-83. Elle souligne que Jaeger restitue le ὅτι dans sa propre édition de la *Métaphysique*.

2. *Éthique à Nicomaque* VI 4, 1140a4-5.

Ensuite, comme il établit que la philosophie théorique nous est la plus appropriée[1] et naturelle[2], Aristote affirme qu'on peut l'estimer difficile en un certain sens, mais à l'inverse facile en un autre : difficile dans la mesure où nombreux sont ceux qui s'y sont essayé, sans que personne n'ait formulé à son sujet des propos dignes d'intérêt. Cette incapacité de ceux qui discourent sur elle à dire quelque chose de digne d'intérêt à son propos est un indice suffisant de ce qu'elle est d'un accès malaisé et de la difficulté de son étude. | Il donne à l'inverse pour indice de sa facilité[3], le fait que ceux qui se sont exprimés à son sujet ne sont pas complètement dans l'erreur, mais que chacun d'entre eux a dit quelque chose de sensé. Car si nous examinons un par un ceux qui ont philosophé, nous trouverons que chacun d'eux, presque sans exception, a parlé de façon sensée. Et si | nous réunissons en un même ensemble les opinions

1. Cette idée est de prime abord étonnante. Aristote semble en effet plutôt dire que « relativement à nous », la philosophie théorique n'est pas très appropriée : le prouve l'analogie établie ensuite par Aristote entre les chauves-souris qui ont du mal à s'accoutumer à la lumière et l'intelligence humaine qui ne parvient pas à saisir immédiatement les vérités « par nature les plus manifestes » (*Métaphysique*, 993b11), à savoir précisément celles dont s'occupe la philosophie théorique. Et Alexandre lui-même, dans la suite de son commentaire souligne le contraste entre l'objet de la métaphysique qui, « de par sa nature, se prête bien à l'étude théorique, parce qu'il est simple » et la connaissance que nous en avons qui peut s'avérer malaisée « du fait de notre faiblesse » (142, 5-7). Peut-être Alexandre pense-t-il aux passages de l'*Ethique à Nicomaque* où Aristote souligne que l'excellence propre à l'homme consiste à exercer l'activité conforme à la plus parfaite des vertus, à savoir la *theôria* (*Éthique à Nicomaque* I 6, 1098a12-18). Dans ce passage, Aristote parle plus précisément du fait que l'homme doit vivre « selon l'excellence qui lui est appropriée » (κατὰ τὴν οἰκείαν ἀρετὴν, 1098a15) ce qui consonne avec l'expression utilisée par Alexandre qui définit la philosophie théorique comme « nous étant la plus appropriée » (μάλιστα οἰκείαν ἡμῖν, 139, 6). On peut relever dans l'*altera recensio* une interprétation qui va dans le même sens : par contraste avec les animaux qui peuvent prendre part aux activités productrices et pratiques, quoique différemment, « l'homme seul a part à l'étude théorique » (139 ad1).

2. Je comprends κατὰ φύσιν (139, 6) comme renvoyant à la nature humaine : la philosophie théorique est adéquate à *notre nature*. W. Dooley propose une lecture différente en mettant en jeu la distinction entre le fait que la philosophie théorique *nous* est appropriée (οἰκείαν ἡμῖν) et le fait qu'elle est le mode de connaissance le plus approprié *par nature* (κατὰ φύσιν) c'est-à-dire en soi ; ce qui donne dans la traduction de Dooley : « *most appropriate for us and by nature* ». Il explique cette seconde perspective en disant que la philosophie théorique est le mode de connaissance qui engage des réalités immatérielles, c'est-à-dire « intelligibles *per se* ». On ne voit pas bien cependant, dans la construction proposée par Dooley ce que peut signifier qu'une chose est « appropriée par nature » : encore faudrait-il préciser *à quoi* cette chose est appropriée. Par ailleurs, l'interprétation de l'expression κατὰ φύσιν en référence à *notre* nature se trouve justifiée quelques lignes plus loin lorsqu'Alexandre utilise les expressions : κατὰ φύσιν ἡμῖν (140, 3-4) ; et ἡμῖν ἐστι κατὰ φύσιν (140, 7).

3. Je pense qu'on peut retenir la leçon de A et O en 139, 11 : ῥᾴδιον (et non : ῥᾳδίαν, édité par Hayduck à partir de LF et Asclépius, et que l'on trouve aussi en P).

de tous les philosophes, l'étude de la philosophie théorique[1] apparaîtra déjà estimable et importante. Au sujet des principes, en tout cas, comme Aristote l'a affirmé dans le livre précédent[2], chacun de ceux qui en ont parlé en a évoqué une partie, et, même si aucun ne l'a fait clairement, cependant, dit-il, tous les principes ont été évoqués d'une certaine façon, parce que l'un mentionne l'un des principes, et un autre en mentionne un autre. « Ni tous ne se fourvoient » (993b1). Ce qu'il dit là équivaut à : ni aucun | d'eux tous ne se fourvoie totalement sur ces principes[3]. Et qu'il dise cela, Aristote l'a rendu clair en ajoutant : « mais chacun dit quelque chose au sujet de la nature ». En effet, cela concorde avec le fait que personne ne se fourvoie. Et l'ajout de « la nature » | montre que le **140**
livre *Petit Alpha* est lui-même situé avant toute la philosophie théorique[4].

Il me semble en outre qu'en disant à la fois que de nombreux philosophes ont contribué à la philosophie théorique et qu'aucun n'est complètement dans l'erreur, Aristote montre que cette étude est conforme à notre nature, alors que le fait que personne n'a dit quelque chose de digne d'intérêt à son propos | démontre sa grandeur et sa difficulté, et qu'il ne faut pas prendre à la légère la recherche qu'on y consacre. En effet, nous devons nous y attacher parce qu'elle est conforme à notre nature, mais sans la prendre à la légère, parce qu'elle est difficile. Et il est possible qu'il nous exhorte par ce qu'il dit, à la fois à ne pas la mépriser, sous prétexte

1. Par l'expression ἡ περὶ αὐτῆς θεωρία (139, 15-16), Alexandre désigne l'étude de la philosophie théorique *déjà accomplie* par les prédécesseurs d'Aristote.

2. Voir par exemple en A 10, 993a14-15 : « et d'une certaine façon, tous les principes ont été affirmés par les philosophes antérieurs, mais d'une autre façon aucun d'entre eux ne l'a été ».

3. Je retiens la conjecture de Bonitz à partir de Sepúlveda : αὐτῶν πάντῃ (139, 20), qui a été éditée par Hayduck. L'énoncé « ni tous ne se fourvoient » (μήτε πάντας ἀποτυγχάνειν, 993b1) pourrait être compris au sens où *quelques-uns* se fourvoient sur les principes. Selon Alexandre cependant cet énoncé doit être lu à la lumière de la suite de la phrase d'Aristote : « chacun dit quelque chose au sujet de la nature » (993b1-2), ce qui signifie qu'*aucun* philosophe ne s'est totalement trompé sur la question des principes, mais que chacun a aperçu une partie de la vérité.

4. Comme le remarque Dooley dans une note *ad locum* de sa traduction, on peut hésiter sur l'interprétation à donner ici au terme de *phusis* (139, 22-140, 2) : s'agit-il de l'essence des choses, de leur *ousia?* Ou de la nature comprise au sens, plus restreint, de réalité physique? Dans la mesure où Alexandre défend ici la thèse selon laquelle *Petit Alpha* sert d'introduction à l'ensemble de la philosophie théorique, il paraît plus probable qu'il comprenne *phusis* au sens large de l'essence des choses : les penseurs qui ont précédé Aristote ne se sont pas contentés d'enquêter sur l'ordre physique du monde, mais plus globalement sur l'essence des réalités qu'ils étudiaient. On doit noter cependant que dans le début de son commentaire à *Petit Alpha*, Alexandre a utilisé *phusis* au sens de ce dont l'examen est « le propre du physicien » (137, 15-17), ce qui correspond donc bien à son sens restreint.

qu'elle serait d'une absolue facilité, et à ne pas y renoncer sous prétexte de son absolue difficulté.

| 993b4 : *De sorte que, s'il en va, semble-t-il, comme quand il nous arrive de citer le proverbe : « qui pourrait manquer une porte ? ».*

Le fait que tous ceux qui parlent de philosophie théorique aient dit à son sujet quelque chose de sensé puisse être un indice de sa facilité, Aristote le montre en utilisant le proverbe : « qui peut manquer une porte ? ». On l'emploie à propos de choses aisées, qui n'ont rien de | difficile ou d'inaccessible, et il est tiré de l'exemple des archers tirant sur une cible. Ces derniers en effet, quand la cible qui se trouve devant eux est étroite, ne l'atteignent pas facilement. Mais quand elle est large, il n'est pas difficile de l'atteindre, c'est pourquoi tous y parviennent. Si donc tous atteignent ce qui est facile, cela précisément que tous atteignent, est ce qui est facile. « Mais le fait de saisir le tout [1] | sans être capable de saisir la partie [2] montre à l'évidence la difficulté [de l'étude théorique de la vérité] [3] » (993b6-7).
**141** | Et la seconde de ses affirmations précédentes constitue encore un indice de ce que cette étude est difficile et malaisée. C'est : « individuellement, les philosophes n'ont contribué à l'étude théorique que peu ou pas du tout »,

1. Je suis ici, comme Hayduck, le texte de A, confirmé par O et P, qui donnent : τὸ δὲ ὅλον *τε* ἔχειν καὶ μέρος μὴ δύνασθαι (140, 19-20) ; on trouve cependant dans LF : τὸ δὲ ὅλον *τι* ἔχειν, ce qui est conforme aux éditions modernes de la *Métaphysique*. En 141, 7, Alexandre cite de nouveau la phrase d'Aristote avec ὅλον *τε*. Cependant, par la suite, il reprend l'expression avec ὅλον *τι*, en 141, 17 ; 20 ; 22 (qui est une citation d'Aristote) ; et 30.

2. On peut mettre cette affirmation d'Aristote en rapport avec ce qu'il dit en *Physique* I 1, 184a24-26 et dans les *Premiers Analytiques* II 21, 67a29-30, passages où Aristote souligne encore qu'on peut avoir parfois la connaissance d'une chose en totalité tout en se trompant sur ses parties.

3. Dans la page qui suit, Alexandre se livre à une variation d'interprétations d'une seule phrase d'Aristote, qui est typique de sa méthode exégétique. Il part du constat d'une apparente contradiction dans le texte d'Aristote. D'un côté, celui-ci affirme que « saisir le tout sans être capable de saisir la partie » montre la difficulté de la *theôria* (993b6) ; de l'autre, que chaque philosophe a pu saisir quelque chose de la vérité, mais pas l'appréhender en totalité. Pour lever cette contradiction, Alexandre propose pas moins de cinq hypothèses interprétatives : 1) la première solution consiste à modifier le texte par une inversion de la négation : les philosophes antérieurs ont été capables de saisir la partie mais non le tout (141, 11-14) ; 2) ils n'ont été capables de ne saisir ni le tout ni intégralement la partie. Pour appuyer cette lecture Alexandre propose de déplacer la négation de sorte à la mettre en facteur commun pour le tout et la partie (141, 14-21) ; 3) il faut établir un contraste entre l'appréhension vague et générale de la totalité (le fait de « concevoir et examiner la totalité ») et la connaissance précise et rigoureuse de la partie : la première serait accessible à tous, mais pas la seconde (141, 21-24). 4) le texte est lacunaire : il faut ajouter « tous pris ensemble » pour comprendre que ce sont les philosophes pris dans leur totalité qui sont capables de rendre compte de la globalité du vrai, mais que chacun individuellement n'en comprennent qu'une partie (141, 24-30) ; 5) l'énoncé signifie : aucun philosophe n'a saisi *à la fois* le tout et la partie, mais chacun n'en a saisi qu'une partie (141, 29-30).

parce que, individuellement, les philosophes ni ne parlent de cette étude dans sa totalité, ni intégralement de l'une de ses parties. Ceux en effet qui ne contribuent en rien, ou en peu de chose, à cette étude, | outre le fait qu'ils manquent l'ensemble, en manqueront aussi les parties. Ce sont donc eux qui en montrent la difficulté.

Cependant cette phrase a quelque chose d'incohérent : « Mais le fait de saisir le tout sans être capable de saisir la partie montre sa difficulté ». Aristote semble en effet, par cette phrase, dire l'opposé de ce qu'il a déclaré auparavant ; car il a déclaré que chacun contribue partiellement à la vérité des êtres, | mais manque le tout. Or il semble dire à présent que ceux qui y contribuent, saisissent le tout, mais sont incapables de saisir la partie. (1) Afin d'échapper à cette contradiction, certains disent que la phrase a été inversée et que le bon ordre est la suivant : « le fait d'être capable non de saisir le tout, mais la partie, montre sa difficulté ». Cela concorde en effet selon eux avec ce qui a été dit auparavant. (2) Peut-être cependant est-il préférable d'entendre la phrase comme | nous l'avons dit auparavant : le fait de n'être capable de saisir ni le tout, ni intégralement la partie, montre la difficulté de cette étude. Ainsi, cette expression équivaut à : le fait de n'être capable de saisir une chose ni en totalité, ni même en partie, car le fait d'« y contribuer en peu de choses ou en rien » consiste à n'en saisir ni la totalité ni une partie dans sa totalité. Ce dont en effet même une partie est malaisée à saisir, cela est difficile. Et il y aurait | dans la phrase l'inversion suivante : « le fait de n'être pas capable de saisir quelque chose en totalité et en partie [1] », comme si Aristote disait : le fait de n'être capable d'aucun des deux montre la difficulté de cette étude. (3) On peut aussi entendre ainsi l'expression : « le fait de saisir quelque chose en totalité [2] et de n'être pas capable d'en saisir la partie » : le fait que tous parviennent à concevoir et à prêter attention à la totalité, sans être capables de rendre exactement compte d'aucune partie de cette étude, montre sa difficulté [3]. (4) Il est également possible | que : « tous pris

1. L'inversion est celle de la négation τὸ μὴ δύνασθαι, qui passe avant ὅλον τι ἔχειν καὶ μέρος, et qui est donc en facteur commun pour le tout et la partie. On voit ici qu'Alexandre cite le texte d'Aristote avec la leçon ὅλον *τι* (141, 20) alors que quelques lignes plus haut, il privilégiait la leçon : ὅλον τε (141, 7).

2. Alexandre cite là encore le lemme avec la version : ὅλον τι (141, 22).

3. Il faut marquer ici le contraste entre l'ἔννοιαν et l'ἐπίστασιν d'un côté et ἐξακριβώσασθαι de l'autre (141, 23-24) : les deux premiers termes, la conception et l'attention, désignent l'appréhension globale et encore vague de la totalité du vrai ; le second, le fait d'examiner quelque chose avec exactitude, renvoie à la saisie précise de certaines parties de l'étude de la vérité. L'ἔννοια est un concept qui a une signification technique dans le stoïcisme. Ici cependant ce terme ne désigne pas, comme dans le stoïcisme, une notion qui s'élabore dans l'âme à partir de l'impression sensible, mais elle est utilisée par Alexandre dans le sens d'une conception

ensemble » soit manquante dans l'expression, de sorte que cela donne : le fait que tous pris ensemble saisissent quelque chose en totalité, mais ne soient pas capables d'en saisir chaque partie [1], montre la difficulté de cette étude [2]. Et cette interprétation semblera assurément mieux s'enchaîner avec les mots qui ont précédé : « individuellement, ils n'ont contribué à cette étude que peu ou pas du tout, mais si on les rassemble tous, il en ressort quelque chose de grand » (993b2-3). (5) Cet énoncé équivaut peut-être à dire : le fait de ne pas être capable | de saisir quelque chose à la fois dans sa totalité et en partie, mais d'en comprendre seulement une partie.

Ensuite, Aristote peut vouloir dire : « en un sens difficile, en un autre, facile », non pas en tant que ces deux qualités se rapportent à cette étude du même point de vue, mais en tant que les deux types de représentations et d'opinions ont cours à son sujet : d'un certain point de vue, elle est facile, de l'autre, difficile; car du fait que tous contribuent également à cette étude théorique de la vérité, elle n'est pas difficile, mais du fait

encore immédiate et non critique de la vérité. Sur les différents usages de ce terme chez Alexandre voir la note 33 de Dooley dans sa traduction du commentaire d'Alexandre à *Grand Alpha*.

1. Je pense qu'il faut rattacher ἕκαστον à μέρος (141, 26) et traduire ainsi : « chaque partie », et non, comme le propose Dooley, en faire le sujet à l'accusatif de μὴ δύνασθαι (ce qui donnerait « aucun n'est capable de saisir une partie »). Alexandre veut dire que si l'on assemble toutes les parties de l'étude théorique saisies par les philosophes qui ont précédé Aristote, on aboutit à une compréhension globale; en revanche, aucun de ces philosophes n'est capable de saisir « chaque partie » de la totalité, c'est-à-dire d'articuler ensemble toutes les parties qui composent l'étude théorique.

2. M. E. Kotwick (*Alexander of Aphrodisias and the Text of Aristotle's* Metaphysics, *op. cit.*, p. 93, note 316) repère dans toute cette discussion de 993b4-7, trois suggestions de modification au texte de la *Métaphysique* : la première, en 141, 11-13 serait faite par d'autres : elle consiste à déplacer la négation, de sorte à éviter toute contradiction : « le fait d'être capable *non* de saisir le tout, mais la partie »; les deux suivantes, d'après M. E. Kotwick « sont probablement d'Alexandre » : il s'agit de 141, 19-21, qui là encore déplace la négation, mais qui la met cette fois en facteur commun : « le fait *de n'être pas capable* de saisir quelque chose en totalité et en partie »; et 141, 24-26 où Alexandre suggère d'insérer πάντας ἅμα : « le fait que tous pris ensemble saisissent quelque chose en totalité mais ne soient pas capables d'en saisir chaque partie ». Je ne suis pas sûr néanmoins qu'il s'agisse précisément là de suggestions de modifications au texte de la *Métaphysique* réellement assumées par Alexandre. Sa méthode me paraît être plutôt prospective et hypothétique : il envisage toutes les solutions possibles pour lever la contradiction qu'il a initialement relevée dans le passage d'Aristote, y compris en modifiant éventuellement son texte. Mais il est notable que rien ne permet de repérer dans le propos d'Alexandre quelle solution a effectivement sa préférence.

que personne ne réussisse à en comprendre | complètement ne serait-ce qu'une partie, elle n'est pas facile [1].

993b7 : *Peut-être aussi, comme il y a deux sortes de difficulté...*

Après avoir montré qu'en un sens la philosophie théorique est facile, en un autre difficile, | il distingue deux significations de « difficile », en **142.1** montrant en vertu de laquelle la philosophie est difficile, ce qui de nouveau sert à montrer qu'elle est « en un sens facile, en un autre sens difficile ». Les difficultés sont de deux sortes. La première tient à la nature de la chose étudiée : cette chose est telle que l'étude théorique en est malaisée du fait de sa nature ; la seconde | est due à la faiblesse de celui qui se livre à son étude, car une chose qui, de par sa nature, se prête bien à l'étude théorique, parce qu'elle est simple, peut, du fait de notre faiblesse, être pour nous difficile et malaisée à étudier [2]. C'est précisément à cette seconde sorte de difficulté qu'Aristote rattache l'art théorique [3] et la philosophie qui s'occupe de la vérité.

Peut-être nous exhorte-t-il [4] aussi par là à l'étude de la philosophie théorique. En effet si les objets | qui sont connaissables et premiers par leur nature propre, sont pour nous difficiles à connaître du fait de

1. Alexandre veut dire que la proposition selon laquelle l'étude théorique est à la fois facile et difficile n'est pas contradictoire, puisque ces deux qualités ne lui sont pas attribuées selon un seul point de vue, mais qu'elles renvoient respectivement à deux représentations divergentes.

2. Ce paradoxe d'un objet éminemment intelligible en soi mais difficile à saisir pour nous est souvent mentionné par Aristote (*Seconds Analytiques* I 2, 71b33-72a5 ; *Physique* I 1, 184a16-21 ; *Métaphysique* A 2, 982a23-25).

3. L'expression τὴν θεωρητικὴν τέχνην (142, 8-9) est remarquable. Elle peut faire référence à A 1, 981b13-25. Aristote y souligne en effet que les *technai* se hiérarchisent, au fur et à mesure qu'elles s'éloignent des nécessités vitales et de la recherche de l'utile. On doit noter que Bonitz, commentant ce passage de la *Métaphysique*, utilise en latin une expression qui est analogue à celle utilisée par Alexandre dans ce passage de *Petit Alpha* : les arts qui ont « le plus haut degré de dignité » sont les *artes theoreticae* (Bonitz 1849, p. 44). Dans notre passage, Alexandre pourrait inclure dans « l'art théorique » les sciences théoriques telle que les mathématiques (Aristote parle lui-même des « arts mathématiques » en 981b23-24), peut-être en les distinguant de la philosophie première, centrée sur les causes et principes premiers. Quoi qu'il en soit cependant, l'idée d'une *technê theôrêtikê* paraît brouiller la distinction établie en *Éthique à Nicomaque* entre la *technê* « disposition accompagnée de raison vraie capable de produire » (VI 4, 1140a10) et l'*epistêmê* « disposition capable de démontrer » (VI 3, 1139b30-31).

4. Le terme est προτρέποι (142, 8).

l'inactivité de notre intellect[1], il est clair qu'il faut l'entraîner et l'éveiller à ces objets, afin que les objets qui sont connaissables par leur nature propre, deviennent aisés à connaître pour l'intellect. Comment certaines choses sont difficiles à cause de la faiblesse de ceux qui les poursuivent, et non à cause leur nature, Aristote le montre avec l'exemple des chauves-souris : la lumière diurne les empêche de voir du fait de la faiblesse de leurs yeux, | alors qu'elle est ce qui, par sa nature, est le plus visible et la cause de ce que les objets visibles sont vus[2]. Selon lui, les yeux des chauves-souris ont donc un rapport à la lumière comparable, en ce qui nous concerne, au rapport que notre intellect entretient avec les objets les plus manifestes par nature[3] : ce sont les objets les plus simples, or tels sont les principes. Si tel est le rapport de notre intellect avec les êtres les plus manifestes, c'est parce qu'il | n'est pas détaché et séparé, mais s'accompagne de la sensation et des puissances passives de l'âme, qui toutes font obstacle à l'activité propre de l'intellect. En effet, notre activité qui porte continûment sur les objets sensibles fait obstacle aux activités qui sont séparées de la

1. Le terme ἀργία, l'inactivité, s'oppose chez Aristote à l'ἐνέργεια, l'activité (voir par exemple *De l'âme* II 4, 416b2-3). Alexandre suggère donc ici que l'intellect doit, en pensant les intelligibles simples, sortir de son inactivité pour s'exercer en acte. Cette idée est confirmée quelques plus lignes plus loin lorsqu'Alexandre évoque « l'activité propre de l'intellect » (τῇ οἰκείᾳ τοῦ νοῦ ἐνεργείᾳ, 142, 21-22) qui s'exerce sur l'intelligible.

2. Alexandre applique, par cet exemple de la lumière, un principe de causalité fondamental chez Aristote selon lequel c'est ce qui possède au plus au point une qualité qui est la cause première de l'advenue de cette même qualité chez d'autres êtres. Cette règle sera illustrée dans la suite du chapitre d'Aristote en α, 1, 993b24-26, qui cite l'exemple du feu, corps « le plus chaud » et cause de la chaleur dans les autres êtres. Alexandre utilise ce même paradigme de la lumière (qui apparaît ici en 142, 14-17) dans son *De Anima*, pour illustrer la causalité de l'intellect agent : de même que la lumière, parce qu'elle est la plus visible, est cause de la visibilité des autres choses, de même l'intellect agent qui est la forme la plus intelligible est cause de l'intellection des autres êtres (88, 26-89, 5).

3. Les commentateurs d'Aristote ont souvent fait le rapprochement entre cette analogie avec la vision des chauves-souris et l'allégorie de la caverne dans la *République* de Platon (VII, 514a-518b) : par exemple P. Aubenque, *Le problème de l'être chez Aristote*, Paris, Presses Universitaires de France, 1962, p. 60-61 et 75-76. Ce rapprochement a même été un argument pour remettre en doute l'authenticité proprement aristotélicienne de *Petit Alpha* (voir par exemple A. Mitcham, « A non-aristotelian simile in *Metaphysics* 2.1 », *Classical Philology* 65, 1970, p. 44-46). Comme le note cependant O. Gigon, une différence importante subsiste entre les deux dispositifs analogiques : alors que le prisonnier de la caverne peut s'habituer peu à peu à la lumière extérieure, la vision de la chauve-souris ne s'adapte pas et demeure toujours mieux disposée à la vision nocturne (O. Gigon, « Versuch einer Interpretation von *Metaphysik Alpha Elatton* », dans *Zweifelhaftes im Corpus Aristotelicum. Studien zu einigen Dubia*, *op. cit.*, p. 197).

sensation [1]. Or si à cause de ces objets sensibles la connaissance de la vérité est difficile, ce qu'Aristote a dit précédemment est vrai : « la connaissance qui porte sur la vérité | est en un sens difficile et en un autre facile », car elle est difficile pour nous, mais facile par sa nature. Et ces propos peuvent avoir été tenus à cause de cela : prouver que cette connaissance possède ces deux qualités, ce qui n'a d'autre raison que | d'être facile à connaître par **143**
sa nature et au contraire difficile à connaître pour nous, du fait de notre faiblesse [2].

993b11 : *Il est donc juste d'être reconnaissants non seulement envers ceux avec qui on a des opinons en commun...*

| Après avoir dit, au sujet de la philosophie théorique, qu'elle est en un sens difficile, en un autre facile, et qu'aucun de ceux qui y ont touché n'a avancé quelque chose de suffisant à son propos, il dit qu'il ne faut pas pour autant les dédaigner, mais qu'on doit leur être reconnaissants : leur aide n'a pas été minime pour ceux qui leur ont succédé. En même temps, à travers eux, il établit que l'étude théorique mérite toute notre application. Aristote estime en effet que nous devons être reconnaissants | non seulement à l'égard de ceux qui ont formulé des doctrines telles que nous aussi nous puissions en faire usage comme étant bien formulées et partager leur opinion, mais aussi à l'égard de penseurs plus anciens, même s'ils semblent avoir traité de ces sujets de façon plus superficielle [3]. Et il en donne la raison : même ces penseurs nous ont été utiles en quelque

1. W. Dooley cite un commentaire d'Asclépius relatif à ce passage d'Alexandre : « comme le dit Alexandre, il ne nous est pas possible à cause de cela de saisir les intelligibles, puisque notre intellect est faible relativement à la connaissance de ce qui est clair par nature, du fait qu'il est joint à la perception sensible et à l'imagination. Mais s'il était séparé, dit-il alors, il les saisirait. De sorte qu'Alexandre lui-même reconnaît, bon gré mal gré, que notre âme est séparée du corps », *In Aristotelis metaphysicorum libros A-Z commentaria*, 114, 36-115, 2, Hayduck). Dans son *De Anima* 17, 9-11, Alexandre souligne que si l'âme est la forme du corps, elle doit en être inséparable. En 88, 11-12, Alexandre parle bien d'un « intellect séparé et non mélangé aux autres choses », mais il s'agit de l'intellect agent, « cause première » et premier moteur.

2. Alexandre suppose un lien entre les deux affirmations d'Aristote : la connaissance théorique est à la fois facile et difficile (993a30-31) ; elle est simple en elle-même, mais difficile pour nous (993b8-9), la seconde affirmation permettant à ses yeux de rendre raison de la première.

3. Le terme ἐπιπολαιότερον, « plus superficiel » (143, 12), est un emprunt direct au texte d'Aristote, 993b13.

chose pour découvrir ce que nous cherchons. « En effet la disposition[1] » – c'est-à-dire notre puissance, puissance de l'âme | par laquelle nous sommes capables de chercher ce genre d'objets[2] (c'est celle qui relève de l'intellect) – « ils l'ont exercée » en l'aiguisant en quelque sorte et en la mettant en mouvement par leurs recherches : ils nous ont frayé la route et nous ont chargés de mener nous aussi nos recherches sur ces choses, et nous ont conduits à concevoir que l'étude théorique relative aux objets dont ils se sont occupés nous est appropriée[3].

Il se peut aussi qu'il nous exhorte, par là, à | prendre connaissance de toutes les opinions qui ont été proposées par eux, car disposer des opinions proposées nous rendra plus aptes à découvrir la vérité. Comment en effet pouvoir être reconnaissants envers ces penseurs, comme il estime juste de le faire, si l'on n'a pas d'abord enquêté sur leurs opinions ? On peut penser, à lire cette phrase, que le livre *Petit Alpha* suit d'une façon ou d'une autre celui qui a été rangé avant lui [le *grand Alpha*]. Après avoir en effet,
**144.1** dans le livre *Grand Alpha*, enquêté | sur les opinions de ses prédécesseurs concernant les premiers principes et avancé certaines objections à leur encontre[4], il soutient dans le livre *Petit Alpha* que ce n'est pas parce que nous soulevons des objections contre les opinions de certains penseurs, qu'il faut pour autant les dédaigner, comme s'ils ne nous étaient d'aucune utilité en vue des sujets examinés, mais que nous devons une certaine reconnaissance même à ceux qui semblent avoir dit des choses facilement

1. « Disposition » traduit ἕξιν, qui se trouve dans le texte d'Aristote (993b14). Normalement l'*hexis* désigne chez Aristote, une disposition acquise et stable, fruit de l'habitude ; dans les *Catégories* 7, Aristote fait la distinction entre l'*hexis* et la *dunamis* : la seconde est une puissance ou une capacité naturelle, alors que la première est acquise. Ici Alexandre semble donc corriger en le précisant le terme d'*hexis* employé par Aristote : la capacité intellective qu'ont exercée les penseurs de la tradition est, tout au moins dans son état originaire, une *dunamis*, une puissance naturelle de l'âme.

2. Il s'agit des réalités simples et manifestes par elles-mêmes, à savoir les principes (*cf.* 142, 18), qui sont l'objet propre de l'intellect séparé des puissances sensibles.

3. On trouve ici une conception étonnante de l'histoire de la philosophie, mais qui se trouve suggérée par le texte même d'Aristote : la mise en mouvement de l'intellect, son activation, ne se joue pas seulement à l'échelle de l'individu, par son exercice personnel de cette faculté, mais plus fondamentalement à l'échelle historique de la tradition philosophique : les philosophes les plus récents bénéficient de l'exercice actif que les plus anciens ont fait du *noûs*, et héritent ainsi d'une puissance intellective déjà mobilisée concernant les problèmes posés par la métaphysique. Sur le sens de l'histoire de la philosophie chez Aristote, voir O. Gigon, « Die Geschichtlichkeit der Philosophie bei Aristoteles », *Archivo di Filosofia* 1, 1954, p. 129-150 ; E. Berti, « Storiografia filosofica e dialettica in Aristotele » dans A. Santucci (éd.), *Pensiero antico epensiero moderno in Rodolfo Mondolfo*, Bologna, Cappelli, 1979, p. 48-69.

4. Aristote mène l'examen et la critique des thèses de ses prédécesseurs concernant les principes en A, chap. 3-9.

méprisables[1]. Car même | d'eux nous avons tiré un certain profit : « car ils nous ont amenés à exercer notre disposition [intellective] » (993b14). Que ceux qui, d'une manière ou d'une autre, ont été les instigateurs d'une discipline sont utiles, et non pas seulement ceux qui l'ont portée à un stade plus élaboré[2], Aristote le rend évident en prenant l'exemple de Timothée, qui passait pour avoir été le meilleur poète lyrique, et de Phrynis, qui était plus ancien que Timothée, sans assurément le valoir par son art. De ces deux hommes, nous avons reçu quelque chose : de Timothée, l'art lyrique, de Phrynis[3], le fait que | Timothée soit devenu un tel musicien[4]. Car ce dernier n'aurait pas créé des poèmes lyriques si élaborés si Phrynis n'avait d'abord existé et été l'instigateur de cet art. Or il en va pour l'étude théorique qui saisit la vérité avec justesse comme pour les poèmes lyriques : de certains penseurs, nous tenons certaines opinions qu'il vaut la peine d'utiliser dans la mesure où elles ont quelque chose de remarquable, mais d'autres ont été causes de ce que ces derniers ont tenu des propos valables et ont fait de telles découvertes.

| 993b19 : *C'est aussi à juste titre que l'on appelle la philosophie « science de la vérité ».*

Après avoir appliqué le nom de « vérité » à la philosophie théorique, Aristote établit à présent que c'est avec raison qu'on l'appelle ainsi, car il affirme que la philosophie théorique est philosophie au sens propre, comme il le montre par la phrase qui suit : « la fin de la philosophie

1. En *Métaphysique* A 3, Aristote souligne, comme dans ce passage, l'utilité d'évoquer « l'opinion de ceux qui, avant nous, se sont engagés dans l'étude des êtres et ont philosophé sur la vérité » (983b1-4). T. A. Szlezák remarque cependant qu'Aristote ne se montre pas partout aussi favorable et généreux envers ceux qui l'ont précédé dans l'étude des principes que dans ces lignes de *Petit Alpha*. L'examen mené en *Grand Alpha* du détail des thèses des penseurs antérieurs est principalement critique et souvent sévère (T. A. Szlezák, « *Alpha Elatton* : Einheit und Einordnung in die Metaphysik », *Zweifelhaftes im Corpus Aristotelicum. Studien zu einigen Dubia*, *op. cit.*, p. 232-233).

2. Je retiens la leçon de A, O et P : ἐργασάμενοι (144, 6) et non ἐπεξεργασάμενοι (LF).

3. On trouve en A (dans la marge) et en O la leçon : παρὰ τοῦ Φρυνίχου (144, 9). Il s'agit vraisemblablement d'une confusion avec le tragédien Phrynichos (vers -540; vers -470). Le poète Phrynis (voir note suivante), mentionné par Aristote se décline au génitif en Φρύνιδος, ce qui est la leçon retenue par Hayduck et que l'on trouve aussi en P.

4. Aristote fait l'analogie entre l'histoire de la musique et l'histoire de la métaphysique. Timothée de Milet, qui est considéré comme l'un des représentants les plus éminents de l'art du dithyrambe, vécut entre 450 et 360 av. J.-C. Phrynis de Mytilene aurait pour sa part vécu entre 480 et 400 av. J.-C. et exercé son art à Athènes. Aristophane y fait allusion dans sa pièce *Les Nuées*, 970-972. Entre 419 et 416 av. J.-C., il semble que Timothée ait remporté la victoire sur son aîné Phrynis dans un concours de dithyrambes (comme en témoigne un fragment de Timothée où il évoque cette victoire, fr. 27 Wil.).

145 théorique | est la vérité » (993b20-21), et plus encore, à l'intérieur de celle-ci, c'est la philosophie[1] qui porte sur les principes et causes premiers qui sont totalement séparés de la perception sensible et qui sont par leur nature propre, philosophie qu'il appelle aussi « sagesse[2] ». C'est de la manière suivante qu'il établit ce qu'il vient de dire. Puisque la vérité est la fin de la philosophie théorique, et que chaque investigation est caractérisée à partir de sa | fin et de son but[3] et tient d'eux son être, c'est à bon droit que cette philosophie est nommée à partir de la vérité, car c'est cela qui est sa fin. Et par la comparaison avec les sciences pratiques, il a montré que c'est avec raison que la philosophie théorique est nommée à partir de la vérité[4]. Car la philosophie pratique à pour fin l'action, mais elle n'a pas pour fin la connaissance de la vérité contenue dans les actes à accomplir[5]. En effet, même dans les cas où les hommes d'action examinent | comment est disposé leur objet eu égard à la vérité[6], ils n'examinent pas la vérité

1. On peut conserver la leçon ἡ (145, 1), donnée par A, O, M et P (même si le τὴν que Hayduck édite à partir d'Asclépius est plus naturel, puisqu'il reprendrait l'accusatif du début de la phrase τὴν θεωρητικὴν (144, 18-19)).

2. Si l'on en croit *Métaphysique* E 1, la philosophie théorique peut être elle-même divisée en trois branches : la physique, les mathématiques et la théologie. Si ces trois sciences sont « les plus hautes », c'est la théologie qui, parmi les sciences théoriques, est la plus éminente (1026a23). Elle est en effet la « science première » qui a pour objet les êtres à la fois « séparés et immobiles » (1026a16). Comme le souligne ici Alexandre, toutes les sciences théoriques ont pour fin la vérité, et sont donc à ce titre « philosophie au sens propre », mais la vérité la plus éminente est celle des « principes et des causes premiers », qui est l'objet de la philosophie première. Quant à la « sagesse », *sophia*, elle est définie dans l'*Éthique à Nicomaque* comme « la plus exacte (ἀκριβεστάτη) des sciences » capable « d'établir la vérité sur les principes » (περὶ τὰς ἀρχὰς ἀληθεύειν, VI 7, 1141a16-18).

3. « Fin » traduit τέλος et « but » traduit σκοπός. Les stoïciens marquaient une différence entre l'immanence du *telos* et l'extériorité du *skopos*, qui concerne la réussite ou le succès de l'acte, mais il ne semble pas qu'Alexandre exploite ici cette distinction.

4. La distinction entre sciences théoriques et sciences pratiques apparaît en *Métaphysique* A 1, 982a1; *Éthique à Eudème* I 5, 1216b10 *sq.* ; II 11, 1227b28 *sq.* ; et le *Protreptique*, qui fait la différence entre les sciences « concernant ce qui est juste et convenable » et celle relatives « à la nature et le reste de la vérité » ou entre science « de la vertu relative à l'âme » et science « de la vérité » (dans Jamblique, *Protr.*, respectivement 6, 37, 26- 38, 3; et 39, 9-11 (Ross, fr. 5, 32-33)). Sur le rapport entre ces passages de *Petit Alpha* et du *Protreptique*, voir E. Berti, « La fonction de *Metaph. Alpha Elatton* dans la philosophie d'Aristote », *op. cit.*, p. 275.

5. « Dans les actes à accomplir » traduit ἐν τοῖς πρακτοῖς. Alexandre veut dire que même dans les situations où l'homme d'action doit prendre en compte la vérité pratique afin de réussir au mieux ce qu'il se propose d'accomplir (voir note suivante), le *telos* qui le guide n'est pas la *connaissance de cette vérité*, mais bien *l'accomplissement de l'action*.

6. L'expression πῶς ἔχει peut être construite avec le génitif et elle prend alors le sens littéral de « comment l'on est en matière de » ou « en fait de ». Le texte d'Aristote se contente de l'expression τὸ πῶς ἔχει (*Métaphysique*, 993b22), « comment sont les choses » ; Alexandre y ajoute ici le rapport à la vérité (ἀληθείας, 145, 10). Il s'agit de la vérité pratique, définie dans l'*Ethique à Nicomaque* comme ce qui correspond au « désir correct » (VI 2, 1139a26-31).

qui porte sur ce qui est éternel. Aristote fait cet ajout dans l'idée que c'est la vérité qui porte sur les objets éternels qui est au sens fort et au plus haut point vérité, et non celle qui réside dans les actions à accomplir. Assurément, ce n'est pas sur le premier genre de vérité que les hommes d'action font porter leur examen, mais sur celle qui vaut pour un individu et à un moment donné[1], et ils réfèrent leur étude à l'action[2]. Les actions à accomplir sont telles en effet – elles ne relèvent pas | de ce qui est général[3] – mais elles sont sujettes à des variations en fonction à la fois de l'âge de ceux qui agissent, des coups du sort, et des relations envers ceux qui sont destinataires de l'action. De fait, les recherches qui portent sur les vertus et sur les actes qui en dépendent, et qui ne sont pas menées en vue de la seule étude théorique, ces recherches se déploient dans le champ des actions à accomplir et portent sur les circonstances particulières : c'est à ces circonstances particulières qu'elles se réfèrent[4]. Bien plus, lorsqu'il dit : « non éternel », | il montre que la fin des hommes d'action n'est pas la vérité et la science, puisque les sciences et les études théoriques portent sur

Ainsi que le remarque R. Bodéüs dans une note relative à ce passage, la « vérité pratique » est « tout entière dans la correspondance qu'elle affirme entre un moyen et la fin, par principe bonne, que le sujet désire en fonction de sa vertu » (R. Bodéüs, *Aristote. Éthique à Nicomaque*, Paris, Flammarion, 2004, p. 294, n. 1). Ainsi peut-on supposer, dans le contexte du commentaire d'Alexandre, que l'homme d'action cherche la vérité comme adéquation entre les moyens mis en œuvre et la fin recherchée, en prenant en compte les circonstances particulières de l'action. Notons cependant qu'en introduisant cette question de la vérité pratique, Alexandre complexifie singulièrement le propos d'Aristote, qui se contentait d'opposer la fin de la science théorique qui est la vérité, et la fin de la science pratique qui est l'œuvre (θεωρητικῆ μὲν γὰρ τέλος ἀλήθεια πρακτικῆς δ' ἔργον, 993b20-21).

1. Alexandre, en parlant de la vérité τινὶ καὶ ποτέ (145, 13), mot-à-mot « qui est à quelqu'un et à un moment donné » s'éloigne du texte d'Aristote qui souligne seulement le fait que les hommes d'action examinent « ce qui est relatif au cas présent » (ὃ πρός τι καὶ νῦν, *Met.* α 1, 993b22).

2. Ainsi que le note Dooley, l'expression τῆς θεωρίας (145, 14) ne doit vraisemblablement pas être lue au sens strict et technique de la science théorique, puisque précisément l'objet de ce passage est d'effectuer le partage entre le théorique et le pratique. Il faut donc lui donner le sens plus général d'« étude » ou de « considération », comme c'est d'ailleurs déjà le cas pour le verbe employé dans le texte d'Aristote : θεωροῦσιν, « ce que les hommes d'action *considèrent* » (993b23).

3. Je retiens, en 145, 14-15 la leçon de O et P : οὐ καθόλου (au lieu de : οὐκ ἀεὶ οὐδὲ καθόλου donné par LS, et édité par Hayduck; καὶ καθόλου que l'on trouve en A).

4. Sur ce partage entre le théorique et le pratique, on peut se référer à *Éthique à Nicomaque* VI 2, qui marque la différence entre la puissance rationnelle qui s'occupe des « principes qui ne peuvent être autrement qu'ils sont », c'est-à-dire des êtres nécessaires, et celle qui a pour objet les êtres contingents (1139a7-8). La première est la puissance scientifique du *logos*, la seconde sa puissance calculatrice. Voir aussi en VI 8, 1141b15 où Aristote souligne que la *phronesis* « doit être connaissance des circonstances particulières, car elle est pratique, et la *praxis* est relative aux circonstances particulières ».

des objets éternels. On trouve cependant dans certains manuscrits : « [les hommes d'action] ne considèrent pas la cause en elle-même mais en tant qu'elle est relative au cas présent[1] ». Si c'est bien ce qu'il a écrit, Aristote veut dire que ce n'est pas la cause au sens fort et en elle-même, celle qui est cause que les choses sont vraies absolument, que considèrent les hommes d'action, mais plutôt le fait qu'une chose est vraie relativement | à un objet particulier et dans une situation présente[2]. Tels sont en effet le vrai qui réside dans les actions à accomplir et la cause qui rend raison du fait qu'elles doivent être accomplies.

993b23 : *Mais nous ne connaissons pas le vrai sans la cause.*

Ce propos équivaut à dire qu'il est assurément impossible de connaître le vrai sans la cause, de sorte que si ce n'est pas selon la cause
**146** au sens propre que les hommes d'action connaissent les objets | qu'ils se proposent d'examiner, ils n'étudient pas non plus ce qui est réellement vrai en eux. Et un tel propos peut avoir été dit en accord avec la seconde version du texte. Mais si ce propos a été dit dans l'absolu, il peut l'avoir été pour montrer que celui qui s'occupe du vrai doit avoir une connaissance théorique des causes[3]. Après avoir exposé | que l'étude qu'il se propose est

1. Alexandre mentionne deux leçons alternatives pour *Métaphysique* α 1, 993b22. La première qui est celle qu'il semble privilégier, est : οὐ τὸ ἀΐδιον ...θεωροῦσιν, les hommes d'action « ne considèrent pas la chose éternelle » (c'est cette leçon qu'Alexandre reporte en 145, 19), et qui est éditée par Ross. La seconde, qu'il restitue ici et qui est éditée par Jaeger, est : οὐ τὸ αἴτιον καθ' αὑτὸ...θεωροῦσιν (145, 21-22), « ne considèrent pas la cause en elle-même ». Sur ces deux leçons chez Aristote et Alexandre, voir le commentaire fourni de M. E. Kotwick, *Alexander of Aphrodisias and the Text of Aristotle's* Metaphysics, *op. cit.*, p. 271-278. Elle conclut son analyse en soulignant que savoir quelle leçon privilégier est quasiment indécidable, même si elle avance une légère préférence pour la leçon τὸ ἀΐδιον ...θεωροῦσιν, qui serait plus ancienne.

2. Je retiens en 145, 24-25 la leçon de A, O et P : ἀλλὰ τὸ πρὸς τόδε, et non ἀλλὰ τοῦ πρὸς τόδε (Sepúlveda, Bonitz et Hayduck).

3. Alexandre propose deux lectures de la phrase d'Aristote en 993b23 : « nous ne connaissons pas le vrai sans la cause ». Dans la première lecture, Alexandre suppose que cette phrase est la conséquence logique de ce qu'il appelle la « seconde version » du texte de la phrase précédente de la *Métaphysique* : οὐ τὸ αἴτιον καθ' αὑτὸ (993b22). Il glose dès lors la phrase d'Aristote en supposant que l'expression ἄνευ αἰτίας (« sans la cause ») doit être comprise au sens de la « cause au sens propre » (τὸ κυρίως αἴτιον, 145, 29), ce qui est équivalent à la leçon de la seconde version du texte d'Aristote : « la cause en soi ». Dans cette lecture par conséquent, Aristote dirait tout d'abord que les hommes d'action ne considèrent pas la cause en elle-même, mais simplement sa relation à l'action présente, pour ensuite préciser que, puisqu'ils n'ont pas de savoir théorique de la cause au sens propre, ils n'ont pas non plus accès à la vérité en son sens le plus plein (mais seulement à la vérité pratique, qui concerne l'action). Dans la seconde lecture, Alexandre suppose qu'Aristote parle ici « dans l'absolu » (ἁπλῶς, 146, 3), sans se référer à un mode particulier de causalité, qui serait celui de la cause en soi ou cause au sens propre. Dès lors, la phrase : « nous ne connaissons pas le vrai sans la cause » a un sens

l'étude théorique qui porte sur la vérité, et montré quelle est cette étude, à savoir la sagesse et la philosophie théorique, il ajoute à ces propos qu'il est impossible de connaître le vrai en ignorant la cause : il nous enseigne par là et par ce qu'il dit ensuite, que la connaissance des causes sera nécessaire à celui qui se consacre à fond à la vérité, comme il l'a dit aussi | au début de la *Physique*; et dans les *Seconds Analytiques*, il a montré que la connaissance par la cause est science; et encore, dans le premier livre de la *Métaphysique*, il a montré que la connaissance au sens propre d'une chose dépend de la connaissance de ses causes [1].

Mais il ne dit pas que l'on apprend à connaître tout ce qui est vrai à partir d'une cause. Car s'il en était ainsi, les causes iraient à l'infini et rien ne serait connaissable, comme il le montrera un peu plus loin. Toutefois | il est clair qu'il est impossible de connaître ce qui est vrai des choses qui ont des causes, séparément de la cause. Mais il y a des choses qui sont connaissables séparément de la cause : ce sont les choses qui n'ont pas de cause, telles que les premières et les principes, dont il n'y a pas de causes. À moins qu'il ne parle de manière elliptique, car manque l'expression : « les choses dont il y a des principes et des causes », qu'il a utilisée dans la *Leçon de physique*. Ou alors « nous ne connaissons pas » équivaut à : « nous n'avons pas la science ». Car | la science est au sens propre la connaissance par démonstration; cependant, il n'y a pas de démonstration des principes, de sorte qu'il n'y en a pas non plus une connaissance de cette sorte [2]. Ou alors, il traite encore de ce point [3] en ajoutant les mots qui suivent. Voici la phrase : « si bien que ce qui est cause de l'être vrai des choses postérieures est aussi plus vrai [4] » (993b26-27); et encore : « les

indépendant qui ne s'articule pas à la phrase précédente d'Aristote, et elle s'applique de façon générale à tous les hommes qui cherchent à saisir le vrai (et non plus spécifiquement aux hommes d'action). Dans cette seconde hypothèse par conséquent, nul n'est besoin de privilégier, dans la phrase précédente, la leçon alternative οὐ τὸ αἴτιον καθ' αὑτὸ par rapport à la leçon οὐ τὸ ἀΐδιον (993b22). Voir sur ce point M. E. Kotwick, *Alexander of Aphrodisias and the Text of Aristotle's* Metaphysics, *op. cit.*, p. 276.

1. À savoir respectivement en *Physique* I 1, 184a10-16; *Seconds Analytiques* I 2, 71b9-12; *Métaphysique* A 3, 983a25-26).

2. C'est-à-dire qu'il n'y a pas de connaissance scientifique des principes, puisque la science se définit par la démonstration (et que les principes sont indémontrables). Pour ce lien entre savoir et démonstration, voir Aristote, *Seconds Analytiques* I 2, 71b16-17.

3. À savoir le fait que les principes qui n'ont pas de cause peuvent néanmoins être connus « séparément de la cause » (146, 16). L'idée d'Alexandre semble être la suivante. En 993b26-30, Aristote affirme que les principes sont « plus vrais » que ce qui en dérive, sans avoir eux-mêmes de cause. Cela signifie qu'ils relèvent d'un autre ordre de vérité, supérieur, par rapport à la vérité des êtres connue à partir de leur cause.

4. Comme Hayduck, O et P donnent : ἀληθέστερον (146, 22), que je traduis ici, alors qu'on trouve ἀληθέστατον en A et dans les manuscrits de la *Métaphysique*.

principes des êtres qui existent toujours doivent être toujours, étant les plus vrais[1]. Car ils ne sont pas vrais à un moment donné, et il n'y a pas | autre chose qui soit cause de leur être, mais eux-mêmes sont causes pour les autres ». (993b28-30).

147 | 993b24 : *Chaque chose en vertu de laquelle une propriété synonyme appartient aussi à d'autres, possède cette propriété à un plus haut point que ces dernières.*

Après avoir dit qu'il n'était pas possible de connaître la vérité dans les choses qui possèdent des causes, sans connaître les causes elles-mêmes, et avoir montré par là que la connaissance des causes est nécessaire | à la philosophie théorique, Aristote montre à présent de nouveau cette nécessité par le fait que celui qui philosophe au sujet de la vérité doit acquérir la connaissance de ce qui est vrai au plus haut point et que les causes éternelles sont vraies au plus haut point car celles-ci sont aussi causes de la vérité des êtres qui sont par elles[2]. Car d'une part ce qui est cause que les autres choses aussi sont vraies, c'est cela qui est le plus vrai, et d'autre part les principes sont causes de la vérité dans les êtres qui sont par eux.

| Autant en effet chacun des êtres participe à l'être, autant il participe aussi à la vérité[3] – ce qui est sûr est que le faux est non-être[4]. C'est pourquoi les choses éternelles sont au plus haut point des êtres, et la connaissance de ces choses est au plus haut point vérité, si du moins c'est une science[5]. Mais si les choses éternelles sont au plus haut point des êtres, plus encore

1. A, O et P insèrent οὔσας à la fin de la phrase : ἀληθεστάτας οὔσας· οὐ γὰρ ποτὲ ἀληθεῖς (146, 24), ce que j'ai traduit ici. On ne trouve pas trace cependant de cette leçon alternative dans l'apparat de Ross à la *Métaphysique*, et ce passage n'a pas été discuté par Kotwick.

2. Comme le remarque Hayduck, en toute rigueur grammaticale, le δι' αὐτήν (147, 8) des manuscrits devrait être remplacé par δι' αὐτὰ, en référence au ταῦτα du début de la phrase.

3. L'utilisation du verbe μετέχει (147, 10), qui signifie la participation, et qui est suivi du génitif, révèle la lecture qu'Alexandre fait du génitif, d'interprétation délicate, dans la formule d'Aristote : ὥσθ' ἕκαστον ὡς ἔχει *τοῦ εἶναι*, οὕτω καὶ *τῆς ἀληθείας* (993b30-31). Voir sur ce point G. Guyomarc'h, *L'Unité de la métaphysique selon Alexandre d'Aphrodise*, *op. cit.*, p. 106 et 108.

4. Voir Aristote, *Métaphysique* E 2 : « autres sont l'être comme vrai et le non-être comme faux » (1026a34-35).

5. Le terme « science », ἐπιστήμη (147, 12), peut être interprété à partir de sa définition comme « connaissance des causes » (*cf.* au début du *Commentaire à* Grand Alpha, ἡ τῆς αἰτίας γνῶσις ἐπιστήμη ἐστι, 6, 9-10). Alexandre voudrait dire que seule la connaissance des êtres éternels à partir de leur cause constitue à proprement parler une science capable de saisir leur vérité : c'est ce qu'il explicite dans la phrase suivante (147, 12-13). On retrouve, en 148, 17, la même précision.

sont des êtres celles qui sont causes du fait que ces choses sont toujours; car parce qu'elles sont causes de ces dernières, elles sont plus des êtres qu'elles, et elles sont au plus haut point des êtres[1]. | La raison de cela il l'explique en disant : « chaque chose en vertu de laquelle une propriété synonyme appartient aussi à d'autres, possède cette propriété à un plus haut point que ces dernières ». Car ce par quoi il appartient à certaines choses d'être ce qu'elles sont[2] et d'être, en vertu de cela, synonymes les unes par rapport aux autres[3] – prenons un exemple : pour les choses chaudes, ce par quoi il leur appartient d'être chaudes, est chaud au plus haut point. Il faut en effet non seulement que ces choses soient synonymes les unes par rapport aux autres, mais aussi que la cause du fait qu'elles sont telles, leur soit synonyme[4]. | Dans ce cas-là en effet, elle sera au plus haut point elle-même telle qu'elle est, lorsqu'elle l'est en premier, comme pour les choses chaudes la cause du fait qu'elles le sont est chaude au plus haut point, puisqu'elle-même est chaude en premier. Ainsi le feu est-il cause pour les choses chaudes du fait qu'elles le sont. Cela, il le montre en disant : « ce en vertu de quoi appartient aussi aux autres choses… », puisqu'une chose peut, pour certaines autres, être cause qu'elles sont ce qu'elles sont, sans être elle-même telle que celles-ci : par exemple, la

1. On peut, en suivant le commentaire que fait M. Rashed de ce texte, supposer que les « choses éternelles » sont les astres, et les causes de ces derniers, « les formes qui les meuvent, elles-mêmes coiffées par la forme suréminente du Premier Moteur, i. e. du moteur de la sphère des fixes » (M. Rashed, *Essentialisme. Alexandre d'Aphrodise entre logique, physique et cosmologie*, *op. cit.*, p. 313). En ce qui concerne les formes séparées qui meuvent les corps divins, M. Rashed renvoie au commentaire d'Alexandre à *Métaphysique* Δ 8, 375, 37-376, 5.

2. L'expression grecque est τὸ τοῖσδέ τισιν εἶναι (147, 17), qui constitue un mixte entre deux tournures aristotéliciennes : celle du τόδε τι, qui signifie la réalité individuelle, le fait d'être un « ceci » déterminé; et la construction du verbe εἶναι avec le datif, comme dans l'expression τὸ ἀνθρώπῳ εἶναι qui exprime l'essence de l'homme. En 203, 18 de son commentaire au livre *Beta*, Alexandre reprend la même expression pour désigner les « formes de chaque chose ».

3. La phrase grecque (147, 16-18) reste en suspens, sans proposition principale. On peut la suppléer ainsi : « ce en vertu de quoi les choses sont synonymes les unes par rapport aux autres, *possède au plus haut point cette propriété synonyme* » : le feu, en vertu de quoi toutes les autres choses sont chaudes, est lui-même chaud au plus haut point.

4. L'interprétation exacte de συνώνυμον (147, 19) est délicate. Dans les *Catégories*, Aristote définit le synonyme à la fois comme ce qui porte un même nom et « dont l'énoncé de l'essence est le même » (1a7-8). Il semble bien cependant qu'Alexandre fasse parfois un usage large de cette notion en l'étendant aux choses rassemblées sous une unité focale ἀφ' ἑνὸς καὶ πρὸς ἕν (et donc pas seulement sous une stricte unité générique). Voir sur ce point G. Guyomarc'h, *L'Unité de la métaphysique selon Alexandre d'Aphrodise*, *op. cit.*, p. 109-110. Si cette interprétation large prévaut ici, cela signifie que la cause peut avoir des propriétés synonymes par rapport à son effet, sans que cela implique que l'une et l'autre soient incluses dans un même genre.

friction | est pour certaines choses cause de chaleur, mais elle est cause de la chaleur de ces choses sans être elle-même chaude au plus haut point. Le feu, en revanche, puisqu'il est cause de la chaleur des choses chaudes en étant lui-même chaud, est pour cette raison lui-même chaud au plus haut point[1]. De même par conséquent, les choses qui sont au plus haut point causes des êtres, sont elles-mêmes aussi des êtres, et elles sont plus encore
**148** des êtres qu'eux parce qu'elles sont leurs causes, | et elles sont encore plus vraies. Car il a été posé ceci : c'est dans la même mesure où chaque chose participe à l'être, qu'elle prend part aussi à la vérité. Donc, dans la mesure où je dis « éternels » à la fois les êtres qui sont toujours et leurs causes, dans cette même mesure ils sont « vrais » de manière synonyme les uns par rapport aux autres, aussi bien que par rapport à leurs causes. Et dans la mesure où les causes de l'être de certaines choses sont au plus haut point telles que ces choses sont, | dans cette même mesure, parmi les choses éternelles, leurs causes sont plus vraies. De sorte que la connaissance de telles causes sera au plus haut point connaissance de la vérité. De fait, si les êtres qui sont toujours, sur lesquels porte l'étude théorique, sont toujours vrais parce qu'ils sont toujours, eh bien donc, parmi ces êtres aussi, les causes des effets sont vraies au plus haut point[2]. Celles-là sont en effet premières, et ceux-ci, postérieurs, non pas dans le temps (puisque les deux sont éternels) mais par leur nature. Par nature | en effet, la cause est première par rapport aux choses dont elle est cause. Et il n'est nullement absurde de dire que le vrai diffère du vrai, si du moins le vrai dépend de l'être, et que l'être diffère selon les objets connaissables : parmi eux, les uns sont objets de science, les autres, objets d'opinion. Car la matière, comme

1. Le contre-exemple de la friction est important dans l'argumentation d'Alexandre : il peut se faire en effet que certaines causes ne possèdent pas les propriétés de leurs effets (ainsi la friction engendre la chaleur sans être elle-même chaude). Dès lors il faut montrer que les causes les plus hautes appartiennent à l'autre mode de causalité, illustré par l'exemple du feu, selon lequel la cause possède éminemment la propriété contenue dans l'effet : les causes éternelles des êtres vrais sont elles-mêmes au plus haut point des êtres, de même qu'elles sont vraies au plus haut point.

2. Alexandre établit dans tout ce paragraphe un parallèle entre trois hiérarchies : celle des êtres, celle des causes, et celle des degrés de vérité. Alexandre vient de rappeler, dans le commentaire du lemme précédent, que l'on ne peut connaître le vrai sans connaître la cause ; il souligne à présent que la cause est « plus » que l'être qui est son effet, puisque la cause doit contenir éminemment en elle les propriétés contenues dans ce qui en dérive; cela implique encore que l'être supérieur, en tant qu'il est cause, est aussi éminemment connaissable et donc vrai « au plus haut point ». Par ailleurs, en anticipant sur le commentaire de 993b28, Alexandre transpose cette triple hiérarchie au sein des êtres éternels : parmi eux *aussi*, il faut établir une graduation entre les principes, plus vrais et connaissables, et les effets qui en dérivent qui, quoiqu'éternels, ont des causes supérieures.

Aristote le dira dans ce qui suit, appartient nécessairement à des êtres en mouvement[1]. Tous les êtres en effet ne sont pas objets de science, bien qu'ils soient vrais, mais, dans chaque cas, la | connaissance de l'être tel qu'il est, est vérité; ils ne sont pas vrais par eux-mêmes (car la vérité n'est pas dans les choses) mais [ils le sont] dans la mesure où la connaissance de l'être tel qu'il est, est vérité[2]. Or s'il en est ainsi, la connaissance de l'être qui est au plus haut point tel qu'il est, est aussi vérité au plus haut point, s'il est vrai que cette connaissance est aussi science. Par conséquent, puisque le vrai suit l'être, le vrai au plus haut point suivra l'être au plus au point.

1. Alexandre se réfère à *Métaphysique* α 2, 994b24-25. Ce passage de la *Métaphysique* pose cependant un problème textuel (voir plus bas la version textuelle et le commentaire qu'Alexandre propose de ce lemme (164, 15-165, 5), ainsi que les notes qui s'y rapportent). Dans le passage présent de 148, 12-13, Alexandre fait de la matière un objet de connaissance en tant qu'elle appartient à ce qui est en mouvement (si l'on interprète ainsi le génitif : τὴν γὰρ ὕλην, *κινουμένων* εἶναι ἀνάγκη). M. Rashed traduit cette phrase : « la matière [...] il est nécessaire de la penser par un mû » en proposant la correction suivante : κινουμένῳ νοεῖν ἀνάγκη (M. Rashed, *Essentialisme. Alexandre d'Aphrodise entre logique, physique et cosmologie*, *op. cit.*, p. 315, n. 861). Je préfère cependant m'en tenir au texte édité par Hayduck (confirmé par A, O et P). Alexandre veut dire que la matière n'est pas connaissable en soi, mais seulement par la médiation du mouvement : le passage des mobiles de la puissance à l'acte révèle la présence en eux de l'indétermination matérielle. Aristote soulignait en ce sens que la matière est connaissable seulement « par analogie » (*Physique* I 7,191a8). Alexandre explicitera ce point plus loin dans son commentaire en affirmant que la matière « est objet d'opinion et non de science » (164, 20) et en se référant au jugement platonicien selon lequel la *khôra* peut être seulement saisie par un « jugement bâtard ». Cette mention du caractère non strictement scientifique de la saisie de la matière est essentielle dans l'argumentation d'Alexandre : elle met en lumière le fait que certaines vérités relèvent de l'opinion et non de la science. Ou, comme le dit M. Rashed : « alors que la matière se soustrait même à la science, elle ne se soustrait pas à la vérité. C'est donc que la vérité est susceptible de degrés allant de la simple opinabilité à la science apodictique » (M. Rashed, *Essentialisme. Alexandre d'Aphrodise entre logique, physique et cosmologie*, *op. cit.*, p. 316).

2. L'expression « la connaissance de l'être tel qu'il est » (ἡ τοῦ ὄντος ὡς ἔχει γνῶσις) doit être interprétée ainsi : à chaque degré d'achèvement ontologique des choses correspond un degré de vérité. Autrement dit, la vérité change de degré « au cas par cas » (καθ' ἕκαστον) selon la place que la chose occupe dans la hiérarchie de l'être. L'idée que les objets de connaissance ne sont pas vrais « par eux-mêmes » (κατ' αὐτά) pourrait renvoyer au statut de la matière, dont la vérité n'est accessible que par la médiation de ce qui est mû. Cependant, comme le souligne Dooley, la remarque selon laquelle « la vérité n'est pas dans les choses » (148, 15) entre en tension avec le sens global du passage qui est d'affirmer que c'est le degré ontologique de la chose qui détermine son degré de vérité. En parallèle à cette assertion, Dooley renvoie au ps.-Alexandre : « le faux et le vrai ne sont pas dans les choses mais dans la *dianoia* » (*In Met.*, 457, 32).

993b28 : *C'est pourquoi nécessairement les principes des êtres qui sont toujours sont toujours les plus vrais.*

C'est-à-dire que leur connaissance est toujours la plus vraie. Si en effet l'être est vrai, l'être qui est toujours est toujours vrai[1]. Par conséquent, ce qui est plus vrai que ce qui est toujours vrai, sera toujours vrai au plus haut point. Telles sont les causes des êtres qui sont toujours, celles par exemple de notre monde, | des astres, ou des quatre corps, dont l'éternité relève de l'espèce, et de ce qui est éternel dans le cas des êtres particuliers et sujets à la génération[2]; car cela aussi est éternel. En effet, les causes[3] des choses qui sont de cette sorte, par le fait d'être toujours (car il est assurément faux de dire que les causes des choses éternelles ne sont pas éternelles) seront toujours vraies, et par le fait d'être causes de choses éternelles et toujours vraies, elles seront plus vraies encore que celles-là, de sorte qu'elles seront aussi les plus vraies. | Car il est établi que ce qui est cause de l'être de certaines choses est aussi cause de leur être vrai[4], que cette cause est la plus vraie en tant qu'elle est toujours, et que rien n'est cause de son être, mais
**149** qu'elle l'est elle-même pour les autres. Après avoir dit : « si bien que | ce qui est cause de l'être vrai des choses postérieures est aussi ce qui est le plus vrai[5] », Aristote ajoute : « de fait, nécessairement, les principes des êtres qui sont toujours sont toujours les plus vrais », dans l'idée que s'accorde avec cela la proposition : « la cause de l'être de certaines choses est aussi la cause de leur être vrai ». S'il en est ainsi, il s'ensuit que | les principes des êtres qui sont toujours sont les plus vrais : ce qui est plus vrai que les êtres qui sont toujours vrais est le plus vrai. À travers ces propositions, Aristote montre que le vrai est rattaché à l'être. C'est pourquoi il ajoute aussi :

1. Alexandre tire les conséquences du principe qu'il a énoncé un peu plus haut : « le vrai suit l'être » (148, 18). Dès lors, on peut établir une sorte de contagion de la qualité de l'être à la qualité du vrai : si l'être est le plus haut, la vérité sera aussi la plus éminente (148, 17) ; et si l'être est éternel la vérité qui lui correspond le sera aussi (148, 23).

2. C'est-à-dire des formes qui entrent dans le composé sensible.

3. Même si A, O et P donnent ἀΐδια, je me range à la leçon proposée par Bonitz et éditée par Hayduck : αἴτια (148, 28). Alexandre traite en effet dans ce passage des causes des choses qui sont toujours, en avançant deux propositions articulées entre elles. D'abord, les causes de ce qui est toujours doivent nécessairement elles-mêmes être éternelles selon le principe qui veut que ce qui est dans l'effet soit éminemment contenu dans la cause, et donc elles sont éternellement vraies (148, 27-28) ; ensuite, toujours selon ce même principe, les causes de ce qui est vrai doivent nécessairement détenir un degré de vérité supérieur (148, 29).

4. Conformément à l'idée que « c'est dans la même mesure où chaque chose participe à l'être, qu'elle prend part aussi à la vérité » (148, 2-3). La cause d'un être sera donc aussi cause de sa vérité.

5. Alexandre cite le texte de la *Métaphysique* avec ἀληθέστατον (149, 1), alors que quelques pages plus haut, il cite le même passage avec la forme ἀληθέστερον (146, 22).

« si bien que chaque chose se rapporte à la vérité de la même manière qu'elle se rapporte à l'être » (993b30), ce qui équivaut à dire que chaque chose possède la vérité et en participe de la même manière qu'elle le fait à l'être [1]. Car ces principes « ne sont pas vrais de temps en temps » (993b29), | et cela parce que ce sont des êtres éternels. Mais, sur ce point, les autres êtres éternels aussi ont cela en commun avec eux [2]. Cependant la proposition : « il n'y a pas de cause de l'être de ces principes, mais eux-mêmes sont causes pour les autres » montre leur supériorité, y compris parmi les êtres éternels, pour ce qui est de la vérité.

1. À nouveau, Alexandre donne son interprétation de la construction au génitif d'Aristote : ὡς ἔχει τοῦ εἶναι, οὕτω καὶ τῆς ἀληθείας (993b30). Il dédouble l'expression en un ἔχει, qu'il semble comprendre comme impliquant la possession, et un μετέχει avec le génitif qui dénote la participation. Voir aussi sur ce point, la note 3, p. 60.

2. À savoir les êtres éternels causés par les principes : il s'agit vraisemblablement des astres dont les principes sont les formes motrices (voir note 1, p. 61).

## Chapitre 2

994a1 : *Mais en outre qu'il y ait un principe et que les causes | des êtres ne soient pas infinies, ni dans une série rectiligne, ni selon leur espèce, cela est évident.*

Après avoir dit que la philosophie théorique est une science qui porte sur la vérité, science qui s'accomplit au moyen de la connaissance des causes, après avoir dit aussi que les causes sont vraies au plus haut point, et établi par là que la connaissance des causes est nécessaire à la philosophie théorique, qui est l'étude théorique de ce qui est vrai, puisque les causes | de l'être des étants éternels, sont vraies au plus haut point, il montre [à présent] qu'il s'ensuit nécessairement de ces prémisses qu'il y a des causes et qu'il y a un principe parmi elles, c'est-à-dire une cause première, et que la procession des causes ne va pas à l'infini. Car s'il en était ainsi non seulement les causes ne seraient pas connaissables, mais il n'y aurait pas même de cause au commencement [1], comme il va le montrer. En montrant que les causes ne sont pas infinies, | il montre aussi par là qu'il y a une cause au commencement et que les causes sont connaissables. Il affirme que les principes et les causes ne peuvent être infinis ni selon une série rectiligne, ni selon l'espèce. Il y a des choses infinies selon une série rectiligne si, pour une cause considérée, au sein de chaque espèce de cause, on peut citer, en remontant plus haut dans la série, de nouveau une autre cause [2], si bien que, pour la cause matérielle, il y aura toujours une matière d'un « ceci »,

1. « Au commencement » traduit l'expression adverbiale τὴν ἀρχὴν (149, 23-24; de même en 149, 25). Le terme ἀρχὴ dénote en grec aussi bien l'idée de principe, de ce qui commande à une série causale, que celle de début ou de commencement. Ces deux sens sont entrelacés dans l'usage que fait Alexandre dans tout le passage. J'ai cependant préféré traduire généralement ἀρχὴ par « principe » (comme en 149, 21, où Alexandre explicite immédiatement ce terme par l'idée de « cause première »,) et n'ai réservé la traduction « au commencement » qu'à la forme adverbiale.

2. On peut retenir l'ordre des mots proposé en A, O et P : προαναβεβηκὸς ἄλλο τι (alors qu'Hayduck édite : ἄλλο τι προαναβεβηκὸς (149, 28)), mais cela ne change pas le sens.

qui elle-même possédera toujours une autre matière, | et celle-ci à son tour une autre, et cela à l'infini, sans qu'il y ait de matière dernière, qui ne soit elle-même plus composée d'une matière[1]. Pour reprendre l'exemple d'Aristote : si la terre est la matière de la chair, l'air celle de la terre, le feu celle de l'air, et quelque chose d'autre celle du feu, | et ainsi à l'infini. Et, à son tour, pour la cause productrice qu'il appelle « ce à partir de quoi a lieu le commencement[2] du mouvement » (994a5), il en va de même, si bien que telle chose est cause productrice et motrice de telle chose, et que de nouveau il y aura une autre cause de cette première cause elle-même, et semblablement à nouveau d'autres causes de cette deuxième cause, et cela à l'infini. Selon l'exemple, une fois encore, exposé par Aristote, | si l'air est cause motrice de l'homme, le soleil cause de l'air, la discorde cause du soleil, et quelque chose encore cause de la discorde, et cela à l'infini[3]. Le raisonnement est semblable aussi pour la cause considérée selon la fin et le « ce en vue de quoi »[4], si bien que chacune des fins considérées existerait en vue d'une autre et se référerait à une autre fin; dès lors, il n'y aurait pas de fin | dernière, en vue de laquelle existeraient les autres sans qu'elle-même existe en vue d'une autre[5]. Il en va de même encore pour la cause formelle et pour l'« être essentiel », comme lui-même l'appelle, si de nouveau pour chacune des formes considérées, il existait une autre forme, comme l'âme

1. La matière est dite « dernière » (ἐσχάτης ὕλης, 149, 30-31) dans le sens de la remontée des effets aux causes : dans la série des causes matérielles, il faut qu'il y ait une matière ultime, qui ne soit pas elle-même composée de matière et de forme. Plus loin dans le commentaire, pour désigner la même entité, Alexandre emploiera à l'inverse l'expression « matière première » qui caractérise le substrat premier, éternel et universel (159, 2-3).

2. Ici ἀρχὴ (150, 2) prend le sens de commencement du mouvement. Le principe est en effet plutôt la cause motrice elle-même, à partir de laquelle le mouvement débute.

3. Aristote appuie vraisemblablement cet exemple sur la cosmologie d'Empédocle, pour qui le soleil, était défini comme un « grand agrégat de feu » (πυρὸς ἄθροισμα μέγα, Diogène Laërce, *Vies et doctrines des philosophes illustres* VIII 77, 1). Selon l'interprétation de Ross, la Discorde est responsable de la désagrégation des différents éléments, qui se recomposent ensuite : ainsi le soleil est-il issu de la recomposition des éléments du feu. Et le soleil agit à son tour sur les autres éléments (A 984b6; 985b1) et plus particulièrement sur l'air (Ross renvoie à Aetius, *Placita*, II 8, 2). Le fait que l'air est ensuite cause motrice de l'homme est plus difficile à interpréter; O. Gigon propose d'y voir une allusion au mouvement de l'air à l'intérieur de l'organisme ( « Versuch einer Interpretation von *Metaphysik Alpha Elatton* », dans *Zweifelhaftes im Corpus Aristotelicum*..., *op. cit.*, p. 205).

4. Malgré l'accord de A, O et P sur la leçon : τοῦ οὗ ἕνεκα, je pense qu'il faut privilégier LF : τὸ οὗ ἕνεκα (150, 8). Le κατὰ gouverne en effet en commun τὸ τέλος et τὸ οὗ ἕνεκα.

5. La cause finale ultime semble devoir être identifiée au bien auquel toutes choses aspirent (*Éthique à Nicomaque* I 1, 1094a3), qu'Alexandre désignera plus loin comme τὸ κυριώτατον ἀγαθόν (160, 12). Selon G. Guyomarc'h cependant, il demeure difficile de savoir si « dans le commentaire à α 2, la cause finale première désigne (pour le dire vite) le premier moteur immobile, ou bien si Alexandre maintient une pluralité, chaque chose ayant sa propre fin et son propre bien » (*L'Unité de la métaphysique selon Alexandre d'Aphrodise*, *op. cit.*, p. 115).

est la forme du vivant, et autre chose la forme de l'âme – supposons que ce soit l'intellect – et de nouveau encore quelque autre chose la forme de l'intellect[1]. Telle est l'infinité des causes selon une série rectiligne. L'infinité selon l'espèce existe quant à elle s'il | n'y a pas quatre espèces de causes, comme Aristote l'a montré, ou un autre nombre déterminé, mais une infinité, comme le prétendent par exemple ceux qui soutiennent qu'il y a des différences infinies de figure parmi les principes[2]. Or Aristote montre qu'il n'est possible en aucune de ces manières qu'il y ait des causes infinies, et en premier lieu précisément il établit qu'il est impossible que les causes soient infinies selon une série rectiligne. Cependant il faut | réfuter l'infinité des causes selon une série rectiligne, puisqu'elle n'existe pas, sans considérer par là l'infinité temporelle et sans considérer en ce sens temporel la cause de ce qui advient en venant [elle-même] toujours de quelque chose[3]. Car, sous ce mode temporel, il est nécessaire que la remontée se fasse à l'infini, puisque le temps est infini de cette façon et le monde éternel. En effet une telle compréhension [de l'infinité] ne montre pas l'infinité des causes mais celle du temps. L'infinité des causes pourrait en revanche être montrée | si l'on considérait qu'une cause en précède une autre à l'infini en différant selon l'espèce[4], alors que précisément il montre que de la génération ininterrompue dans un temps infini, les causes sont les mêmes[5].

1. Alexandre avance l'hypothèse – à son sens erronée – d'une hiérarchie illimitée des rapports hylémorphiques : dans cette hiérarchie, la cause formelle est considérée au sens de l'entéléchie, de ce qui donne sa perfection et son actualité à un être qui prend par rapport à elle fonction de matière. L'idée selon laquelle l'intellect peut être envisagé comme la forme de l'âme peut s'appuyer par exemple sur l'expression des *Topiques* : « l'intellect est dans l'âme comme la vision dans l'œil » (108a11). Ce rapprochement pourrait confirmer l'interprétation selon laquelle la cause formelle prend ici le sens de l'entéléchie.

2. Sans doute s'agit-il, comme le propose W. E. Dooley, des atomistes. On trouve dans le *De Caelo* d'Aristote une expression proche de celle ici employée par Alexandre, expression qui caractérise les philosophies de Leucippe et Démocrite : ἄπειρα δὲ τὰ σχήματα, ἄπειρα καὶ τὰ ἁπλᾶ σώματά φασιν εἶναι (« selon les atomistes, le nombre de figures est infini, et il y a une infinité de corps simples » (303a11-12)). Ce qu'Alexandre désigne par le terme de « principes » renverrait donc, dans ce contexte, au nombre infini de corps simples c'est-à-dire d'éléments.

3. Alexandre veut dire que l'idée selon laquelle une cause vient toujours elle-même de quelque chose ne peut être réfutée sur le plan temporel, puisque le monde est éternel, mais seulement si « ce qui précède » la cause est compris au sens d'une autre cause *d'une espèce différente*.

4. La tournure à l'optatif δεικνύοιτο ἄν (150, 25) doit être comprise comme exprimant un irréel : l'infinité des causes selon une différence d'espèces ne peut précisément pas être montrée par ce qu'elle n'existe pas, au contraire de l'infinité dans le temps.

5. Alexandre tente de parer une objection qui pourrait être faite à Aristote : n'y a-t-il pas contradiction entre la négation de l'infinité des causes selon une série rectiligne et l'affirmation

994a11 : *Car pour les intermédiaires suivis par un dernier terme et précédés par un premier, il est nécessaire que le premier soit cause des intermédiaires.*

| Qu'il ne soit pas possible qu'une espèce de causes soit infinie en suivant une série rectiligne, Aristote l'établit en utilisant cette preuve générale : pour les choses parmi lesquelles il y a des intermédiaires, de sorte qu'il y ait un terme premier, un terme dernier, et des termes situés entre ces deux, il est nécessaire que le premier de ces termes soit cause des intermédiaires et de ceux qui sont après lui, si ces termes sont manifestement disposés les uns à l'égard des autres de sorte que l'un soit
**151** cause et l'autre causé. | Et pourquoi il en est ainsi, Aristote le montre en effectuant son raisonnement sur trois termes. Ce n'est pas selon le temps qu'il comprend le premier et le dernier, mais en montrant la différence des causes selon l'espèce[1]. Car aucune des choses qui sont de même espèce

que le mouvement et le monde n'ont pas de commencement (*Physique* VIII 1) ? La réponse d'Alexandre est qu'il faut distinguer deux modes d'infinité : l'infinité des causes, qui doit être niée et l'infinité du temps, qui doit être affirmée. Dans cette argumentation, un *même* type de cause peut agir indéfiniment, sans qu'on puisse lui assigner de commencement dans le temps (par exemple la génération d'un fils par un père) : cette identité d'une causalité qui se répète indéfiniment dans le temps ne doit pas être confondue avec l'infinité des causes, qui implique que les causes diffèrent spécifiquement les unes des autres. Notons que dans son raisonnement, Alexandre entrecroise l'infinité causale selon la série et celle selon l'espèce : il soutient en effet que l'on doit refuser l'infinité d'une *série* de causes, si on comprend l'idée de série non au sens temporel (comme dans le cas d'une série indéfinie de pères), mais en celui d'*une série d'espèces différentes* de causes. Cette argumentation anticipe sur l'objection que fera Philopon à Aristote en cherchant à le prendre à son propre jeu (*Contra Aristotelem* apud Simplicius, *In Phys.* 1178, 7-35 (fr. 132 Wildberg)) : le mouvement doit être engendré (et ne peut donc contrairement à ce que dit Aristote dans la *Physique* être infini) car si l'on considère un mouvement particulier comme la genèse d'un feu, celle-ci ne pourrait avoir lieu si elle supposait une infinité antérieure de mouvements (Philopon cite comme cause du feu le mouvement de l'air, lui-même précédé par le mouvement de l'eau, précédé encore par un autre mouvement et ce à l'infini). Philopon dans son raisonnement s'appuie explicitement sur les propres arguments d'Aristote en *Génération et corruption* II 5, 332b30 *sq.* à l'encontre des atomistes qui affirment que les éléments des corps doivent être infinis. Si l'on revient alors à l'argumentation d'Alexandre, Philopon ne voit pas que l'affirmation du caractère infini du mouvement (et donc du monde) n'implique pas que chaque mouvement particulier suppose un enchaînement infini de *causes différentes*.

1. Dans la page qui précède, la différence des causes « selon l'espèce » renvoie par exemple à la différence entre la cause matérielle et la cause formelle (150, 14-15), puisque Alexandre cite « les quatre causes ». Alexandre veut dire ici (151, 2-3), que l'ordre entre les différents termes (premier, intermédiaire et dernier) doit nécessairement mettre en jeu des espèces différentes de causes, car les causes qui appartiennent toutes à une même espèce (comme par exemple le père et son fils, capable à son tour de devenir père) ne présentent pas d'ordre et de hiérarchie réels mais seulement un ordre de succession dans le temps où le type de causalité mis en jeu reste identique.

n'a le privilège d'être première par rapport à une autre relativement à la nature qui leur est propre [1]. Si donc on considère trois termes ainsi disposés les uns par rapport aux autres [2], | et que l'on doive expliquer lequel de ces termes est cause des autres, on dira que c'est le premier. Car ce n'est pas le dernier. Celui-ci en effet n'est cause de rien, puisqu'assurément il n'a rien après lui. Mais ce n'est pas non plus l'intermédiaire. Car ce terme, s'il est cause, ne peut l'être que de ce qui vient après lui. Or ce que l'on cherchait était lequel, parmi les termes considérés, était cause des autres puisque ce qu'est l'intermédiaire vis-à-vis de ce qui est après lui, | le premier l'est vis-à-vis de cet intermédiaire [3] ; en conséquence, celui-ci n'est pas cause de ce qui vient après lui, parce que c'est quelque chose d'autre qui possède la cause. Si en effet le premier n'existait pas, le deuxième n'existerait pas non plus, et si le deuxième n'existait pas, il ne serait pas cause du troisième. Il est clair par conséquent que c'est le premier qui est cause de tout ce qui vient après lui.

Après avoir effectué ce raisonnement sur trois termes, Aristote affirme que cela ne fait aucune différence, en ce qui regarde la preuve, que l'on prenne un seul intermédiaire, ou plusieurs ou une infinité. | Car c'est le même raisonnement qui vaut dans tous les cas. Dans tous les cas en effet que l'on considérera, le premier est cause au sens strict, mais non l'un des intermédiaires ou le dernier : pas le dernier parce qu'il n'est nullement cause de quelque chose, et pas non plus l'un des intermédiaires, parce qu'il a besoin de quelque chose d'autre pour exister (à savoir ce qui est avant lui) : si cette autre chose n'existait pas, il n'existerait pas non plus.

Après avoir montré cela et avoir considéré que l'être premier est, dans tous les cas, | cause de ce qui est après lui, Aristote poursuit sur ce qu'il appelle l'infini selon une série rectiligne, et après avoir trouvé que dans ce type d'infini il n'y a rien de premier, il en tire la conséquence, à savoir qu'il n'y a pas non plus de cause. Si en effet, dans tous les cas, c'est le premier qui est cause, et non l'un des intermédiaires qui s'inscrivent dans un tel ordre [4], parmi les choses au sein desquelles rien n'est premier mais tout est intermédiaire, il n'y a rien qui soit cause : non seulement il

1. Si l'on considère le rapport entre deux choses selon la nature ou l'espèce qui leur est commune (τῶν ὁμοειδῶν, 151, 3) rien ne permet de dire que l'une est première vis-à-vis de l'autre, sinon dans l'ordre du temps. Ainsi, selon leur nature, le père ne diffère-t-il pas du fils, mais il ne fait que le précéder dans le temps.

2. J'ai traduit le texte édité par Hayduck sur la base de LF : οὕτως ἔχοντα (151, 4), qui se trouve confirmé par P (à l'encontre de A et O qui ont : οὕτως ἐστὶν ἔχοντα).

3. En suivant P : πρὸς τὸ μέσον τοῦτο (contre Hayduck : πρὸς τὸ μέσον, 151, 10).

4. « Un tel ordre » traduit ἡ τοιάδε τάξις (151, 24).

n'y a pas de cause première, | mais pas non plus de cause dans ce qui est intermédiaire[1]. L'expression : « de cette manière » (994a17) appliquée aux causes[2] indique l'infini en acte[3] – car parmi les choses qui sont infinies de
152 cette façon | rien n'est premier – et elle concerne les choses qui sont d'une espèce dissemblable, puisqu'une nouvelle fois, ce qui est considéré parmi les choses infinies mais d'une même espèce est semblablement cause[4].

Il emploie l'expression : « jusqu'à maintenant » pour signifier : « jusqu'au dernier terme » à partir duquel commence pour nous la recherche des causes. De fait, dans les choses où il est possible de considérer, selon un ordre, un terme antérieur et un autre postérieur, | peut-être est-il vrai d'affirmer que l'un est cause de l'autre, même s'il n'est pas cause absolument : ce qui est antérieur en effet est cause de ce qui

1. J'ai traduit par « intermédiaire » aussi bien le terme μέσον, qui est le plus fréquent, que μεταξὺ ici utilisé par Alexandre (151, 25). Le raisonnement s'appuie sur un syllogisme : si c'est toujours le premier qui est cause ; et si dans une série infinie il n'y a pas de premier ; alors dans une telle série il ne saurait y avoir de cause.

2. Je traduis le texte donné par Hayduck et confirmé par O, A et P : τὸ δὲ <τοῦτον τὸν τρόπον> προσκείμενον τοῖς αἰτίοις (151, 25-26). W. Dooley privilégie la leçon alternative de LF : πρόσκειται δὲ <τοῦτον τὸν τρόπον> τῇ λέξει <τῶν δὲ ἀπείρων>, sous prétexte que le terme d'αἰτία n'apparaît pas dans le texte d'Aristote. Cela ne me paraît pas néanmoins une raison suffisante pour délaisser le texte des manuscrits les plus fiables.

3. La question de savoir si Aristote admettait ou non l'existence d'un infini en acte a provoqué des débats animés au sein des commentateurs. Selon la lecture de J. Hintikka (qui va à l'encontre de l'interprétation dominante) Aristote a bel et bien soutenu la thèse selon laquelle l'infini vient actuellement à l'existence, du fait du processus de la pensée qui s'en saisit (J. Hintikka, « Aristotelian Infinity », *The Philosophical Review* 75, 2, 1996, p. 197-218). On peut, pour appuyer cette interprétation, renvoyer à *Physique* III 6, 206a18-25 qui illustre l'infinité d'une série dont l'acte réside dans son propre développement et non dans un impossible achèvement. Cette lecture a cependant été critiquée par J. Lear, « Aristotelian Infinity », *Proceedings of Aristotelian Society* 80, 1979-1980, p. 187-210, et A. Côté, « Aristote admet-il un infini en acte et en puissance en *Physique* III 4 ? », *Revue Philosophique de Louvain* 88, 80, 1990, p. 487-503. Pour une recension claire de ces débats exégétiques, voir P. Soulier, *Simplicius et l'infini*, Paris, Les Belles Lettres, 2014, p. 26-37. Alexandre donne un peu plus loin dans le commentaire sa propre définition de l'infini en acte (166, 10-11). Dans le contexte du passage présent (151, 25-26), Alexandre projette l'idée d'infini en acte sur le texte d'Aristote, où elle n'est cependant pas présente. Son idée est que dans l'infinité en acte, il n'y a que des intermédiaires, puisqu'aucun terme n'est premier (il est toujours précédé par un terme antérieur) ni dernier (il est toujours suivi par un autre terme postérieur).

4. Alexandre se réfère à ce qu'il a dit plus haut (150, 24-27). Selon lui, l'infinité mise en jeu par Aristote est celle des causes d'espèces dissemblables. Dans ce cas de figure, l'infinité actuelle des causes est impossible, car il n'y aurait que des intermédiaires, et aucune espèce de cause ne serait première : ce qui revient à dire qu'il n'y aurait pas de cause du tout, puisque d'après le raisonnement précédent, sans terme premier, il ne saurait y avoir du tout de cause (comme le précise Aristote en *Métaphysique* α 2, 994a18-19). En revanche, Alexandre suggère que le raisonnement d'Aristote laisse subsister la possibilité d'un autre type d'infinité, celle du temps, où c'est une même espèce de cause qui se réitère indéfiniment (comme dans le cas de la génération d'un homme par un autre).

vient après lui. Mais dans les choses où il n'y a pas de terme moyen qui soit antérieur à un autre, dans un tel ordre, il n'y a pas de cause de quoi que ce soit[1]. Et dans les choses infinies, il n'y a pas une chose qui soit antérieure à une autre[2], car toutes sont semblablement intermédiaires, comme précisément Aristote l'a dit. Si en effet sont antérieures les choses qui sont plus proches du principe et du premier, | dans les choses où il n'y a pas de principe ni de premier, il n'y a rien qui soit plus près ou plus loin du principe : c'est pourquoi les intermédiaires n'ont dès lors pas d'ordre, et si c'est bien le cas, aucun d'eux ne sera antérieur, ni aucune cause d'un autre. Toutes les parties seront des intermédiaires non seulement dans le cas de ce qui est infini selon une série rectiligne et de cette manière, mais encore dans le cas d'autres infinis quels qu'ils puissent être : par exemple s'il s'agit | d'un infini selon la grandeur, ou selon l'espèce, ou d'un infini temporel. Au sein en effet de tous les infinis qui sont en acte[3], quelle que

1. Hayduck donne τοῦ οὗ αἴτιον (152, 7) en indiquant un texte corrompu; cette leçon apparaît aussi en O (mais il y a une omission de toute la fin de la phrase après πρότερον (152, 7), en A et P, qui effectuent un saut du même au même et reprennent à πάντα γὰρ ὁμοίως (152, 8)). Tel qu'édité par Hayduck, ce membre de phrase est difficilement traduisible. Peut-être doit-on lire : του οὐκ αἴτιον, ce que je traduis par « il n'y a pas de cause de quoi que ce soit » (του étant mis pour τινος). Comme le précise déjà Alexandre en 151, 1-3, les termes « antérieur » et « postérieur » ne prennent pas un sens temporel, mais expriment l'ordre des causes qui diffèrent selon l'espèce. Alexandre souligne qu'une chose intermédiaire peut être antérieure à une autre « sans être cause absolument » (μὴ ἁπλῶς, 152, 6) : cela veut dire qu'elle peut être cause sans être première, en étant elle-même effet d'une cause précédente. Mais dans un tel cas de figure, il est nécessaire qu'il y ait un principe premier, auquel succèdent les termes intermédiaires et le terme dernier. En revanche dans une série infinie, où aucun terme ne représente la cause initiale et première, tout ordre causal devient impossible parce que le principe capable de réguler la hiérarchie des causes fait défaut, et il n'y a donc que des intermédiaires non distingués entre eux selon l'ordre de l'antérieur et du postérieur.

2. Je retiens O : ἄλλο ἄλλου πρότερον (152, 8) que l'on trouve aussi dans Sepúlveda et Bonitz (Hayduck édite : ἄλλου πρότερον).

3. Alexandre semble à première vue tenir pour acquis le fait que ces différentes modalités de l'infini (la grandeur, l'espèce et le temps) existent en acte, ce qui est loin d'être clair si l'on se fie à la lettre d'Aristote. En ce qui concerne la grandeur par exemple, Aristote souligne qu'elle n'est pas infinie en acte mais seulement en puissance, selon la division (*Physique* III 6, 206a9-12). De même en III 6, Aristote réfère bien le temps à l'existence en puissance de l'infini. Quant au dernier exemple d'infini avancé par Alexandre, celui « selon l'*eidos* », il n'est pas très clair : Alexandre envisage-t-il ici l'hypothèse d'une infinité d'espèces ? ou d'une infinité de formes ? J'ai opté pour la première solution car l'infinité d'espèces est souvent articulée par Alexandre à l'infini selon une série rectiligne, évoqué au début de la phrase. Peut-être, pour éviter une contradiction manifeste avec la lettre d'Aristote, doit-on supposer que « les infinis qui sont en acte » évoqués par Alexandre ne désignent pas les modalités de l'infini qu'il a mentionnées dans la phrase précédente, mais dessinent une pure expérience de pensée : dans l'hypothèse où l'on admet qu'il existe des infinis en acte, toutes leurs parties seront également des intermédiaires. Autrement dit, aussi bien dans le cas des infinis en puissance que sont le temps et la grandeur indéfiniment divisible, que dans le cas hypothétique d'un infini en acte, il n'y a que des intermédiaires, sans principe ni fin.

soit la partie que l'on considère, elle est un intermédiaire. Car si elle n'est pas un intermédiaire, elle est une fin[1]; mais s'il possède une fin, l'infini ne sera plus infini. Aristote ajoute : « semblablement jusqu'à maintenant », puisque la preuve portait sur les causes infinies selon une série rectiligne en remontant [de cause en cause] : lorsqu'en effet nous considérons les causes à partir du moment présent et de ce qui est maintenant, | tout ce que nous considérerons sera intermédiaire, si l'on remonte à l'infini[2]. Il est donc démontré, par une telle infinité des causes, qu'il n'existera rien à partir des causes, étant donné que les causes qui précèdent n'importe quel effet considéré ne peuvent être entièrement parcourues vers le haut, puisqu'elles sont infinies : ainsi n'y aurait-il pas même de cause. Aristote cependant ne procède pas ainsi dans sa démonstration[3] mais comme suit : il considère une chose comme la dernière, fixe une limite, | et montre qu'il n'est pas possible qu'il y ait une cause de cette chose, si la remontée des causes va à l'infini; et en effet, il était impossible de montrer qu'il n'y a pas d'infinité des causes soit vers le haut soit vers le bas autrement qu'en posant un terme à partir duquel on doit concevoir cette infinité dans l'un ou l'autre sens. Dès lors, s'il n'y a pas de premier, de façon générale, rien n'est cause : si toutes choses qui sont considérées comme des causes sont causes parce qu'elles tiennent | d'autre chose la cause qui les rend telles[4], et non de leur nature, étant donné que rien n'est premier, il n'y aura rien qui soit cause, puisque rien de ce qui est considéré comme cause n'est tel par la nature qui lui est propre.

1. Étant donné que je traduis ἄπειρον par « infini », pour garder la cohérence lexicale du passage je traduis πέρας par « fin » et non par « limite » (152, 16-17).

2. Alexandre veut dire qu'Aristote considère les causes en remontant à partir de leur effet ultime, situé dans le moment présent. Si cette remontée va à l'infini, il ne peut y avoir que des intermédiaires mais pas de principe causal premier.

3. Alexandre vient de dire que l'impossibilité de poser une série infinie de causes vaut pour « n'importe quel effet considéré » (πρὸ παντὸς τοῦ ληφθέντος, 152, 22), ce qui introduit un léger décalage avec la démonstration d'Aristote : celle-ci se déploie non à propos de n'importe quel terme, mais à propos du dernier, fixé comme l'effet ultime du procès causal. Si ce procès était infini, selon le raisonnement d'Aristote, ce dernier effet n'aurait pu se produire.

4. Il ne me semble pas nécessaire d'accepter la correction de Bonitz : τοιαῦτα. Le singulier τοῦ εἶναι τοιοῦτον (152, 30) que l'on trouve en A et O signifie littéralement : la cause « de leur être tel », à savoir du fait qu'elles sont des causes, ce que j'ai traduit par « la cause qui les rend telles » pour alléger, autant que possible, la phrase.

| 994a19 : *Mais il n'est pas possible non plus d'aller à l'infini vers le* **153**
*bas s'il existe un principe de ce qui est en haut.*

Après avoir montré que la remontée des causes vers le haut selon une série rectiligne ne va pas à l'infini, mais qu'il est nécessaire, si en général il existe une cause, que quelque chose soit premier et | principe, à présent, à l'inverse, il montre qu'il n'est pas non plus possible que les causes aillent à l'infini vers le bas selon une série rectiligne, s'il existe un principe des causes et une cause première, de sorte que tout ce qui est causé soit lui-même à son tour cause d'une autre chose, d'une espèce différente de ce qui est déjà venu à être[1]. Car si la génération a lieu de sorte qu'une nouvelle fois, une chose vient à être en étant identique à celles qui ont précédé, elle se recourbera sur soi et | les causes n'iront pas à l'infini vers le bas selon une série rectiligne : les causes de même espèce produisent des choses de même espèce[2]. Il a montré cela[3] par l'exemple de la matière, en disant : « de sorte que du feu vient l'eau, de celle-ci la terre, et ainsi un autre genre vient toujours à être », en utilisant « genre » à la place d'espèce. Sans doute le texte par lequel il montre ce qui précède manque-t-il de clarté, mais ce qu'il | dit dans ces lignes est, en résumé, quelque chose de tel. Il considère que l'on peut dire selon deux modalités qu'un « ceci » vient à être ou est venu à être à partir d'un « ceci »[4]. Soit en effet

1. La précision : « d'une espèce différente de ce qui est déjà venu à être » (153, 7-8) renvoie toujours à la même idée : l'infinité n'est exclue que si ce n'est pas une *même* cause qui se réitère indéfiniment dans une série.

2. Le terme ἀνακάμπτοι (153, 9) n'est pas ici d'interprétation très aisée. Alexandre semble vouloir dire que dans le cas où l'effet est de même espèce que ce qui l'engendre, la causalité peut se répéter indéfiniment : ainsi le fils engendré par le père devient-il père à son tour et reproduit le mode de causalité propre à ce qui l'a produit. La causalité, en se répétant, « se recourbe » donc sur elle-même, et ne s'étend pas à l'infini vers le bas. Dans la suite cependant (en 154, 20 par exemple), ἀνακάμπτει prendra le sens de la transformation réciproque des éléments.

3. L'expression τοῦτο δὲ ἐδήλωσε (153, 11), « il a montré cela » renvoie à l'impossibilité d'une infinité de causes d'espèces différentes, qui se démultiplient vers le bas selon une série rectiligne.

4. La théorie aristotélicienne de la génération est exposée en *Physique* I 7. Les deux modalités de *genesis* distinguées par Aristote en *Métaphysique* α, sont la génération de nouvelles déterminations, qu'Alexandre examine en premier et qui suppose le maintien de la substance mais le changement de certaines propriétés (Alexandre, en reprenant les exemples d'Aristote en *Métaphysique* α 2, cite successivement la génération par accroissement (quantité), par altération (qualité), et selon la forme) ; et la génération absolue, qui suppose non plus passage d'une détermination à l'autre, mais advenue d'une substance nouvelle (comme c'est le cas par exemple lorsque l'eau se change en air). Dans la suite de son raisonnement, Alexandre marque le contraste entre ces deux modes de génération en opposant ce qui advient « à partir de ce qui est déjà en train de devenir et en voie d'achèvement » (ἐκ τοῦ γιγνομένου ἤδη καὶ ἐπιτελουμένου, 153, 16-17) et ce qui advient « à partir de ce qui n'est pas encore » (153, 27).

[on le dit] au sens où ce qui est venu à être vient de ce qui est déjà en train de venir à être et de s'accomplir, et au sens où ce qui est accompli vient des choses en progrès vers l'accomplissement qui leur est approprié en vertu du changement qui s'opère en eux[1] : ainsi l'homme vient-il à être à partir de l'enfant et cette génération[2] s'accomplit par accroissement; mais | encore lorsque celui qui est savant vient à être tel à partir de celui qui apprend, cette génération s'accomplit par altération; et lorsque celui qui pense vient de celui qui ne pense pas, ce changement s'accomplit selon la forme : il s'agit d'un accomplissement[3]. Tel est aussi le changement du matin en jour car l'aurore trouve son accomplissement en s'avançant vers le jour et reçoit la forme qui lui est appropriée. Aristote dit qu'une telle génération s'opère « à partir de ce qui vient à être » (994a25), puisqu'elle vient à être à partir de quelque chose qui est déjà venu à être, | mais qui est un être inaccompli et qui, pour cette raison, est en train de venir à

La génération absolue en effet rompt toute continuité d'une substance à l'autre : l'advenue de l'air suppose la destruction de l'eau et représente donc une génération à partir du non-être, celui issu de la destruction de la substance précédente. En revanche, dans le cas de la génération par advenue d'une nouvelle détermination c'est une même substance qui, d'enfant, devient homme ou qui, d'apprenant devient savant.

1. Les manuscrits donnent des versions divergentes – et toutes difficiles à construire – de la fin de la phrase à partir de ὡς (153, 17-18). Je me range à la conjecture de Bonitz à partir de Sepúlveda : ὡς καὶ τὸ τετελεσμένον ἐκ τῶν εἰς (Hayduck édite LF : καὶ τὸ τετελεσμένον ὡς εἰς).

2. J'ai décidé de traduire γένεσις par « génération », conformément à l'usage le plus courant, et les différentes formes verbales de γίγνεσθαι par « venir à être ».

3. « Accomplissement » traduit τελειότης. L'idée que la pensée suppose un changement selon la forme est explicitée en 155, 23-25. Alexandre y précise que la forme pensée est « l'accomplissement de ce qui pense, l'intellect ». Il peut sembler étonnant qu'Alexandre parle du passage du non-pensant au pensant en termes de « changement » (μεταβολή) : Aristote en *De Anima* II, précise en effet que « ce n'est pas à juste titre que l'on affirme que celui qui pense, lorsqu'il pense (τὸ φρονοῦν, ὅταν φρονῇ) subit une altération (ἀλλοιοῦσθαι), non plus que le bâtisseur lorsqu'il bâtit » (417b8-9). Remarquons cependant qu'Alexandre réserve l'altération à l'exemple de celui qui passe de l'apprentissage au savoir (153, 20) et que le passage à l'acte de penser est certes une *metabolê* mais « selon la forme » et non au sens propre une altération. C. Cerami propose la lecture suivante de tout ce passage : la transformation de la simple aptitude de penser en *hexis* de l'intellect s'accomplit par altération et suppose la médiation de l'enseignement; en revanche, le passage de l'*hexis* à l'intellect proprement actif et à la pensée effective, s'accomplit « selon l'*eidos* », au sens où l'individu pensant s'accomplit en vertu de sa forme essentielle, qui est d'être un homme (C. Cerami, « Changer pour rester le même : forme, δύναμις et ἕξις chez Alexandre d'Aphrodise », dans A. Balansard et A. Jaulin (éd.), *Alexandre d'Aphrodise et la métaphysique aristotélicienne*, Louvain, Peeters, 2017, p. 237-280)

être[1]. Car la progression vers l'accomplissement appartient à ce qui est déjà venu à être et qui existe[2].

Cependant il y a une génération qui est changement à partir de ce qui n'est pas encore vers le fait d'être un « ceci », comme on dit que l'air vient de l'eau[3]; cette génération, Aristote affirme à rebours qu'elle « vient d'une génération » (994b1[4]), parce que ce qui vient à être de cette façon | ne vient pas à être et ne s'accomplit pas en étant [déjà] venu à être ou **154** en préexistant et en étant en train de venir à être, mais elle est venue à être à partir de la génération elle-même, antérieurement à laquelle elle n'existe pas. De fait, la génération au sens fort est le changement qui va du totalement non-être à l'être, génération qui vient à être à partir de la destruction de ce qui préexistait : car l'air vient à être à partir de l'eau, non pas | parce que l'eau devient air, mais à partir de la destruction de l'eau et d'un changement de cette nature.

1. Alexandre interprète l'expression la génération s'opère « à partir de ce qui vient à être » (994a25) en dédoublant pour ainsi dire le sens de la *genesis*. La génération première est celle de la *naissance* : celle du nouveau-né ou de l'enfant, ou encore celle de l'aurore à partir de la nuit : c'est cette génération que désigne, dans le texte d'Alexandre, la tournure « à partir de ce qui est déjà venu à être » (ἐξ ἤδη γεγονότος, 153, 24). À cette première génération en succède une seconde, qui fait ici l'objet de l'analyse d'Aristote : il s'agit du *devenir* de ce qui est déjà né vers son état accompli : le passage de l'enfant à l'adulte; ou celui de l'aurore au jour. La première *genesis* en effet n'engendre qu'un être inaccompli, qui doit trouver son plein achèvement par la médiation de la seconde. L'articulation entre ces deux modes de génération est clairement marquée en 157, 4-8 : « car, en premier lieu, ce qui vient à être est ce qui est venu à être à partir de la génération, comme le nouveau-né, qui devient un enfant qui marche puis un homme, alors qu'en second lieu, l'homme ne vient pas à être à partir de la génération mais à partir de ce qui vient à être à partir de la génération et qui est en voie d'accomplissement ».

2. A, O et P omettent : ἀτελοῦς δὲ καὶ διὰ τοῦτο γιγνομένου γίγνεται· γεγονότος γὰρ ἤδη καὶ ὄντος τινὸς ἡ (153, 25-26). Je fais l'hypothèse que cette omission est due à un saut du même au même et retiens le texte de Hayduck, corroboré par LF et Asclépius.

3. Alexandre envisage désormais la seconde modalité de la *genesis* : la génération absolue qui est passage d'une substance à une autre par la destruction de la première.

4. Plus précisément, Aristote affirme que l'autre type de génération, celle par exemple selon laquelle l'homme vient de l'enfant, ne « vient pas *de la génération* », mais vient « *après* elle » (994b1), ce qui implique, ainsi que l'interprète Alexandre, que la génération absolue vienne quant à elle de la génération elle-même, sans prendre appui sur quelque chose qui a déjà été engendré. Autrement dit, si l'on suit la lecture d'Alexandre, dans le premier mode de génération, l'homme vient d'un être qui est en devenir, à savoir l'enfant, alors que dans le second, l'air vient à être à partir d'une génération absolue (c'est-à-dire par une advenue de l'être à partir du non-être) puisque la substance précédente, celle de l'eau, a été détruite. Comme le montre cependant le passage de 157, 4-8, cité à la note 1, p. 77, Alexandre envisage aussi la naissance de l'enfant comme une génération absolue, qui a donc lieu « à partir de la génération ». C'est pour cela que le devenir de l'enfant vers l'adulte vient *après* cette première *genesis*.

Aristote après avoir découvert la division en ces deux modalités de ce qui change d'une chose en une autre et qui vient à être comme à partir d'une cause et d'un substrat (car il a écarté la signification que peut aussi avoir l'expression « venir à être à partir de cela », à savoir : « ceci existe après cela » – il dit en effet qu'à partir des jeux isthmiques, | il y a les jeux olympiques ou inversement, puisque les jeux olympiques ont lieu après les isthmiques ou après les olympiques, les isthmiques[1] ; dans le cas des choses qui viennent à être de cette façon, « ceci vient à être à partir de cela » ne veut pas dire qu'une autre chose vient à être comme à partir d'une cause, c'est pourquoi cette signification a été écartée, puisque l'argumentation d'Aristote porte sur les causes et les choses qui viennent à être à partir des causes, alors que [le rapport entre] ces jeux signifie seulement un certain ordre du temps : l'un ne se change pas | en l'autre ni ne le complète[2] d'une quelconque façon) en considérant donc ces deux modalités décrites auparavant, selon lesquelles c'est en vertu du changement d'un substrat qu'un « ceci » vient à être, il montre que la procession ne peut aller à l'infini selon aucune de ces deux modalités. Les choses qui, en vertu de la destruction d'une chose, sont dites venir à être à partir de cette dernière, il affirme qu'elles viennent à être à partir de la génération, et non à partir de ce qui est déjà venu à être et qui est.

Ces choses | retournent aussi réciproquement les unes dans les autres[3] – de la même façon en effet que l'air vient de l'eau, l'eau vient de l'air et cela est évident. C'est pourquoi ils ont le même substrat et la même matière[4]. Or les choses qui retournent réciproquement les unes dans les autres, il est clair qu'elles ne progressent pas à l'infini car elles retournent au même point. Mais les choses qui changent à partir de ce qui est déjà venu à être et qui demeure le même tout en devenant [autre], soit par accroissement,

1. Cette réversibilité s'entend ainsi : si les jeux olympiques ont lieu après les jeux isthmiques, inversement les jeux olympiques précèderont les jeux isthmiques de l'année suivante.

2. « Complète » traduit συντελεῖ (154, 15). Alexandre désigne par là le premier mode de génération, celui, par exemple, où l'homme représente l'accomplissement de l'enfant, et vient donc le « compléter ».

3. Ainsi que le remarque W. E. Dooley, le verbe ἀνακάμπτει désigne sans doute, outre le changement *réciproque* (A —> B ; B —> A), le changement *cyclique* (A —> B ; B —> C ; C —> A). Aristote emploie ainsi ce verbe en *Génération et Corruption*, 337a, pour désigner la transformation cyclique des éléments les uns dans les autres : l'eau se transforme en air, l'air en feu, et le feu « revient » (ἀνακάμπτει) au début, à savoir à l'eau.

4. On peut hésiter quant au sens qu'Alexandre donne ici à ce substrat et à cette matière (τὸ ὑποκείμενόν τε καὶ ἡ ὕλη, 154, 22). Si l'on en croit *De la génération et de la corruption* II 4, un substrat demeure sous le changement de l'eau en air : il s'agit de l'humide. Cependant l'usage du terme de ὕλη semble plutôt être un indice de ce qu'Alexandre a ici en tête la matière première indéterminée, substrat ultime de tout changement. Cette « matière première » apparaît par exemple dans la suite de son commentaire en 159, 2-3 et est caractérisée comme le support dernier et incorruptible du devenir.

soit par altération, | soit par accomplissement en vertu de la forme, elles 155.1
ne retournent pas réciproquement les unes dans les autres, mais leur progression vers leur état accompli vient des intermédiaires[1]. D'une part donc, les choses qui viennent à être de cette manière, à savoir celles dont les intermédiaires demeurent et sont en voie d'accomplissement[2], nous voyons que toutes ont une fin particulière qu'elles viennent à être, et que le devenir et la progression[3] de chacune d'elles vers l'accomplissement | qui lui est approprié ne va pas à l'infini. D'autre part, dans le cas des choses qui viennent à être par la destruction d'une autre, nous voyons que la génération se retourne. Car la destruction d'une chose est la génération d'une autre. Et si elle se retourne, les causes qui la gouvernent ne progressent pas à l'infini selon une série rectiligne vers le bas. Et si, ni pour les choses qui viennent à être à partir d'intermédiaires, ni pour celles qui viennent à être à partir de la destruction d'une autre, une cause ne vient à être à partir d'une autre | selon une série rectiligne infinie, et si c'est seulement de l'une de ces deux façons qu'une chose vient à être à partir d'une autre, il n'y aura en aucune manière de génération d'une chose à partir d'une autre selon une série rectiligne infinie.

994a25 : *Comme, en premier lieu, nous disons qu'un homme vient à être à partir d'un enfant.*

Après avoir illustré par des exemples les deux sens selon lesquels on parle du changement d'une chose en une autre, en considérant chacun des exemples, il montre comment ils viennent à être | et ce qui les différencie les uns des autres. Les choses donc, qui sont dites venir à être au sens où un homme vient d'un enfant, et au sens où celui qui sait vient de celui qui apprend, ont pour trait propre d'avoir changé en ce qui est venu à être et est accompli à partir de ce qui vient à être tout en étant déjà, est en train de s'accomplir et est un intermédiaire[4]. Car l'homme est venu à être à partir de l'enfant : ce dont vient l'homme existe déjà et demeure,

1. Je conserve la version d'Hayduck confirmée par P :.τῶν μὲν οὖν οὕτως γιγνομένων ὡς τῶν μεταξὺ (155, 2-3), à l'encontre de A et O qui donnent : τῶν μὲν οὖν οὕτως γιγνομένων εἰς τὸ μεταξὺ. τῶν μὲν οὖν οὕτως ὡς τῶν μεταξὺ.

2. L'« intermédiaire » désigne ici par exemple l'enfant qui bien qu'ayant atteint son point propre de perfection, continue à devenir et à progresser vers l'état adulte. Cet « intermédiaire » qu'est l'enfant « demeure » (ὑπομενόντων, 155, 3), puisque c'est un même individu qui passe à l'âge adulte.

3. « Le devenir et la progression » traduit ἡ γιγνομένη πρόοδος (155, 4-5).

4. Alexandre joue sur le contraste entre les formes verbales au présent et au parfait : l'enfant devient et est en train de s'accomplir (ἐκ τοῦ γιγνομένου τε καὶ ὄντος ἤδη καὶ τελειουμένου, 155, 17), alors que l'adulte est advenu et a accompli intégralement sa croissance (εἰς τὸ γεγονὸς καὶ τέλειον, 155, 18).

| et cela vient à être et change d'une forme moins accomplie en une forme accomplie, celle de l'homme[1]. Et de la même façon, celui qui a appris vient de celui qui apprend et qui change vers son accomplissement. Il en va de même pour celui qui pense[2]. Car le changement selon l'accomplissement, à savoir vers le fait de penser, est une génération. Et ainsi ce qui est pensé est la forme et l'accomplissement de ce qui pense, à savoir l'intellect[3]. Car tout ce qui vient à être en ce sens à partir de quelque chose qui demeure, | le fait alors que ce dont il provient est préservé tout en changeant vers son accomplissement. Après avoir dit : « ce qui est venu à être à partir de ce qui vient à être », il ajoute : « ou bien ce qui est accompli de ce qui est en train de s'accomplir », non parce que cela signifie autre chose, mais parce qu'il est possible de dire la même chose de l'une et l'autre façon. Car ce qui est venu à être en ce sens l'a fait à partir de ce qui vient à être tout en étant déjà, et | il s'est accompli à partir de ce qui est en train de s'accomplir. Ce qui vient à être est en effet ce qui est en train de s'accomplir.

**156** | Après avoir dit que ce qui est tel vient à être ainsi, à savoir à partir de ce qui vient à être[4], il montre aussi que ce qui vient à être est intermédiaire

1. Je pense qu'il faut interpréter le membre de phrase qui commence à ὄντος τε ἤδη καὶ ὑπομένοντος jusqu'à la fin de la phrase comme un génitif absolu gouverné par τοῦ ἐξ οὗ γίγνεται (155, 19-21). L'idée même d'une « forme moins accomplie » (ἐκ τοῦ ἀτελεστέρου, 155, 21) mérite d'être interrogée. On pourrait dire, à l'encontre de cette idée, que la forme de l'enfant est en tant que telle, parfaitement accomplie. L'inaccomplissement de la forme de l'enfant ne peut apparaître que si on la saisit selon un schéma dynamique qui la rapporte à sa fin, à savoir la forme accomplie de l'adulte. Cette idée confirme les remarques de M. Rashed, selon lequel « un dynamisme habite l'*eidos* » ; ce commentateur parle dans le même sens d'« un flux cinétique de l'*eidos* » qui trouve son achèvement dans l'homme adulte (*Essentialisme. Alexandre d'Aphrodise entre logique, physique et cosmologie*, *op. cit.*, p. 250-251).

2. Il est étrange qu'Alexandre mette sur le même pied l'activité d'apprendre et celle de penser. Selon *Métaphysique* Θ 6, en effet, l'apprentissage relève d'une *kinesis*, un mouvement qui est un processus vers une fin extérieure, alors que l'acte de penser est une *energeia*, un acte, qui est toujours parfait et accompli à chaque moment de son effectuation : « [à la fois] on pense et on a achevé de penser, mais on n'apprend pas en même temps qu'on a achevé d'apprendre » (1048b24). Ainsi, présenter la pensée comme un « changement selon l'accomplissement » et une génération (155, 22-23) comme le fait ici Alexandre, semble peu compatible avec le statut d'*energeia* de la pensée.

3. Dans son *De Anima*, Alexandre, en prenant appui sur l'identité du pensant et du pensé, soutient que l'intellect en acte qui saisit l'*eidos* n'est lui-même « rien d'autre que la forme pensée » (86, 14-15). Le devenir de l'intellect postulé par Alexandre est donc, semble-t-il, le processus par lequel l'intellect en *habitus* devient intellect en acte en s'identifiant à la forme qu'il saisit : il atteint ainsi son plein accomplissement (τελειότης τοῦ νοοῦντος, 155, 24).

4. Les lignes qui suivent sont très elliptiques. Pour les comprendre il faut revenir aux deux sens de la *genesis* qui structurent la naissance et le devenir *d'un même individu* (voir sur ce point la note 1, p. 77 et le texte de 157, 4-8 déjà cité sur la différence entre la naissance du nouveau-né et la transformation en adulte). Alexandre décompose l'expression (1) ce qui

entre l'être et le non-être. De même en effet que la génération est intermédiaire entre l'être et le non-être, puisqu'elle est changement qui va du non-être à l'être, changement qui n'est ni non-être ni déjà être | (car le changement est quelque chose qui va du non-être à l'être au moyen de la génération [1]), de même, ce qui vient à être occupe une position analogue, lui dont il y a la génération, puisque, relativement à ce qui est absolument et à ce qui n'est absolument pas, il tient lieu d'intermédiaire [2]. Et il peut montrer cela par le fait que tout ce qui vient à être semble le faire au moyen d'un intermédiaire et à partir d'un intermédiaire. Car de même que les choses qui viennent à être ainsi le font à partir de la génération qui est intermédiaire entre l'être et le non-être [3], | de même ce qui vient à être à partir de ce qui vient à être, le fait lui aussi à partir d'un intermédiaire [4].

vient à être à partir de (2) ce qui vient à être, et explicite le statut ontologique intermédiaire de chaque *gignomenon* mis en jeu. Il commence par travailler sur le sens (2) : la genèse d'une chose à partir du non-être et le sujet qui subit cette genèse (l'enfant qui naît par exemple), pour ensuite se concentrer sur le sens (1) : le sujet qui évolue à partir d'un être déjà là (l'enfant en train de devenir adulte). L'expression « ce qui vient à être à partir de ce qui vient à être » peut donc être illustrée ainsi : l'adulte qui devient à partir de l'enfant qui naît. Dans chaque *genesis*, « ce qui vient à être » occupe une position ontologique intermédiaire : par la naissance, le nouveau-né vient du néant, mais n'est pas encore un être au sens plein, en tant que sa croissance est à venir; dans le passage vers l'âge adulte, l'enfant est déjà quelque chose, mais n'a pas encore atteint sa pleine maturité.

1. Alexandre reprend *Physique* V 1, 225a12-14 : « un changement d'un non-sujet vers un sujet selon la contradiction est une génération » (trad. P. Pellegrin, *Aristote. Œuvres complètes*, Paris, Flammarion, 2014).

2. Alexandre interprète le parallèle mis en place par Aristote en 994a 27-28. Selon le Stagirite, le statut intermédiaire de la *genesis* par rapport à l'être et au non non-être se retrouve dans le statut intermédiaire du *sujet* qui vient à être par rapport à ce qui est et ce qui n'est pas. La difficulté réside dans l'interprétation de l'expression employée par Alexandre : οὗ ἔστιν ἡ γένεσις, lui [*i. e.* ce qui vient à être] « dont il y a la génération » (156, 6). La *genesis* en jeu, dans la lecture d'Alexandre, est une génération absolue (par exemple la naissance), intermédiaire entre le néant et l'être accompli (πρός τε τὸ ἁπλῶς ὂν καὶ τὸ ἁπλῶς μὴ ὄν, 156, 6-7). Parallèlement, le sujet de cette génération (l'enfant qui naît) occupe une position ontologique intermédiaire. Les lignes 156, 2-7 et 156, 8-10 concernent ce premier mode de génération qu'est la *naissance*; et les lignes 10-11 traitent de « ce qui vient à être à partir de ce qui vient à être », selon le *devenir* (passage de l'enfant à l'adulte).

3. Ce membre de phrase confirme l'idée qu'Aristote vient de traiter en un premier temps de la génération absolue : l'expression « les choses qui adviennent à partir de la génération » (ἐκ τῆς γενέσεως, 156, 9) désigne nécessairement les choses qui naissent par une *genesis* absolue (alors, comme le précisera ensuite Alexandre, que les choses qui ne font que devenir, comme l'enfant qui devient adulte, le font « après » cette naissance absolue et non à partir d'elle (156, 35)). L'expression « les choses qui viennent à être ainsi » (τὰ οὕτως γιγνόμενα, 156, 9-10)) renvoie donc à ce premier mode, absolu, de génération.

4. Alexandre applique le statut intermédiaire de « ce qui vient à être » aux deux modalités de la génération distinguées plus haut : la génération absolue (ce qui vient à être « à partir d'une génération »); et la génération d'une nouvelle détermination pour un sujet déjà existant

Car ce qui vient à être est intermédiaire entre ce qui est et ce qui n'est pas. Ce qui vient à être en effet est déjà d'une certaine façon, et d'une autre n'est pas, mais il n'est ni absolument étant, puisqu'il n'est pas accompli (ce qui est en effet est déjà accompli) ni absolument non-étant. C'est pourquoi il n'est pas un intermédiaire entre deux contradictoires[1]. Car ce qui est d'une certaine façon, cela aussi est un étant.

Comment ce qui vient à être ainsi | à partir de quelque chose, s'accomplit à partir de ce qui vient à être, Aristote l'a montré en alléguant l'exemple de celui qui apprend. En effet, celui qui apprend est un savant en devenir qui vient à être tel à partir de celui qui apprend, puisque c'est en demeurant que celui qui apprend vient à être et progresse vers le savoir, savoir qui est l'accomplissement de celui qui apprend. Car ce n'est pas de façon absolue que celui qui apprend vient à être, mais en sachant (ou alors l'apprentissage | est lui-même intermédiaire entre le savoir, qui est au sens strict, et l'ignorance accomplie, qui serait absolument non-étant). Par conséquent, ce qui vient à être de cette façon à partir de quelque chose le fait à partir d'un intermédiaire entre ce qui est déjà et ce qui n'est pas[2].

(« ce qui vient à être à partir de ce qui vient à être » : l'adulte qui advient à partir du devenir de l'enfant). Il peut ainsi démontrer que « tout ce qui vient à être » (156, 7) à savoir tout ce qui advient selon l'un et l'autre sens de la génération, le fait à partir d'un intermédiaire : c'est la *genesis* absolue elle-même qui constitue cet intermédiaire dans le premier cas; c'est, dans le second, le sujet qui a déjà connu un premier degré de devenir.

1. On peut l'interpréter ainsi. Selon Aristote, il n'y a pas d'intermédiaire entre deux termes contradictoires (*Catégories* 10, 11b39-12a8; *Métaphysique* I 4, 1055b1-2). Dès lors, à partir du moment où l'on soutient, comme le fait Aristote en *Métaphysique* α, que ce qui vient à être est intermédiaire entre l'étant et le non-étant, ceux-ci ne doivent pas être conçus comme des contradictoires (puisque précisément, ce qui définit les contradictoires est de n'avoir pas, entre eux, d'intermédiaire). Le *gignomenon*, en tant que d'une certaine façon il est un étant, et, d'une autre façon, est un non-étant, a bien le statut de *metaxu* par rapport à l'étant absolu, totalement accompli et le non-étant absolu, de la même façon que le gris est intermédiaire entre le noir et le blanc, qui sont des contraires et non des contradictoires (cf. *Catégories* 10, 12a9-25). Il reste qu'en *Physique* V 1, 225a13-b19, Aristote affirme que la génération absolue qui va « du non-être à l'*ousia* » doit être saisie « selon la contradiction » (κατ' ἀντίφασιν).

2. Alexandre suggère deux lectures de l'exemple de l'apprentissage. Soit, dans l'expression : « le savant vient à être à partir de celui qui apprend », l'apprenti est envisagé comme ayant déjà une forme de connaissance et comme en chemin vers le savoir accompli, et c'est cette position entre l'ignorance et le savoir qui lui donne son statut ontologique intermédiaire. Soit l'apprentissage est envisagé comme un processus saisi dans sa totalité, c'est-à-dire comme progression de l'ignorance complète jusqu'au savoir, et il doit bien en ce sens être appréhendé comme genèse absolue (d'où l'incise : « ou alors l'apprentissage est lui-même intermédiaire entre le savoir, qui est au sens strict, et l'ignorance accomplie, qui serait absolument non-étant », 156, 19-21). Cependant c'est le premier sens, celui du savant issu de l'apprenti, qui illustre adéquatement l'expression qu'il s'agit d'élucider : « ce qui vient à être ainsi [*à savoir le savant*] à partir de quelque chose, s'accomplit à partir de ce qui vient à être [*à savoir l'apprenti*] » (156, 14-15).

994a30 : *En second lieu, comme l'eau vient de l'air, alors que le premier est détruit.*

Aristote se tourne ensuite vers la seconde signification issue de la distinction précédente, | en prenant[1] pour exemple de celle-ci la manière dont l'eau vient à être à partir de l'air. Et il montre que ce n'est pas de la même manière que celle par laquelle le savant vient de celui qui apprend, c'est-à-dire que ce n'est pas à partir d'un intermédiaire. Il dit en effet que la génération de ce qui vient à être se fait alors que l'autre chose est détruite, sans demeurer et sans être en train de s'accomplir. C'est pourquoi « elles ne retournent pas réciproquement les unes dans les autres », ces choses qui viennent à être selon le premier sens dégagé | (il s'agissait de celles qui viennent à être selon l'accomplissement). Car ces choses ne retournent pas en arrière, de sorte que l'homme viendrait à être à partir de l'enfant et en retour l'enfant à partir de l'homme, parce que ce qui est accompli ne revient pas vers ce qui est inachevé. Il en donne la raison en disant : « car ce qui vient à être ne le fait pas à partir de la génération, mais après la génération », c'est-à-dire que ce qui vient à être ainsi ne le fait pas à partir de la destruction d'autre chose et de la génération elle-même, | mais à partir de ce qui est déjà venu à être. Car le fait d'être venu à être vient après la génération[2].

En effet d'une part, les choses qui viennent à être par la destruction des choses extérieures[3], ont la génération pour principe de leur être. | Car 157
le changement et la destruction des unes est la génération des autres, mais les premières ne demeurent pas[4] et ne viennent pas à être. D'autre part,

1. J'accepte la correction proposée par Dooley : αὐτὸς τιθεὶς au lieu d'αὐτὸ τιθεὶς (156, 24-25). αὐτὸ se trouve omis en P.

2. « Le fait d'être venu à être » traduit l'infinitif parfait τὸ γεγονέναι, et « après la génération » traduit μετὰ τὴν γένεσιν (156, 35). Alexandre fait subir ainsi un léger glissement à la phrase d'Aristote, qui n'emploie pas la forme au parfait mais au présent : τὸ γιγνόμενον (994b1), « ce qui vient à être ». Pour Alexandre, la forme au parfait traduit l'état de l'adulte qui a déjà achevé son devenir. Le passage de l'enfant à l'état parfait de l'adulte vient, comme Alexandre va l'expliciter dans les lignes qui suivent, « après la génération » comprise comme genèse absolue de l'enfant qui naît.

3. Je traduis le texte donné par A, O et P : κατὰ φθορὰν τῶν ἔξωθεν γιγνόμενα (156, 36). Je ne retiens donc pas la suggestion de Dooley, selon laquelle il faudrait retenir la version d'Asclépius. : τῶν ἐξ ὧν λέγεται γίγνεσθαι γιγνόμενα. Alexandre veut dire que les choses qui naissent par une génération absolue le font à partir de la destruction de choses qui leur demeurent extérieures : ainsi lorsque l'air vient de la destruction de l'eau, les deux substances demeurent extérieures l'une à l'autre.

4. A et O omettent le οὐκ dans l'expression οὐκ ἐκεῖνα ὑπομένοντα (157, 1-2), mais cette négation apparaît chez Sepúlveda, Asclépius et P. Alexandre veut bien dire que dans le cas de la génération absolue, les choses qui viennent à être *ne demeurent pas* mais sont détruites.

les choses qui sont en voie d'accomplissement et que l'on dit venir à être ainsi à partir de certaines choses, ne viennent pas à être à partir de la génération et du premier changement, mais après la génération [1]. Car, en premier lieu, ce qui vient à être est ce qui est venu à être à partir de la génération [2], | comme le nouveau-né, qui devient un enfant qui marche puis un homme, alors qu'en second lieu [3], l'homme ne vient pas à être à partir de la génération mais à partir de ce qui vient à être à partir de la génération et qui est en voie d'accomplissement. De sorte que ce n'est pas à partir de la génération mais après elle que viennent à être les choses qui viennent à être ainsi.

De plus, après avoir dit que les choses en voie d'accomplissement viennent à être après la génération, et non à partir d'elle, il expose que c'est ainsi que le jour vient du matin, | puisque le jour vient à être à partir du matin, alors que le matin ne vient plus du jour (par « matin » il veut dire « l'aurore »). Car le matin est inaccompli. Ce n'est en effet pas de la même façon que le jour vient du matin et que les jeux isthmiques viennent des jeux olympiques. Car en ce qui concerne ces derniers, une chose vient seulement après l'autre et il y a un ordre du temps, mais en ce cas, l'un n'est plus le substrat de l'autre. Le matin, lui, vient à être jour en changeant, en demeurant et en s'accomplissant. Car le matin est un

1. Ce qui est « en voie d'accomplissement » (τὰ δὲ τελειούμενα, 157, 2) peut être illustré par l'exemple de l'enfant en passe de devenir adulte. Ce devenir vient « après » une génération première qui est la naissance de l'enfant.

2. Dooley, dans une note *ad locum*, pense qu'Alexandre tombe ici dans la contradiction, puisqu'il semble attribuer au « changement accidentel » le fait d'advenir « à partir de la *genesis* », alors qu'il vient expressément de nier ce fait aux lignes précédentes, en soulignant qu'un tel changement se fait « après la *genesis* » (157, 2-4). Pour éviter cette contradiction, on doit lire ce passage ainsi. Dans la phrase : « ce qui vient à être est ce qui est venu à être à partir de la génération » (τὸ μὲν γὰρ γιγνόμενόν ἐστι τὸ ἐκ τῆς γενέσεως γεγονός, 157, 4) l'expression « à partir de la *génération* » ne se rapporte pas à la génération accidentelle mais bien à la génération absolue. Ainsi la naissance du nouveau-né est-elle bien une *genesis* absolue et, comme le dit Alexandre à la ligne précédente, un « changement premier » (157, 3). Par contraste, l'adulte vient à être non à partir d'une naissance absolue, mais à partir du devenir progressif de l'enfant. Alexandre peut donc conclure : l'adulte vient à être non « à partir d'une génération », mais à partir de l'enfant, qui, quant à lui, vient à être et à s'accomplir à partir de la génération absolue qu'est la naissance.

3. Pour y voir clair dans ce passage, il faut être très attentif au jeu des particules qui structure l'argumentation. Alexandre a commencé par évoquer le cas des choses qui reviennent les unes dans les autres par destruction de la substance précédente, comme l'air et l'eau (τὰ μὲν γὰρ κατὰ φθορὰν (156, 36)). Il passe ensuite aux choses qui viennent à s'accomplir à partir d'autres choses (τὰ δὲ τελειούμενα καὶ οὕτως ἔκ τινων λεγόμενα γίγνεσθαι, 157, 2). Pour préciser le sens de cette catégorie, il introduit une distinction entre « ce qui vient à être *à partir de la génération* » (τὸ μὲν γὰρ γιγνόμενόν ἐστι τὸ ἐκ τῆς γενέσεως γεγονός, 157, 4), à savoir l'enfant qui naît, et ce qui est venu à être « *à partir de ce qui vient à être à partir de la génération* », à savoir l'adulte (ὁ δὲ ἀνὴρ, 157, 5) qui vient de l'enfant.

jour inaccompli | puisqu'on ne peut pas encore discerner en lui la lumière diurne, et qu'elle est encore obscure. Il dit : « parce qu'il vient après cela » (994b2), parce qu'une fois l'aurore venue à être et accomplie, après elle, le jour vient lui-même à être jour en s'accomplissant.

Après avoir dit que les choses qui viennent à être ainsi ne retournent pas réciproquement les unes dans les autres, ce qui est clair aussi bien à partir des exemples que pour la raison qu'il a avancée, il affirme, en ce qui concerne les choses qui sont dites venir à être à partir d'autres par la destruction de ces dernières, | et dont il dit qu'elles viennent à être à partir de la génération, que ces choses-là retournent réciproquement les unes dans les autres. En effet, comme l'air vient de l'eau, de la même façon, l'eau vient de l'air. Car l'une n'est pas la fin de l'autre, mais toutes les choses telles qu'elles viennent à être à partir de la génération, ont certes un accomplissement qui leur est approprié, mais aussi une matière commune, capable de les recevoir l'une comme l'autre [1]. En outre, que les choses qui viennent à être ainsi retournent réciproquement les unes dans les autres | est clair aussi bien à partir de l'évidence que du fait que les différences spécifiques des corps ne sont pas infinies, ce qui serait le cas si, à l'infini, l'un venait à être à partir de l'autre.

994b4 : *Car il est nécessaire qu'il y ait une fin des êtres intermédiaires.*

Il veut dire : des choses qui viennent à être à partir des intermédiaires et non d'une génération, | [intermédiaires] qui sont déjà des êtres [2], en tant que les choses qui sont en train de s'accomplir sont venues à être. Car il y a une certaine fin de ce qui est intermédiaire tout en étant déjà un être. Pour cette raison, la génération de ces choses ne se poursuit pas à l'infini vers le bas, puisqu'elles ont une certaine fin vers laquelle elles progressent

1. L'air n'est pas la fin (τέλος, 157, 22) de l'eau, comme l'adulte est la fin vers laquelle est orientée la croissance de l'enfant, puisque dans ce mode de génération l'accomplissement respectif (οἰκείαν τελειότητα, 157, 23) de l'air et de l'eau sont disjoints l'un de l'autre. En revanche ils partagent une matière commune ; une nouvelle fois, on peut hésiter : cette matière désigne-t-elle aux yeux d'Alexandre l'humide, commun à l'eau et à l'air, ou la matière première, substrat universel du devenir ? Voir sur ce point la note 4, p. 78.

2. Je traduis le texte de O et M : ἃ ἤδη ἔστιν ὄντα (157, 29-30). Je pense que l'antécédent du relatif ἃ est τῶν μεταξὺ : ce sont les intermédiaires qui sont déjà des êtres (l'enfant est par exemple déjà un être même s'il n'est pas encore accompli comme l'est l'adulte). Si cette lecture est bonne, la suite de la phrase s'entend ainsi : les choses qui sont en train de s'accomplir ont tout d'abord connu une première genèse, d'où ils tiennent leur être. Ainsi l'enfant doit d'abord être né pour être actuellement en train de s'accomplir comme adulte. Cette interprétation suppose cependant de comprendre l'imparfait ὡς ἐγίγνετο au sens d'un parfait (ce qui est venu à être).

à travers les intermédiaires. Quant aux autres, c'est parce qu'elles retournent les unes dans les autres [que leur génération ne se poursuit pas à l'infini]. Et il ajoute : « la destruction de l'une est génération de l'autre ». Il a montré cela | dans la *Leçon de Physique*[1]. Il est aussi possible qu'il ait dit : « car des êtres intermédiaires… » comme équivalent à : « car pour les choses qui sont intermédiaires de certaines [autres], de ces intermédiaires, il y a une fin intermédiaire[2] ».

**158** | 994b6 : *En même temps, il est impossible que la première cause*[3]*, puisqu'elle est éternelle, soit détruite. Car puisque la génération ne remonte pas à l'infini vers le haut, le premier, qui par sa destruction a engendré quelque chose, nécessairement n'est pas éternel.*

Après avoir montré de façon générale d'abord qu'il n'est pas possible que les | causes remontent à l'infini, et ensuite qu'elles ne peuvent non plus descendre à l'infini, il montre à présent, relativement à chacune des causes prise en particulier[4], qu'il n'est pas possible que l'une d'elles aille à l'infini, et, en premier lieu, qu'il n'est pas possible que ce soit le cas pour la cause matérielle[5]. Pour montrer qu'il n'est pas possible que les causes

1. Alexandre se réfère sans doute aux différents sens de la *genesis* distingués en *Physique* I 7.

2. Je construis ainsi la phrase τούτων μεταξὺ τέλος τί ἐστιν (157, 36) : τούτων reprend la proposition précédente (ἐφ' ὧν μὲν γὰρ ὄντων τινῶν μεταξύ) et μεταξὺ doit être rattaché à τέλος. Alexandre propose ainsi deux lectures possibles du lemme et de la signification du τέλος. : soit la fin se situe au terme ultime, par rapport auquel les *metaxu* constituent des jalons intermédiaires (157, 32-33) ; soit chaque intermédiaire constitue une fin à atteindre, qui doit ensuite être dépassée (157, 36-37). Autrement dit, soit la fin est exclusivement l'adulte, au terme du devenir, soit l'enfant ou l'adolescent représentent des fins intermédiaires entre le nouveau-né et l'adulte.

3. Je suis A et O : τὸ πρῶτον αἴτιον ἀΐδιον ὂν (158, 1), alors que Hayduck retient LF : τὸ πρῶτον ἀΐδιον ὂν qui est fidèle à la vulgate des manuscrits de la *Métaphysique* et que l'on trouve aussi en P.

4. À savoir la cause matérielle, la cause finale, et la cause formelle, qu'Alexandre examine successivement.

5. Dooley avance qu'Alexandre se démarque ici d'Aristote : alors que le premier parlerait de la cause matérielle en général, le raisonnement du second ne vaudrait que pour la matière première. Il n'est pas sûr cependant que l'argumentation d'Alexandre s'éloigne de celle du Stagirite. Aristote distingue le cas du substrat premier de celui d'une génération qui a lieu par destruction de la substance précédente : si le substrat premier est éternel, il est indestructible, et la génération se fait alors que la matière première demeure. La régression de la cause matérielle ne saurait donc être infinie : une fois que l'on atteint le substrat premier, celui-ci constitue la cause ultime, support de tout changement et de toute génération. Or lorsqu'Alexandre parle ici de « cause matérielle » (ἡ ὑλικὴ αἰτία, 158, 7), il n'entend pas étendre le raisonnement d'Aristote à toute forme de *hulê*, mais il veut dire que dans l'ordre de la causalité matérielle la régression ne peut aller à l'infini, puisque « le substrat premier est éternel et inengendré » (158, 11), ce qui coïncide avec l'argument d'Aristote.

remontent à l'infini vers le haut, il utilise le fait que le premier substrat est éternel. Car s'il était venu à être, il y aurait quelque chose de premier par rapport à lui, | un substrat[1] à partir duquel il serait venu à être, et de cette façon, il ne serait plus premier. Or puisque cela n'est pas le cas, le premier substrat est éternel et inengendré. Par conséquent, ce dont la destruction fait venir quelque chose à être, cela n'est pas le premier substrat. Car ce qui est détruit n'est pas éternel, alors que le premier substrat est éternel. Par conséquent, la matière n'est pas détruite, mais c'est la même qui demeure.

Il dit : « le premier qui, par sa destruction » comme équivalent à : ce qui, parce qu'il est détruit | en lui-même[2] et non selon ses accidents « a engendré quelque chose », cela « n'est pas éternel ». Car la matière est détruite selon ses accidents (puisqu'en effet son accident, la privation[3], est détruit dans la génération des choses qui viennent à être à partir de la matière, cet accident est ce qui est détruit en lui-même), mais en elle-même elle est indestructible[4]. Elle serait certes détruite en elle-même si une chose venait d'une autre à l'infini, | et si la même matière ne demeurait pas pour toutes les choses qui viennent à être. Et ce qu'il dit peut être équivalent à : celui qui dit qu'une chose est la matière d'une autre par une régression infinie vers le haut, celui-là voudra dire que le premier substrat est détruit, lui qui est nécessairement éternel s'il est vrai que plus rien d'autre ne lui sert de substrat. Car les causes ne remontent pas à l'infini. Donc, celui [qui fait cette hypothèse] soutiendra que le premier substrat est détruit, si, plutôt que de dire qu'il sert de substrat à tout ce qui vient à être en restant le même, | il dit que c'est par la destruction du substrat
que [vient à être] le substrat suivant. | [S'il en va ainsi, à savoir si] ce qui **159**
est issu de lui est venu à être alors qu'il a lui-même été détruit, le substrat

1. J'interprète le génitif ὑποκειμένου comme subissant l'attraction du relatif ἐξ οὗ (158, 10-11), selon ce que les grammairiens appellent l'attraction régressive.

2. On trouve dans tous les manuscrits (A, O, P, LF et Asclépius) : καθ' αὑτό τι (158, 15). Je pense préférable cependant, selon la suggestion de Bonitz acceptée par Hayduck de supprimer le τι.

3. L'idée que la privation est un accident de la matière est avancée par Aristote en *Physique* I 7, 190b27.

4. Alexandre est à première vue proche d'Aristote : « en tant que "ce en quoi", [la nature sous-jacente] est détruite par soi (car ce qui est détruit en elle est la privation); mais en tant que puissance elle n'est pas détruite par soi, mais il est nécessaire qu'elle soit indestructible et inengendrée » (*Physique* I 9, 192a25-29, trad. P. Pellegrin). Cependant, comme le note Dooley, Alexandre corrige en fait le Stagirite : ce n'est pas, selon lui, la matière (fût-elle strictement envisagée comme le support de la privation et non comme puissance) qui est détruite « par soi » dans le changement, mais seulement l'accident en soi, c'est-à-dire la privation.

premier n'est pas éternel[1]. Si en effet en remontant, les causes trouvent un point d'arrêt, il faut que quelque chose commence et soit le premier à venir à être à partir de la matière première. Mais si cela vient à être alors que la matière elle-même a été détruite, ni le mouvement ne sera éternel[2], ni la matière première qui sert de substrat à toutes choses ne sera encore elle-même première et éternelle. | Et par conséquent la cause matérielle ne régresse pas vers le haut à l'infini[3]. Ce que dit Aristote en effet est excessivement concis. Après avoir dit : « en même temps, il est impossible que le premier[4], puisqu'il est éternel, soit détruit », il ajoute ce qui montre[5] que le premier est éternel : « puisque la génération ne remonte pas à l'infini vers le haut » (994b6-8), sans préciser en outre que pour cette raison le premier substrat est éternel[6]. Ou alors, lorsqu'il dit | : « d'autres choses retournent réciproquement les unes dans les autres, car la destruction de l'une de ces choses est la génération d'une autre » (994b5-6) : cela, il l'assure en montrant que le premier substrat, qui est la

1. Le texte est manifestement corrompu en 159, 1. Le texte donné par Hayduck est celui de A et O : ἀλλὰ λέγοι κατὰ φθορὰν τοῦ ὑποκειμένου τὸ μετ' αὐτὸ ὑποκείμενον φθαρέντος αὐτοῦ τὸ ἐξ αὐτοῦ ἐγένετο οὐκ ἀίδιον. P donne une version sensiblement différente : ἀλλὰ λέγοι ἂν φθορὰν τοῦ ὑποκειμένου ὅτι εἰ τὸ μετ' αὐτὸ φθαρέντος αὐτοῦ ἐξ αὐτοῦ ἐγένετο οὐκ ἀίδιον, qui est traduisible telle quelle, mais qui diverge beaucoup des autres manuscrits, et qui me semble donc plutôt constituer une réfection du texte. Je traduis ici la conjecture qui m'a été suggérée par M. Crubellier : ἀλλὰ λέγοι κατὰ φθορὰν τοῦ ὑποκειμένου τὸ μετ' αὐτὸ ὑποκείμενον <γίγνεσθαι· εἰ δὲ τοῦτο, καὶ εἰ> φθαρέντος αὐτοῦ τὸ ἐξ αὐτοῦ ἐγένετο, οὐκ ἀίδιον.

2. En *Physique* VIII 1, Aristote avance des arguments en faveur de l'éternité du mouvement. On peut supposer que l'idée d'Alexandre est la suivante : si le support du mouvement n'est pas éternel mais est détruit au cours du processus de génération, alors le mouvement lui-même sera privé de toute éternité.

3. Alexandre tente de réfuter l'hypothèse de la régression infinie de la cause matérielle : une telle hypothèse revient en effet à faire de tout substrat un support provisoire, qui n'engendre une nouvelle chose que par sa propre destruction et qui n'a lui-même été engendré que par la destruction d'un support précédent. Or cette hypothèse revient à rendre destructible le substrat premier et éternel. Pour éviter de tomber dans cette contradiction il faut donc en conclure que la régression de la cause matérielle ne peut aller à l'infini. Cette réfutation est cependant faible, puisqu'elle prend appui sur ce qu'il s'agit de démontrer, à savoir qu'il y a bel et bien un substrat premier et indestructible.

4. A et O citent le texte de la *Métaphysique*, 994b6, selon une version différente de celle qu'ils proposaient pour le lemme (158, 1). Désormais αἴτιον a disparu et on trouve la leçon retenue par la vulgate : τὸ πρῶτον ἀίδιον ὄν (159, 7).

5. A, O, L et P n'ont pas le τὸ (qui se trouve ajouté par Bonitz) : [τὸ] δεικτικὸν (159, 7). Cela ne change cependant pas la construction et le sens de la phrase.

6. L'ellipse d'Aristote est la suivante : il se contente de dire que « le premier » (ou « la première cause » si l'on retient la version du lemme attestée par A et O) est éternel, sans préciser que cette cause première est le *substrat* premier, c'est-à-dire sans préciser qu'il est en train de démontrer l'impossibilité de la régression à l'infini de la cause *matérielle*.

matière au sens strict, est éternel[1]. Car il serait détruit, s'il ne demeurait pas et n'était préservé dans toutes les choses qui viennent à être : mais les choses qui viennent à être naîtraient à partir de lui alors qu'il serait lui-même détruit, et il en irait semblablement, de nouveau, pour ce qui viendrait d'elles ; de cette manière, | la cause matérielle procéderait vers le bas à l'infini. Mais si cela est absurde (car il faut qu'il y ait quelque chose qui soit le premier substrat, comme il l'a montré, et que cela existe en demeurant indestructible dans toutes les choses qui viennent à être), si donc il en est bien ainsi, les choses qui viennent à être à partir du substrat retourneront les unes dans les autres, de sorte que la destruction de l'une soit la génération de l'autre ; quelle que soit en effet la chose en laquelle elle existe, parmi celles qui viennent à être à partir d'elle, elle gardera | aussi la puissance[2] de prendre à nouveau la forme à partir de laquelle elle a initialement changé. Et la matière changera en ce qui vient à être, mais en vérité il n'y a pas toujours, selon un processus infini, une chose qui devient substrat pour une autre. La matière, lorsqu'elle change elle-même, le fait en changeant dans les contraires ; quand la matière change dans les contraires, la génération revient en arrière. Car elle n'est pas elle-même ce qui est détruit dans le changement qui aboutit à la génération | (elle ne serait plus en effet éternelle), mais il y a quelque chose d'autre qui se trouve détruit en soi et à titre premier : c'est à partir de cette destruction que [le contraire de cette chose] vient à être. Il a été montré dans le livre A de la *Physique* que la privation est cela [qui se trouve détruit[3]].

1. Alexandre combine deux modèles : celui de la génération réciproque, qui implique la destruction d'une substance comme condition de l'advenue d'une autre (modèle évoqué en *Métaphysique*, 994b5-6) ; et celui de la matière première : la destruction en jeu dans la génération réciproque n'atteint pas le substrat premier qui demeure à travers la *genesis*. Ces deux modèles se trouvent à ses yeux mis en jeu par Aristote, mais de façon très rapide et elliptique, dans les deux phrases de *Métaphysique*, 994b5-9 (celle qui concerne la génération mutuelle des éléments (l'air et l'eau par exemple), par destruction de la substance précédente ; et celle qui affirme qu'« il est impossible que le premier, parce qu'il est éternel, soit détruit ») : le but du Stagirite serait précisément de montrer que la génération réciproque des éléments n'implique pas une destruction absolue, mais préserve la matière première.

2. Faute de mieux, j'adopte l'addition de δύναμιν (159, 21) proposée par Bonitz à partir de Sepúlveda.

3. En *Physique* I 9, par exemple : « car ce qui est détruit est, [dans la nature sous-jacente], la privation » (192a26-27). Notons qu'Alexandre, dans tout ce passage, ne s'en tient pas à un substrat qualifié et défini qui serait sous-jacent à un devenir (comme c'est le cas dans les exemples privilégiés par Aristote dans la *Physique*, de l'homme qui devient cultivé ou de l'airain qui devient une statue) mais il a tendance à hypostasier la matière première indéterminée, en en faisant le substrat premier et incorruptible de tous les changements. Aristote semble cependant lui-même faire allusion à ce substrat ultime lorsqu'il utilise l'expression de « nature sous-jacente » (ἡ ὑποκειμένη φύσις, *Physique*, 191a7-8) qui est connue seulement par analogie avec des substrats déterminés tels que l'airain de la statue ou le bois du lit.

Après avoir montré au sujet de la matière qu'il n'est pas possible que les causes matérielles procèdent à l'infini vers le bas, il montre ensuite de nouveau la même chose au sujet de la cause finale. Il dit : « puisque le "ce en vue de quoi" est la fin, et ce qui n'est pas en vue d'autre chose est tel »
160 | (994b10-11). Ce qu'il veut dire est la chose suivante. S'il y a quelque chose en vue de quoi [une autre est], à savoir la cause finale, la procession d'une telle cause n'ira pas à l'infini. Car la cause finale est ce pour quoi les autres existent, mais qui elle-même n'existe en vue de rien, et la cause qui est telle est la dernière. Par conséquent, s'il y a une cause ultime dans les choses qui viennent à être naturellement, et si | celle-ci est la cause finale, la procession ne se poursuit pas à l'infini vers le bas. Mais si elle se poursuit à l'infini, il n'y a pas de cause finale, c'est-à-dire de "ce en vue de quoi" dans les choses qui viennent à être naturellement. Cependant refuser une telle cause dans les choses qui viennent à être naturellement, revient à supprimer la nature du bien dans ce qui vient à être[1]. Car ce en vue de quoi les autres choses viennent à être est le bien. Cela est clair à partir de l'induction : | « car tout art et toute méthode, de même que toute action et tout choix semblent tendre à quelque bien », comme il le dit au début de l'*Éthique à Nicomaque*[2]. Et le bien suprême est ce vers quoi tendent toutes choses. Par conséquent, dans toutes les choses qui viennent à être selon la raison ou selon la nature, c'est le bien qui est la fin. Car, au départ, personne n'entreprend de faire ou d'accomplir quelque chose, s'il n'a pas l'intention de la conduire à sa fin. | Par conséquent, étant donné que la fin, c'est-à-dire la cause qui est de cette sorte, est le but des actions, s'il n'y a pas de fin, il ne peut y avoir, dès le départ, rien qui viendrait à être. Plus encore, on supprimera l'intellect et la nature comme susceptibles de produire un effet dans les êtres. Car tout ce qui vient à être en vertu de la nature et de l'intellect le fait en vue de quelque chose[3] : si au contraire ce en vue de quoi les choses viennent à être en vertu de la nature

1. Dans son commentaire au livre *Beta*, Alexandre emploie de nouveau cette expression de τοῦ ἀγαθοῦ φύσις (181, 37 ; 182, 9) pour démontrer cette fois que la cause finale qu'est la nature du bien ne s'exerce que sur les êtres en mouvement, et non sur les êtres immobiles (ainsi les propriétés du triangle ne lui appartiennent pas « parce que c'est mieux ainsi »). Dans le présent passage par conséquent, il est important de noter que ce sont les êtres en devenir (ἐν τοῖς γιγνομένοις φύσει, 160, 7) qui sont mobilisés vers le bien.

2. Aristote, *Éthique à Nicomaque* I 1, 1094a1-2.

3. Aristote se contente pour sa part de souligner le lien entre « celui qui possède un intellect » (994b15) et l'accomplissement d'une action orientée vers une fin (ce qui signifie, à rebours, qu'une action entreprise sans être assignée à une fin est une action déraisonnable, privée de toute intelligence). Alexandre ajoute au texte d'Aristote l'orientation téléologique des processus naturels : dans la nature, comme dans l'action régie par une intelligence, rien ne pourrait être accompli sans la position d'un *telos*, qui met un terme au processus. Cette idée de l'orientation téléologique des processus naturels est affirmée par Aristote en *Physique* II 8 :

et de l'intellect n'existait pas[1], rien ne viendrait à être selon l'une de ces deux choses. Et encore, comme il le dit dans les *Éthiques*[2], le désir serait vain, s'il n'y avait de fin à toutes nos actions, mais qu'une chose vînt à être en vue d'une autre, à l'infini.

994b13 : *et cependant personne n'entreprendrait ...*

Il s'appuie sur l'évidence pour montrer qu'il est impossible de supprimer une telle cause du nombre des êtres. En outre, s'il y a une fin déterminée pour chacune des choses qui viennent à être, la cause finale ne procèdera pas à l'infini. Par ailleurs, puisqu'il a établi l'existence de la cause finale, en remplaçant « fin » par « limite », il montre aussi par là que les causes ne vont pas à l'infini. Car les choses dont il y a une limite ne sauraient être infinies[3].

994b16 : *Assurément il n'est pas possible de référer l'être essentiel*[4] *à une autre définition qui soit plus développée par sa formulation*[5].

Il montre aussi, en ce qui concerne la cause formelle (car celle-ci est l'être essentiel) que la progression ne peut aller à l'infini, de sorte qu'il y aurait toujours, | pour toute forme ou définition considérée, de **161**
nouveau une autre définition et une autre forme. Cela il l'a manifesté en ajoutant : « qui soit plus développée par sa formulation ». Car on considère que la définition est plus développée, par sa formulation, que ce qui est défini : « homme » n'est en effet, dans son énonciation, pas égal à « animal rationnel mortel[6] ». Chaque objet défini, par comparaison | avec la définition que l'on donne de lui, occupe la place de son propre

« il faut donc dire pourquoi la nature est parmi les les causes en vue de quelque chose (ἡ φύσις τῶν ἕνεκά του αἰτίων) » (198b10-11, trad. P. Pellegrin).

1. Tout ce membre de phrase se trouve omis en A, L, F, P et Asclépius : γιγνόμενα ἕνεκά τινος γίγνεται, μὴ ὄντος δὲ τοῦ οὗ ἕνεκα κατὰ φύσιν καὶ κατὰ νοῦν γίγνεται (160, 18-19). On le trouve cependant présent dans M, O, Sepúlveda et édité par Hayduck.

2. *Éthique à Nicomaque* I 1, 1094a20-21.

3. Selon Alexandre, le rapprochement de l'idée de « fin » (τέλος) et de celle de « limite » (πέρας), permet à Aristote de jouer sur les mots, en 994b16 : la limite, πέρας, est en effet contradictoire avec ce qui est infini, ἄ-πειρον.

4. « L'être essentiel » traduit τὸ τί ἦν εἶναι (160, 28).

5. Dans tout ce passage, je traduis λόγος par « formule » ou « formulation ». Il s'agit en effet de la formule qui énonce la définition (ὁρισμὸς).

6. Sur cette définition de l'homme comme « animal rationnel mortel », voir G. Guyomarc'h, *L'Unité de la métaphysique selon Alexandre d'Aphrodise*, *op. cit.*, p. 253 : « il revient à Alexandre d'avoir consacré cette définition canonique en terrain aristotélicien » (on a pu souligner en effet qu'une telle formule avait des antécédents dans le stoïcisme : voir T. Benatouïl, *Faire usage : la pratique du stoïcisme*, Paris, Vrin, 2006, p. 71-77).

nom[1]. Mais il me semble qu'il ajoute précisément cela en tant que c'est absurde. Car si la définition est plus développée par sa formulation que ce qui est à définir, les formules par lesquelles on exprime les définitions augmenteront à l'infini. Or c'est absurde[2]. Il n'est assurément pas possible que de chaque définition donnée il y ait une définition quelconque, en sorte que, la définition de l'animal étant « substance animée capable de percevoir », il y ait de nouveau | une autre définition de celle-ci, ou de chacun des termes qui la compose. Plus en effet on s'éloigne de la formule la plus proche de l'homme que l'on définit, moins on rendra compte de la forme de l'homme, c'est-à-dire moins on la définira[3]. Car la formule qui est donnée en premier et en étant la plus proche est toujours la définition de la chose, alors que celle qui est donnée ultérieurement n'est plus définition de la chose mais de la [première] définition donnée de cette chose[4]. Dans les cas donc | où la première formule donnée n'est pas une définition, la deuxième n'en sera pas plus une, ni la troisième, ni aucune autre. Car chacune de celles-ci devient définition de celle qui a été donnée avant elle, mais pas de la chose. Là en effet où ce qui est donné en premier n'est pas une définition, ce qui est donné après le premier le sera encore moins. Car si la définition donnée en premier l'est comme définition de
**162** la chose, | la seconde est donnée comme définition de la formule qui se rapporte à la chose, mais si la première n'est pas définition de la chose, la seconde ne le sera pas non plus. En effet, cette dernière est à même d'être définition de la chose [seulement] si la première définition donnée, dont la seconde est elle-même donnée comme définition, est définition de la chose. Car, de façon générale, dans les choses où il n'y a pas de premier, | il n'y a pas non plus de second. Ce qui est en effet second l'est par rapport à quelque chose de premier. Par conséquent, des choses dont il n'y a pas de définition première, il n'y aura pas non plus de définition seconde.

1. Alexandre veut dire que ce qui est défini, en tant qu'il se réduit à l'énoncé du nom qui l'exprime (le terme « homme » par exemple), occupe forcément moins de place que la formule qui sert à le définir.

2. C'est « absurde » (ἄτοπον, 161, 7) au sens où si chaque terme de la définition doit être redéfini dans une définition ultérieure, et ce à l'infini, aucun terme ne pourra trouver de définition achevée.

3. Le but de la définition est en effet de saisir l'*eidos* de ce qui est à définir. W. E. Dooley renvoie à juste titre à ce passage du *Commentaire au livre* A de la *Métaphysique* : « les définitions existent en vertu de la forme des choses définies. Car Aristote dit que la définition et la formule sont l'être essentiel » (20, 7-8).

4. C'est-à-dire : la seconde définition porte sur les termes de la première, et non plus directement sur la chose même.

Aristote peut aussi vouloir dire que le « premier terme [1] » est la dernière formule. Car la dernière formule, à savoir la dernière cause et la dernière forme, après quoi nous ne cherchons plus le « pourquoi », cela sera la définition au sens fort : si celle-ci n'existe pas, puisque la progression va à l'infini, alors il n'y aura pas de définition de ce qui précède [2].

| Certains comprennent : « plus développé par sa formulation » comme si Aristote voulait dire que l'on ajoute toujours quelque chose à la définition donnée en premier, en sorte que la deuxième définition est plus développée que la première quant à sa formulation, parce que quelque chose lui a été ajouté – par exemple : si la première définition de l'homme est « animal bipède pédestre » et qu'il y a de nouveau une autre définition après elle [3], parce qu'elle contient une autre différence ajoutée parmi celles déjà mentionnées, | par exemple « raisonnable », et encore de nouveau une autre différence par rapport à cette définition, de sorte que la première définition donnée augmente indéfiniment.

1. Alexandre se réfère au texte d'Aristote, *Métaphysique*, 994b19 : « ce dont le premier terme n'existe pas, le terme suivant n'existe pas non plus (ὁ δ' ὕστερος οὐκ ἔστιν, οὗ δὲ τὸ πρῶτον μὴ ἔστιν) ». L'interprétation qui lit « le premier terme » comme « la dernière formule » trouve sa justification dans le commentaire au livre A : « ce qui est dit être dernier dans la réponse à une question, est premier dans l'ordre de la nature et de la cause » (21, 13-14). Et il précise : « la définition est la dernière réponse donnée à la question "pourquoi" » (21, 18-19).

2. Dans cette seconde interprétation, le « premier terme » n'est plus la définition, mais la forme et la cause premières. Si l'on en croit le passage du commentaire à *Métaphysique* A cité dans la note précédente, cette forme qui est première dans l'ordre de la causalité n'est saisie que par une définition qui est dernière dans l'ordre de la recherche (notons que l'expression « la dernière cause et la dernière forme » (162, 7) doit aussi être comprise dans cet ordre de la recherche ; mais, en toute rigueur, dans l'ordre de la causalité elles sont premières). Or s'il n'y a pas de cause première qui soit la quiddité ou la forme, il n'y aura pas non plus de définition ultime capable de la saisir : de même qu'on régressera indéfiniment dans l'ordre causal, on progressera indéfiniment dans l'ordre de la définition. Autrement dit, de même qu'il n'y aura pas de forme première, il n'y aura pas de définition dernière. Et s'il n'y a pas de définition dernière, de définition « au sens propre », il n'y aura pas non plus de définition de « ce qui précède » (162, 9) : cette expression, une nouvelle fois, désigne ce qui est antérieur dans l'ordre de la recherche, mais qui est postérieur dans l'ordre de la cause et de la forme (on commence par chercher à définir ce qu'est la chaleur avant de définir le feu, dans l'ordre de la recherche ; mais c'est le feu qui est premier par rapport à la chaleur dans l'ordre de la cause).

3. Je retiens le texte de P : ἄλλος δὲ πάλιν μετὰ τοῦτον ἔχων (162, 13-14), qui, comme le propose Bonitz, supprime le ἄλλο de la ligne 13, mais qui opère un changement de l'accusatif (donné dans les autres manuscrits : ἄλλον… ἔχοντα, et édité par Hayduck) en nominatif.

994b20 : *En outre, ceux qui parlent ainsi détruisent le savoir. Car il n'est pas possible de connaître avant de parvenir aux éléments indivisibles.*

Il appelle à présent « indivisibles » les choses qui appartiennent immédiatement [à une autre]. Les sciences sont faites des choses qui appartiennent continûment | et immédiatement [à une autre], comme il est dit dans les *Analytiques postérieurs* [1]. Ce qui ne peut pas être le cas, s'il y a une définition de tous les termes employés dans la définition, et si la définition de ce qui est en question est complétée à partir de ces diverses définitions [2]. Car de fait ce qui, au moyen de la définition, est montré comme appartenant à une chose semble bien lui appartenir immédiatement. Mais s'il y a à l'infini une définition de toute définition, | il y aura toujours un moyen terme entre la cause par laquelle une chose est montrée appartenir à une autre, et le substrat dont on montre que cette chose lui appartient. Car jamais une chose ne pourra être saisie comme appartenant immédiatement à une autre, s'il y a toujours une définition de tout ce qui est saisi [dans la définition initiale]. En effet « animal » n'appartiendra pas immédiatement à « homme », mais il lui appartiendra du fait que
**163** | « homme [3] » est « une substance animée capable de percevoir ». Dès lors, de nouveau, « substance animée capable de percevoir » appartiendra à « homme » par sa définition propre et de nouveau semblablement les termes de cette définition lui appartiendront en raison de la définition

1. Alexandre comprend ici le terme ἄτομα (162, 19), « indivisibles », comme désignant les attributs qui ne peuvent pas être séparés de l'essence. Dans les *Seconds Analytiques* I 6, 5-12, Aristote explique que seules les prémisses mettant en jeu des attributs « appartenant à l'essence » de façon nécessaire peuvent être objets de la science démonstrative.

2. Alexandre paraît s'inspirer des chapitres 19 à 23 du premier livre des *Seconds Analytiques*, où Aristote s'emploie à montrer que les chaînes de démonstration doivent nécessairement être finies. Si par exemple le sujet Γ est le sujet prochain et immédiat de B, B de Z, et Z de E, et ce indéfiniment, selon une extension croissante des attributs, il ne pourra y avoir de démonstration. En I 22, 82b37-83a1, Aristote précise que les « prédicats inclus dans l'être essentiel » doivent être en nombre fini, sinon la définition s'avèrera impossible et l'essence inconnaissable. Alexandre applique cette idée à la prolifération indéfinie de la définition : si chaque terme de la formule première est lui-même soumis à une nouvelle définition (« substance animée capable de percevoir » se substituant à « animal » dans la définition de l'homme), aucune définition ne pourra s'achever et l'essence de la chose restera insaisissable.

3. Contrairement à Dooley je pense que le masculin αὐτὸν (163, 1) renvoie bien au τῷ ἀνθρώπῳ de la ligne précédente (de même donc que le αὐτῷ en 163, 2). Alexandre veut dire que la définition « substance animée capable de percevoir » se substitue désormais à animal dans la définition du sujet « homme ».

qui leur est propre, et cela à l'infini [1]. Car les définitions que l'on donne | des définitions seront toujours des termes intermédiaires par lesquels les attributs dont il y a des définitions appartiendront aux choses à définir. Donc, les prémisses indivisibles et immédiates seront détruites, et si elles sont détruites, le seront aussi la science et la démonstration [2].

Cependant certains ont compris que les « indivisibles » sont les individus particuliers [3], et ils affirment que les sciences possèdent leur objet lorsqu'elles trouvent que les propriétés sur lesquelles elles portent sont adaptées aux indivisibles particuliers qui leur correspondent. En effet quelqu'un a la science des attributs qui appartiennent à l'homme lorsque ce qu'il dit | est adapté aux hommes particuliers. Et cependant il n'est pas possible d'en arriver aux indivisibles, si les causes considérées poursuivent leur procession à l'infini vers le bas. Car l'indivisible est dernier, et il n'est pas possible d'arriver jusqu'à lui, si les causes intermédiaires sont infinies. De sorte que le propos d'Aristote porterait de façon générale sur toutes les causes, et non sur la forme et la définition seulement [4].

994b21 : *Et il n'y a pas de connaissance.*

Ce qu'il veut dire est la chose suivante. Il a affirmé qu'il est impossible qu'il y ait une connaissance des choses qui sont infinies en acte, et que ceux qui augmentent ainsi les définitions ou les causes (car le raisonnement qui porte sur toutes celles-ci est commun) suppriment la

1. Dans la *Deuxième Méditation Métaphysique*, Descartes soulève une aporie concernant la définition de l'homme que l'on peut comparer à ce passage d'Alexandre : « Qu'est-ce qu'un homme? Dirais-je que c'est un animal raisonnable? Non certes, car il faudrait par après rechercher ce que c'est qu'animal, et ce que c'est que raisonnable, et ainsi d'une seule question nous tomberions insensiblement en une infinité d'autres plus difficiles et embarrassées » (AT IX, 20, trad. Luynes; je dois ce rapprochement à Michel Crubellier).

2. Les « définitions des définitions » multiplient les termes intermédiaires entre le sujet premier et les attributs qui expriment son essence. Dès lors, les prémisses ne sont plus immédiates (c'est-à-dire que l'attribut essentiel n'appartiendra plus au sujet directement et sans médiation), et la démonstration devient impossible (puisque celle-ci, selon les *Seconds Analytiques* I 2, 71b21, est censée s'accomplir à partir de prémisses « vraies, premières et *immédiates* »).

3. Les « individus particuliers » traduisent τὰ καθ' ἕκαστα (163, 7).

4. L'idée est que, si l'on interprète ἄτομα comme signifiant « individu », la phrase d'Aristote : « en outre, ceux qui parlent ainsi détruisent le savoir. Car il n'est pas possible de connaître avant de parvenir aux éléments indivisibles » (994b20-21) ne concernerait plus l'examen de la régression indéfinie de la cause formelle et donc de la définition (ce qui est le cas si l'on lit, comme vient de le faire Alexandre, τὰ ἄτομα comme désignant les attributs internes à l'essence), mais s'appliquerait aussi aux autres causes (matérielle, finale et efficiente). Le cas de la cause matérielle est particulièrement clair : si tout substrat s'appuie lui-même sur un autre substrat, et ce indéfiniment, on ne parvient jamais à saisir l'individu, ultime composé de forme et de matière.

connaissance, s'il est vrai que la connaissance scientifique des choses vient de la connaissance de leur cause, et il a dit, par ailleurs, que | les choses infinies sont inconnaissables. Puisqu'on est aussi d'avis que les réalités continues sont d'une certaine façon infinies, du fait qu'elles sont divisibles à l'infini, sans qu'elles soient [pourtant] inconnaissables (il y a en effet une intellection de la division à l'infini de ces réalités), il montre ensuite que ce n'est pas de la même manière que l'infinité est présente dans ces réalités continues et que la procession dans la série rectiligne des causes va à l'infini, en disant : « les choses qui sont infinies de cette façon comment peut-on les penser ? » en voulant dire par là les choses infinies en acte[5]. | Car, que la ligne soit divisible à l'infini, on ne peut qu'en tomber d'accord, du fait que la division ne connaît pas d'arrêt, cependant nous, pour autant, nous ne pensons jamais la ligne divisée en infinis, mais
**164** lorsque nous pensons, nous arrêtons les divisions et cessons | de diviser, et saisissons les segments finis. En effet nous pensons comment la division de la ligne et d'une façon générale des réalités continues va à l'infini, cependant nous n'allons certainement pas jusqu'à penser les divisions infinies de la ligne[6]. Car nous pensons toujours comme finies les divisions auxquelles nous pensons. C'est en effet ce qu'il dit : « il n'y a pas d'activité de penser sans un arrêt » (994b24). | Car nous pensons les divisions finies. C'est pourquoi celui qui parcourt[7] une ligne continue infiniment divisible en comptant les sections et en saisissant en acte combien de fois il était possible de les diviser, ne parviendra pas non plus à en achever le parcours de cette façon. Car celui qui parcourt ainsi la ligne ne pourra jamais en achever le parcours – Aristote dit cependant : « celui qui parcourt la ligne infinie » au lieu de : « celui qui parcourt la ligne divisible à l'infinie » – mais il parvient à parcourir les parties de la ligne dans leur globalité[8], du fait que l'infinité | n'y est pas présente en acte mais en puissance. Mais

5. Alexandre exploite la distinction que pose Aristote en *Physique* III 6, entre deux modalités de l'infini, en puissance et en acte. Un segment est divisible à l'infini, mais seulement en puissance : il est toujours possible de diviser de nouveau chaque partie de la ligne atteinte par la division précédente. La régression infinie des causes ne relève cependant pas, selon Alexandre, d'une telle infinité en puissance, mais elle désigne une infinité supposée être réelle, en acte, et qui, en tant que telle, est inconnaissable, puisqu'un tel *apeiron* en acte ne peut être embrassé par la pensée.

6. Autrement dit, il est possible de penser le processus de division en tant qu'il se poursuit indéfiniment en puissance, mais pas effectivement l'infinité en acte des segments divisés.

7. En 164, 5, la leçon διεξιὼν (L, F, Bonitz et Hayduck) me paraît meilleure que ἐξιὼν (A, O et P).

8. Je traduis κατ' ἀθρόα par « dans leur globalité » (164, 9). Alexandre veut sans doute dire qu'il est possible de parcourir les parties de la ligne d'un coup, dans la continuité d'un même mouvement, sans distinguer effectivement l'infinité de ses parties.

en ce qui concerne les causes, si une cause succède à une autre en allant à l'infini vers le bas, il sera impossible qu'il y ait une connaissance de toutes les causes, car toutes ensemble, elles sont infinies en acte. Si alors la connaissance des êtres dépend de la connaissance de leurs causes, comme il a été dit précédemment, et si les causes sont inconnaissables du fait de leur infinité, seront inconnaissables aussi les choses dont elles sont causes.

| 994b25 : *Mais il est aussi nécessaire de penser la matière en mouvement.* [1]

Aristote présente la matière comme indice de ce que l'infini est inconnaissable du fait de la nature qui est la sienne : elle semble bien, selon la définition qui est la sienne, être infinie, puisqu'elle est sans figure de par sa nature particulière et qu'elle n'a pas de limite propre[2]. Par conséquent, puisqu'elle est telle, nous n'en avons pas de science non plus. Nous la connaissons en effet par le mouvement d'une chose. | Car elle est objet d'opinion et non de science, et comme l'affirme Platon d'une part, elle est connaissable par un « raisonnement bâtard », et comme le dit d'autre part aussi Aristote dans les *Leçons sur la Physique*, elle est connaissable et objet d'opinion par analogie[3]. Mais s'il était écrit : « mais il est nécessaire de penser la matière dans un objet en mouvement », le sens serait le même.

1. Alexandre corrige manifestement le texte d'Aristote, qui devait être originellement : ἀλλὰ καὶ τὴν ὕλην κινουμένῳ νοεῖν ἀνάγκη (994b25-26). Alexandre paraphrase en effet cette leçon dans les lignes qui suivent : « nous la connaissons en effet *par le mouvement d'une chose* » (*κινουμένῳ* γάρ τινι γιγνώσκομεν αὐτήν, 164, 19-20). Les manuscrits byzantins de la *Métaphysique* présentent toutefois une autre leçon : ἀλλὰ καὶ τὴν ὕλην *ἐν κινουμένῳ* νοεῖν ἀνάγκη. M. Rashed (*Essentialisme. Alexandre d'Aphrodise entre logique, physique et cosmologie*, *op. cit.*, p. 315, n. 861) fait l'hypothèse que cette leçon n'est qu'une correction, issue de cette remarque exégétique d'Alexandre : « Aristote ferait comprendre la même chose s'il était écrit : "mais il est nécessaire de penser la matière dans un objet en mouvement" » (τὸ αὐτὸ δὲ σημαίνοι ἂν καὶ εἰ εἴη γεγραμμένον ἀλλὰ καὶ τὴν ὕλην ἐν κινουμένῳ νοεῖν ἀνάγκη, 164, 22-24). M. Rashed note en ce sens : « on conclura que la leçon unanime de nos manuscrits remonte à un exemplaire unique qui a intégré une simple proposition de lecture d'Alexandre dans le texte d'Aristote ». M. E. Kotwick aboutit aux mêmes conclusions (*Alexander of Aphrodisias and the text of Aristotle's* Metaphysics, *op. cit.*, p. 200). Quant à la version du lemme donnée par Alexandre : Ἀλλὰ καὶ τὴν ὕλην κινουμένην νοεῖν ἀνάγκη (164, 15), Alexandre souligne un peu plus loin (164, 24) qu'il s'agit d'une leçon alternative.

2. On peut se demander, comme l'indique V. Cordonier, si une telle caractérisation de la matière est authentiquement aristotélicienne ; elle semble subir l'influence « d'un *topos* issu de l'acception stoïcienne et médio-platonicienne de la matière première » (p. 82). On peut noter cependant qu'en *Physique* III 6, 207a14-32, Aristote souligne que la matière « n'a pas de forme ».

3. La référence à Platon est *Timée*, 52b, qui parle de la *khôra* ; celle à Aristote est *Physique* I 7, 191a8.

Certains cependant donnent la leçon : « que [la matière] est en mouvement » et interprètent cette expression en disant que la matière n'est | pas infinie comme le sont les choses infinies en acte. C'est pourquoi ces choses sont inconnaissables alors que la matière bien qu'elle soit infinie et dite être telle, dans la mesure où on la pense[1] toujours en mouvement et subissant un certain changement (en effet, étant donné qu'elle ne possède aucune figure propre ou qualité quelconque, elle passe d'une forme à une autre et change), bien qu'elle soit donc infinie de sorte qu'on la dise telle[2] parce qu'elle se meut continûment, elle est intelligible
**165** et objet de science. Elle n'est donc pas infinie de la même façon que | les choses inconnaissables[3]. De sorte que ce qu'il dit équivaut à : « mais il est nécessaire de penser la matière toujours en mouvement et dans un flux, et dite être infinie à cause de cela, comme il est nécessaire aussi de penser la ligne au moyen de ses divisions, puisqu'elle n'est pas infinie de l'autre façon[4] ». Ou bien, il dit : « il est nécessaire[5] de penser la matière en mouvement » pour : « en tant qu'elle est en mouvement c'est-à-dire dans un | flux et dans une telle infinité ». Par là en effet la matière non plus n'est pas objet de science[6].

Après avoir dit cela, Aristote ajoute que, de façon générale « rien d'infini ne peut être. Mais si c'est le cas, du moins, l'essence de l'infini[7] n'est-elle pas infinie ». Ce qu'il veut dire est la chose suivante. De même

1. Contrairement à Dooley, je pense qu'on peut conserver νοῆσαι (164, 26), en en faisant un infinitif substantivé rattaché à κατὰ τὸ à la même ligne.

2. Je conserve la forme τοιαύτην à l'accusatif (contre τοιαύτη, édité par Hayduck, 164, 29), donnée par les manuscrits, en lisant λέγεσθαι comme un moyen.

3. Alexandre établit un partage entre les choses qui sont infinies en acte d'un côté, et qui, en tant que telles, sont inconnaissables, et les choses qui sont infinies en puissance, telle la ligne infiniment divisible, et la matière en mouvement, qui peuvent être pensées, et dans une certaine mesure, connues. La matière est dite « infinie » du fait de son mouvement : elle reste par là en puissance, incapable de se fixer en une limite stable et d'acquérir le statut d'un être déterminé. Cependant en tant même qu'elle est la condition première de tout changement, la matière reste accessible à la pensée.

4. « De l'autre façon » traduit ἐκείνως (165, 3) : il s'agit de l'infini en acte.

5. Je traduis le texte de O : κινουμένην νοεῖν ἀνάγκη (165, 4); les autres manuscrits omettent ἀνάγκη.

6. Cette phrase pose question, puisqu'un peu plus haut Alexandre a avancé l'hypothèse inverse, à savoir le caractère connaissable de la matière (ἐπιστητή, 164, 29). On peut le comprendre ainsi. Dans cette nouvelle hypothèse interprétative, il s'agit de saisir la matière en soi, *en tant* (ὡς, 165, 4) qu'elle est en mouvement et infinie. Or une telle saisie directe de l'infinité matérielle est impossible, et la matière échappera à toute science. Dès lors, la matière, pas plus que l'infini en acte, ne saurait être objet de science. En revanche la matière reste connaissable par la médiation de l'analogie.

7. « L'essence de l'infini » traduit la tournure εἶναι suivi du datif, qui exprime chez Aristote l'essence ou la quiddité d'une chose : τὸ ἀπείρῳ εἶναι (165, 7). Il en va de même dans la suite

que « homme [1] » et « essence de l'homme » diffèrent, comme dans tous les cas où la chose est composée (car l'être appartient à chaque chose en vertu de | sa définition et de sa forme. D'un côté en effet, l'homme est composé de matière et de forme, de l'autre, l'essence de l'homme est simple : de fait [2], c'est la forme qui est pour lui l'essence de l'homme. Car dans le cas des incorporels la chose et son essence sont identiques : l'âme et l'essence de l'âme sont identiques [3]. En revanche, les choses qui possèdent leur être dans la matière diffèrent [de leur essence]), quoique [4] l'infini en acte donc, soit inconnaissable, | l'essence de l'infini lui-même n'est ni infinie ni inconnaissable. Car l'énoncé qui montre la nature et la forme de l'infini n'est ni infini ni inconnaissable. Après avoir dit : « rien d'infini ne peut être », ce qui équivaut à : « et il n'est pas possible que l'infini soit en acte », il ajoute : « mais si c'est le cas, du moins l'essence de l'infini n'est-elle pas infinie » (994b26-27) ce qui veut dire : en tant que l'infini est connaissable (et il est connaissable en vertu de | sa définition), il n'est pas infini. Car pas même l'infini n'est inconnaissable [5] en tant qu'infini. Il dit : « rien d'infini ne peut être » soit pour : rien n'est infini en acte, soit parce qu'il n'y a aucune réalité à quoi [6] corresponde la définition de l'infini, du fait qu'il est manifeste que rien n'est infini. Mais même si on admettait que cette définition corresponde à quelque chose, du moins l'énoncé en vertu duquel il y a une connaissance de l'infini n'est lui-même pas | infini.

du texte des autres expressions utilisant cette même tournure : τὸ ἀνθρώπῳ εἶναι (165, 8), « l'essence de l'homme » ; τὸ εἶναι ψυχῇ (165, 13), « l'essence de l'âme ».

1. Étrangement, Alexandre utilise l'article neutre devant un nom masculin : τὸ ἄνθρωπος (165, 8). Je pense que cela signifie qu'il se réfère au terme ou au concept d'ἄνθρωπος, ce que j'ai traduit par l'usage des guillemets.

2. J'opte pour la leçon de O : καὶ γὰρ (165, 11) contre : κατὰ γὰρ édité par Hayduck.

3. Dans ce passage, Alexandre s'inspire de *Métaphysique* H 3, 1043b2-4, où Aristote marque l'écart entre l'âme et l'homme : la première, puisqu'elle est incorporelle, est identique à son essence, alors que l'homme, étant un être composé, diffère de l'essence de l'homme.

4. J'adopte la leçon de A, O et P : εἰ καὶ (165, 14), qui permet de marquer l'antithèse entre le caractère inconnaissable de l'infini en acte, et le caractère connaissable de son essence. Cette antithèse est mise en parallèle avec la différence entre l'homme et l'essence de l'homme qui précède la parenthèse. Cette analogie ne laisse pas cependant de poser question. Dans la parenthèse, Alexandre souligne la différence entre deux cas : celui des incorporels, qui sont identiques à leur essence, et celui des composés de forme et de matière, qui en diffèrent. Cela signifie, par conséquent, que l'infini en acte, dans la mesure où il diffère de son essence est à mettre sur le même plan que les êtres composés, ce qui est difficile à saisir.

5. Je retiens la leçon : ἄγνωστον, donnée par A, O et P (contre γνωστὸν chez Hayduck, 165, 20). Si cette leçon est juste, l'expression καθὸ ἄπειρον, « en tant qu'infini » peut être interprétée comme renvoyant à l'essence de l'infini, dont Alexandre ne cesse de répéter précisément, qu'elle n'est pas inconnaissable.

6. J'opte pour la leçon ᾧ (165, 22), donnée par O, P et Asclépius (contre ᾧτινι édité par Hayduck).

Par ailleurs, il n'a pas poursuivi en démontrant particulièrement que les causes productrices n'étaient pas non plus infinies, parce que cela est évident[1]. Si en effet les êtres qui viennent à être ne sont pas infinis selon leur espèce, mais s'ils reviennent en arrière, *a fortiori* les causes productrices de ces êtres[2] ne sont évidemment pas infinies.

994b27 : *Mais même si les espèces de causes étaient infinies en quantité.*

| Après s'être proposé de montrer que les causes ne sont pas infinies en suivant une série rectiligne vers le haut ou vers le bas, il dit à présent qu'il
**166** n'est pas non plus possible | que les causes soient infinies selon l'espèce[3] en utilisant ce qu'il a dit précédemment, à savoir que les choses infinies en acte sont inconnaissables, et que les choses infinies selon leur espèce sont évidemment infinies en acte, de sorte qu'elles sont inconnaissables. Mais si les causes le sont, les principes[4] sont inconnaissables, ainsi évidemment que ce qui en dérive[5], car nous pensons savoir quelque chose lorsque nous parvenons à en connaître les causes; | de sorte que si telle est l'infinité des causes, la science est détruite, puisque la connaissance des principes est détruite. Et ce qu'il dit ensuite, « l'infini par addition, il n'est pas possible de le parcourir en un temps fini », veut dire la chose suivante. Toute pensée, qui est une saisie de ce qui est pensé, a lieu en un temps fini. Mais l'infini par addition, c'est-à-dire | l'infini en acte[6] (car l'infini en acte est

1. Après avoir examiné les cas des causes matérielle, finale et formelle, en ce qui concerne la remontée des causes à l'infini, Alexandre s'interroge sur l'absence de la cause productrice dans l'enquête d'Aristote.

2. Je traduis la leçon de A, O et P : αὐτῶν τὰ ποιητικὰ αἴτια (165, 27). L'argument est que si les êtres en devenir ne sont pas en nombre infini, les causes de ces êtres, qui doivent être en nombre plus limité, ne seront *a fortiori* pas elles-mêmes infinies.

3. Je traduis le texte donné par A et O : εἰς εὐθυωρίαν μήτε ἐπὶ τὸ ἄνω μήτε εἰς τὸ κάτω ὅτι μηδὲ κατ' εἶδος οἷόν τε ἄπειρα εἶναι τὰ αἴτια, νῦν λέγει συγχρώμενος… (165, 30-166, 1). P a le même texte avec une variante cependant : μήτε εἰς τὸ ἄνω μήτε εἰς τὸ κάτω. Le texte proposé par Hayduck (μήτε εἰς εὐθυωρίαν μήτε κατ' εἶδος, καὶ δείξας ὅτι κατ' εὐθυωρίαν οὔκ εἰσιν ἄπειρα οὔτε ἐπὶ τὸ ἄνω οὔτε ἐπὶ τὸ κάτω, δείκνυσι νῦν ὅτι οὐδὲ κατ' εἶδος οἷόν τε ἄπειρα εἶναι τὰ αἴτια, συγχρώμενος) est basé sur LF et Sepúlveda.

4. Je ne traduis pas καὶ (166, 3), omis par A, O et P.

5. Alexandre exploite *Physique* I 4 : « les principes étant infinis en nombre et selon l'espèce, il est impossible de connaître ce qui en est issu » (187b10-11).

6. Il est étrange qu'Alexandre paraisse poser l'équivalence entre l'infini par addition et l'infini en acte, et opposer, dans la suite du texte, cette actualité de l'infini par addition au caractère en puissance de l'infini par division. Aristote semble bien en effet dire explicitement le contraire : « l'infini par addition existe de la même façon en puissance, lui dont nous disons qu'il est d'une certaine manière la même chose que l'infini par division » (*Physique* III 6, 206b16-17). On peut le comprendre ainsi. Alexandre part de l'hypothèse qu'il existe effectivement une infinité en acte des causes (hypothèse qu'il entend réfuter). Cette infinité en acte excède

ce dont toute [partie] donnée, quelle qu'elle soit[1], aura toujours quelque chose d'extérieur à elle, et ce pour quoi il y a quelque chose d'externe à toute [partie] donnée[2]) l'infini de cette sorte donc, il n'est pas possible de le parcourir en un temps fini. Car ce qui est [infini] en puissance et par une division en deux il est possible de le parcourir en un temps fini, alors que ce qui est [infini] en acte et par une addition il est impossible [de le parcourir] parce qu'il reste toujours | quelque chose d'autre à ajouter à ce qu'on a saisi par la pensée. Par conséquent, si l'intellect pense et parcourt en un temps fini ce qu'il pense, et s'il est impossible de parcourir et de penser ce qui est infini en un temps fini parce qu'on ajoute toujours quelque chose à ce qui a été saisi dans la pensée, l'intellect ne pensera pas ce qui est infini. Aristote lui-même, en procédant ainsi, a montré qu'il n'était pas possible qu'il y ait des causes infinies.

Mais notre | Aristote[3] a lui aussi établi cette démonstration par une argumentation dialectique[4]. Puisqu'il y a des causes des êtres, soit il y en a plusieurs, soit il y en a une. Mais il n'est pas possible qu'il y ait une cause

les capacités de l'intelligence qui pense toujours son objet en un temps limité : dès lors qu'un certain nombre de causes sera saisi, il sera toujours possible d'ajouter une nouvelle cause à penser, et ce, indéfiniment. Si donc il y a une infinité en acte des causes, il n'y en aura pas de connaissance et de science possible. Dans le cas de l'infini par division en revanche, la pensée est confrontée à une grandeur finie, qu'elle peut donc parcourir, même si le processus de division doit se poursuivre à l'infini. Alexandre précise donc dans la suite (166, 12-15) qu'il faut comprendre l'infinité des causes selon le premier modèle, celui d'une infinité par addition et en acte, et non selon le second modèle, celui d'une infinité par division et en puissance.

1. Le verbe λαμβάνειν (166, 11 et 12) prend un sens technique, souvent utilisé dans les raisonnements mathématiques, au sens de « quel que soit *x* » ou « pour tout *x* » (littéralement : « tout *x* qu'on aura pris »).

2. Cette définition de l'infini rappelle celle de la *Physique* : « est infini, ce dont quelque chose est toujours à l'extérieur de lui » (III 6, 207a1-2). Cependant, Aristote parle de l'infini en général, et non de l'infini *en acte*, comme le fait ici Alexandre.

3. Il s'agit sans doute d'Aristote de Mytilène, que l'on a présenté comme le professeur d'Alexandre. C'est P. Moraux qui a le premier fait cette hypothèse (« Aristoteles, der Lehrer Alexanders von Aphrodisias », *Archiv für Geschichte der Philosophie* 49, 1967, p. 169-182) ; il a ensuite, dans un article ultérieur, souligné l'importance du passage présent du *Commentaire à la* Métaphysique pour établir cette identification (« Ein neues Zeignis über Aristoteles, den Lehrer Alexanders von Aphrodisias », *Archiv für Geschichte der Philosophie* 67, 1985, p. 266-269 ; voir encore sur ce point, P. Accattino, « Alessandro di Afrodisia e Aristotele di Mitilene », *Elenchos* 6, 1985, p. 67-74). P. Thillet a cependant émis des réserves sur cette idée (*Alexandre d'Aphrodise. Traité du destin*, Paris, Les Belles Lettres, 1984, p. XIX-XXI). P. Moraux signale néanmoins dans son article de 1985 (*op. cit.*, p. 269) que Thillet lui avait écrit qu'il n'aurait pas tenu la même position s'il avait pris en compte l'importance de ce passage du *Commentaire*. Sur ce passage, voir aussi M. E. Kotwick, *Alexander of Aphrodisias and the text of Aristotle's* Metaphysics, *op. cit.*, p. 66.

4. « Par une argumentation dialectique » traduit ἐπιχειρῶν (166, 20). L'ἐπιχείρησις est un mode d'argumentation dialectique, dont le but premier est de réfuter une thèse adverse.

unique à la fois pour ce qui est et pour ce qui vient à être, comme cela a été montré ailleurs[1]. Car ce qui vient à être a besoin à la fois d'un substrat et de ce qui le produit. Mais c'est aussi en vertu de la forme que quelque chose vient à être[2]. Par conséquent, il n'y aura pas qu'une seule cause. Donc il y a plusieurs causes. Et s'il y en a plusieurs, | soit elles sont toutes infinies, soit quelques-unes le sont, soit une l'est. Tout d'abord, il est impossible que toutes ou quelques-unes soient infinies, car il n'est pas possible qu'il y ait plusieurs infinis. Mais il n'est pas non plus possible de dire qu'une chose est infinie alors que les autres sont finies. Car puisque l'infini est partout, il ne permet pas l'adjonction d'autre chose, finie ou infinie. Cependant pas même s'il y avait une seule cause, il ne serait possible qu'elle soit infinie. | Car elle ne serait cause de rien. En effet, ce dont elle est la cause n'aura pas de place, la cause étant partout. Car il est clair qu'étant infinie, la cause est[3] par soi quelque chose d'une certaine quantité, | qu'elle soit partout
**167** selon la quantité ou selon le temps. Mais cette argumentation, à mon avis, présente un aspect dialectique et est logique, sans assurément être aussi appropriée que ce qui a été dit précédemment[4].

1. Peut-être Alexandre songe-t-il à la critique des Formes platoniciennes en *Métaphysique* A, où Aristote réfute l'idée exprimée dans le *Phédon* selon laquelle « les Formes sont causes de l'être et du devenir » (991b3-4). Voir aussi dans le *De Caelo* : « peut-être faut-il que les principes des choses sensibles soient sensibles, que ceux des êtres éternels soient éternels, et ceux des choses corruptibles soient corruptibles » (III 7, 306a10-11).

2. En retenant le texte de O : ἀλλὰ καὶ κατὰ τὸ εἶδος τι γίγνεται (166, 24) et non : ἀλλὰ καὶ κατὰ εἶδος δεί-κνυταί τι γίγνεσθαι (Hayduck et P).

3. Je retiens la leçon ἔστι (166, 31) donnée par A et O et non ἔσται (Hayduck et P).

4. C'est-à-dire sans être aussi appropriée que l'argumentation d'Aristote (le Stagirite). Selon Dooley, λογικὴ prend ici un sens proche de « dialectique » (il renvoie sur ce point au *Commentaire aux* Topiques, Wallies, 30, 13). On peut aussi renvoyer à Aristote lui-même qui en *Physique* III 5, distingue deux modalités de l'argumentation, λογικῶς et φυσικῶς (204b4-11) : la première argumentation part des définitions et en analyse la cohérence logique, alors que la seconde est spécifique à un domaine d'être déterminé, en l'occurrence celui des réalités physiques. Alexandre souligne que l'argumentation de son maître Aristote permet sans doute de réfuter logiquement la thèse selon laquelle il y a une infinité de causes, mais elle n'est pas « aussi appropriée » que celle du Stagirite dans la mesure où ce dernier s'appuie sur l'existence physique des éléments pour asseoir sa démonstration.

## Chapitre 3

994b32 : *L'effet des leçons dépend des habitudes…*

| Par ces mots, Aristote nous enseigne quels sont ceux capables d'entendre de tels discours et que ceux qui ont l'intention de les écouter doivent être éduqués et exercés au plus haut point. Car la compréhension des leçons dépend de ce qu'elles sont particulièrement appropriées aux habitudes [des auditeurs]. Nous demandons en effet que ce qui est dit s'accorde avec ce à quoi nous sommes habitués, alors que les paroles qui vont à l'encontre de nos habitudes paraissent plus difficiles à comprendre du fait | de leur caractère étranger. C'est ce qu'il exprime par cette phrase : « en outre le fait que des choses soient dites et ce qui est dit à l'encontre [de nos habitudes], paraissent n'être pas les mêmes [que ce à quoi nous sommes habitués] [1] » (995a1-2). Le « en outre [2] » cependant semble superflu. Mais si on fait l'hypothèse que c'est écrit, il manque l'expression « autrement » pour compléter « en outre le fait que des choses soient dites ». Car le fait que des choses soient dites autrement que nous en avons l'habitude, et d'autres propos, mais non de ceux que nous avons l'habitude d'entendre [3]

1. Le manuscrit lu par Alexandre est différent de celui du consensus des manuscrits de la *Métaphysique*, qui est le suivant : ὡς γὰρ εἰώθαμεν οὕτως ἀξιοῦμεν λέγεσθαι, καὶ τὰ παρὰ ταῦτα οὐχ ὅμοια φαίνεται (994b32-995a2). Alexandre a pour sa part sous les yeux : ὡς γὰρ εἰώθαμεν οὕτως ἀξιοῦμεν. ἔτι τὸ λέγεσθαι καὶ τὰ παρὰ ταῦτα οὐχ ὅμοια φαίνεται (167, 10-11) où se trouvent donc rajoutés les mots ἔτι τὸ. Dans la première version, λέγεσθαι est complément d'ἀξιοῦμεν : « nous demandons que la leçon soit dite selon nos habitudes ». La seconde version, celle d'Alexandre, est plus difficile à construire et à comprendre : τὸ λέγεσθαι et τὰ παρὰ ταῦτα sont le sujet commun de φαίνεται. Voir sur ce point M. E. Kotwick, *Alexander of Aphrodisias and the text of Aristotle's* Metaphysics, *op. cit.*, p. 126-130.

2. C'est-à-dire le ἔτι.

3. Je traduis le texte de A, O et P : καὶ ἄλλα, ἀλλὰ μὴ ὧν εἰθίσμεθα ἀκούειν (167, 12-13; c'est aussi le texte traduit par Sepúlveda; Hayduck édite : καὶ ὡς μὴ εἰθίσμεθα ἀκούειν). La tournure un peu alambiquée de cette phrase vient de ce qu'Alexandre cherche à justifier la version du texte d'Aristote (995a1) qu'il a sous les yeux. Il explicite ἔτι τὸ λέγεσθαι par τὸ γὰρ ἄλλως λέγεσθαί τινα καὶ ὡς μὴ εἰθίσμεθα, « le fait que des choses soient dites autrement que nous en avons l'habitude »; et καὶ τὰ παρὰ ταῦτα par καὶ ἄλλα, ἀλλὰ μὴ ὧν εἰθίσμεθα ἀκούειν, « et d'autres propos, mais non de ceux que nous avons l'habitude d'entendre ».

– ce qu'Aristote exprime par « à l'encontre de [nos habitudes] » – rendent ces paroles plus difficiles à comprendre.

Après avoir dit cela, Aristote montre tout de suite après quelle est la force des habitudes. | Car les législateurs en instituant en loi beaucoup de choses qui relèvent du mythe, du fait qu'il s'avère utile qu'on y accorde foi, maintiennent les sujets de la loi dans l'obéissance par les histoires dont ils ont été nourris. Par exemple, que certains hommes étaient autochtones parce qu'ils sont nés à partir de la terre et que d'autres ont poussé à partir de dents semées[1] : pour cette raison, il faut se battre pour sa terre comme pour une mère; ou alors que les dieux ont été en conflit à son sujet, et qu'elle est | ainsi digne du zèle le plus jaloux. La phrase : « [les fables de l'enfance] ont plus de force, à cause de l'habitude, que la connaissance de ces matières » (995a4-6) équivaut à : l'habitude a une plus grande force que la vérité relative à ces choses. La connaissance en effet est ordonnée à la vérité.

Après avoir tenu ces propos et montré par eux la force des habitudes, à leur suite, il énonce les différences qui distinguent les auditeurs les uns des autres du fait de leurs habitudes. Les uns, | habitués aux mathématiques, réclament pour tous les discours des démonstrations mathématiques exactes et refusent d'admettre ceux qui parlent autrement[2]; d'autres,
**168** | habitués à apprendre au moyen d'exemples, prennent plaisir [à entendre] ceux qui parlent ainsi; d'autres encore qui se réjouissent d'entendre des poèmes et qui s'en nourrissent, refusent d'admettre ceux qui tiennent des discours s'ils ne citent pas aussi un poète en témoignage de ce qu'ils disent. Et certains examinent toute chose avec une parfaite précision, alors que d'autres sont excédés par la précision des raisonnements, soit | parce qu'ils sont incapables de les suivre (c'est ce que veut dire Aristote par le terme « établir des connexions » (995a10)) et qu'ils s'épuisent, soit parce qu'ils présument que la précision extrême des raisonnements relève d'un esprit vétilleux. Cela il l'exprime par « du fait de l'esprit vétilleux » (995a10).

1. Sur le mythe de l'autochtonie, voir Platon *République* III, 414d-e. Platon y affirme l'idée, qu'Alexandre suit ici de près, selon laquelle les citoyens autochtones doivent défendre ardemment la terre-mère dont ils sont issus. Le mythe a donc une fonction politique essentielle : celle de stimuler le dévouement des citoyens au territoire dans lequel ils sont nés, et de fonder leur fraternité dans une origine commune. Pour le mythe de la genèse des Spartes à partir de dents de dragon semées par Cadmos, voir Platon, *Lois* II, 663e-664a.

2. Alexandre s'appuie sur le début de l'*Éthique à Nicomaque* : « on donne à peu près la même impression, lorsqu'on accepte un mathématicien qui débite des vraisemblances, et lorsqu'on exige d'un rhéteur des démonstrations » (I 1, 1094b25-27, trad. Bodéüs). Alexandre cite explicitement ce passage en 169, 3-4.

Car la précision excessive dans les discours produit une impression de ce genre, parce qu'elle tire cette réputation des contrats et de la précision qui prévaut dans les affaires. | La précision excessive dans les discours et l'examen minutieux de points de détail, comme ceux qui prévalent dans les contrats, paraissent dès lors indignes d'un homme libre.

Après avoir fait ces remarques préalables et montré la force des habitudes, ainsi que la raison pour laquelle on reçoit ce qui est dit selon que cela est approprié à nos habitudes, il poursuit : « c'est pourquoi il faut être éduqué [à savoir] comment on doit démontrer chaque catégorie de choses », remarque qui équivaut à ce qu'il dit lui-même dans les *Éthiques* | : « c'est le propre d'un homme éduqué que d'exiger en chaque genre de chose le degré de précision que permet la nature de la chose en question[1] ». C'est ce qu'il montre dans les *Seconds Analytiques*, en nous indiquant qu'il faut avoir reçu une éducation générale et savoir comment il faut entendre chacune des matières dont on parle (car elles ne sont pas toutes semblables ni n'admettent une précision égale[2]) ; et en particulier ceux | qui doivent entendre les discours qui vont suivre[3], car ils ne sont pas sensibles ou relatifs au sensible, ni familiers et ordinaires. En disant cela, il nous indique qu'il faut tout d'abord être exercé dans les analytiques[4] et, en règle générale, dans le domaine de la logique, et connaître les modes de démonstration et les conclusions qui peuvent être tirées des arguments. Car il est absurde de chercher [à acquérir] la science de quelque chose tout en cherchant, à propos de cette science elle-même, | comment elle advient et comment on se l'approprie. Car déjà l'une
| de ces deux choses, on ne la trouve pas facilement. Cela même qu'il dit **169**
au premier livre de l'*Éthique à Nicomaque*, lorsqu'il expose comment il faut recevoir ces raisonnements (il dit en effet : « c'est presque la même chose de se contenter de vraisemblances de la part du mathématicien que d'exiger des démonstrations rhétoriques[5] »), il le redit ici. Il affirme en

1. *Éthique à Nicomaque* I 1, 1094b23-25.

2. La référence aux *Seconds Analytiques* n'est pas très évidente. Peut-être Alexandre pense-t-il au passage suivant : « on ne doit pas interroger chaque savant sur n'importe quelle question, ni le savant répondre à n'importe quelle interrogation sur un sujet quelconque, mais les interrogations doivent rentrer dans les limites propres à la science » (I 12, 77b6-9). Sur la distinction entre une éducation générale et une compétence particulière dans une science, voir le début des *Parties des Animaux*, I 1, 639b.

3. Les discours en question sont vraisemblablement les propos qui vont suivre dans la *Métaphysique*.

4. Voir *Métaphysique* Γ 3, 1005b2-5.

5. Je retiens ῥητορικὰς ἀποδείξεις donné par A et O (169, 4), même si le texte de l'*Éthique à Nicomaque* édité par Bywater est ῥητορικὸν ἀποδείξεις (I 1, 1094b27).

effet | qu'« il ne faut pas exiger une précision mathématique en toutes choses », mais seulement dans les immatérielles, telles que le sont les objets abstraits et mathématiques. Peut-être nous montre-t-il [par là] qu'une telle précision est utile aussi dans les matières qui sont à présent examinées. Car le raisonnement[1] qui porte sur les premiers principes porte sur des réalités immatérielles et qui ne sont pas familières. Il dit : « c'est pourquoi ce raisonnement ne relève pas de la physique » (995a 16-17), soit parce que [ce raisonnement] est précis : | c'est en effet ce qu'il a souligné précédemment (on trouve aussi la leçon : « la méthode »[2] : ce qu'il veut dire serait que [cette méthode] ne relève pas du physicien). Soit ce qu'il veut dire est la chose suivante : on est d'avis que les objets physiques comportent tous de la matière, alors que les objets mathématiques sont immatériels, c'est pourquoi ils admettent la précision, alors qu'il n'en va pas de même des objets physiques. Assurément, puisqu'ils portent sur des réalités immatérielles, les discours qui portent sur les objets mathématiques ne relèvent pas de la physique. Car les êtres physiques, du fait précisément qu'ils comportent de la matière, ne donnent pas lieu à autant de précision dans les raisonnements. | Mais il peut aussi vouloir dire, au sujet des thèmes dont il traite [actuellement], qu'ils ne relèvent pas de la physique[3]. Ils sont en effet immatériels, les objets dont il projette

1. Je ne pense pas, comme le font Dooley et Kotwick (*Alexander of Aphrodisias and the text of Aristotle's* Metaphysics, *op. cit.*, p. 84), qu'il faille donner au terme λόγος le sens restreint de « traité » dans l'expression ὁ περὶ τῶν πρώτων ἀρχῶν λόγος (169, 8), ce qui signifierait qu'Alexandre a à l'esprit le texte même de la *Métaphysique*. Habituellement (et comme il le fait quelques lignes plus loin en 169, 28), Alexandre utilise le terme πραγματεία pour désigner le traité d'Aristote. Je pense plutôt qu'Alexandre veut dire que, de façon générale, la précision requise dans les raisonnements mathématiques doit aussi prévaloir dans les raisonnements portant sur les premiers principes, à savoir dans les raisonnements métaphysiques. Cette idée s'appuie sur *Métaphysique* A 2, 985a25 : « les sciences les plus exactes sont celles qui traitent le plus des premiers principes ».

2. « Méthode » traduit ici τρόπος (169, 10). Apparemment, Alexandre lisait un manuscrit où apparaissait la leçon οὐ φυσικὸς ὁ λόγος (*Métaphysique* α 995a 16-17), puisqu'il cite le texte avec cette version en 169, 9, mais il mentionne ici une leçon alternative avec τρόπος, qui est celle commune aux manuscrits de la *Métaphysique*. Alexandre ne semble pas troublé par cette leçon alternative : il semble considérer λόγος et τρόπος comme synonymes. L'alternative proposée par Alexandre pour lire la phrase : « c'est pourquoi ce raisonnement ne relève pas de la physique » (995a16-17) est la suivante : soit le λόγος de la phrase d'Aristote renvoie exclusivement au raisonnement mathématique; soit ce terme renvoie au raisonnement métaphysique, qui, comme le raisonnement mathématique, met en jeu une précision supérieure à celle de la physique (dans la mesure où mathématiques et métaphysique traitent de réalités immatérielles). Pour une lecture détaillée de ce passage, voir M. E. Kotwick, *Alexander of Aphrodisias and the text of Aristotle's* Metaphysics, *op. cit.*, p. 83-90.

3. Alexandre revient à l'interprétation selon laquelle « le raisonnement qui ne relève pas de la physique » (995a16-17) désigne la métaphysique, et donc ce dont traite actuellement Aristote, et non seulement les mathématiques.

de nous entretenir, et ils exigent des raisonnements d'une précision supérieure à celle qui prévaut pour les objets physiques. Il ajoute : « peut-être » à la phrase « toute la nature en effet possède une matière », puisque le corps qui se meut en cercle est certes une réalité physique, mais que son substrat n'est pas la matière [1].

Ce qui est dit ensuite par Aristote [2] : | « c'est pourquoi il faut examiner en premier ce qu'est la nature. Car de cette façon ce sur quoi porte la physique deviendra clair aussi », s'il le dit dans l'absolu, comme cela semble être le cas, cela montre que ce livre [α] ne fait pas partie du traité *La Métaphysique*, comme nous l'avons indiqué au début de ce commentaire, mais forme une sorte de prolégomènes à toute la philosophie théorique, dont la partie qui est pour nous première est | la physique [3] ; ce qu'est cette dernière et quels sont les objets sur lesquels elle porte, nous le trouverons si nous examinons tout d'abord ce que se trouve être la nature.

Mais si l'on comprend qu'il parle ainsi en vue de distinguer les propos qui relèvent de la physique de ceux qui concernent ce traité (car celui qui a d'abord examiné ce qu'est la nature et qui connaît ce sur quoi porte la physique, sait que les propos présents ne relèvent pas de la physique mais sont plus précis et portent | sur des réalités immatérielles), il ne voudra pas dire [dès lors] qu'il faille examiner à présent ce qu'est la nature, | mais **170**
qu'avant le présent traité, il faut avoir traité des réalités physiques. Car c'est là l'ordre des traités et celui qui s'est exercé à l'étude portant sur ces matières [physiques [4]] est ainsi capable de comprendre également celles qui composent ce traité. « La réception des leçons dépend des habitudes ». | Cette phrase est claire d'après celles que nous avons commentées [5], mais elle peut aussi être comprise de la façon suivante. Aristote, après avoir dit que la connaissance et les apprentissages découlent de ce qui est connu antérieurement (les choses en effet dont les causes sont inconnaissables

1. Alexandre devrait plutôt dire : la matière des corps astraux n'est pas la même que la matière du sublunaire. C'est ce qu'il démontre par exemple dans la *Quaestio* I 15 intitulée : « que si la même matière doit également se trouver dans les choses divines, elles aussi seront corruptibles ».

2. En suivant la conjoncture de Bonitz : ὑπ' αὐτοῦ (169, 19; Hayduck a : ἐπ' αὐτοῦ).

3. Je retiens la leçon de A et O : πρώτη ἡ φυσική ἦν. ὁποία τίς ἐστι (contre Hayduck : πρώτη ἡ φυσική, ἣν ὁποία τίς ἐστι, 169, 25, que l'on trouve aussi en P).

4. Le manuscrit O signale une lacune : ὁ … περὶ ἐκείνων θεωρίᾳ, (170, 2). Je traduis le texte de A et P : ὁ ἐν τῇ περὶ ἐκείνων θεωρίᾳ, qui est aussi celui édité par Hayduck.

5. A et O donnent : ἔστι μὲν ἡ λέξις ἐξ ὧν ὑπεμνηματίσμεθα (170, 5) sans indiquer de lacune (alors qu'une lacune est indiquée par Hayduck après ὑπεμνηματίσμεθα). J'opte cependant pour le texte : ἔστι μὲν ἡ λέξις ἐξ ὧν ὑπεμνηματίσαμεθα *φανερά* qui est le texte de P et qui correspond à la traduction de Sepúlveda : *ex iis quae memoravimus est aperta*.

sont elles-mêmes inconnaissables[1]), a exposé, en vue de nous convaincre que les connaissances viennent de ce qui est connu antérieurement, que la réception des leçons dépend des habitudes et qu'ainsi chacun veut entendre ce qui est dit selon ce à quoi il a été précédemment habitué, | étant donné que les auditeurs des discours les reçoivent selon qu'ils leur sont appropriés et selon les connaissances antérieures acquises du fait de leurs habitudes[2].

## FIN DU LIVRE *PETIT ALPHA*[3]

1. Alexandre établit – de façon quelque peu acrobatique – un lien entre deux thèses : celle selon laquelle une chose n'est connaissable que selon la connaissance préalable de sa cause (146, 11-12); celle selon laquelle la connaissance d'une chose dépend des habitudes antérieures propres à celui qui l'acquiert (c'est-à-dire en l'occurrence de la connaissance antérieure de la cause de cette chose).

2. Alexandre ne commente pas les dernières lignes du livre *Petit Alpha* : [καὶ εἰ μιᾶς ἐπιστήμης ἢ πλειόνων τὰ αἴτια καὶ τὰς ἀρχὰς θεωρῆσαί ἐστιν] (« et s'il appartient à une science ou à plusieurs de mener l'étude théorique des causes et des principes »). Les éditeurs modernes de la *Métaphysique* ont généralement considéré qu'il fallait supprimer ces lignes du texte. Alexandre toutefois les mentionne dans son commentaire à *Beta*, en soulignant que « certains cependant, à cause de ce qu'Aristote vient de dire, ajoutent cette difficulté à la fin du livre α, en l'y plaçant sans aucune raison » (174, 25-27). Sur ce passage du commentaire au livre *Beta* et sur son rapport à *Métaphysique* α 3, 995a12-20, voir M. E. Kotwick, *Alexander of Aphrodisias and the text of Aristotle's* Metaphysics, *op. cit.*, p. 101-105.

3. A et O ont : τέλος τοῦ ἐλάττονος ἄλφα (170, 11) qui n'apparaît pas dans Hayduck. On trouve en P : τέλος τοῦ εἰς τὸ ἔλαττον ἄλφα τῶν Μετὰ τὰ Φυσικὰ ὑπομνήματος (« Fin du commentaire au livre α de la *Métaphysique* »).

ALEXANDRE D'APHRODISE

# *COMMENTAIRE AU LIVRE BETA DE LA* MÉTAPHYSIQUE *D'ARISTOTE*

*Traduction, introduction et notes par*
Gweltaz Guyomarc'h

# INTRODUCTION

*Beta ou le vrai commencement*

Le vrai « commencement » (ἀρχή) de la *Métaphysique* : telle est la thèse d'Alexandre d'Aphrodise sur le troisième livre du traité qui nous est parvenu sous le titre de *Métaphysique*.

> Pour Aristote, c'est à partir d'ici que se trouve le commencement du présent traité, car il commence ici à parler de choses qui ont nécessairement trait aux présentes questions. Tout ce qui a été dit au livre Alpha constituerait donc des prolégomènes à ce livre et contribuerait à l'introduire. C'est pourquoi certains ont cru que le livre Beta était le premier livre du traité *Métaphysique*. (172, 18-22)

L'affirmation est à la fois massive et surprenante, sur un livre souvent dense et technique, mais aussi, par son caractère préparatoire, peut-être décevant. Le lecteur pressé aura tôt fait de passer ce cap abstrus pour aller plus vite aux solutions, et donc aux thèses, qu'Aristote semble avancer, plus loin dans le traité, en vue de résoudre les « apories » ou « difficultés » que le livre Beta s'était attelé à lister. De ce point de vue, le livre pourra même passer pour un simple exercice d'école [1], perdant alors jusqu'à son caractère exploratoire, comme si Aristote avait proposé, pour l'entraînement de ses étudiants, une liste de difficultés qu'il avait déjà résolues et dont il fallait mécaniquement développer la thèse et l'antithèse, en exposant l'opinion des prédécesseurs.

L'affirmation est surprenante aussi dans le cadre plus strict de l'interprétation alexandrinienne de la métaphysique : science par excellence, celle-ci passe pour porter à leur acmé les exigences méthodiques des *Seconds Analytiques*, si bien que ses instruments sont la définition

1. Voir par exemple Syrianus, *In Met.* 13, 5 ; 30, 34 ; 36, 3 ; 40, 10 ; 48, 34.

et la démonstration, et sa fin, la découverte du vrai [1]. Comment donc un livre principalement « dialectique » ou « logique », de l'aveu d'Alexandre lui-même [2], peut-il offrir le vrai commencement à la fois du traité et de la science qu'il expose? À cela s'ajoute qu'Alexandre commente nécessairement le livre avec le reste du traité en tête, et que jamais il ne paraît suggérer une authentique perplexité d'Aristote devant les problèmes posés au livre *Beta* [3]. On en inférera alors que, pour l'Exégète, le livre Beta est un « commencement » au sens d'un sommaire. La pratique de l'aporie ne serait plus, chez le commentateur, un moment proprement exploratoire et ouvert, mais un simple moyen d'exposition, où tout serait en réalité déjà joué d'avance [4]. Dans un aristotélisme systématique, l'aporie n'aurait d'aporétique que le nom, et les commentaires d'Alexandre aux apories de Beta souffriraient de circularité.

Pourtant, à une exception près [5], Alexandre s'abstient, au cours de son commentaire, de mentionner les solutions que le reste du traité serait supposé apporter aux apories [6]. Autant dire que si les apories sont de simples préalables, de scolaires problématisations annonçant un traité déjà écrit, ce sommaire ne remplit simplement pas sa fonction. Dans ce qui suit, on voudrait tenter de montrer qu'Alexandre maintient cette dimension exploratoire de l'aporie [7]. Qu'Alexandre qualifie certains arguments de seulement « logiques » ou « dialectiques » en un sens apparemment

1. Sur ce point, voir M. Bonelli, *Alessandro di Afrodisia e la metafisica come scienza dimostrativa*, Napoli, Bibliopolis, 2001.

2. Par exemple en *In Met.* 206, 12-13 et 218, 17.

3. W. E. Dooley et A. Madigan, *Alexander of Aphrodisias, On Aristotle's Metaphysics 2-3*, London-New York, Duckworth, Cornell University Press, 1992, p. 79.

4. Voir à ce sujet les affirmations de S. Fazzo, *Aporia e sistema. La materia, la forma, il divino nelle Quaestiones di Alessandro di Afrodisia*, Pise, ETS, 2002, p. 17-18 et M. Rashed, *Essentialisme. Alexandre d'Aphrodise entre logique, physique et cosmologie*, *op. cit.*, p. 3-4, n. 11 : « Alors que chez Aristote, l'aporie accompagne les premiers pas de toute recherche de la vérité, elle se déploie, pour Alexandre, au terme de cette dernière, pour la protéger de l'éclatement ».

5. *In Met.* 178, 19-21.

6. Comme le remarque pourtant A. Madigan lui-même (*Alexander of Aphrodisias, On Aristotle's Metaphysics 2-3*, *op. cit.*, p. 79).

7. I. Kupreeva (« *Aporia* and *Exegesis*. Alexander of Aphrodisias », dans G. Karamanolis et V. Politis (éd.), *The Aporetic Tradition in Ancient Philosophy*, Cambridge, Cambridge University Press, 2017, p. 228-247) a déjà défendu cette thèse, en faveur de laquelle on voudrait ici présenter d'autres arguments. Voir en particulier les p. 241-247 qui, sur un exemple précis, celui de la huitième aporie, montrent que l'interprétation d'Alexandre n'est pas circulaire et que les références faites par l'Exégète à l'hylémorphisme aristotélicien ne contreviennent pas à l'exploration dialectique de la difficulté.

péjoratif[1], ne signifie pas, comme le suggère A. Madigan, qu'il perdrait cet embarras, que l'aporie, comme « affection de la pensée »[2], est censée produire. La raison en est, au contraire, qu'Alexandre conçoit la méthode à l'œuvre en Beta comme un moment de présentation des réponses possibles à une difficulté donnée, mais aussi comme un travail d'évaluation de leur degré de plausibilité, et que c'est ainsi que le livre Beta, dans sa démarche dialectique, met le métaphysicien en chemin vers « la découverte du vrai »[3].

Le commentaire ici présenté n'a donc pas pour seul intérêt de nous offrir les interprétations que l'« Exégète par excellence » a données à un texte souvent ardu. Par-delà cette fonction utilitaire du commentaire, assurément riche d'explications souvent devenues classiques, il y va aussi d'une lecture proprement philosophique, sur la place et le rôle de la dialectique au sein de la plus haute des sciences.

*La place du livre Beta dans la* Métaphysique

Alors que l'on aurait pu attendre de l'Exégète une documentation historique plus précise, des sources plus autorisées sur la composition de la *Métaphysique*, Alexandre ne se sert au contraire jamais de renseignements extérieurs ou historiques pour établir l'ordre et l'organisation du traité. Il privilégie en effet une lecture interne, dont l'objectif est de défendre l'unité et la cohérence du traité. Le livre Beta n'échappe pas à ce principe de lecture, à ceci près que, contrairement aux deux livres précédents, celui-ci semble n'avoir pas été l'objet de discussions antérieures quant à son authenticité ou son appartenance au traité. Au cours de son commentaire, Alexandre se fait en effet le témoin discret de discussions passées sur la *Métaphysique* – quoiqu'il laisse (presque) toujours ses prédécesseurs dans l'anonymat[4] –, ce qui signifie que, déjà avant Alexandre, les lecteurs de la *Métaphysique* ont eu conscience d'avoir affaire à un ensemble plus ou moins instable, voire corrompu. Mais, si l'on se fie au

1. Par exemple en 218, 17.

2. Voir le commentaire d'Alexandre à *Topiques* VI 6, 145b16-20, en *In Top.* 458, 26 – 459, 3, traduit et commenté par I. Kupreeva, « *Aporia* and *Exegesis*. Alexander of Aphrodisias », *op. cit.*, p. 229-231.

3. Selon la formule employée par exemple en 174, 1-4, sur l'utilité de la dialectique.

4. Voir, à titre d'exemple significatif, la longue discussion sur l'authenticité et la place du livre Delta, où est mentionnée l'opinion de « certains », selon lesquels le livre serait tronqué (*In Met.* 345, 4). L'exception à cette règle est le fameux passage où Alexandre cite Eudore d'Alexandrie et un certain Euharmostos, qu'Alexandre connaît *via* Aspasius, en *In Met.* 58, 31 – 59, 8.

témoignage d'Alexandre, ces soupçons n'ont jamais atteint le livre Beta qu'indirectement. Comme on l'a vu, tout au plus s'agit-il de savoir s'il est le premier livre ou non. Il ne fait en revanche pas de doute que le livre est d'Aristote et qu'il appartient à la *Métaphysique*.

Alexandre entreprend donc de réaffirmer la position de Beta comme troisième livre du traité, tout en concédant à ses anonymes devanciers son rôle littéralement primordial[1]. Aussi ne manque-t-il pas, au cours de son exégèse, de se servir de ce qui a été dit, aux livres précédents, sur la sagesse, sur les quatre causes ou sur l'absence de régression à l'infini des principes[2]. Les deux livres précédents sont, de fait, des « préambules », selon le mot même d'Aristote (995b4).

Les acquis principaux de ces préambules, tels qu'ils sont repris en Beta, consistent tout d'abord en une définition de la sagesse grâce à l'examen doxographique des « préconceptions communes » (« κοιναὶ… προλήψεις »)[3] sur le sujet. Cet examen aboutit à une définition de la sagesse comme science des premiers principes et des premières causes, et se poursuit par l'« enquête » (« ἱστορία ») doxographique sur les causes, puis par la réfutation des opinions antérieures[4]. L'enquête du livre Alpha est indissociable de ce travail de réfutation, et cette double tâche est digne d'un préambule en ce qu'elle permet de déblayer le terrain[5]. Pour Alexandre, il y a, de ce point de vue, une réelle continuité entre les deux premiers livres. Petit alpha, en effet, dans son aspect auroral, prend aussi pour point de départ l'examen des doctrines antérieures et de ce

1. Une position similaire se lit dans le sommaire de la *Métaphysique* qu'Averroès attribue à Alexandre (p. 1398, 8 – 1399, 8 Bouyges). Pour les problèmes posés par cette attribution, voir M. Di Giovanni et O. Primavesi, « Who Wrote Alexander's Commentary on *Metaphysics* Λ ? New Light on the Syro-Arabic Tradition », dans C. Horn (éd.), *Aristotle's* Metaphysics *Lambda. New Essays*, Berlin, W. De Gruyter, 2016, p. 11-66.

2. Par exemple *In Met.* 174, 15-20 ; 179, 12-14 ; 221, 34.

3. *In Met.* 184, 14-19 ; voir déjà 9, 23 : « κοιναὶ ἔννοιαι », et la référence intéressante, juste après, au fait que cette méthode aurait été aussi suivie au début de la *Physique* (9, 23-25).

4. Cf. *Met.* A 2, 982a5-6. Sur le caractère doxographique du livre, outre le passage cité à la note précédente, voir le proème au livre Gamma, en particulier 237, 10-12 : « avant de rechercher quels sont ces principes premiers, il a introduit de manière générale à la discussion sur les causes, en exposant et en rapportant les doctrines de ses devanciers sur les principes, et en les réfutant » (« πρὸ τοῦ ζητεῖν τίνες αἱ πρῶται ἀρχαί, κινήσας καθόλου τὸν περὶ τῶν αἰτίων λόγον καὶ τὰς δόξας τῶν πρὸ αὐτοῦ τὰς περὶ τῶν ἀρχῶν ἐκθέμενός τε καὶ ἱστορήσας καὶ ἀντειπὼν πρὸς αὐτάς… »). Pour la question plus générale du plan de la *Métaphysique* selon Alexandre, je me permets de renvoyer à G. Guyomarc'h, *L'Unité de la métaphysique selon Alexandre d'Aphrodise*, *op. cit.*, p. 79-93.

5. Voir le verbe προεκκαθαίρω employé en 9, 16 (« μὴ προκαταστήσαντα καὶ προεκκαθάραντα τὰ ἐμποδών »).

que le philosophe peut en tirer pour « éveiller » son intellect [1]. L'enquête doxographique nous procure une familiarité avec les questions en jeu, qui nous rend mieux à même de découvrir le vrai [2]. Mais le lien entre les deux premiers livres est aussi thématique, puisqu'il s'agit toujours d'enquêter sur les principes et sur les causes [3]. Si Alexandre reconnaît, ici ou là, la pertinence d'une hypothèse de lecture rejetant le livre Petit alpha hors du traité et affirmant la continuité entre Grand alpha et Beta, il n'en conserve pas moins, après toute la discussion, Beta dans sa troisième position [4].

Qu'apporte donc le livre *Beta* à ce traité qui n'en finit pas de commencer? En premier lieu, le livre permet d'entrer enfin de plain-pied dans les questions thématiquement pertinentes dans un traité de métaphysique. Les deux livres précédents sont en effet marqués par une position ambiguë, entre physique et métaphysique : Grand Alpha, parce que la confirmation des quatre types de cause est une thèse déjà établie dans la *Physique*, et qu'elle implique la discussion des thèses des anciens physiciens [5]; Petit alpha, parce que le traité pourrait aussi servir d'introduction à la philosophie théorique en général, voire à la seule *Physique* en particulier [6].

En Beta, en revanche, selon Alexandre, cette ambiguïté disparaît : « il commence ici à parler de choses qui ont nécessairement trait [7] aux présentes questions » (172, 18-19). Les apories qui y sont présentées sont toutes dignes d'être examinées par la philosophie première. D'abord parce que les objets sur lesquels elles portent ne peuvent être étudiés par

1. Voir 143, 14-18 et 143, 24 – 144, 3, et l'introduction de L. Lavaud dans ce volume.

2. *Cf.* 143, 20-21, avec sans doute un emploi non technique d'εὐπορία, puisque, comme on va le voir, c'est seulement avec le livre Beta qu'on entre dans une application technique de la méthode aporétique.

3. Le livre Petit alpha est fréquemment résumé à une seule interrogation, celle de savoir « si la cause va à l'infini en ligne droite ou en espèce, ou bien si elle s'arrête et est délimitée », cf. *In Met.* 174, 18-20; 213, 13-15; 309, 19-20.

4. Le commentaire à Beta se termine certes, d'après la leçon de A [1]O, sur l'appellation du livre comme le « deuxième » du traité (« δευτέρῳ »), et cette incertitude se retrouve en 344, 22-25. Mais entre la position instable du livre Petit alpha et les confusions possibles entre les lettres comme noms des livres et leur sens numérique, ces variations sont explicables. En revanche, le proème du livre Gamma met bien les acquis du livre Beta en troisième position (*cf.* 237, 13 – 238, 1).

5. Comme l'atteste un passage de transition, au sein du commentaire à A 8, c'est avec l'étude des Pythagoriciens et de Platon qu'Aristote s'approche de ce qui est approprié au présent traité (« ὡς οἰκειοτέρας τῆς προκειμένης πραγματείας »), en 70, 12 – 71, 4.

6. Voir le commentaire à α 3, 995a 17-19 en 169, 20 *sq.*, mais l'hypothèse est annoncée dès le début, en 137, 15 *sq.*

7. Pour un emploi similaire du verbe afin d'indiquer ce qui est pertinent pour le présent traité en ce qu'il y contribue, voir par exemple 170, 3.

d'autres sciences – au premier chef et de façon générale, les principes[1], ou plus précisément, par exemple, la possibilité d'une « cause première » qui soit « totalement immatérielle »[2]. Mais aussi parce que les apories sont, pour la philosophie première, l'occasion d'une interrogation réflexive sur sa propre nature, son unité, ou sur les instruments dont elle use – par exemple, les notions comme le même et l'autre, le semblable et le dissemblable, etc., notions dont l'étude est, d'un certain point de vue, « appropriée au philosophe premier »[3].

De fait, Aristote affirme dès la première ligne qu'il faut, « pour la science que nous recherchons », aborder un certain nombre d'apories (995a24-25). Et Alexandre explicite : l'étude de ces apories doit servir à la « découverte » de cette science et de ses objets (171, 11-12). Les apories ne sont pas simplement au programme d'une science préexistante : elles sont, au moins en partie, l'occasion de déterminer réflexivement ce qu'est cette science. Les apories sont le lieu où la métaphysique s'interroge sur elle-même. C'est donc naturellement au tout début du commentaire à ce livre que, pour la première fois, Alexandre thématise le nom du traité et les diverses appellations aristotéliciennes de la « science recherchée » : non pas seulement pour expliquer cette expression qu'Aristote utilise en 995a24, mais aussi parce que, vis-à-vis des livres précédents, Beta en est enfin le lieu propre.

Le second apport de Beta à l'égard des livres précédents tient en un mot : une méthode, celle de l'aporie. Soulever une aporie consiste, pour le dire brièvement (on y revient ci-dessous), à poser une « difficulté » en partant dans deux directions (« εἰς ἑκάτερα », 174, 2), c'est-à-dire à travers une alternative de deux réponses contraires ou contradictoires, dont on explore les tenants et les aboutissants. Cette exploration ou « diaporie » est vue comme une étape essentielle et incontournable pour nous permettre ultérieurement de résoudre la difficulté.

Une telle méthode ne peut être confondue avec l'enquête, ou l'« histoire », des livres précédents. Il ne s'agit plus ici d'exposer les doctrines antérieures, d'en sonder les prémisses ou d'en tracer la généalogie ; il ne s'agit même plus de les réfuter pour elles-mêmes. Désormais, si les noms propres apparaissent, c'est en tant que branches d'une aporie, prête-noms de positions déterminées dans et par un problème soulevé par Aristote

1. Voir par exemple le début du développement de la huitième aporie, 210, 25-26.

2. En 171, 9-11 et 178, 19-21 (avec une référence à *Met.* Λ).

3. *Cf.* 177, 8-9. Sur cette question, voir aussi P. Moraux et J. Wiesner (éd.), *Alexander von Aphrodisias* (*Der Aristotelismus bei den Griechen von Andronikos bis Alexander von Aphrodisias*, t. 3), Berlin, W. De Gruyter, 2001, p. 467-468.

lui-même. L'histoire de la philosophie s'opère désormais sous couvert de la diaporie, c'est-à-dire du développement des deux branches de l'aporie. Nombre de ces problèmes trouvent certainement leur origine chez les prédécesseurs d'Aristote, et les difficultés qui surgissent sont « toutes celles à propos desquelles certains ont eu des conceptions autres » (995a25-26). Mais si Aristote les rapporte et s'attarde sur ces questions, c'est, selon Alexandre, pour la diaporie : « dans l'intention d'explorer ces difficultés » (« ὡς δὲ καὶ περὶ τούτων διαπορήσων », 172, 8-9).

Assurément, la fin poursuivie par l'histoire des deux premiers livres et par l'aporétique de Beta, est toujours la même : il s'agit bien de découvrir le vrai dans les matières pertinentes pour le présent traité [1]. Assurément aussi, le vocabulaire de l'aporie et même de la diaporie déborde, chez Alexandre, le seul commentaire au livre Beta. La raison principale en est qu'il arrive à Aristote lui-même d'employer le verbe διαπορέω dès le premier livre de la *Métaphysique* [2]. C'est également l'une des stratégies d'Alexandre pour défendre la position de Petit alpha : puisque la fin d'A 10 demande de revenir sur les difficultés qui pourraient être soulevées à propos des causes (« ἀπορήσειεν », 993a25), Alexandre, tout en reconnaissant que la référence la plus évidente est à Beta, justifie la position de Petit alpha en soulignant que ce livre aussi effectue une recherche et soulève une aporie à propos des causes [3]. Mais il reste que l'aporie est le nom propre par lequel Alexandre résume le livre Beta quand il s'y réfère ailleurs [4], et qui devient même comme le titre du livre (« ἐν τοῖς ἠπορημένοις », 251, 7).

Il est ainsi symptomatique qu'Alexandre refuse l'interprétation pourtant la plus évidente de 995b4-5 : « Une première difficulté concerne ce que nous avons exploré (διηπορήσαμεν) dans notre préambule ». Alors qu'au service d'une lecture unitaire du traité et pour défendre l'authenticité et la place du livre Grand Alpha, il eût été aussi efficace de souligner ici la continuité, Alexandre commence son commentaire en déclarant : « ce n'est pas de la difficulté qu'il est en train de poser, qu'il affirme qu'elle a été soulevée dans le préambule » (174, 7-8). La première raison en est qu'on ne saurait trouver la première aporie telle quelle dans les livres précédents. Mais le trouble d'Alexandre s'explique aussi par le verbe διαπορέω qui, dans le contexte de Beta, devrait être pris en un sens technique, alors que ce qu'on trouve au livre Alpha ne souscrit

1. Comparer par exemple 78, 2-4 et 174, 1 ou 180, 31-33.

2. A 2, 982b15 et A 9, 991a9.

3. *In Met.* 136, 15-17.

4. Voir en particulier *In Met.* 136, 11-14; 138, 4-6; 237, 15-16; 246, 14-15; 264, 31. Aristote avait déjà ouvert la voie à cet intitulé, voir *Met.* Γ 2, 1004a34.

pas à la forme technique de l'aporie[1]. La solution d'Alexandre consiste à comprendre que la référence d'Aristote ne vaut que pour le sujet ou la matière de cette première aporie, à savoir les causes, et non pour l'aporie elle-même (174, 12-20 et 30-33). La continuité est bien ici seulement thématique, non pas méthodique.

Si Alexandre souligne ainsi le rôle fondateur du livre Beta, et s'il lui arrive de noter, dans ses commentaires à ce livre ou au suivant, qu'Aristote « résout » telle aporie, il ne semble pour autant pas être allé jusqu'à concevoir Beta comme un sommaire exhaustif et définitif, qui annoncerait systématiquement l'ensemble du traité. Dans l'histoire de l'exégèse du livre Beta, cette question disputée a reçu des réponses variées et opposées, et Alexandre se situe à mi-chemin entre deux extrêmes. À l'évidence, la lecture génétique, qui tient le livre Beta pour l'état provisoire d'une science qui ne sera jamais développée telle quelle, ne concerne pas Alexandre[2]. Il ne verse pas non plus dans la lecture romantique qui fait des apories des problèmes indépassables d'une science à jamais impossible et toujours recherchée[3]. Pour Alexandre, Aristote va effectivement entreprendre de résoudre les apories, d'en proposer des « λύσεις »[4]. Cette entreprise de résolution s'esquisse d'ailleurs dès le livre Beta lui-même (voir par exemple 195, 13-14) et le livre se referme comme il avait commencé, en rappelant combien il est nécessaire de bien poser les difficultés pour pouvoir les résoudre[5].

Mais Alexandre ne verse pas non plus dans le geste systématique de Nicolas de Damas, qui, aux dires d'Averroès, aurait parsemé les apories de Beta tout au long du traité[6]. Le commentaire au livre Beta n'annonce qu'une résolution, celle de la huitième aporie, au livre Lambda (178,

1. Voir M. Crubellier, « *Aporiai* 1-2 », dans M. Crubellier et A. Laks (éd.), *Aristotle's Metaphysics Beta, XVIth* Symposium Aristotelicum, Oxford, Oxford University Press, 2009, p. 47.

2. *Cf.* W. Jaeger, *Aristotle : Fundamentals of the History of his Development*, trad. angl. R. Robinson, Oxford, Clarendon Press, 1948 [2], p. 195-202. Voir aussi les positions de J. Owens, *The Doctrine of Being in the Aristotelian Metaphysics*, Toronto, Pontifical Institute of Medieval Studies, 1951, 1978 [3], p. 212, 232-234 et 256-258 ; A. Madigan, *Metaphysics. Book B and Book K 1-2*, Oxford, Clarendon Press, 1999, p. XXXIII-XXXVII.

3. *Cf.* P. Aubenque, « Sur la notion aristotélicienne d'aporie », dans *Aristote et les problèmes de méthode*, Communications présentées au *Symposium Aristotelicum* tenu à Louvain du 24 août au 1er septembre 1960, Louvain, Peeters, 1961, p. 3-19 et *Le problème de l'être chez Aristote*, *op. cit.*

4. Voir en particulier le texte très clair de 136, 8-11.

5. Comparer par exemple 172, 24-31 et 236, 28-29.

6. *Cf.* S. Fazzo, « Nicolas, l'auteur du Sommaire de la Philosophie d'Aristote. Doutes sur son identité, sa datation, son origine », *Revue des Études Grecques* 121, 1, 2008, p. 116-117.

19-21). Le commentaire au livre Gamma rappelle quant à lui les apories de Beta qui y sont reprises, à savoir les première, deuxième, troisième et quatrième apories (y a-t-il une science pour toutes les causes ? ; est-ce la même science qui étudie les principes de la substance et les principes de la démonstration ? ; y a-t-il une science de toutes les substances ? ; est-ce la même science qui étudie la substance et ses propriétés essentielles ?)[1].

Il est difficile d'aller au-delà en l'absence du reste du commentaire. Tout au plus peut-on noter (mais ce n'est là qu'un argument *a silentio*) qu'Alexandre ne prend jamais appui sur les formules d'Aristote laissant entendre une visée exhaustive du livre Beta. De fait, à au moins quatre reprises en B 1, Aristote emploie des expressions telles que : « tous les points qui font difficulté », « tous les obstacles », etc.[2] Aucune de ces formules ne reçoit de commentaire spécifique de la part d'Alexandre. De même, comme on l'a dit, Alexandre n'annonce que le livre Lambda au cours de son commentaire. Enfin, affirmer que la résolution des apories est « la tâche capitale (κεφάλαιον) de la présente science » (180, 32-33) laisse entendre que la science en question ne saurait pour autant s'y résumer. C'est ce que montre aussi le commentaire au livre Gamma qui, quoique présenté explicitement par Alexandre comme un moment de résolution (238, 2-3) ne s'y restreint pas. Alexandre pourrait ainsi partager le constat prudent de W. D. Ross, selon lequel la vérité du livre Beta se situe entre les deux antipodes : la conception du livre comme d'un programme qu'Aristote aurait totalement mené à bien dans les livres suivants, d'une part, et celle qui n'en fait qu'une esquisse provisoire aussitôt oubliée, d'autre part[3].

### *Structure et ordre du livre et de son commentaire*

Après une introduction sur la nécessité, en science, de commencer par poser des difficultés (B 1, 995a24-b4), le livre Beta consiste en un catalogue de ces apories (B 1, 995b4 – 996a17) puis en leur exploration ou « diaporie » (B 2-6) selon un ordre qui suit généralement[4] celui du catalogue.

1. Cf. *Met.* Γ 2, 1004a32 et 34 (mais avec un problème de manuscrit sur la première occurrence). Et, chez Alexandre : 246, 13-24 ; 250, 3-5 ; 251, 7-9 ; 257, 12-16 ; 264, 23-27 ; 264, 31-34.

2. Voir notamment 995a25 et 34 ; 995b4.

3. W. D. Ross, *Aristotle's* Metaphysics, *a Revised Text with Introduction and Commentary*, Oxford, Clarendon Press, 1924, t. I, p. XVI.

4. Pour les exceptions (l'inversion entre les quatrième et cinquième apories et le cas de la treizième aporie qui n'est pas présentée en B 1), voir le tableau suivant.

Tandis qu'Alexandre passe couramment pour avoir « systématisé » Aristote, son commentaire épouse au contraire son texte-source, jusque dans son indétermination et son aspect paratactique. L'apparente absence de progression des apories au cours du livre Beta est un fait connu[1]. Alexandre, sans le souligner expressément, ne tente néanmoins jamais de forcer sa lecture pour dégager un plan du livre – pas même en notant, par exemple, que les quatre premières apories ont en commun d'interroger la nature de la sagesse, ni en regroupant les apories sur les principes[2].

Au contraire, l'Exégète se borne à entériner la division du livre entre présentation (« ἔκθεσις τῶν ἀποριῶν »[3]) et développement des apories (B 1 et B 2-6), mais sans même élaborer un terme spécifique pour ces développements, à la différence de ce que fera Syrianus[4]. Il lui arrive certes assez souvent d'indiquer qu'une aporie a été ou non exposée en B 1. Mais la numérotation des apories ne paraît pas le préoccuper outre mesure. Tout au plus numérote-t-il les apories 1, 2 et 3, puis il souligne l'inversion dans les apories 4 et 5, entre leur présentation en B 1 et leur développement en B 2[5]. Mais la numérotation ne se poursuit pas au-delà.

À cet égard, la différence avec Syrianus est, comme l'a très bien montré C. Luna[6], frappante. Le commentateur néoplatonicien, dans le sillage d'Alexandre, distingue lui aussi exposé des apories et exploration diaporétique, ce qu'il appelle quant à lui « développement des problèmes »[7]. Mais, de surcroît, Syrianus tient un décompte minutieux des apories elles-mêmes au cours de B 1 comme de B 2-6, et il en dénombre 17 en tout. Par-delà les remarques de C. Luna, un travail de comparaison entre Syrianus et Alexandre reste à faire sur ce point, qui excèderait la présente introduction.

1. Par exemple M. Crubellier et A. Laks, *Aristotle's Metaphysics Beta, XVIth* Symposium Aristotelicum, *op. cit.*, p. 18.

2. S. Menn a proposé de distinguer entre apories « méthodologiques » (1-4) et apories « substantielles », ces dernières se subdivisant entre apories sur les principes (6, 7, 9, 10, 14, 15) et apories sur les substances (5, 8, 11, 12, 13); voir S. Menn, *The Aim and the Argument of Aristotle's* Metaphysics (non publié), Ib2.

3. Pour la mention de l'exposé des apories, voir par exemple 194, 10-11; 202, 8; 218, 22.

4. Voir Syrianus, *In Met.* 36, 3 et 53, 25-26; C. Luna, « Alessandro di Afrodisia e Siriano sul libro B della *Metafisica* : tecnica e struttura del commento », *Documenti E Studi Sulla Tradizione Filosofica Medievale* 15, 2004, p. 53.

5. Respectivement, en 175, 3 et 29-30; 180, 34; 187, 16; 194, 10-11 et 196, 1-2.

6. C. Luna, « Alessandro di Afrodisia e Siriano sul libro B della *Metafisica* : tecnica e struttura del commento », *op. cit.*, p. 39-79.

7. Syrianus, *In Met.* 1, 16-18 et 53, 25-26 pour l'expression « ἐν τῇ ἐξεργασίᾳ τῶν προβλημάτων ».

S'il y a un intérêt d'Alexandre pour la structure du livre Beta, il réside surtout dans l'effort plus local d'articulation et de distinction des apories. Ainsi l'Exégète cherche-t-il souvent à caractériser chaque difficulté en soulignant que telle aporie ne saurait se confondre avec la précédente (par exemple 175, 29 – 176, 12 ; 179, 2-5 ; ou encore 180, 6-15). Il cherche aussi, le cas échéant, à mettre en lumière la continuité entre différentes apories, par exemple lorsqu'une difficulté s'enchaîne avec la précédente parce qu'elle en suppose une certaine résolution : par exemple en 175, 17-22, qui fait le lien entre la deuxième et la troisième aporie. Un autre cas connu chez Aristote est la continuité entre la sixième (si les principes sont des genres ou les éléments constitutifs des choses) et la septième aporie (dans l'hypothèse où les principes sont des genres, si ce sont les plus généraux ou les plus spéciaux), qu'Alexandre explicite au cours de son commentaire (204, 25-28), à travers un enchâssement de propositions conditionnelles. Mais s'il le fait, c'est toujours pour expliciter une continuité sous-entendue ou marquée par Aristote lui-même [1]. Ce n'est jamais au point de forcer la structure de toutes les apories pour épouser strictement une forme en arbre, comme c'est plus systématiquement le cas dans la *Métaphysique* de Théophraste. En ce sens, l'exégèse par Alexandre du livre Beta se laisse caractériser comme principalement linéaire. L'on comprend pourquoi, de ce point de vue, les commentateurs postérieurs ont pu considérer qu'Alexandre avait déjà assez effectué tout le travail d'exégèse du texte pour pouvoir s'en passer.

Par commodité pour le lecteur, on propose le tableau suivant, en listant les apories selon l'interprétation qu'en donne Alexandre et en reprenant la numérotation la plus fréquemment utilisée par les lecteurs modernes [2], qui va donc au-delà de ce que fait Alexandre. Cette numérotation paraît toutefois conforme à l'articulation et aux distinctions qu'élabore Alexandre, notamment quand il désigne une « aporie » comme telle. Par exemple, même la treizième aporie, dont Alexandre ne souligne pourtant pas qu'elle est absente du catalogue de B 1, est bien désignée par un « Ἡ μὲν ἀπορία… » (233, 4).

1. Voir aussi par exemple, entre la septième et la huitième aporie, en 210, 28-30.
2. Voir H. Bonitz, *Aristotelis Metaphysica, Pars Posterior*, Bonn, 1849, p. 139-171 ou M. Crubellier et A. Laks, *Aristotle's* Metaphysics *Beta, XVIth* Symposium Aristotelicum, *op. cit.*, p. 1-2.

*Liste des apories*

1. Appartient-il à une science unique d'étudier toutes les causes, ou à plusieurs ?
2. Appartient-il au sage de considérer seulement les principes premiers de la substance, ou aussi les principes démonstratifs ?
3. Y a-t-il une seule science pour toutes les substances, ou plusieurs ?
4. Cette étude porte-t-elle seulement sur les substances, ou aussi sur leurs accidents par soi, et sur les notions telles que "même", "autre", "semblable", "dissemblable", etc. ?
5. Toutes les substances sont-elles d'une seule sorte, ou bien y a-t-il plusieurs espèces de substances ? Ces espèces sont-elles les mêmes que celles posées par les platoniciens ?
6. Les genres sont-ils principes de ce dont ils sont les genres, ou bien sont-ce les constituants des parties en lesquels chaque chose se divise qui sont principes ?
7. Si ce sont les genres qui sont principes, sont-ce les genres suprêmes ou bien les plus proches des indivisibles ?
8. Existe-t-il, en dehors de la matière, une cause par soi, séparée et subsistant en elle-même ?
9. Les principes sont-ils déterminés en nombre ou en espèce ?
10. Les principes des choses corruptibles et ceux des choses incorruptibles sont-ils identiques ou différents ?
11. L'Un en soi et l'Être en soi sont-ils les substances et les principes des êtres ?
12. Les objets mathématiques sont-ils des substances et, si oui, sont-ils séparés des sensibles et existent-ils en soi et par soi, ou non ?
13. Pourquoi faudrait-il poser, à part des substances sensibles et des objets mathématiques, d'autres causes, commc les Idées ?
14. Les principes existent-ils en puissance ou bien subsistent-ils en acte ?
15. Les principes ont-ils une réalité propre, comme les êtres particuliers, ou, au contraire, sont-ils comme les genres et les termes universels ?

| N° de l'aporie | Aristote, B 1 | Alexandre | Aristote, B 2-6 | Alexandre |
|---|---|---|---|---|
| 1 | 995b4-6 | 174, 5-33 | 996a18 – b26 | 180, 34 – 187, 13 |
| 2 | 995b6-10 | 175, 1-14 | 996b26 – 997a15 | 187, 14 – 191, 12 |
| 3 | 995b10-13 | 175, 15-26 | 997a15-25 | 191, 13 – 194, 7 |
| 4 | 995b18-27 | 176, 17 – 177, 23 | 997a25-34 | 194, 8 – 195, 37 |
| 5 | 995b13-18 | 175, 26 – 176, 16 | 997a34 – 998a19 | 196, 1 – 201, 37 |
| 6 | 995b27-29 | 177, 24-31 | 998a20 – b14 | 202, 4 – 204, 22 |
| 7 | 995b29-31 | 177, 31 – 178, 2 | 998b14 – 999a23 | 204, 23 – 210, 21 |
| 8 | 995b31-36 | 178, 3 – 179, 5 | 999a24 – b24 | 210, 22 – 216, 11 |
| 9 | 996a1-2 | 179, 6-21 | 999b24 – 1000a4 | 216, 12 – 218, 17 |
| 10 | 996a2-4 | 179, 21-24 | 1000a5 – 1001a3 | 218, 18 – 223, 5 |
| 11 | 996a4-9 | 179, 25 – 180, 3 | 1001a4 – b25 | 223, 6 – 228, 28 |
| 12 | 996a11-15 | 180, 24-30 | 1001b26 – 1002b11 | 228, 28 – 232, 34 |
| 13 | / | / | 1002b12-32 | 233, 1 – 235, 6 |
| 14 | 996a10-11 | 180, 13-24 | 1002b32 – 1003a5 | 235, 7-32 |
| 15 | 996a9-10 | 180, 4-13 | 1003a5-17 | 235, 32 – 236, 25 |

Il faut signaler que cette articulation du commentaire est indépendante de sa structuration par les lemmes, c'est-à-dire de ces morceaux de texte usuellement mis en exergue dans les commentaires « lemmatiques » [1]. Aussi arrive-t-il que l'étude de telle aporie ne commence pas par la position d'un lemme [2]. De même, ce n'est pas parce qu'un commentaire suit un lemme qu'il se réduit forcément à l'exégèse du seul passage cité. Le phénomène confirme que le rôle des lemmes devait être plus pragmatique qu'exégétique, servant de points de repère pour indiquer où se situe le commentaire à

1. Que le commentaire d'Alexandre dût effectivement comporter de tels lemmes est confirmé par tous les passages qui seraient simplement incompréhensibles sans une citation ou au minimum une référence au texte. Pour cette pratique dans l'Antiquité, voir R. Wittwer, « Aspasian Lemmatology », dans A. Alberti et R. W. Sharples (éd.), *Aspasius : the Earliest extant Commentary on Aristotle's Ethics*, Berlin, W. De Gruyter, 1999, p. 51-84; H. Maehler, « L'évolution matérielle de l'*hypomnema* », dans M.-O. Goulet-Cazé *et al.* (éd.), *Le Commentaire entre tradition et innovation*, Paris, Vrin, 2000, p. 29-36; C. Luna, « Alessandro di Afrodisia e Siriano sul libro B della *Metafisica* : tecnica e struttura del commento », *op. cit.* et « Mise en page et transmission textuelle du commentaire de Syrianus sur la *Métaphysique* », dans C. D'Ancona Costa (éd.), *The Libraries of the Neoplatonists*, Leiden, Boston, Brill, 2007, p. 121-134; P. Hoffmann, « What was Commentary in Late Antiquity? The Example of the Neoplatonic Commentators », dans M.L. Gill et P. Pellegrin (éd.), *A Companion to Ancient Philosophy*, Blackwell Publishing, 2006, p. 597-622; F. Schironi, « Greek Commentaries », *Dead Sea Discoveries* 19, 2012, p. 399-441.

2. Par exemple 180, 34; 196, 1; 202, 1. Des remarques similaires pourraient être faites déjà dans le commentaire à B 1 (par exemple en 175, 26, où la cinquième aporie est présentée après le lemme de la troisième aporie, sans lemme spécifique).

l'égard du texte-source, comme des sortes de marque-pages. Dans la traduction qui suit, pour faciliter la lecture, on a conservé l'habitude héritée des *Commentaria in Aristotelem Graeca* de présenter un texte structuré par ces lemmes. Toutefois, la pratique d'Alexandre est assez souple à cet égard, qui alterne lemmes au sens strict et citations, sans qu'il y ait nécessairement une hiérarchie à établir entre les deux du point de vue du commentaire [1]. S'il faut établir une différence entre lemmes et citations, elle réside en ceci que les lemmes sont des citations directes, dépourvues de formule introductive. En suivant ce critère, certaines des phrases d'Aristote qui avaient été initialement imprimées par Bonitz ou par Hayduck comme des citations sont donc devenues des lemmes dans la présente traduction [2]. Cette facilité de présentation ne doit néanmoins pas masquer toute la gamme des références au texte d'Aristote, qui va du renvoi muet à la citation explicite, en passant par la paraphrase plus ou moins proche. C'est dire combien le commentaire est au service de son texte-source, dont il embrasse le mouvement jusque dans ses moindres inflexions.

### *Aporie et méthode dialectique*

Hormis en ses toutes premières lignes, le commentaire au livre Beta paraît plus avare que ceux des livres Petit alpha ou Gamma quant à ces passages précieux où Alexandre sort de l'exégèse littérale pour expliciter ses interprétations globales et qui permettent de caractériser sa propre conception du traité et de la science métaphysique. Il a néanmoins l'avantage important de nous renseigner sur la façon dont Alexandre envisage le rôle de la dialectique au sein de la méthode scientifique. On l'a dit, l'aporie est son maître-mot. Alexandre reprend le terme dans à peu près tous les sens que lui confère Aristote, en l'enrichissant encore. Le terme d'« ἀπορία », qui indique étymologiquement l'absence de passage, s'étend chez Aristote d'un emploi physique ou physiologique (le manque) à un sens économique ou matériel (le manque de moyens, de ressources), en passant par des sens éthique ou psychologique (ne pas savoir ce qu'il faut faire) et méthodologique ou gnoséologique, sans doute le plus fréquent [3].

1. C. Luna, « Alessandro di Afrodisia e Siriano sul libro B della Metafisica : tecnica e struttura del commento », *op. cit.*, et notamment p. 41.

2. À savoir 995a30 ; 997a22 ; 1003a13.

3. Voir les études rassemblées dans A. Motte et C. Rutten, *Aporia dans la philosophie grecque des origines à Aristote*, Louvain, Peeters, 2000, notamment p. 152 et 367.

Presque tous ces sens se retrouvent chez Alexandre[1]. Le sens le plus travaillé relève manifestement du champ gnoséologique. Aux sens évoqués, l'on peut ajouter l'aporie comme le problème que suscite une position théorique particulière, au sein même d'une aporie entendue cette fois-ci comme difficulté née de la contradiction de deux positions. On en trouve aussi un emploi exégétique pour désigner ou bien une difficulté de compréhension d'un passage d'Aristote, ou bien une difficulté qu'affronte Aristote au cours de ses textes et que l'interprète doit expliciter (en français académique, on dira « problématiser ») pour rendre raison de la position d'Aristote.

Cet emploi très large du terme n'en fait toutefois pas un vocable non-technique ou flou. Il est ainsi significatif que, contrairement à ce que fera Syrianus[2], Alexandre n'emploie, au cours du commentaire à Beta, que le terme d'aporie, et jamais celui, pourtant proche, de « problème » (πρόβλημα). Chez Alexandre, quand il n'est pas spécifié ou complété, « πρόβλημα » désigne *quasi* toujours[3] le problème au sens strictement dialectique. On peut inférer, à partir de l'absence totale de « πρόβλημα » dans le commentaire à Beta, qu'outre leur différence formelle (le problème est une unique proposition; l'aporie est une paire de thèses contradictoires), Alexandre distingue entre les usages d'aporie et de problème, qu'il est conscient des limites de la notion de problème dialectique et ne l'importe volontairement pas en métaphysique.

Au cours de son *Commentaire aux Topiques*, Alexandre déploie en effet plusieurs critères pour spécifier ce qu'est un problème dialectique (*i.e.* « πρόβλημα » au sens strict) et en quoi il diffère des problèmes scientifiques. Par exemple, dans les quatre interrogations conduites par la science et qu'Aristote distingue en *Seconds Analytiques* II 1, un problème dialectique prend les formes « ὅτι ἔστι » (le fait) ou « εἰ ἔστιν » (si c'est), mais ne demande jamais « δι' ὅ τι ἐστί » (le pourquoi) ou « τί ἐστιν » (ce que c'est), lesquelles sont des questions réservées à la science[4] qui

1. Sauf le sens économique. Sur ces emplois, voir aussi A. Madigan, *Alexander of Aphrodisias, On Aristotle's Metaphysics 2-3*, *op. cit.*, p. 87, n. 3 et I. Kupreeva, « *Aporia* and *Exegesis*. Alexander of Aphrodisias », *op. cit.*, p. 229.

2. C. Luna, « Alessandro di Afrodisia e Siriano sul libro B della *Metafisica* : tecnica e struttura del commento », *op. cit.*, p. 54.

3. Font par exemple exception : *In Met.* 9, 25 (en physique); *In An. Pr.* 7, 18 mais au sens géométrique, comme par exemple en 268, 6; *De fato*, 166, 15 et 190, 15, mais dans un contexte nettement polémique.

4. Une thèse qu'Alexandre réfère au traité perdu Περὶ προβλημάτων, cf. *In Top.* 63, 13 *sq.*, rappelée en 72, 14. *Cf.* L. M. Castelli, « Collections of topoi and the Structure of Aristotle's Topics : Notes on an Ancient Debate (Aristotle, Theophrastus, Alexander and Themistius) », *Antiquorum Philosophia* 7, 2013, p. 78-79.

s'occupe de causalité et d'essence. Ainsi, une question telle que « forme et matière sont-elles les éléments des êtres ? », dit Alexandre, n'est pas dialectique (70, 5-6) et l'on peut supposer que c'est en raison, justement, du caractère causal de l'enquête impliquée par cette question. Néanmoins, cette limite ne nous renseigne guère sur le cas de Beta, puisque presque toutes les apories de Beta ont la forme « ὅτι ἔστι » ou « εἰ ἔστιν » [1].

Surtout, ne sont pas dialectiques les problèmes qui « requièrent davantage d'étude que pour ce qui relève de l'exercice » (85, 10). Il existe donc des problèmes dans les sciences qui peuvent être abordés par la dialectique, mais tous les problèmes dialectiques ne sont pas scientifiques. Un problème est scientifique s'il demande un examen plus poussé et plus rigoureux (« ἀκριβεστέρας », 85, 18) ; réciproquement, les raisonnements purement dialectiques établis à partir des idées admises sont séparés de la précision scientifique (« τῆς ἐπιστημονικῆς ἀκριβολογίας », 26, 12-13). La dialectique est certes, comme le dit Aristote, une méthode qui nous permet de faire des déductions sur tout sujet ou tout problème (*Topiques* I 1, 100a19-20), mais, ajoute Alexandre, il y a des problèmes scientifiques non-dialectiques [2]. Vu les exemples donnés par Alexandre, le critère n'est pas seulement celui d'une perspective ou d'une approche ; il y a bien, pour lui, un critère objectif, inhérent au sens de la question posée, qui distingue problème dialectique et sujet d'enquête scientifique. Il est légitime de penser que telles sont les apories de Beta et que c'est la raison pour laquelle Alexandre ne leur applique jamais le terme de « problème », trop connoté par la dialectique.

Pourtant, Alexandre reconnaît que la méthode employée dans Beta est dialectique [3]. Que signifie, alors, de recourir à une telle méthode, si les apories de Beta ne sont pas, au sens strict, des problèmes dialectiques ?

Dans le corpus conservé d'Alexandre, le livre Beta constitue ainsi le meilleur exemple d'un fonctionnement de la dialectique hors de son champ propre, c'est-à-dire au sein de la science. Un tel usage pourra passer pour un lieu commun (dont Alexandre est, du reste, peut-être l'auteur).

1. Une exception pourrait être la treizième aporie qui demande pourquoi il faudrait chercher, en dehors des sensibles et des intermédiaires, d'autres êtres, comme par exemple les Idées. Mais on peut considérer que ce n'est là qu'une formulation plus complexe, au second degré, d'une question de type « εἰ ἔστιν ».

2. Voir *In Top.* 85, 14-18 : « C'est pourquoi, parmi les problèmes philosophiques, tous les suivants ne sont pas non plus des problèmes dialectiques, par exemple : y a-t-il une matière unique pour toutes choses ou non, la matière est-elle unifiée ou non, les atomes sont-ils principes des êtres ou non, tout moteur meut-il en étant mû ou non, le mouvement est-il éternel ou non ? ».

3. Notamment en 174, 1-2 et 236, 26-29.

Il est effectivement fréquent, chez les lecteurs d'Aristote, de qualifier tel passage du corpus scientifique de « dialectique ». Mais, contre un usage relâché ou flou du terme de dialectique quand on commente Aristote, il convient de rappeler que celle-ci renvoie à une procédure codifiée, celle de la joute oratoire par questions et réponses. Que la dialectique puisse servir dans un cadre non-dialogique, en dehors de cette joute qui devait lui servir de cadre, n'est pas évident et demande élaboration[1]. Or Alexandre trace les contours d'un tel usage, au point que ce qui était un bénéfice collatéral pour Aristote (au moins en partie par opposition à Platon) paraît devenir la fonction centrale de la dialectique pour Alexandre.

Aristote défend en *Topiques* I 2 les trois services que peut rendre la dialectique : l'entraînement intellectuel; les contacts avec autrui; ce qui relève enfin des sciences philosophiques[2]. Le premier usage concerne justement la joute oratoire[3]. Pour Aristote, le traité des *Topiques* est d'abord utile à l'exercice de la dialectique elle-même, et tout se passe comme si les trois services étaient énumérés dans un ordre croissant d'extériorité. Le commentaire d'Alexandre, au contraire, tend à réduire la dialectique à un simple outil et fait valoir au premier chef le service qu'elle peut rendre à la science. Le premier service de la dialectique est rejeté par Alexandre à une pratique orale « courante chez les Anciens », lesquels ne possédaient pas de livres « comme maintenant » (*In Top.* 27, 12-14)[4]. Il est finalement rattaché « à la découverte de ce qu'on recherche et du vrai, comme [Aristote] aussi va le dire quand il exposera l'utilité de la dialectique pour la philosophie » (27, 25-27). Cet exercice de l'âme

1. Sur tout cela, voir les remarques passionnantes de C. Rapp, « Aporia and Dialectical Method in Aristotle », dans G. Karamanolis et V. Politis (éd.), *The Aporetic Tradition in Ancient Philosophy*, Cambridge, Cambridge University Press, 2017, p. 116 (ce point a été davantage développé dans une version préparatoire et malheureusement non publiée de cet article) ; voir aussi O. Primavesi, *Die Aristotelische Topik : ein Interpretationsmodell und seine Erprobung am Beispiel von Topik B*, München, C.H. Beck, 1996, p. 52 *sq.*

2. Je laisse ici de côté la question d'un éventuel quatrième service, « sur les notions premières de chaque science ». Alexandre hésite à en faire un quatrième service, puis se ravise en le voyant comme une extension de la troisième utilité, celle qui est en vue de la connaissance philosophique (*In Top.* 29, 18 – 30, 12).

3. Comme c'est confirmé par les autres emplois de « γυμνασία » et des termes apparentés, notamment en *Top.* VIII 5, 159a25. Voir O. Primavesi, *Die Aristotelische Topik*, *op. cit.*, par exemple p. 49-50.

4. Il est tentant d'en inférer que la dialectique comme joute oratoire n'était plus une pratique coutumière à l'époque d'Alexandre. Une recherche reste encore à mener sur ce point. Voir les témoignages de Cicéron, *Tusculanes* 2.3. 9, le fr. 19 Wehrli de Straton et les premières remarques à ce sujet de J. M. Van Ophuijsen, « Where Have the Topics Gone », dans W. W. Fortenbaugh et D. Mirhady (éd.), *Peripatetic Rhetoric after Aristotle*, New Brunswick, Transaction Publishers, 1994, p. 131-173.

est similaire à la gymnastique du corps, en ceci qu'il procure à l'âme un certain « tonus » (« εὐεξία »), qui n'est rien d'autre que « la capacité par laquelle elle en vient à pouvoir découvrir et discerner le vrai » (27, 30-31). Alexandre conçoit le premier service de la dialectique en vue du troisième, alors que rien de tel ne se lit chez Aristote.

Une telle thèse est sans doute une contrepartie directe du statut d'instrument (*organon*) octroyé à la logique en général, mais elle va plus loin puisqu'elle tend même à *réduire* la dialectique à un instrument des sciences et à une simple préparation à la philosophie (« προπαρασκευὴ πρὸς φιλοσοφίαν », 83, 32)[1]. Cette préparation tient à ce que la dialectique et plus précisément la « diaporie » permettent de « discerner les éléments plausibles (τὰ πιθανὰ) contribuant aux positions opposées » (28, 26-27). Alexandre offre plusieurs arguments[2] en faveur de cette thèse et, au premier chef, une analogie entre la tâche dialectique et le travail du juge. Or cette analogie provient précisément de *Métaphysique* B 1[3], qu'Alexandre commente en soulignant qu'elle démontre « l'utilité de la dialectique pour la philosophie et la découverte de la vérité » (*In Met.* 173, 28 – 174, 1). La diaporie a ainsi un effet qu'on pourrait appeler de contraste, lequel, à travers la comparaison des deux branches de l'aporie, permet de discerner quelle est la position la plus solide. Le vrai, comme le juste, vient après l'action de trancher ou de décider, tandis que le moment préalable du « plausible » est celui du procès, qui mesure les vraisemblances respectives. La capacité dialectique est une compétence *quasi* perceptive qui, en posant des difficultés, rend mieux à même d'en embrasser (« συνορᾶν ») les solutions, puisque découvrir ce qui ressemble au vrai (« τὰ φαινόμενα

1. Sur cette question voir aussi L. M. Castelli, « Alexander of Aphrodisias : Methodological Issues and Argumentative Strategies between Ethical Problems and Commentary on the Topics », dans M. Bonelli (éd.), *Aristotele e Alessandro di Afrodisia.(Questioni Etiche e Mantissa), Metodo e oggetto dell'etica peripatetica*, Napoli, Bibliopolis, 2015, p. 19-42; sur les rapports entre métaphysique et logique et sur ce statut instrumental, je me permets de renvoyer à G. Guyomarc'h, « *Métaphysique* et *Organon* selon Alexandre d'Aphrodise. L'utilité de la logique pour la philosophie première », dans A. Balansard et A. Jaulin (éd.), *Alexandre d'Aphrodise et la métaphysique aristotélicienne*, *op. cit.*, p. 83-111. Le seul passage à ma connaissance où Alexandre semble accepter un usage non-instrumental de la dialectique et où il restreindrait ainsi cette réduction instrumentale, se trouve justement dans le texte où il évoque une étude autonome des prédicats comme « même », « autre », etc., par la logique, c'est-à-dire en fait la dialectique; voir *In Met.* 177, 8-14.

2. Le second argument (29, 2-5) est une intéressante citation du *Parménide* 135d3-6, à travers laquelle Alexandre pourrait ainsi reconnaître l'origine platonicienne de la pratique dialectique, comme le fera Proclus dans son *Commentaire au Parménide* (989, 3-4, avec une référence critique à la méthode des Péripatéticiens).

3. Comparer *In Top.* 28, 29 – 29, 2 et *In Met.* 173, 21-27.

ἀληθῆ », *In Top.* 29, 7) rend mieux disposé à découvrir le vrai tout court. Le πιθανόν est en effet constamment conçu par Alexandre comme ce qui ressemble ou s'approche du vrai[1]. L'espace du plausible admet ainsi des degrés et s'étend de ce qui est vrai en apparence mais faux en réalité, jusqu'à ce qui conjugue vérité en apparence et vérité en réalité[2].

Ce terme est, de fait, omniprésent dans le *Commentaire aux Topiques*, pour désigner l'objectif principal du dialecticien, ou associé aux idées admises (ἔνδοξα)[3]. Or il est fort peu probable que l'usage d'un terme aussi connoté dans la philosophie hellénistique et post-hellénistique soit innocent, *a fortiori* pour commenter des textes d'Aristote où il brille par son absence[4]. C'est en effet le cas en *Métaphysique* B, dont Alexandre conclut pourtant le commentaire en disant que les argumentations contenues dans toutes ces apories sont « composées d'opinions admises et sont conformes au plausible » (« ἐξ ἐνδόξων τὰς ἐπιχειρήσεις ἔχοντα καὶ κατὰ τὸ πιθανόν », 236, 26-27)[5]. Ce qu'effectue Aristote en Beta, c'est précisément, d'après Alexandre, ce travail diaporétique de comparaison de toutes les parties en présence et d'évaluation du degré de vraisemblance, travail dans lequel le plausible joue le rôle de norme et de critère d'évaluation.

Peut-être est-ce ainsi qu'Alexandre retrouve l'ambition d'exhaustivité qu'Aristote semble imputer au livre Beta : non pas dans l'idée qu'il faudrait énoncer toutes les apories une bonne fois pour toutes, comme

1. Voir entre autres « τὸ παρακείμενον τἀληθεῖ », *In An. Pr.* 8, 25.

2. *In An. Pr.* 14, 17-18. Sur cette conception sans doute assez courante à l'époque d'Alexandre, voir par exemple Sextus, *Contre les professeurs* VII. 174-175 et R. Chiaradonna, « Galen on what is persuasive (*pithanon*) and what approximates to truth », dans P. Adamson, R. Hansberger et J. Wilberding (éd.), *Philosophical Themes in Galen*, *Bulletin of the Institute of Classical Studies* 114, 2014, p. 76.

3. Notamment en *In Top.* 3, 18 *sq.* ; 5, 5 ; 29, 6 ; 62, 16, etc. L'association entre « ἔνδοξα » et « πιθανά » se retrouve dans le commentaire à *Métaphysique* Gamma, à propos, justement, du dialecticien (238, 26 et 260, 26).

4. C'est le cas en *Métaphysique* B ; c'est moins vrai pour les *Topiques*, voir par exemple I 11, 104b14 et VIII 11, 161b35, qui pourraient avoir constitué des sources pour Alexandre. Une autre source possible pourrait être la définition, en *Topiques* I 10, de la prémisse dialectique comme ce qui n'est ni universellement rejeté, ni évident pour tout le monde. L'une des sources d'Alexandre est aussi évidemment la *Rhétorique* : Aristote énonce dès I 1 que la tâche de la rhétorique est de discerner ce qui est plausible (1355b10-11). Or Alexandre lit nettement les *Topiques* avec la *Rhétorique* en tête ; voir *In Top.* 3, 25-26 (en référence à *Rhet.* I 1, 1354a1) et, de façon moins convenue, 27, 21-31. Enfin, pour mener à bien une enquête sur le plausible chez Alexandre, il faudrait aussi prendre en compte la philosophie de son époque (au sens large), et par exemple faire droit au célèbre rapprochement opéré par Cicéron entre ἔνδοξον et le « *probabile* » défini en termes de « *veri simile* » (par exemple *De inventione* I. 46).

5. Pour une autre occurrence du terme, voir aussi *In Met.* 222, 28.

si le catalogue était fermé, mais parce que, sur une question donnée, il faut laisser parler toutes les opinions plausibles et les mener jusqu'à leur terme. Telle est en effet, d'après le *Commentaire aux Topiques*, la tâche du dialecticien, qui doit « ne rien omettre » de ce qui est plausible quand il examine une question, comme le médecin (et les arts stochastiques en général) qui doit tout faire pour soigner son patient[1]. Il y a là, dit Alexandre, une part de chance (« ἀπὸ τύχης », 33, 19), si bien que le but des arts stochastiques se trouve en partie en dehors de procédures définies. Dans les arts non stochastiques (par exemple, construire une maison), la fonction de l'art s'épuise dans la production du but recherché. Dans la médecine et dans la dialectique, le but n'est pas de guérir le patient (*sic*, 33, 1-2), ni de conduire nécessairement l'interlocuteur à la contradiction, mais de tout mettre en œuvre à cette fin, dont la réalisation dépend d'autres facteurs extérieurs.

Dans le cas précis des apories de Beta, cet aspect se retrouve dans l'effort constant d'Aristote pour pousser au plus loin les arguments en présence, et ainsi sonder leur plausibilité. C'est ce qu'Alexandre veut dire quand, au cours du commentaire, il qualifie certains arguments de simplement « logiques » ou de seulement « dialectiques »[2] (les deux termes fonctionnant ici comme des synonymes[3]). Pousser à leur terme des positions est aussi ce qui peut mettre en lumière le caractère contre-intuitif, ou simplement contraire aux faits, de leurs conséquences. Aussi peut-on, dès l'exploration dialectique, qualifier certaines positions d'absurdes[4].

De fait, cette dimension authentiquement exploratoire de la diaporie ne signifie pas pour autant qu'elle soit neutre ; au contraire, même, puisqu'il s'agit bien de sonder la plausibilité. En ce sens, l'alternative qui fait du livre Beta ou bien une exploration ouverte et purement préparatoire (donc non thétique), ou bien un sommaire fermé, un moyen d'exposition où tout est joué d'avance, est biaisée. L'exploration diaporétique exige l'argumentation et l'évaluation, donc aussi l'implication et l'engagement du philosophe dans cette activité dialectique.

Autrement dit, dans cette voie vers la découverte du vrai que constitue le moment dialectique, l'argumentation, dans sa plausibilité, peut se situer plus ou moins près de la vérité. Le travail de la dialectique est précisément

1. *In Top.* 32, 18-26 et I. Kupreeva, « *Aporia* and *Exegesis*. Alexander of Aphrodisias », *op. cit.*, p. 238-239.

2. Par exemple 206, 12-13 et 218, 17.

3. Pour cette synonymie, par exemple en *In Met.* 206, 13 ou 235, 9, voir en particulier *In Top.* 30, 12-13.

4. Par exemple 184, 7 ; 191, 5 ; 193, 12-16, etc.

de commencer à déterminer où l'on se trouve. C'est pourquoi, comme on l'a vu, Alexandre peut aussi reconnaître en Beta ces moments où, selon lui, Aristote engage une résolution, ou bien commence à réfuter certaines positions. En cela réside le caractère heuristique de la dialectique. C'est aussi cet engagement qui explique pourquoi le livre Beta peut être tenu pour le véritable commencement de la *Métaphysique* – mais un commencement seulement, puisque le point de vue du plausible appelle, de lui-même, son propre dépassement.

## CONFIRMATIONS ET CORRECTIONS DU TEXTE GREC

### *Table des Sigles*

**A :** *Parisinus gr.* 1876.
**O :** *Laurentianus plut.* 85.1.
**P :** *Parisinus gr.* 1878.
**L :** *Laurentianus plut.* 87.12.
**F :** *Ambrosianus* F 113 sup.
**Ascl.** : Asclépius, *In Aristotelis metaphysicorum libros A-Z*, M. Hayduck (éd.), *CAG* VI. 2, Berlin, 1888.
**S :** Sepúlveda (de) J.G., *Alexandri Aphrodisiei Commentaria In duodecim Aristotelis libros de prima Philosophia*, Rome, 1527.
**Brandis :** Brandis C.A., *Scholia in Aristotelem*, Berlin, 1836.
**Bonitz :** Bonitz H., *Alexandri Aphrodisiensis Commentarius in libros metaphysicos Aristotelis*, Berlin, 1847.
**Hayduck :** Hayduck, M., *Alexandri Aphrodisiensis In Aristotelis Metaphysica commentaria*, *CAG* I, Berlin, 1891.

### *Cas où le manuscrit O confirme le texte édité par Hayduck contre A*

Il s'agit ici de lister les passages que Hayduck a édités, contre les leçons de A, à partir de manuscrits apographes ou de la tradition indirecte, et qui bénéficient en réalité d'une assise philologique plus forte en ce qu'ils sont déjà donnés ou proviennent du manuscrit O (voir la note de L. Calvié en tête de ce volume).

174, 21 : ἤ γοῦν
174, 27 : τὸ δὲ
175, 7 : ἃ
175, 25 : ὡς | καλεῖν
175, 29 : τῷ
176, 12 : ὡς
176, 13 : πότερον
177, 2 : αὐτῶν
177, 19 : πάσῃ ἐναντιότητι
178, 7 : ἤ τὸ ὕδωρ
178, 18 : ἔδοξεν
178, 30 : πῶς σύνολόν
179, 2-3 : εἴη δ'ἄν
179, 19 : αὗται
179, 22 : αὐταὶ
179, 23 : πᾶσαι
180, 7 : αἱ ἀρχαὶ
180, 8 : τῷ
182, 32 : καὶ Ἀριστίππου
182, 34 : εὐτελεστάτων
183, 1 : τὰ
183, 22 : ποῖον
184, 7 : δείξας
184, 32 : καὶ
185, 12 : αὐτῷ (non iterat)
185, 24 : καὶ ἐν | τῷ
185, 34 : διότι
186, 21 : ἔσεσθαι
186, 25 : δύναται τὸ
186, 29-30 : ἐπήνεγκεν
187, 10 : ἤ
187, 25 : δὴ

187, 30 : ἡ
187, 34 : ἡ
189, 9 : δηλωτικόν
191, 5 : πρῶτον
191, 26 : ἀποδεικνύναι
193, 4 : τούτῳ
193, 9 : ὡς
193, 12-13 : ἐπαγαγὼν
193, 17 : οὐ
193, 23 : αὐτῷ (ante τὸ)
193, 33 : ἧς
193, 34 : εἴτε
194, 18 : μόνων | τῇ οὐσίᾳ
194, 19 : ἢ καὶ
195, 3 : εἶπε | τὰς
195, 18-19 : ἀποδεικνύουσι
195, 19 : οὐ
195, 20 : ἃ
196, 8 : Πλάτωνα
196, 9 : λέγοντες
196, 19 : ὑπομιμνήσκει
196, 21 : κἀκεῖνο
197, 4 : ὃ
197, 14 : προσκείμενον
197, 24 : οὐσίαις
198, 18 : ἡ
199, 30 : εἰ
199, 37 : ἀλλὰ
200, 1 : αὐτῆς
200, 26 : αἰσθητοῖς
201, 22 : εἰ
202, 32 : εἵπετο
202, 10 : διαλύεται
203, 18 : τὸ
205, 2 : εἰπὼν
206, 28 : κοινὸν
208, 9 : εἵ γε μᾶλλον ἕν· μᾶλλον δὲ
208, 15 : διαιρετὸν
208, 29 : εἴδη
209, 4 : τοὺς
209, 6-7 : καὶ τὰ λοιπὰ – τετράγωνον
210, 7 : πάλιν
211, 22-24 : ἤτοι – ὕλης
212, 9-10 : λεγομένην
212, 15 : γε
212, 26 : εἰ δὲ μὴ τὰ γενητά
213, 1 : τὸ
214, 11 : ἄλλο
214, 14 : γενέσεως
214, 14 : ἧν δὲ τὸ ὧν ἐστι πέρας
214, 18 : οὐ τῷ
214, 32 : ὕλη
215, 6-7 : ὃ εἶπε – παράπαν
215, 14 : τὸ σύνολον
215, 26 : τὰ – γιγνόμενα
217, 7 : πάλιν
217, 10 : εἰ δὲ – κατ᾽ ἀριθμόν
217, 27 : τί
218, 26 : οἵ
218, 28 : ἔφασαν
218, 29 : τὰς ἀρχὰς
219, 22 : αὐτῷ
220, 2 : τῷ
220, 25-27 : ἐπεὶ – λέγει
220, 28 : πλεονεκτῶν τῶν ἄλλων
222, 23 : αὐτῶν
224, 8 : γνωριμώτερόν
224, 28 : δὴ
225, 28-29 : ἀλλ᾽ ἔστι – οὕτως
225, 29 : καθόλου
226, 30 : ἔσται – ἓν ἄλλο
227, 16-18 : ἐκεῖνος μὲν – ὑποστάσει
227, 21 : μόνον
227, 32 : ὁ
228, 11-12 : τε καὶ – δηλωτικὸν τὸ
228, 16 : ὑπὸ – δυάδος
229, 12 : ἁπλᾶ
231, 6 : ἡτισοῦν
232, 34 : οὕτως
233, 4 : μὲν
233, 6 : λέγοντες
233, 11 : τοῖς
233, 13 : στοιχεῖον
235, 17 : ἀλλὰ τοῦ μὲν ἐνεργείᾳ
236, 11 : δεῖξιν

*Modifications du texte de Hayduck*

| Hayduck | Texte modifié |
|---|---|
| 171, 3-4 : Ἀνάγκη πρὸς τὴν ἐπιζητουμένην ἐπιστήμην ἐπελθεῖν ἡμᾶς πρῶτον | Ἀνάγκη πρὸς τὴν ἐπιζητουμένην ἐπιστήμην ἐπελθεῖν [ἀπελθεῖν A] ἡμᾶς περὶ ὧν ἀπορῆσαι δεῖ πρῶτον AOP |
| 171, 5 : αὐτή | αὐτῷ O |
| 172, 1 : τοῦ εἰρημένου | τοῦ εἰρημένου ὡς λέγοντος αὐτοῦ καθόλου ἀναγκαῖον εἶναι πρὸς πᾶσαν ζητουμένην ἐπισθήμην ἐπελθεῖν O |
| 172, 23 : γὰρ | δὲ O |
| 173, 12 : προηπορημένα | προειρημένα AOPS |
| 174, 11 : οὐ δοκεῖ | ἐδόκει AOP |
| 174, 26 : ταύτην τὴν ἀπορίαν | αὐτὴν ταύτην τὴν ἀπορίαν AOPS |
| 175, 31-32 : καὶ εἰ πλείους | Om. AOLF Ascl. |
| 176, 2 : καθ' ἕνα λόγον | καθ' ἓν εἶδος καὶ καθ' ἕνα λόγον OLF |
| 177, 28 : * * * | ἢ ταῦτα εἰς ἃ διαιρεῖται ἕκαστον ἐνυπάρχοντα ἐν τοῖς μέρεσιν (ἕκαστον γὰρ ἐνυπάρχει ἐν τοῖς ἑαυτοῦ μέρεσιν) Ascl. |
| 178, 1 : εἴδη | ἤδη AOS |
| 179, 8 : * * * | κατ' ἀριθμὸν δὲ οὔ, ἢ καὶ κατ' ἀριθμόν εἰσι πεπερασμέναι Ascl. |
| 179, 22-23 : τῶν φθαρτῶν | τῶν τε φθαρτῶν O |
| 181, 29 : ἑκάστη | Om. ALFP |
| 183, 14 : πλείους εἴ γε | εἴ γε πλείους OP |
| 183, 26 : τὸ μὴ εἶναι δεικνύουσαν ἀπορίαν | τὴν εἶναι δεικνύουσαν ἀπορίαν P |
| 183, 28 : πάντα | Om. AO |
| 184, 30 : πάλιν | πᾶσα AOP |
| 185, 31 : ὅτι ἀντίφραξις γῆς, ὅ ἐστιν ὁριομὸς τῆς ἐκλείψεως | ὅτι ἀντίφραξις γῆς ἐστιν ὁ ὁρισμὸς τῆς ἐκλείψεως AO |
| | ἡ σοφία O |
| 186, 4 : σοφία | καὶ περὶ τῶν P |
| 187, 14 : καὶ τῶν | Om. AOP |
| 188, 1-2 : πᾶσαι γὰρ – καὶ αὐτή | ἐπεὶ οὖν OLF |
| 188, 7 : εἴπερ οὖν | ἐπιχειρήσας δὲ πρῶτον πρὸς τὸ P |
| 188, 14 : ἐπιχειρήσας δὲ πρὸς τὸ | ἀποδεικτικὸν AO |
| 189, 30 : ἀποδεικτὸν | εἴη τὸ AO |
| 192, 12 : καὶ εἴη ἂν τὸ | Om. AOP |
| 192, 17 : γιγνόμεναι | καὶ ἄλλης καὶ ἄλλης περὶ coni. |
| 192, 29 : καὶ ἄλλης ἢ περὶ | αὗται AOP |
| 193, 1-2 : αὐταὶ | αὐτῆς εἴτε ἄλλης> εἴη ἂν λέγων, εἴτε |
| 193, 29 : αὐτῆς> * * τό | τῆς αὐτῆς τὸ Ascl. |

| | |
|---|---|
| 194, 9 : καὶ τὰ | καὶ περὶ τὰ Metaph. Vulg. |
| 195, 30 : ἄτοπον | ἄπορον AOLFP |
| 197, 1 : καὶ γὰρ | καὶ AOP |
| 197, 5-6 : ἃς δὴ καὶ ἰδέας | ἃς δὴ ἰδέας AOP |
| 197, 34-35 : οὐσιῶν τῶν παρὰ τὰς αἰσθητὰς | οὐσιῶν παρὰ τὰς τῶν αἰσθητῶν AOP |
| 198, 13 : τὸ | τι AOP |
| 199, 1 : φασὶ | φησὶ AOP |
| 200, 6 : καὶ γὰρ | κἂν γὰρ P |
| 201, 6 : πάντα τὰ κατὰ τὰ ὅλα αἰσθητά | πάντα κατὰ τὰ ὅλα αἰσθητά coni. |
| 201, 31 : γε μὴ καθ' αὑτά | γε καὶ καθ' αὑτά AOLF |
| 202, 5-6 : ἕκαστον πρῶτον | ἕκαστα πρῶτα A1OP |
| 202, 11-12 : σύγκεινται, ἀλλ' οὐ τῆς κοινῆς φωνῆς | σύγκεινται, καὶ ἀρχὰς ἔχουσι ταῦτα ἐξ ὧν σύγκεινται, ἀλλ' οὐ τὴν κοινὴν φωνὴν O |
| 202, 14 : χρώμεθα | οἷς χρώμεθα Bonitz |
| 202, 30 : δὲ | γὰρ A1OLFPS |
| 203, 6 : ἀρχαί * * * | ἀρχαί, ἀλλὰ μὴν πάλιν αὐτῶν τῶν ὁρισμῶν τὰ γένη ἀρχαί Ascl. |
| 204, 33 : τό τε ὂν καὶ τὸ ἓν | τό τε ἓν καὶ τὸ ὂν AO |
| 205, 20-21 : ὑφ' ὧν εἰδοποιεῖται | ἐφ' ὧν εἴδη ποεῖται AO |
| 208, 16 : καὶ τῇ φύσει | οὐ τῇ φύσει OLF |
| 208, 17-18 : † τοῦ | οἷόν τ' ἐστὶ coni. : οἷον τοῦ A[1]OLF |
| 208, 17-18 : κατὰ τὸ ποσὸν διαιρουμένου τὸ δὲ τῷ ποσῷ ἀδιαίρετον. τοῦτο ἔξωθεν ἱστορήσας | κατὰ τὸ ποσὸν διαιρεῖσθαι, τὸ δὲ τῷ ποσῷ ἀδιαὶρετον, τοῦτο ἔξωθεν ἱστορῆσαι A[1]OLF |
| 208, 31 : δ' αὐτὸ οὕτως | οὕτως AO |
| 209, 5 : ἐπὶ | περὶ AOP |
| 209, 16 : ἐπὶ τούτων | ἐπὶ τούτοις AOP |
| 209, 17 : κατηγορεῖται * * * | κατηγορεῖται, οὐδὲ ἐν τοῖς ἄλλοις ἔσται P |
| 210, 10 : ἐπιφέρει | ἔλαβε δι' ὧν ἐπιφέρει A[1]OLP |
| 210, 17 : λέγοι | λέγει AOP |
| 210, 19 : λέγοι | λέγει P |
| 211, 5 : δύναται | δύναιτο P |
| 211, 12 : εἶναι διὰ τί ἄν τις | εἶναι ἄν τις AOLFP |
| 212, 6 : εἶναι | Om. AO |
| 212, 28 : ἀνάγκη εἶναί τι | ἀνάγκη εἶναί AOLFP |
| 212, 31-32 : ἀνυπάρκτου – ἄνθρωπος | Om. AOPS |
| 212, 35 : τούτων ὑποκειμένων | τούτων τῶν ὑποκειμένων P |
| 214, 21 : τι ἔσχατον ἀίδιον | ἔσχατον τι ἀίδιον AOP |
| 215, 34 : κατὰ τὸν ἀριθμὸν | κατ' ἀριθμὸν AOP |
| 216, 4 : τὰ προϋπάρχοντα † εἴδη ἢ ὁπωσοῦν τὰ εἴδη | τὰ προϋπάρχοντα εἴδη ἢ ὅλως οὖν τὰ εἴδη coni. |

| | |
|---|---|
| 216, 27-28 : τὰ ἐξ ἑνὸς τῷ εἴδει τὸ εἶναι | τὰ μὴ ἐξ ἑνὸς τὸ εἶναι AOLFP |
| 217, 17-18 : πολλὰ γὰρ – κατ' ἀριθμὸν ἕν | πολλὰ γὰρ ὄντα κατ' ἀριθμὸν, ἔχοντα δὲ κοινωνίαν ἀλλήλοις, ἂν μὴ ᾖ τὸ κοινὸν κατ' ἀριθμὸν ἕν P |
| 219, 11 : παρὰ τούτων ἐξετάζειν | ἐξετάζειν περὶ τούτων AOLFP |
| 219, 14 : εὔλογόν τι ἔχει | εὔλογον ἔχει τι AOP |
| 220, 1 : δόξειε δ' ἄν | δόξειεν ἄν AO |
| 221, 7-8 : μόνον· οὐ γὰρ διὰ τοῦτο αὐτὸ σύνθεσίς τις | μόνον γὰρ δια τοῦτο αὐτὸ σύνθεσίς τις AO |
| 221, 11-12 : τὸν θεόν | τοῦ θεοῦ P |
| 221, 16-17 : ὁμολογούμενον εἰρηκέναι, τὸ τὰ ἐκ τῶν αὐτῶν ἀρχῶν φθαρτὰ εἶναι πάντα ὁμοίως | ὁμολογούμενον εἰρηκέναι ὅτι τὰ ἐκ τῶν αὐτῶν ἀρχῶν φθαρτὰ ὁμοίως P |
| 221, 17 : ἀλλὰ μὴ | ἀλλ' οὐ OP |
| 221, 27-28 : οὐ γὰρ | εἰ γὰρ A[1]OP |
| 221, 34 : τὸ | τῷ AOP |
| 221, 35 : τῷ | τὸ OP |
| 222, 7 : ταῦτα | Om. O |
| 222, 8 : δυνατὸν | οἷόν τε O |
| 222, 8 : τὰ ἐκ τῶν ἀρχῶν | τὰ ἐξ αὐτῶν O |
| 222, 8-9 : τὸ λεγόμενον τοιοῦτον | τὸ λεγόμενον· « ἔτι δὲ πῶς ἔσται τὰ φθαρτά » O |
| 222, 12 : τὸ | τῷ AOP |
| 222, 14 : τῶν ἀφθάρτων τε καὶ φθαρτῶν | τῶν φθαρτῶν PS Bonitz |
| 222, 16 : τὰ ἐξ αὐτῶν | ἐκεῖνα AO |
| 222, 22 : εἶναι τῶν τε φθαρτῶν καὶ τῶν ἀφθάρτων. | Om. AOP |
| 222, 26 : γὰρ | Om. AO |
| 223, 2 : δύσλυτόν τι | δύσκολόν τι OP |
| 223, 10 : τὸ ὂν καὶ τὸ ἓν | τὸ ἓν καὶ τὸ ὂν AOP |
| 223, 13 : τίς | τί ΛOP |
| 223, 22 : οὐσίαι | οὐσία AO Ascl. |
| 224, 10 : καὶ συγκρίνουσα | Om. AOP |
| 224, 24 : εἶπεν | καὶ εἶπεν AO |
| 224, 30 : ἀίδιον | ἀεὶ ὄν AP |
| 225, 8 : αὐτῶν | αὐτὸ AOP |
| 225, 10 : τῷ ἑνὶ εἶναι | τῷ ἑνὶ AOLFP |
| 225, 26 : ἕν τε καὶ… αὐτοόν τε καὶ | ἕν καὶ… αὐτοόν καὶ AOP |
| 225, 27-28 : αὐτοὸν καὶ αὐτοέν | αὐτοὲν καὶ αὐτοόν O |
| 226, 1 : ἄπορόν φησι | ἔτι ἄπορόν φησι A[2]P |
| 226, 4-5 : τὸ γὰρ αὐτὸ γίνεται καὶ παρὰ τὸ ὄν, εἴπερ καὶ παρὰ τὸ ἕν | τὸ γὰρ αὐτὸ γίγνεται καὶ παρὰ τὸ ὄν P |
| 226, 6 : ἔσται πολλά | ἔσται τὰ πολλά AOP |
| 226, 7 : τὰ δὲ | καὶ τὰ AOP |

| | |
|---|---|
| 226, 7 : τοῦτο γὰρ | τοῦτο δὲ AOP |
| 226, 32 : ἐγίνετο τῷ | ἐστὶν ἔτι τῷ A[1]OLF |
| 226, 32-227, 1 : οὕτως εἰ – ἓν ἔσται | οὕτως εἰ καὶ ἐστιν ἕν ἔσται A[1]OLF |
| 227, 5-6 : ἐκ μὴ ἑνὸς – τοῦτο τὸ μὴ ἕν; | ἐκ μὴ ἑνὸς οὖν ἔσται τοῦτο τὸ μὴ ἕν. AOLF |
| 228, 6 : ἀπορῆσει | ἀπορῆσαι AOP |
| 228, 9 : καὶ | Om. AOLFP |
| 228, 18 : φύσις | φύσει AOLFP |
| 228, 19 : συντεθειμένων | συντιθεμένων AOLP Ascl. |
| 228, 26 : καὶ αὕτη ἡ αὐτὴ φύσις | καὶ αὕτη ἡ φύσις AOLP |
| 228, 26 : ἀρχὴ | ἡ αὐτὴ AOLFP |
| 228, 32 : προηπορημένοις | προειρημένοις AOPS Bonitz |
| 229, 3 : παθητικὰς κινήσεις | πάθη τε καὶ κινήσεις coni. |
| 229, 7 : δέκα | ἐννέα OP |
| 230, 3-4 : συμπαραλαμβάνεται | συλλαμβάνεται AOP |
| 230, 4-6 : σῶμα – σημεῖα· | σῶμα μὲν γὰρ λέγει εἶναι ὃ μῆκος καὶ πλάτος ἔχει, γραμμὴν [γραμμὴ AO] δὲ μῆκος ἀπλατές, ἧς πέρατα σημεῖα A[1]OP |
| 230, 16 : εἰ μηδὲν | εἰ οὖν μηδὲν OLF |
| 230, 18 : τῷ σώματι | ἐν τῷ σώματι AOP |
| 230, 18 : αὖ | οὖν A[1]OLFP |
| 232, 16 : ὅτι πᾶν | ὅτι εἰ πᾶν A[2] |
| 232, 17-19 : ταῦτα δὲ – τινὸς γίνεται | Om. AOP |
| 232, 20 : δὲ | γὰρ AO |
| 232, 23 : ἢ | Om. AOP |
| 232, 32 : ἔτι | ἐπεὶ AOLF |
| 233, 28 : εἰ δὴ | εἰ δὲ O |
| 233, 30-31 : ταῖς καὶ ὡρισμέναις | τινες καὶ ὡρισμέναι Bonitz |
| 234, 8 : ἐπεὶ | Om. AOPS |
| 234, 12 : ἀφωρισμένας | ἐφ' ὧν ὡρισμένας A[1]OP |
| 235, 6 : ὑπομιμνήσκοι | ὑπομιμνήσκει A[1]O |
| 235, 18-19 : παντὶ ἐνυπάρχει, οὐκ ἐν παντὶ δὲ τῷ δυνατῷ ἤδη ἐνέργεια | παντὶ [πάντῃ O] γε τῷ δυνατῷ ἤδη ἐνεργείᾳ [ἐνέργεια A[1]LF] A[1]OLF |
| 235, 27 : ὥστε αἱ ἀρχαὶ | ὥστε καὶ αἱ ἀρχαὶ P |
| 235, 30 : τὸ δὲ δυνατὸν γίνεται | Om. AOLFP |
| 236, 3 : εἰ μὲν – οὐσίαι | Om. AOLF |
| 236, 5-6 : οὐδὲ γὰρ τὰ τῶν οὐσιῶν γένη καὶ εἴδη τόδε τι σημαίνει | καὶ γὰρ τὰ τῶν οὐσιῶν γένη καὶ εἴδη οὐ τόδε τι σημαίνει A[2]P |
| 236, 7 : ὅτι δὲ μὴ τόδε τι δηλοῖ | ὅτι μηδὲ OLF |
| 236, 9-10 : ὁ Σωκράτης | ὡς ὁ Σωκράτης AOLFP |
| 236, 15 : ὡς εἴρηται | εἴρηκεν O |

## COMMENTAIRE AU LIVRE BETA DE LA *MÉTAPHYSIQUE* D'ARISTOTE [1]

### CHAPITRE 1

| 995a24 : *Il est nécessaire, pour la science que nous recherchons, d'en venir aux difficultés* [2] *qu'il faut d'abord soulever…* [3] 171

La science qu'Aristote recherche et qu'il se donne ici pour objet [4], c'est la sagesse et la [science] théologique [5], qu'il intitule aussi « Méta-

1. *On traduit le titre donné par les manuscrits AO.*

2. Le verbe « ἀπορέω », chez Alexandre, est employé pour désigner aussi bien un état (être en difficulté, être dans l'embarras) qu'une démarche intellectuelle ou une méthode (soulever une difficulté, faire état d'une aporie). La paraphrase donnée ensuite en 171, 11-14 montre qu'Alexandre entend ici le sens technique. De façon plus générale, les lemmes seront traduits en fonction de l'interprétation d'Alexandre.

3. Le lemme traduit est celui donné par les manuscrits AOP, plus complets que le texte imprimé par Hayduck (sans aucune remarque en apparat, hormis le « ἀπελθεῖν » fautif de A, ce qui supposerait pourtant que le manuscrit a été consulté, la leçon n'ayant été reportée ni par Brandis, ni par Bonitz) : « Ἀνάγκη πρὸς τὴν ἐπιζητουμένην ἐπιστήμην ἐπελθεῖν ἡμᾶς περὶ ὧν ἀπορῆσαι δεῖ πρῶτον ». Le texte donné par Alexandre diffère donc de notre version de la *Métaphysique* (qui, sauf mention contraire, sera ici constituée des éditions de W. D. Ross, *Aristotle's Metaphysics, a Revised Text with Introduction and Commentary*, *op. cit.*, et de W. Jaeger, *Metaphysica*, Oxford, Oxford Classical Texts, 1957) : « Ἀνάγκη πρὸς τὴν ἐπιζητουμένην ἐπιστήμην ἐπελθεῖν ἡμᾶς πρῶτον περὶ ὧν ἀπορῆσαι δεῖ πρῶτον ». Sur l'absence du premier « πρῶτον » chez Alexandre, voir tout de même 171, 13, qui le rétablit.

4. En conservant, l. 5, « αὐτῷ » donné par O, contre le « αὐτή » de A (d'ailleurs corrigé par P en « αὕτη »). Pour des constructions identiques, voir 194, 17 ; 326, 22, etc. Il est à noter que le nom même d'« Aristote » apparaît assez peu dans le commentaire d'Alexandre ; on le supplée pour le confort du lecteur.

5. À la différence de la prétendue *altera recensio* éditée par Hayduck en bas de page (dont P. Golitsis a bien montré qu'elle ne pouvait être tenue comme telle, et qu'elle relevait probablement d'un commentaire postérieur, sans doute néoplatonicien, très largement inspiré de celui d'Alexandre et le plagiant allègrement, *cf.* P. Golitsis, « La *recensio altera* du Commentaire d'Alexandre d'Aphrodise à la *Métaphysique* d'Aristote et le témoignage des manuscrits byzantins *Laurentianus plut.* 87, 12 et *Ambrosianus* F113 sup. », *op. cit.*) qui mentionne directement une « théologie », Alexandre a, lui, la rigueur d'employer l'adjectif au lieu du nom, conformément à ce que fait Aristote qui utilise le nom surtout pour désigner la théologie des poètes.

physique », du fait que, dans l'ordre, elle vient pour nous après (*meta*) la physique. Et il dit qu'elle est aussi « sagesse première »[1] parce qu'elle étudie les choses premières et les plus estimables. Pour cette même raison, elle est également « théologique ». Pour Aristote, en effet, le discours tenu dans ces livres porte principalement sur la cause, plus précisément la forme qui est, selon lui, une substance totalement immatérielle, | qu'il appelle aussi Premier dieu et intellect.

Il affirme qu'afin de découvrir cette science et les objets qu'on recherche dans la science elle-même, il est nécessaire « d'en venir d'abord aux difficultés qu'il faut d'abord soulever[2] », c'est-à-dire de les dénombrer, puis d'être en difficulté à leur propos – et c'est ainsi qu'il procède.

**172** On peut aussi entendre de façon plus générale | ses mots, au sens où il dit qu'il est en général nécessaire, pour toute science recherchée, d'en venir[3] « aux difficultés qu'il faut d'abord soulever », car c'est par leur biais qu'on découvre les sciences. Or, si cela vaut pour toute science, cela vaut aussi pour la présente.

Ce que sont ces difficultés qu'il faut soulever dans toute science, Aristote l'expose ensuite par ces mots : « ce sont toutes celles à propos desquelles certains ont eu des conceptions autres[4] » (995a25-26). Cela peut | signifier ou bien qu'ils ont eu des conceptions hors de propos, ou bien des conceptions à propos mais erronées, ou encore qu'elles différaient les unes des autres. En effet, les questions qui font le plus difficulté sont celles à propos desquelles des opinions divergentes ont été auparavant avancées

1. Pour cette expression de « sagesse première », voir Aristote, *Met.* Γ 3, 1005b1-2. Chez Alexandre, l'expression ne présente pas de différence avec « philosophie première » (d'ailleurs rétablie par l'*altera recensio* et le manuscrit P). Sur la question des noms de cette science, voir en outre *In Met.* 237, 3-4 et les remarques classiques de P. Aubenque, *Le Problème de l'être chez Aristote*, *op. cit.*, p. 32-33 et 66-68.; je me permets de renvoyer aussi à G. Guyomarc'h, *L'Unité de la métaphysique selon Alexandre d'Aphrodise*, *op. cit.*, p. 61 *sq.* On peut brièvement souligner que l'appellation « Métaphysique » vaut ici à la fois comme nom du traité (avec le verbe « intituler ») et de la science qu'il expose (puisque tel est l'antécédent de la relative). C'est dans son *Commentaire aux Topiques* qu'Alexandre emploie, sans doute possible, le terme de métaphysique comme nom d'une science (*In Top.* 28, 23-26).

2. Les manuscrits AOP inversent l'ordre du texte donné en lemme (« περὶ ὧν δεῖ [δὴ A] πρῶτον ἀπορῆσαι » au lieu de « … ἀπορῆσαι δεῖ πρῶτον »), mais cela ne change pas le sens.

3. En conservant le texte de O (absent de AP) : « ὡς λέγοντος αὐτοῦ καθόλου ἀναγκαῖον εἶναι πρὸς πᾶσαν ζητουμένην ἐπισθήμην ἐπελθεῖν… ».

4. Alexandre lit une ambiguïté dans le grec d'Aristote en raison de la polysémie (difficile à rendre) de l'adverbe « ἄλλως », qui peut signifier aussi bien « différemment » (au sens où les conceptions qu'Aristote mentionne diffèrent des siennes, ou bien au sens où elles différaient entre elles), mais aussi « en vain », voire « de façon erronée ». Voir A. Laks, « *Aporia* Zero (*Metaphysics* B 1, 995a24-995b4) », dans M. Crubellier et A. Laks, *Aristotle's* Metaphysics *Beta*, *XVIth* Symposium Aristotelicum, *op. cit.*, p. 36-37.

par ceux qui les ont traitées. Ou bien cela peut signifier toutes les questions qui ont été négligées par ses devanciers, alors que leur connaissance est nécessaire. Et il le dit aussi dans l'intention d'explorer ces difficultés.

Après avoir dit qu'il faut soulever des difficultés, | Aristote établit ensuite et montre de façon générale que tous ceux qui traiteront[1] de quelque chose auront intérêt, pour découvrir ce qu'ils recherchent, à d'abord explorer les difficultés à son sujet. En effet, sortir de la difficulté, c'est-à-dire découvrir et établir ce qu'on recherche, dépend de la découverte de ce qui a fait difficulté.

Ce serait plus cohérent si, à la place de « mais il est… » (995a27), était écrit « en effet, il est… »[2], « car la future sortie de la difficulté, c'est la résolution » des difficultés qu'on a au préalable rapportées[3]. Or cela équivaut à : car la résolution des difficultés | préalables est *cause* de la future sortie de la difficulté. Ou encore : la future sortie de la difficulté *provient* de la résolution de ce qui, au début, mettait en difficulté.

Pour Aristote, c'est à partir d'ici que se trouve le commencement du présent traité, car il commence ici à parler de choses qui ont nécessairement trait aux présentes questions. | Tout ce qui a été dit au livre Alpha constituerait donc des prolégomènes à ce livre et contribuerait à l'introduire. C'est pourquoi certains[4] ont cru que le livre Beta était le premier livre du traité *Métaphysique*.

1. Les manuscrits donnent l'aoriste, mais le futur suggéré par Sepúlveda et Bonitz fait davantage sens au vu du contexte. Asclépius emploie d'ailleurs le présent (comme Aristote dans tout ce passage). Alexandre est ici en train de commenter 995a27-29.

2. La phrase complète discutée par Alexandre est : « mais il est avantageux pour qui veut sortir de la difficulté d'explorer correctement ces difficultés » (« ἔστι δὲ τοῖς εὐπορῆσαι βουλομένοις προὔργου τὸ διαπορῆσαι καλῶς », 995a27-28). Les particules « γάρ » (car, en effet…) et « δέ » (mais, or, d'autre part…) font l'objet de problèmes paléographiques et il n'est pas rare qu'Alexandre les discute (*cf.* A. Laks, « *Aporia* Zero (*Metaphysics* B 1, 995a24-995b4) », *ibid.*, p. 39, n. 43; entre autres exemples, voir ci-dessous 172, 23).

3. Paraphrase très proche ou citation légèrement inexacte de 995a28-29 (« ἡ γὰρ ὕστερον εὐπορία λύσις τῶν πρότερον ἀπορουμένων ἐστί »).

4. Ici comme ailleurs, les interlocuteurs ou adversaires d'Alexandre sont laissés à l'anonymat (*cf.* M. E. Kotwick, *Alexander of Aphrodisias and the text of Aristotle's* Metaphysics *op. cit.*, p. 66 *sq.*). À tout le moins cela témoigne-t-il d'une tradition exégétique de la *Métaphysique* antérieure à Alexandre.

995a29 : *Or*[1] *il n'est pas possible de défaire un nœud quand on l'ignore.*

Si découvrir et établir ce qu'on recherche dépendent de la | résolution de ce qui faisait difficulté, et s'il n'est pas possible de défaire un nœud sans l'avoir vu[2] au préalable, c'est-à-dire sans avoir vu comment il a été noué (comment en effet déferait-on avec science[3] le nœud qu'on ignore ?), si enfin la difficulté de la pensée est un nœud dans ce qu'on recherche (car celle-ci signale le nœud que présente la chose), alors il est nécessaire de commencer par être en difficulté à propos de ce qu'on recherche et qu'on veut montrer, s'il est vrai, d'une part, que le fait de découvrir | provient du fait de résoudre les difficultés et que, d'autre part, il n'est pas possible de résoudre ces difficultés sans savoir comment elles faisaient difficulté.

995a30 : *Mais la difficulté de la pensée le manifeste à propos de la chose.*[4]

Cela revient à dire : mais la difficulté de la pensée manifeste le nœud qui est dans la chose.

**173** Après avoir parlé de la difficulté comme d'un « nœud », | il ajoute[5] de quel point de vue elle est similaire à un nœud : car le nœud est à même d'entraver la marche et la progression vers ce qui est visé. Or c'est bien ce que fait aussi la difficulté : la pensée est entravée dans sa progression en | raison de la difficulté que présente la chose.

1. Contrairement aux manuscrits AP (« γὰρ »), O donne bien le « δὲ » de notre version de la *Métaphysique*.

2. Le verbe veut à la fois dire « voir » et « savoir ». Comme le montre l'expression suivante « avec science », Alexandre joue sur ce double-sens, qu'il tire déjà d'Aristote (« τεθεωρηκέναι », 995a33-34).

3. C'est-à-dire en sachant ce qu'on fait, par opposition à quelqu'un qui déferait le nœud par hasard ou par chance.

4. Je suis ici la traduction de Ross (« *But the difficulty of our thinking points to a "knot" in the object* ») qui prend l'opposition entre « διάνοια » et « πρᾶγμα » au sens d'une distinction entre pensée et objet extra-mental. La chose est discutable chez Aristote, mais convient à l'interprétation d'Alexandre. Le manuscrit O marque cette citation comme un lemme ; sur cette question, voir l'introduction p. 123-124.

5. Le verbe en grec est à l'aoriste ; dans ce qui suit, lorsqu'Alexandre utilise l'aoriste pour renvoyer au texte d'Aristote ou commenter ce qu'il y fait, on traduira par un présent, plus conforme aux habitudes du français.

995a32 : *Il est en effet impossible, pour l'un comme pour l'autre, d'aller de l'avant.*

En effet, ni l'homme enchaîné, ni celui qui est dans la difficulté ne peuvent aller de l'avant, vers ce qu'ils visent. Et parce qu'on doit donc prendre connaissance du nœud si on veut le défaire, Aristote affirme qu'il est nécessaire de commencer par poser les difficultés, du fait aussi que ceux qui recherchent quelque chose sans en explorer les difficultés semblent avancer à l'aveugle. | Ceux qui traitent de leurs objets de recherches sans avoir examiné ce qui fait difficulté à leur propos sont, en effet, dépourvus d'un but auquel il faut rapporter et rattacher tout discours. En effet, ce sont ces étapes préalables[1] qui conduisent ceux qui étaient dans la difficulté à effectuer rationnellement leurs recherches, car ceux qui recherchent quelque chose sans avoir été dans la difficulté mènent ces recherches sans savoir ce qu'ils doivent rechercher.

Aristote ajoute à cela que | ceux qui mènent des recherches sans avoir été dans la difficulté ne peuvent jamais se rendre compte que leur recherche a une solution et prend fin. Et il en donne la raison : c'est le fait que, pour ceux qui mènent de telles recherches, la fin de leur recherche n'est pas reconnue. C'est pourquoi, dit-il, ils ressemblent et sont comparables à ceux qui ignorent dans quelle direction ils doivent marcher parce qu'ils ignorent la fin; et pour ceux-là, même si, à un moment[2], elle a été découverte, | la fin, c'est-à-dire le but, n'est pas même reconnue. En effet, la résolution de ce qui peut, sur certains points, faire difficulté, c'est la fin et la découverte de cette fin[3].

Il ajoute à ce qui précède une autre raison à la nécessité de commencer par poser les difficultés : c'est la raison que, de même que, dans les jugements, ceux qui jugent le mieux sont ceux qui ont entendu les deux parties plaider l'une contre l'autre et non pas une seule des deux, de même, dans le cas des | objets de recherche, le jugement à leur sujet est plus sensé si l'on

1. En conservant le texte de AOP « προειρημένα » contre le « προηπορημένα » de LF et Asclépius.

2. La leçon des manuscrits (« οὐδέποτε ») est irrecevable pour des raisons grammaticales. On suit Bonitz qui lit « οὐδ' εἴ ποτε » sur la base de la leçon, retenue aussi par Ross, chez Aristote (995a36), dont la tradition manuscrite souffre de la même ambiguïté, représentée au sein des deux branches α et β de la tradition manuscrite.

3. Il faut entendre cette expression apparemment redondante au sens où il ne suffit pas d'avoir trouvé la fin en question : encore faut-il l'avoir trouvée en la reconnaissant comme telle, ce qui est impossible sans avoir d'abord posé et exploré les difficultés.

commence par examiner et si l'on résout toutes les difficultés possibles et tout ce qu'on peut dire pour établir et poser ces difficultés [1].

À travers ce qui a été dit sur l'obligation de commencer par explorer les difficultés, Aristote a peut-être simultanément montré l'utilité de la
174 | dialectique pour la philosophie et la découverte de la vérité. C'est en effet à la dialectique qu'il revient d'explorer les difficultés et d'argumenter dans les deux [directions] [2]. Ce qui a été dit dans les *Topiques* sur l'utilité | de la dialectique pour les recherches philosophiques est donc vrai [3].

995b4 : *Une première difficulté concerne ce que nous avons exploré dans notre préambule.*

Ce n'est pas de la difficulté qu'il est en train de poser, qu'il affirme qu'elle a été soulevée dans le préambule. En effet, la difficulté, la « première » comme il dit, qui doit être soulevée, concerne la question de savoir s'il appartient à une science unique d'étudier les causes de toutes choses, ou à plusieurs, au sens où | des sciences différentes étudieraient des principes et des causes différents. Or on pourrait croire que [4] cette difficulté a été soulevée dans les livres précédant celui-ci (c'est en fait dans le premier livre du *De l'âme* qu'il semble l'avoir évoquée [5]). C'est pourquoi ce qu'il veut dire, c'est sans doute que « concernant ce que nous avons exploré dans notre préambule », il y a une « première difficulté », qu'il pose justement en premier, car dans ce préambule il a soulevé des difficultés à propos des causes. | Concernant les causes, donc, il y a, affirme-t-il, une première difficulté, qu'il est en train d'évoquer. Or il a

1. La même idée se trouve dans le *Commentaire aux Topiques* 28, 26 *sq.* Alexandre distingue donc deux moments : l'exploration ou l'examen (analogue au procès) et la résolution (analogue au jugement).

2. Pour cette expression, voir l'introduction, p. 116.

3. Cf. *In Top.* 28, 23 *sq.* qui commente 101a26 et la présente introduction, p. 128.

4. Contre le « ἐδόκει » de AOP, Bonitz suggère, avec L et Sepúlveda, « οὐ δοκεῖ ». La raison de cette correction est à chercher dans la construction du passage et dans la toute première phrase du commentaire : contrairement à ce que semble dire Aristote, Alexandre ne trouve pas de passage antérieur exposant cette première aporie. La suite du commentaire va donc consister à inverser la phrase d'Aristote (voir la phrase suivante : « c'est pourquoi ce qu'il veut dire... ») pour faire porter la référence aux livres précédents non pas sur la première aporie comme telle, mais sur son objet (l. 12-14). La lourde répétition de « πρώτη » (« πρώτη ἔστιν ἀπορία, ἣν καὶ πρώτην τίθησιν » l. 13-14) se comprend par l'insistance d'Alexandre sur le fait que cette aporie est première dans l'ordre interne de Beta, qu'elle n'a donc pas été exposée auparavant. Le texte des manuscrits AOP peut néanmoins être conservé si l'on prend le verbe impersonnel à l'imparfait avec sa valeur d'irréel (en sous-entendant : or ce n'est pas le cas).

5. Peut-être *DA* I 1, 402a11 *sq.* Pour l'importance de ce passage chez Alexandre, voir la *Quaestio* 1.11.

exploré des difficultés concernant les causes d'une part au livre Grand Alpha, en cherchant combien il y a d'espèces de causes, et où, après avoir exposé les opinions d'autres penseurs sur les causes et les avoir critiquées, il a confirmé qu'il y a quatre espèces de causes. Dans le livre Petit alpha, d'autre part, il a cherché à savoir si la cause va à l'infini [1] en ligne droite ou en espèce, ou bien si elle s'arrête et est | délimitée. Mais la « difficulté » qui concerne ces questions et dont il parle maintenant, sera la première.

Bref, ou bien c'est là ce qu'il veut dire, ou bien il veut dire que la première difficulté concerne « ce que nous avons exploré dans notre préambule », au sens où les difficultés [2] ne concernent pas toutes les questions à propos desquelles, dans ce préambule, nous avons soulevé des difficultés quand nous cherchions à savoir si les causes existent et combien il y en a. Mais c'est sur cela que portera la première difficulté que nous allons maintenant soulever, car elle aussi concerne les causes. | Certains, cependant, à cause de ce qu'Aristote vient de dire, ajoutent cette même [3] difficulté à la fin du livre Petit alpha, en l'y plaçant sans aucune raison.

L'expression « s'il appartient à une unique science ou plusieurs d'étudier [les causes] » (995b5-6) peut avoir un sens équivalent à : s'il y a une unique science de toutes choses qui soit susceptible d'étudier les quatre causes que nous avons établies, ou si chaque cause est étudiée par une science distincte – comme Aristote l'argumentera plus tard en posant cette difficulté. | Il aurait aussi une bonne raison de parler de « ce que nous avons exploré dans notre préambule », car c'est au livre Grand Alpha qu'il a cherché à savoir s'il y a quatre espèces de causes, et c'est à propos de ces quatre causes qu'il va ici chercher à savoir si leur connaissance appartient à une unique science.

1. Il faut comprendre : si la cause va à l'infini et, si elle le fait, si c'est en ligne droite ou en espèce. L'alternative « en ligne droite ou en espèce » subdivise l'hypothèse d'une cause régressant à l'infini, par opposition à une cause qui s'arrête et est limitée. Sur ce passage, voir *Métaphysique* α 2, 994a1-2 et le commentaire d'Alexandre ci-dessus, 149, 16 *sq*.

2. À savoir toutes celles du livre Beta.

3. En conservant le texte de AOP (et sans doute aussi Sepúlveda) « αὐτὴν ταύτην τὴν ἀπορίαν » (des expressions similaires se lisent chez Galien). Sur ce passage, voir M. E. Kotwick, *Alexander of Aphrodisias and the text of Aristotle's* Metaphysics, *op. cit*, p. 104. Alexandre veut dire que, pour rendre sensée la référence qu'Aristote effectue ici, en posant la première aporie, à ce qui a été dit « en préambule », certains exégètes auraient ajouté un texte à la fin du livre α. Le texte en question se trouve en effet dans notre version de la *Métaphysique*, en α 3, 995a19-20 (supprimé par Bonitz, Ross et Jaeger, sur la foi de ces remarques d'Alexandre).

175 |995b6 : *Et appartient-il à cette science de considérer seulement les principes premiers de la substance ?*

La deuxième difficulté que nous devons soulever, affirme Aristote, est de savoir s'il appartient seulement au sage – c'est-à-dire au philosophe premier et à la science première – de considérer | les principes premiers de la substance, ou s'il lui revient aussi en propre de considérer les principes démonstratifs – ces principes, dont, parce qu'ils sont communs, proviennent les démonstrations et qu'on appelle « axiomes ». Ces axiomes sont en effet principes de toute science. Que ce soit bien là ce qu'il veut dire, Aristote l'a fait voir en ajoutant « seulement ». Et il semblerait qu'il manque à cette phase les mots « ou aussi les principes », car cela suit logiquement ce qu'il vient de dire[1].

Un axiome, [c'est par exemple] | qu'une proposition ne peut être à la fois vraie et fausse, ou encore que des termes égaux à une même chose sont aussi égaux entre eux, ou que si, à partir de choses égales, des choses égales sont retranchées, les restes sont égaux, et que tout désir est désir d'un bien ou d'un bien apparent, et ainsi de suite. Et, à coup sûr, le plus commun de tous les axiomes c'est celui sur la contradiction[2], car il est vrai | dans tous les cas.

995b10 : *Et si elle porte sur la substance, y a-t-il une science unique pour toutes les substances, ou bien plusieurs ?*

Le troisième point des [difficultés] présentées est de savoir – dans l'hypothèse (1) où il appartient à la science en question d'étudier la substance et les causes de la substance et (2) où il y a plusieurs substances,

1. O donne le même texte que A (« λείπειν δὲ τῇ λέξει δόξει τὸ ἀκόλουθον γὰρ τῷ προειρημένῳ τῷ καὶ περὶ τῶν ἀρχῶν »). On traduit la conjecture de Bonitz : « λείπειν δὲ τῇ λέξει δόξει τὸ καὶ περὶ τῶν ἀρχῶν· ἀκόλουθον γὰρ τῷ προειρημένῳ ». P donne un sens similaire : « λείπειν δὲ τῇ λέξει δόξει τὸ ἀκόλουθον τῷ προειρημένῳ τῷ καὶ περὶ τῶν ἀρχῶν ». Pour mémoire, le texte d'Aristote retenu par Ross et Jaeger peut se traduire ainsi : « et revient-il à cette science d'examiner seulement les premiers principes de la substance, ou aussi les principes à partir desquels tous démontrent ? ». La remarque d'Alexandre indique alors qu'il avait affaire à un texte de la *Métaphysique* ici plus lacunaire que le nôtre, puisque dépourvu de « καὶ περὶ τῶν ἀρχῶν ».

2. À savoir le principe de non-contradiction que *Métaphysique* Γ 3 présente comme « le plus sûr de tous » (1005b11-12). Sur le traitement alexandrinien du principe de non-contradiction, voir M. Crubellier, « Alexandre sur le statut du principe de contradiction », dans A. Balansard et A. Jaulin (éd.), *Alexandre d'Aphrodise et la métaphysique aristotélicienne*, *op. cit.*, et, plus particulièrement sur ce passage, p. 118-119. Si l'on voit assez bien en quoi le PNC peut être présenté comme l'axiome « le plus commun », c'est plus difficile pour les exemples mathématiques ou éthiques donnés juste avant. Sans doute faut-il comprendre qu'un principe est « commun » dès lors qu'il vaut pour plus d'une science. Les exemples d'Alexandre sont des lieux communs ; voir par exemple chez Galien, *De optima doctrina* 5, 106, 4-6, Barigazzi.

les unes intelligibles, les autres sensibles, en sorte que leurs principes aussi diffèrent[1] – de savoir, | donc, si étudier tous les principes qui sont principes des substances incombe à la science en question, de sorte qu'une unique science sera en mesure de connaître tous les principes qui sont principes des substances, ou bien s'il y a plusieurs sciences différentes pour les principes qui sont principes de substances différentes. De plus, s'il y en a plusieurs, il vaut la peine dans ce cas, affirme Aristote, de se demander si ces diverses sciences sont apparentées | les unes aux autres, en sorte qu'on serait en droit de toutes les appeler sagesses; ou alors toutes ne sont pas des sagesses, mais certaines sont des sagesses, tandis que les autres relèveront d'un autre genre.

Après ces mots, Aristote affirme alors que c'est cela aussi qu'il faut chercher : si seules ces substances sensibles sont substances ou si, en dehors d'elles, il y en a d'autres, car ce point n'est ni reconnu ni hors de doute[2]. Sans doute y a-t-il une différence entre cette troisième difficulté et la première, en ce que | dans la première Aristote a simplement parlé des causes, non pas des causes de la substance, alors que, dans la troisième, il se demande s'il y a une unique science des causes de la substance ou plusieurs, et[3] si elles sont toutes apparentées et « sagesses », ou si certaines sont des sagesses, tandis que les autres | sont une autre espèce de science. **176**

Il ajoute ensuite à ce qui précède qu'il vaut aussi la peine de se demander si toutes les substances sont d'une seule sorte (à savoir en fonction d'une seule espèce et d'une seule définition[4]), ou bien s'il y a plusieurs espèces de substances et plusieurs définitions – question dont il a fait voir en quel sens il la prend en ajoutant : « comme [le pensent] ceux qui posent les Formes et, entre celles-là et les sensibles, les objets mathématiques » (995b16-18). | D'après ceux qui ont posé les Idées, en effet, les objets mathématiques sont des substances, mais, bien qu'ils soient eux aussi des substances, ils ne sont pas de la même espèce que les Idées et les substances sensibles : d'après eux, cette sorte de substances est une nature intermédiaire entre les Idées et les sensibles, si bien qu'il y a trois sortes de substances, comme Aristote l'a dit à propos de Platon au livre Grand Alpha[5].

1. Peut-être s'agit-il ici d'une réminiscence de ce qui sera développé en *Métaphysique* Λ 1, 1069b1-2.

2. Voir 995b13-15.

3. Sous-entendu : dans le cas où il y en aurait plusieurs. Le texte « καὶ εἰ πλείους » ajouté par Bonitz à partir de Sepúlveda, omis par AOLF et Asclépius n'est pas indispensable dans un tour elliptique.

4. En conservant le texte plus complet de O (confirmé par LF) : « καθ' ἓν εἶδος καὶ καθ' ἕνα λόγον ».

5. En *Met.* A 6, et plus particulièrement 987b14-18.

Cette recherche implique peut-être aussi quelque chose de plus que la précédente, | car Aristote ne cherche pas ici à savoir s'il y a plusieurs espèces de substances (cela a déjà été posé), mais si, en outre, ces espèces sont les mêmes que celles mentionnées par certains.

Et cette proposition « si elles sont d'une seule sorte » (995b15-16) serait comme la suite logique de ce qui précède, car après avoir demandé si l'on doit tenir pour seules substances les sensibles ou si, en dehors d'elles, il y en a d'autres, il a ajouté « et si », en dehors des[1] substances sensibles, « elles sont d'une seule sorte ». | Ceux, en effet, qui posaient des intermédiaires entre les Formes et les sensibles posaient manifestement plusieurs espèces de substances en dehors des sensibles.

995b18 : *Et si cette étude porte seulement sur les substances, ou si elle porte aussi sur les accidents par soi des substances.*

Par « accidents » Aristote veut parler des propriétés par soi[2], si bien que ce qu'il veut dire, c'est : | si le sage traitera seulement des substances ou aussi de leurs propriétés par soi.

Est propriété par soi au sens propre ce qui est compris dans les définitions. De cela, d'une part, il est nécessaire au sage de parler, car il n'est pas même possible d'acquérir la science de quelque chose autrement qu'en connaissant ce type de propriétés. Par « accidents par soi », il entend, d'autre part, les accidents inséparables, propres à la chose | et presque essentiels, à l'aide desquels les énoncés par description de certains objets sont habituellement donnés[3]. Par exemple : le triangle peut avoir comme accident par soi le fait que ses trois angles sont égaux à deux droits et que deux quelconques de ses côtés[4] sont plus grands que le troisième (car ce n'est certes pas de ces accidents qu'est constituée la définition du

1. En suivant la suggestion de Bonitz qui supplée « παρὰ », absent de AOP.

2. Il n'y a pas de véritable variation entre καθ' αὑτά et καθ' αὑτό chez Alexandre. *Cf.* la tentative de M. Bonelli, *Alessandro di Afrodisia e la metafisica come scienza dimostrativa*, *op. cit.*, p. 133-142.

3. Sur ce passage et cette notion de « description » (« ὑπογραφή »), voir M. Rashed, *Essentialisme. Alexandre d'Aphrodise entre logique, physique et cosmologie*, *op. cit.*, p. 309 *sq.* La description consiste à énoncer des attributs propres à la chose, qui ne sont pas pour autant définitoires au sens strict. Mais ces attributs sont tellement propres à la chose qu'ils en sont « presque essentiels ». La description peut aussi servir d'outil dans les cas où l'essence est difficile à connaître, comme le note Alexandre dans son *Commentaire à la Physique* (M. Rashed, *Essentialisme. Alexandre d'Aphrodise entre logique, physique et cosmologie*, *op. cit.*, scholie 41).

4. L'expression « πάντῃ μεταλαμβανομένας » est technique et d'origine mathématique (Alexandre l'emploie aussi dans le *Commentaire aux Topiques*, par exemple 23, 29-30 ou 73, 23-24). Voir C. Mugler, *Dictionnaire historique de la terminologie géométrique des Grecs*, Paris, Klincksieck, 1958-1959, s.v. μεταλαμβάνειν.

triangle); pour le nombre, le fait d'être impair ou pair; pour chaque être, | le fait d'être un, en tant qu'il est un ceci; et tous ceux des accidents qui sont des propriétés de cette sorte.

995b20 : *Et en outre, concernant le même et l'autre, le semblable et le dissemblable, le contraire*[1] *et la contrariété, et concernant l'antérieur et le postérieur…*

Aristote recherche également, concernant ces [notions] qu'utilise la dialectique (laquelle, à partir d'opinions admises, | argumente et montre ce qu'elle s'est proposée), s'il appartient au sage | d'analyser ce qu'elles 177
sont du point de vue de la vérité et de la science. Si, en effet, il appartient au dialecticien de les analyser du point de vue des opinions admises[2], à qui appartiendra-t-il de le faire du point de vue de la vérité ? Et Aristote propose d'enquêter aussi sur ces [notions] puisque lui-même s'en sert dans ses propres démonstrations, au cours de ce traité. De fait, il se sert du Même, | qui se dit justement pour les substances[3]. Tout au moins recherche-t-il si toutes les substances sont identiques les unes aux autres, ou bien, au contraire, différentes. Mais toutes les autres [notions] qu'il a énumérées, il lui est aussi nécessaire de s'en servir dans ses démonstrations, car ce sont des instruments communs pour ceux qui font des démonstrations.

Par la suite, il montrera lui-même de quel point de vue la recherche et l'étude de ces notions sont appropriées au philosophe premier, car ce traité n'est pas un traité logique[4] | comme certains l'ont cru du fait qu'il y mène des recherches sur de nombreuses notions de cette sorte. Ce n'est en effet pas pour elles-mêmes[5] qu'il les analyse, pas plus qu'il n'en fait

1. Le terme « ἐναντίου » n'est pas donné par notre version de la *Métaphysique*.

2. Pour le sens de cet adverbe, *cf.* Aristote, *SE* I 17, 175a31 où l'on retrouve la même opposition. Chez Alexandre, voir par exemple *In Top.* 31, 11 ; 32, 23, etc. ; *In De sensu* 136, 5.

3. Le Même est en effet le sens de l'un qui vaut dans la catégorie de la substance, comme Alexandre l'expliquera dans le commentaire au livre Γ, par exemple 255, 35 – 256, 4.

4. Contrairement à la traduction de Madigan par « *verbal* », ici « λογική » renvoie à un type de discours. On a bien du mal à comprendre ce que serait un traité « verbal ». Il est du reste extrêmement fréquent qu'Alexandre emploie « λογική » ou « λογικῶς » en lieu et place de « διαλεκτική » et « διαλεκτικῶς ». Voir, par exemple, *In An. Pr.* 1, 3 *sq.* ; 3, 7, etc. ; *In Top.* 4, 5, etc. ; et M. Bonelli, *Alessandro di Afrodisia e la metafisica come scienza dimostrativa*, *op. cit.*, p. 147, n. 40 ; G. Guyomarc'h, « *Métaphysique* et *Organon* selon Alexandre d'Aphrodise. L'utilité de la logique pour la philosophie première », *op. cit.*, p. 89, n. 14 ; I. Kupreeva, « *Aporia* and *Exegesis*. Alexander of Aphrodisias », *op. cit.*, p. 239-240.

5. L'expression n'est pas entièrement claire. Elle signifie littéralement « par elles-mêmes » ou « à cause d'elles-mêmes » (O comporte un « διὰ ταῦτα », mais cette leçon est isolée), qui doit être lu en parallèle du « ὅτι » qui suit, l. 12. La proposition qui suit explicite bien le sens général, selon lequel les prédicats dialectiques (le même, l'autre, l'égal, etc.) ne sont pas, en

son objectif, mais parce qu'il appartient à la philosophie première, c'est-à-dire à la philosophie capable d'étudier l'être en tant qu'être, de faire aussi l'étude de ce qui appartient en commun à l'être. Or telles sont aussi | ces notions, comme il va le montrer.

995b25 : *Il faut en outre étudier tous les accidents par soi de ces notions elles-mêmes ; et non pas seulement ce qu'est chacune d'elles...*

Aristote a expliqué ce qu'il appelle accidents par soi en disant « et non pas seulement ce qu'est... ». En effet, les propriétés par soi sont comprises[1] dans le ce que c'est. Il affirme qu'il y a des accidents par soi [de ces notions], par exemple est accident par soi de toute contrariété | le fait d'avoir ou non un intermédiaire[2] ; autre exemple qu'il ajoute lui-même[3] : la question de savoir si une chose une a un seul contraire ou non, question qui, quant à elle, passe pour être un objet d'étude de la dialectique. Il faut en effet, affirme Aristote, examiner s'il appartient au sage de se mettre aussi en quête de la vérité sur cette sorte d'objet[4].

tant que tels, des objets de la philosophie première et qu'ils n'interviennent dans son champ qu'à titre de propriétés communes de l'être en tant qu'être, comme le confirmera le commentaire à Γ 2, qu'Alexandre tient pour être la résolution de cette aporie (voir en particulier 246, 22-24 et 246, 35 *sq.*).

1. Hayduck ne suit pas Bonitz (selon qui il faudrait ici suppléer une négation) et conserve le texte unanime des manuscrits et d'Asclépius. La proposition de Bonitz s'explique parce qu'Alexandre semble dire qu'il ne faut « pas seulement » étudier l'essence de ces propriétés dialectiques, mais « en outre » leurs propriétés par soi, ce qui serait justifié par l'idée que les propriétés par soi *ne* sont *pas* contenues dans l'essence et requerraient de ce fait un second examen. Voir cependant les deux sens des propriétés par soi selon la *Quaestio* 1.26, 42, 28-30 et les explications de M. Rashed, *Essentialisme. Alexandre d'Aphrodise entre logique, physique et cosmologie*, *op. cit.*, p. 216-221. Une solution est de prendre « comprises dans le ce que c'est » en un sens relâché, pour désigner des propriétés qui sont « inséparables » de l'essence, mais ne sont pas « essentielles » au sens strict (voir ci-dessus, 176, 24-30).

2. Le terme « ἔμμεσον » ne se lit pas chez Aristote. Chez Alexandre, voir par exemple *In Met.* 257, 31-32 : aucune autre science (que la philosophie première) n'a à connaître les différentes sortes du contraire (« τοῦ ἐναντίου διαφοραί »), par exemple les contraires immédiats ou médiats (« τὰ μὲν ἄμεσα αὐτῶν τὰ δὲ ἔμμεσα »). Le terme signifie donc simplement que certains contraires connaissent entre eux des degrés (par exemple le chaud et le froid) et d'autres, non (le vrai et le faux). *Cf.* aussi 258, 22-23 où l'on retrouve la même thèse. Le couple se lit enfin en *In Top.* 101, 20 avec une référence explicite aux *Catégories*.

3. En 995b27.

4. Madigan propose l'athétèse de « τινὸς » sur la base du passage parallèle d'Asclépius (145, 5-6). Mais le texte est confirmé par O et la correction proposée ne paraît pas indispensable.

995b27 : *Et les principes et les éléments sont-ils les genres | ou bien les constituants en lesquels se divise chaque chose ?*

Ce que, selon Aristote, on doit[1] maintenant rechercher est de savoir si les genres sont principes de ce dont ils sont les genres (car on est d'avis que les genres sont premiers par nature et que ce qui est premier est principe) ; ou bien [si sont principes les constituants des parties en lesquels chaque chose se divise à la manière de ses parties (car chaque chose est constituée par ses propres parties)][2], comme la substance, dont on estime qu'elle se divise en matière et forme, ou dans les quatre éléments, ou dans tout autre fondement qu'on pourrait poser de cette façon. D'une part, en effet, chaque chose se divise | dans les termes premiers dont elle est composée ; d'autre part, on estime que ces termes premiers composant chaque chose sont leurs principes – par exemple les lettres pour le son articulé[3].

Si en revanche les genres aussi sont principes, Aristote affirme alors qu'il vaut la peine de rechercher si ce sont les genres suprêmes ou bien les | [classes] proches des indivisibles. Bien que ces [classes] soient déjà[4] **178**
indivisibles, il les nomme elles aussi plus communément genres, en employant le mot « genre » au lieu de « commun ».

1. En supprimant le « δεῖν » (attesté aussi en OP), qui fait double emploi avec « ζητητέον ».

2. La lacune, présente aussi en O, peut être comblée grâce au passage strictement parallèle d'Asclépius, 145, 20-21 : « ἢ ταῦτα εἰς ἃ διαιρεῖται ἕκαστον ἐνυπάρχοντα ἐν τοῖς μέρεσιν (ἕκαστον γὰρ ἐνυπάρχει ἐν τοῖς ἑαυτοῦ μέρεσιν) ». P contient une version plus économique : « ἢ εἰς ἃ ἡ οὐσία διαιρεῖσθαι δοκεῖ... ».

3. Pour cette définition de la « φωνή », voir entre autres passages d'Aristote, *DA* II 8, 420b32-33.

4. Les manuscrits AO donnent « ἤδη » (également chez Sepúlveda) contre le « εἴδη » retenu par Hayduck avec LF et Asclépius. Le principe de la *lectio difficilior* plaide pour la première leçon, contre celle de la tradition indirecte. Alexandre n'est alors pas en train de dire qu'Aristote emploie le terme de genre au lieu de celui d'espèce (ce qui serait une sorte d'identification scolaire à un élément bien connu de la doctrine, comme si Alexandre ignorait le caractère fonctionnel du couple genre – espèce), mais, de façon plus fine, que dans cette hiérarchie des classes, il y a un niveau auquel la division s'arrête. La leçon « ἤδη » rend en outre plus clair le jeu entre les « indivisibles » de la proposition précédente (à savoir les individus particuliers) et les classes « indivisibles », lesquelles coiffent immédiatement le niveau des particuliers, mais n'en sont pas moins des classes. Plus généralement, il faut entendre cette phrase, comme cela arrive à plusieurs reprises dans le commentaire (par exemple *In Met.* 241, 21-24), au sens où Alexandre pointe chez Aristote un usage relâché du vocabulaire.

995b31 : *Ce qu'il faut surtout rechercher et étudier est de savoir s'il y a, en dehors de la matière, quelque cause par soi.*

| Ce qu'il veut dire est la chose suivante. Certains anciens physiciens n'avaient posé comme cause par soi que la matière, et ils appelaient ses affections causes par accident, non pas causes par soi. Pour eux, en effet, étaient causes par soi l'air, l'eau, l'intermédiaire, ou tout autre fondement qu'ils posaient comme principe et élément, puisque, précisément, selon eux chacune de ces choses était la seule à être par soi, tandis qu'étaient par accident la rareté | et la densité, l'association et la dissociation. Ceux-là, donc, en soutenant que la matière, c'est-à-dire le substrat, est cause par soi, posaient aussi une autre cause, mais par accident, car [rareté et densité, association et dissociation] sont des accidents de la matière.

Aristote, en revanche, n'affirme pas ici qu'il faut chercher si, en dehors de la matière, il y a une cause par accident, mais s'il y a une cause par soi, comme il l'a montré dans la *Physique*[1], car les autres causes n'apparaîtront pas moins causes – mais même davantage – | que la matière. Mais s'il existe aussi une certaine cause par soi en dehors de la matière, il affirme qu'il faut également mener un autre examen, à savoir si cette cause est séparée de la matière et si elle subsiste en soi et par soi, ou bien si elle est dans la matière comme l'est la forme dans la matière et à la manière dont les stoïciens estimaient que le dieu, c'est-à-dire la cause agente, est dans la matière[2]. Et s'il y a une certaine cause séparée | et immatérielle, il faut examiner si elle est une en nombre ou plusieurs, ce dont Aristote parle au livre Lambda de ce traité.

1. Littéralement : dans la *Leçon de Physique* (« ἐν τῇ Φυσικῇ ἀκροάσει ») ; par convention, on abrègera ce titre long en *Physique*, plus reconnaissable pour le lecteur moderne. La référence est sans doute ici à *Physique* I 7 (voir 190b19 pour la mention des causes de la génération « non par accident », autres que le seul substrat ou matière).

2. Ce passage est l'un des rares au sein du Commentaire à expliciter la position (par ailleurs assez fréquente dans le reste du corpus) de l'aristotélisme d'Alexandre face à ses deux adversaires symétriques que sont le platonisme et le stoïcisme. C'est aussi l'un des deux passages du Commentaire à nommer les stoïciens (voir aussi 308, 18). Alexandre réactualise ainsi ce qu'il comprend comme une double opposition d'Aristote au matérialisme présocratique et au platonisme. Pour la réécriture de la doctrine stoïcienne en vocabulaire péripatéticien, voir notamment V. Cordonier, « Corps, Matière, Contact. La cohérence du sensible selon Alexandre d'Aphrodise », *Les études philosophiques* 86, 3, 2008, p. 364 et G. Guyomarc'h, *L'Unité de la métaphysique selon Alexandre d'Aphrodise*, *op. cit.*, p. 42-45.

995b34 : *Et s'il y a quelque chose en dehors du composé (je parle de composé chaque fois que quelque chose est prédiqué de la matière)...*

Par « composé »[1], ou bien Aristote veut dire le commun[2], au sens de ce qui est prédiqué des particuliers et des choses dotées | de matière ; et si c'est cela qu'il entend par composé, alors il veut peut-être dire : s'il y a quelque chose en dehors du commun et du composé qui est prédiqué de ce qui est doté de matière, quelque autre forme séparée, ou bien s'il n'y a en dehors du commun aucune forme, c'est-à-dire aucune Idée, ou encore si, pour certaines choses, il y a une forme et pour d'autres, non, comme on estime que le disaient ceux pour qui il n'y a d'Idées ni des choses contre-nature, ni des objets artificiels.

Ou bien, par composé, il entend les deux ensemble[3]. Et après avoir parlé de composé, | il a fait voir en quel sens c'est un composé en ajoutant « chaque fois que quelque chose est prédiqué de la matière », c'est-à-dire : chaque fois qu'on prend la matière avec une certaine forme.

Ou encore, par composé, il entend ce qui est dans la matière, et il est peut-être en train de chercher s'il y a une forme séparée, en dehors de ce qui est dans la matière (car c'est cela qui est prédiqué de la matière, c'est-à-dire que le composé est la matière prise avec la forme qui est en elle), ou bien s'il n'y a rien de tel, ou alors si certaines formes sont séparées | de la matière, et d'autres non. C'est ce qu'il peut vouloir dire par « s'il y en a pour certains et non pour d'autres » (995b36). | **179** Et s'il existe certaines formes absolument immatérielles, il faut se demander combien il y en a, question, comme je l'ai mentionné précédemment[4], qu'Aristote traitera dans l'étude sur les [sphères] tournant en sens inverse[5].

Peut-être cherche-t-il, à travers la précédente difficulté, s'il y a aussi en dehors de la matière une autre *cause* par soi et, le cas échéant, si elle est séparée de la matière, ou bien si elle aussi existe avec une matière, | tandis que, dans la difficulté suivante, il cherche simplement s'il existe une *forme* sans matière.

1. Le grec est « σύνολον » et doit être compris au sens large de « tout qui rassemble », d'où les propositions d'interprétation qui suivent.

2. Alexandre substantive fréquemment l'adjectif « κοινόν » ; on s'efforce dans le reste de la traduction de respecter ce tour, quoiqu'il soit plus rude en français.

3. À savoir l'ensemble composé de forme et de matière.

4. En 178, 31.

5. À savoir en Λ 8 : l'expression de « σφαίρας [...] ἀνελιττούσας » apparaît en particulier en 1074a2-3. Dans le corpus grec d'Alexandre, c'est la seule fois où une telle désignation est employée pour parler de Λ 8.

996a1 : *En outre, les principes sont-ils déterminés en nombre ou en espèce ?*

Il affirme qu'il faut aussi rechercher, à propos des principes et des causes et dans l'hypothèse où ils sont limités, s'ils sont seulement limités spécifiquement [et non numériquement, ou bien s'ils sont aussi limités numériquement] [1], en sorte que la cause productrice serait numériquement une, la matière une par le nombre, et ainsi de suite ; | ou si, quand bien même, pour chaque espèce de cause, il n'y a pas qu'une seule cause en nombre, la cause n'en est pas moins limitée. En effet, supposer des principes infinis en espèce a été repoussé par Aristote comme étant absurde, ainsi qu'il l'a montré au livre précédent [2]. Il a aussi montré au livre précédent que, pour chaque espèce de cause, les causes sont limitées.

Il affirme qu'il faut mener une recherche similaire à propos des causes formelles | (ce sont celles contenues dans l'énoncé, car elles sont ce à quoi correspond l'énoncé définitionnel de chaque chose) et à propos des causes matérielles (ce sont les substrats). Et si les causes productrice et finale sont, elles aussi, des espèces de causes, comme il l'a énoncé dans la *Physique* [3], il a peut-être voulu dire qu'il faut effectuer cette recherche à propos de toutes les causes. Par causes « dans les énoncés » (996a1-2), il a aussi pu vouloir parler des principes des démonstrations (ce sont | les axiomes – il les a, de fait, déjà mentionnés [4]) et par causes « dans le substrat », les principes des substances, car les substances sont des substrats.

Il ajoute à cette difficulté qu'il vaut la peine d'en poser une autre [5], celle de savoir si les principes à la fois [6] des choses corruptibles et des choses

1. C'est Bonitz le premier qui a supposé que le texte était ici corrompu, sans doute pour des raisons de sens et de divergence avec la traduction latine. A (suivi par P) donne : « εἰ εἰσὶ πεπερασμέναι, πότερον κατὰ τὸ εἶδος μόνον εἰσὶ πεπερασμέναι ὡς εἶναι... » O donne simplement : « εἰ εἰσὶ πεπερασμέναι, ὡς εἶναι... » Aucun des deux n'indique une lacune, mais le texte de A invite naturellement à la supposer, puisque la conséquence d'une unité numérique de la cause productrice ne s'entend que dans l'hypothèse où les principes sont limités numériquement et non pas seulement en espèce. Suivant Sepúlveda, Bonitz suggérait de lire : « πότερον κατ' ἀριθμὸν καὶ οὐ κατὰ τὸ εἶδος μόνον... » On préfère ici la solution de Hayduck qui a l'avantage de postuler un saut du même au même et de suivre le texte d'Asclépius (147, 11-14) : « ζητῆσαι οὖν, φησί, δεῖ καὶ περὶ τῶν ἀρχῶν καὶ τῶν αἰτιῶν, εἰ ὑπάρχουσι πεπερασμέναι, πότερον κατ' εἶδός εἰσι μόνον πεπερασμέναι κατ' ἀριθμὸν δὲ οὔ, ἢ καὶ κατ' ἀριθμόν εἰσι πεπερασμέναι, ὡς εἶναι... ».

2. En *Métaphysique* α 2.

3. En *Physique* II 7.

4. En 995b6-10, quoique pas nommément, mais Alexandre identifie couramment principes des démonstrations et axiomes.

5. En 996a2-4.

6. En traduisant le « τε » donné par O (« τῶν τε φθαρτῶν »), omis par AP.

incorruptibles sont identiques, ou s'ils sont différents. Et, dans le cas où ils sont distincts, s'ils sont tous incorruptibles ou si ceux des corruptibles | sont corruptibles, et ceux des incorruptibles, incorruptibles.

996a4 : *En outre, la question la plus ardue et qui présente la difficulté la plus grande est de savoir [si*[1]*] l'Un et l'Être sont, comme le [soutenaient] les Pythagoriciens et Platon, non pas autre chose...*

La difficulté qui, selon lui, suscite le plus grand embarras est de savoir si l'Un en soi et l'Être en soi sont les substances et[2] les principes des êtres – c'est ce qu'il veut dire, en effet, | par l'expression « ...mais les substances des êtres » (996a7)[3] –, comme l'estiment les Pythagoriciens et Platon, lequel parle d'un Être en soi et d'un Un en soi (il a aussi évoqué cette doctrine dans le passage sur l'infini, au livre III de sa *Physique*, et dans le livre Grand Alpha de ce traité[4]). Ou bien si d'autres natures | sont **180** sous-jacentes[5], et que cet Un et cet Être en sont des accidents, comme le soutenaient les physiciens en posant comme principe des êtres l'eau, l'air, l'amitié, l'intellect ou quelque chose de la sorte. Ils soutenaient en effet que cet Un et cet Être étaient des accidents de ces natures.

En outre, il faut examiner si les principes ont une réalité[6] propre, c'est-à-dire s'ils sont par eux-mêmes, comme les | êtres particuliers, ou, au contraire, s'ils sont comme les genres et les termes universels et communs, dont l'être réside dans le fait d'être prédiqués des particuliers. Cette difficulté diffère peut-être de celle qui a été posée peu avant (« et

1. Les omissions signalées par Hayduck dans le lemme donné par les autres manuscrits (« πότερον » l. 26 et « ἔλεγεν » l. 27) se retrouvent en O ; on supplée les termes manquants.

2. En régime alexandrinien, le « καί » pourrait être explétif (selon la thèse constante de la substance comme « cause de l'être »), mais ici l'interprétation vise sans doute à souligner la double dimension de l'expression aristotélicienne « substances des êtres » (996a7).

3. Contrairement à AOP (« οὐσίαι τῶν ὄντων »), notre version de la *Métaphysique* donne le singulier.

4. En *Physique* III 4 et en *Métaphysique* A 5 et 6.

5. Sous-entendu : à l'Être et l'Un.

6. On traduit ainsi de façon assez vague le terme de « ὑπόστασις » (mais, de façon plus littérale, le verbe correspondant sera rendu par « subsister »). Sur la plasticité de ce terme, qui ne prend sens que complété ou en contexte (ici avec la précision « propre », c'est-à-dire « être par soi »), voir M. Burnyeat, « *Apology* 30b2-4 : Socrates, money, and the grammar of *gignesthai* », *Journal of Hellenistic Studies* 123, 2003, p. 20-21 ; je me permets de renvoyer aussi à G. Guyomarc'h, « Les sources post-hellénistiques du questionnaire de Porphyre », *Methodos* 13, 2013, en ligne : http://methodos.revues.org/3093. Voir enfin les articles classiques rassemblés dans F. Romano et D. P. Taormina, *Hyparxis e Hypostasis nel Neoplatonismo*, Florence, Leo S. Olschki, 1994.

les principes et les éléments sont-ils les genres, ou bien les constituants en lesquels se divise chaque chose »[1]), du fait que, dans la difficulté précédente, on cherchait si les constituants en lesquels | se divisent les particuliers sont leurs principes, et non pas si sont principes leurs prédicats communs, tandis qu'ici c'est de façon à la fois commune et universelle qu'on recherche, concernant les principes, s'ils existent à la manière[2] des termes communs qui sont dépourvus de réalité propre, ou bien comme les[3] particuliers. Et dans ce dernier cas, en outre, si les principes sont en puissance comme on considère que l'est la matière, ou s'ils subsistent en acte, comme le soutiennent ceux pour qui le Feu ou l'un des corps | sont des éléments.

996a11 : *En outre, le sont-ils*[4] *autrement ou*[5] *selon le mouvement? De fait, ces questions peuvent*[6] *présenter de multiples difficultés.*

L'objet de sa recherche est de savoir si les principes sont principes parce qu'ils meuvent et produisent ce dont ils sont principes, ou s'il en va autrement. On estime en effet qu'un principe est soit moteur, comme | le principe producteur, soit non moteur, comme le principe matériel.

Il veut peut-être dire aussi quelque chose comme : si c'est en étant eux-mêmes mus que les principes sont causes des choses qui proviennent d'eux, ou s'ils sont causes en étant eux-mêmes immobiles, comme le sont les Idées d'après leurs partisans – et telle est aussi la cause première[7].

1. À savoir 995b27-29, commenté en 177, 26-31.

2. L'expression « εἰσὶν ὡς » (l. 11-12) est ici traduite de façon forte, comme signifiant non pas simplement que les principes « sont comparables », mais que leur mode d'être serait comparable à celui des universaux. Pour des expressions très similaires signifiant le mode d'être, *cf.* 231, 2 *sq.*

3. À partir d'ici (« ἢ οὕτως ὡς τὰ », 180, 12) jusqu'en 182, 22 (« τῇ αὐτοῦ »), O comporte une importante lacune.

4. En général, les traductions modernes sous-entendent : en puissance et en acte. Mais Alexandre comprend : le sont-ils, à savoir des principes?

5. La traduction reflète l'interprétation (discutable) d'Alexandre et lie « ἢ » à « πότερον » et non à « ἄλλως ».

6. En suppléant « ἄν », avec P et Hayduck, à partir d'Aristote.

7. À savoir le premier moteur immobile d'Aristote, selon une terminologie courante d'Alexandre (voir par exemple la *Quaestio* 1.1).

Ou alors, à la suite de ce qui précède[1], on peut entendre le passage au sens de : si les principes se meuvent et se changent les uns en les autres[2], ou s'ils sont immuables.

En outre, | affirme-t-il, il vaut la peine de poser aussi une difficulté concernant les objets mathématiques – par objets mathématiques [on entend] : les nombres, les longueurs, les figures (il veut sans doute parler des figures planes : triangle, carré, cercle, etc.) et en outre les points. À leur propos, il faut examiner si eux aussi sont des substances, comme l'estiment certains, ou s'ils ne le sont pas, et, à supposer que ce soient des substances, s'ils sont séparés des sensibles et en soi et par soi, ou si c'est dans les sensibles que les objets mathématiques ont l'être.

| Après avoir mentionné les questions sur lesquelles, selon lui, il faut commencer par poser des difficultés[3], il affirme que, dans ces questions, il n'est pas seulement ardu de découvrir ce qu'il en est véritablement (car la découverte de la vérité dans les questions qui ont été mentionnées est la tâche capitale[4] de la présente science), mais qu'il est tout aussi ardu d'explorer les difficultés les concernant[5].

1. Madigan suggère une référence à α 2, 994b5-6, mais l'on peut aussi penser à la sixième aporie qui a été rappelée ci-dessus l. 7-8, et qui demande si les principes et les éléments sont les genres, ou bien les constituants en lesquels se divise chaque chose. Or si les principes sont les éléments constituant chaque être, il est assez naturel de leur appliquer la thèse aristotélicienne de la génération réciproque.

2. En conservant le texte édité par Hayduck à partir de LF (« ἀλλήλας ») et donné également par P, contre la leçon de A (« ἄλληλα ») que conserve Bonitz.

3. En conservant la correction, proposée par Bonitz, du « προσαπορῆσαι » (ALF, également donné par P) en « προαπορῆσαι ».

4. La découverte de la vérité dans ces questions – à savoir leur euporie – est selon Alexandre en partie réalisée en Γ et aussi sans doute dans les livres suivants (*cf.* la référence à Λ en 178, 21). Elle forme donc le squelette de la métaphysique, sans pour autant que la métaphysique se réduise à la résolution de ces apories (comme le montre le commentaire à Γ).

5. Le « περὶ » l. 33, omis par A, suppléé par Hayduck à partir de LF, est également donné par P.

## Chapitre 2

*Aporie 1*

Il retourne justement à la première difficulté qu'il a proposé de soulever : à | savoir s'il appartient à une unique science de traiter de tous les principes et de toutes les causes, ou bien à plusieurs, c'est-à-dire à une science différente pour chaque espèce de cause. Et en premier lieu, | il **181**
argumente en faveur de la position selon laquelle il n'appartient pas à la même science de traiter [1] de toutes les causes. Pour cela, il emploie d'abord un argument qui a en puissance [2] la forme suivante :

Les choses qui, bien que différant en espèce, relèvent de la même science sont contraires entre elles. Or les causes ne sont pas contraires entre elles. Donc les causes, bien que différant en espèce, ne relèvent pas de la même science.

| L'argument se trouve donc dans la deuxième figure [3] et, quant à sa seule forme, il est valide et concluant; mais la prémisse posée en premier n'est pas vraie. Il n'est pas vrai, en effet, que les choses qui, bien que différant en espèce, relèvent de la même science sont contraires entre elles. Ce qui est valide, en revanche, c'est que les contraires relèvent de la même science. C'est pourquoi sa converse, selon laquelle les choses

1. P corrige déjà le « εἰπὼν » de A en « εἰπεῖν ».

2. L'expression revient à plusieurs reprises dans le commentaire. Alexandre veut dire qu'Aristote use « virtuellement » d'un argument de cette sorte, *i.e.* que son argument se laisse développer (actualiser) de la manière suivante, quoique, dans le texte, il ne se présente pas sous cette forme (*cf.* aussi, ci-dessous 203, 3 et par exemple *In An. Pr.* 18, 4). Le travail exégétique consiste à développer ce qui reste « en puissance » dans le texte-source, avec sans doute en toile de fond la réputation de « brièveté » de l'expression aristotélicienne (*cf.* par exemple 240, 30). Pour cet emploi, voir aussi Sextus Empiricus, par exemple *Contre les professeurs* IX. 134, 3-4 et P. Moraux et J. Wiesner (éd.), *Alexander von Aphrodisias*, *op. cit.*, p. 468-469.

3. Au sens où il est un syllogisme de deuxième figure, dans lequel le moyen-terme est prédicat dans les deux prémisses et qui ne fournit que des conclusions négatives (Aristote, *An. Pr.* I 5).

qui ne relèvent pas | de la même science ne sont pas des contraires, n'est pas identique à la proposition précédente, selon laquelle les choses qui relèvent de la même science sont contraires entre elles.

Suivant cette prémisse, en effet, on suppose que les choses qui diffèrent en espèce relèvent de la même science à la seule condition qu'elles soient des contraires[1]. C'est bien ce que veut dire celui qui dit : « comment, en effet, appartiendrait-il à une unique science d'acquérir la connaissance des principes, s'ils ne sont pas des contraires ? » (996a20-21). Or, ici, | on a posé que relèvent de la même science les contraires, mais certainement pas *seulement* les contraires. Rien n'empêche en effet que certains objets relèvent de la même science sans être des contraires. Les objets de la géométrie, par exemple, ne sont pas contraires entre eux ; et, de même, la physique et la philosophie pratique, qui diffèrent en espèce sans être des contraires, sont sous une unique science[2].

En outre, on dira que les principes aussi peuvent être reconduits | à des opposés, par exemple celui qui peut produire et celui qui peut être affecté, s'il est vrai que la matière, d'une part, peut être affectée et qu'en dehors de la matière, d'autre part, les trois causes sont reconduites à la cause formelle[3], et que cette dernière peut produire. Tout ce qui produit, en effet, produit en vertu de sa forme, c'est-à-dire de la perfection qu'il possède.

996a21 : *De plus, nombreux sont les êtres dans lesquels tous les principes ne sont pas présents.*

| Cette argumentation se rapporte aussi à la position selon laquelle il n'existe pas une unique science à même de connaître toutes les causes. Et c'est à partir des objets de science qu'Aristote élabore son argumentation. Si, en effet, tous les objets de science ne possèdent manifestement

1. Par exemple, triangle et rectangle sont spécifiquement différents mais ne sont pas « contraires » ; pourtant ils sont tous deux objets de la même science. Autrement dit, ce n'est pas parce que la même science est science des contraires que seules les choses qui sont contraires peuvent être objets de la même science. Il est possible que des choses qui ne sont pas contraires mais qui sont spécifiquement différentes fassent l'objet de la même science.

2. Le passage montre que la thèse affirmée dans le commentaire à Gamma, qui place la philosophie pratique sous la science de l'être en tant qu'être (246, 5-6), n'est pas si isolée qu'il peut sembler. Une première réponse consiste à reconnaître une influence de la tripartition hellénistique (peut-être d'origine aristotélicienne, voir *Topiques* I 14, 105b19-29) entre logique, physique et éthique (je me permets de renvoyer à G. Guyomarc'h, *L'Unité de la métaphysique selon Alexandre d'Aphrodise*, *op. cit.*, p. 179 *sq.*), mais cette explication n'est pas suffisante, et une recherche reste à mener sur ce point.

3. *Physique* II 7, 198a22 *sq.*

pas toutes les causes et si les sciences sont à même de connaître leurs objets propres, alors, à l'évidence, une science[1] [ne] connaîtra [que] ces causes, à savoir celles qui se trouvent dans ses objets propres. Ainsi, | des sciences différentes connaissent-elles des causes différentes, à savoir celles qui se trouvent dans leurs objets propres. Or, que toutes les causes ne se trouvent pas dans tous les objets de science[2], il le montre avec le cas des êtres immobiles – par « êtres immobiles », il entend peut-être les êtres inengendrés et incorruptibles et par « principe de mouvement » (996a22-23), il entend la cause productrice. Et parmi les êtres immobiles, il place aussi les objets mathématiques. En effet, dans ces objets, ce d'où part le mouvement, c'est-à-dire la cause productrice, | n'est pas cause. Comment, en effet, y aurait-il dans les êtres inengendrés et immobiles une cause productrice et motrice ?

Mais la nature du bien (c'est la fin et le ce en vue de quoi) ne s'y trouve pas non plus. En effet, ce qui est cause en tant que bien est ce pour[3] quoi est tout le reste, et qui, lui-même, n'est pour rien. Et telle est | la **182**
fin. Néanmoins, la fin et la réalisation[4], pour un certain but, de choses antérieures à cette fin, cela se trouve dans les actions et dans les sciences productrices et pratiques. Or, là où il y a production et action, il y a aussi mouvement, en sorte que, dans les êtres immobiles, on ne trouvera pas non plus de cause finale en elle-même, c'est-à-dire, précisément, ce qu'est, | de sa propre nature et absolument, le bien. En effet, c'est sans doute cela qu'il veut dire par « par soi et par sa propre nature » (996a24), ce qu'il appelle aussi : bien en soi.

Mais en voulant montrer que la cause finale ne se trouve pas en toutes choses – non plus, en fait, que la cause productrice, car aucune des deux ne se trouve dans les êtres immobiles –, Aristote ne dit pas à partir de là que la cause finale ne se trouve pas en eux, mais que ne se trouve pas en eux la nature du bien, à laquelle il arrive d'être la fin. | C'est pourquoi, ayant commencé avec le bien, il développe l'idée que la cause finale ne se trouve pas non plus dans les êtres immobiles, en montrant qu'en toutes choses, le bien est fin. Or, puisque certains biens sont aussi producteurs, il fait voir quels biens peuvent constituer des fins, en disant : « s'il est vrai

1. À partir de Sepúlveda, Bonitz ajoute « ἑκάστη » (absent des manuscrits, y compris P), mais l'expression peut être vue comme une ellipse.

2. P donne un texte un peu différent de celui édité par Hayduck à partir de LF mais avec un sens sensiblement identique : « ὅτι δ'οὐκ εἰσὶ πάντα τὰ αἴτια ἐν πᾶσι ».

3. Alexandre explicite, sans doute pour des raisons pédagogiques, le « οὗ ἕνεκα » (ici rendu par « en vue de quoi ») en « οὗ χάριν » (ici rendu par « pour quoi »).

4. Le verbe « ποιεῖν » vaut aussi bien pour les actions que pour les productions.

que tout ce qui est un bien par soi et par sa propre nature est une fin » (996a23-24). Après avoir posé que le bien par soi est cause finale | et après avoir montré que la cause finale est fin d'une action, et que toute action est accompagnée de mouvement (les actes conformes aux vertus et qui ont le beau pour but se produisent en étant accompagnés de mouvement et, de même, tout art qui tend vers un bien l'obtient au moyen d'un acte et d'un mouvement), il montre par là que la cause selon le bien et la fin ne se trouve pas dans les êtres immobiles[1].

| L'expression « ni quelque bien en soi » (996a28-29)[2] a un sens équivalent à : aucun [des êtres immobiles] n'a le bien pour fin. Le bien en soi est bon par soi et de sa propre nature, et ce qui est bon de cette façon est, selon Aristote, une fin.

Pour montrer qu'il en va ainsi, Aristote prend le cas des objets mathématiques. En eux, en effet, ne se trouvent ni la cause productrice, ni la cause finale, pas plus qu'il n'y a, en géométrie, de démonstration d'une proposition | qui ait recours à l'argument : "car c'est mieux ainsi"[3]. Par exemple, il n'y a pas de démonstration de la proposition selon laquelle les angles d'un triangle sont égaux à deux droits pour la raison que ce serait meilleur, à la manière du ce en vue de quoi dans le cas de ce qui vient à être par nature ou qui est mû par un art. Il n'y a absolument aucun géomètre qui fasse mention de la cause finale !

Les choses étant ainsi, des sciences différentes connaîtront des causes différentes. C'était en effet pour poser cette thèse[4] | qu'Aristote a rappelé ces arguments.

Après avoir dit, concernant les objets mathématiques, qu'on ne trouve pas en eux de cause finale, à savoir, précisément, le bien, Aristote présente, à titre de confirmation, la recherche conduite par les sophistes[5]. Il évoque Aristippe qui, à la manière d'autres sophistes, traite lui aussi des sciences mathématiques comme de sciences plus indigentes encore que

1. L'argument repose sur la restriction du Bien et de la fin à des normes ou à des réalités purement pratiques. D'où le contre-argument de 183, 8-13.

2. La proposition complète est : « De sorte que, dans les êtres immobiles, on ne pourra trouver ni ce principe, ni quelque bien en soi ».

3. Sur cette question, voir aussi le témoignage de Simplicius, *In Phys.* 362, 17-19 et 367, 34 *sq.*, qui cite un argument d'Alexandre selon lequel, dans les objets mathématiques, à la différence des objets physiques, le ce-en-vue-de-quoi n'est autre que la forme et que c'est elle qui, dans ces objets mathématiques, sera cause finale et cause ultime.

4. Au sens de la branche de l'aporie.

5. Alexandre passe au commentaire de 996a32-996b1.

les arts les plus vulgaires[1]. Selon eux, en effet, chacun | de ces arts a en vue une certaine fin et un certain bien, et, au cours de leurs réalisations, ils font mention de l'argument[2] : « car c'est mieux ainsi », tandis que les mathématiques n'ont aucune cause de cette sorte et ne tiennent aucun compte des biens et des maux.

Mais cet argument, à son tour, semble comporter une erreur de logique[3], car | de l'hypothèse où, dans certains objets de science, on ne **183**
trouve pas toutes les causes, il ne s'ensuivra pas de là qu'il n'appartiendra pas à une science unique de les connaître toutes. En recourant au même argument, en effet, il est possible de montrer que, puisque dans certains objets de science on trouve toutes les causes, alors il appartiendra à une unique science de les connaître toutes. Car de l'hypothèse où toutes les sciences ne connaissent pas toutes les causes, mais qu'il existe des sciences dans lesquelles on [ne] trouve [que] | certaines d'entre elles, il ne s'ensuit pas immédiatement de là qu'il n'y aura aucune science pour les connaître toutes, comme Aristote le montrera aussi un peu plus loin[4], en recherchant, à propos des sciences dans lesquelles se trouvent toutes les causes parce que leur sujet possède les quatre causes, de quelle sorte est la cause dont la connaissance fait surtout que la science du présent sujet en devient la science[5].

En outre, tout bien n'est pas, de sa propre nature, objet d'action : il y a d'une part le bien qui peut être objet d'action, d'autre part le bien qui est objet d'étude | et non pas objet d'action, qu'on trouve aussi dans les objets mathématiques, car la vérité à leur sujet, en tant qu'elle est un bien,

1. On conserve ici le texte de O « εὐτελεστάτων », contre A et P (« εὐτελεστέρων »). Hayduck omet de mentionner en apparat qu'il a tiré ce texte de L. Sur ce passage et les conclusions que l'on peut en tirer quant au texte de la *Métaphysique* lu par Alexandre, *cf.* M. E. Kotwick, *Alexander of Aphrodisias and the text of Aristotle's* Metaphysics, *op. cit.*, p. 162.

2. Ce passage est corrompu en A et O ; on traduit le texte proposé par Hayduck à partir de LF. P donne ce qui ressemble davantage à une solution de fortune (« ὑποτίθεται γὰρ »).

3. Ou « supercherie » ; le terme pouvant avoir les deux sens chez Alexandre, suivant que l'on se trouve en contexte purement logique ou bien plus précisément en contexte dialectique. On trouve un mouvement similaire en 190, 29 : reprise d'une argumentation d'Aristote au profit d'une certaine réponse à l'aporie, puis mise au jour de ses difficultés argumentatives.

4. *Cf.* 183, 15 *sq.*

5. Cette proposition assez tourmentée peut être comprise en référence à Aristote (996b3-5) et aux explications que va ensuite donner Alexandre lui-même en 183, 19-23 (pour la façon dont Alexandre construit la proposition d'Aristote, voir ci-dessous, note *ad loc.*). Pour Alexandre, Aristote demande la chose suivante : dans l'hypothèse considérée d'un objet explicable par les quatre causes, il y a donc une connaissance de plusieurs causes (w, x, y, z). La question est de savoir si c'est « surtout » la connaissance de la cause w (ou bien x, ou y, etc.) qui produit une authentique science de cet objet.

est une fin pour eux. Telle, en effet, est aussi la fin de la sagesse, car la connaissance du plus éminent et du meilleur des êtres, c'est-à-dire de ce qui est au plus haut point, en tant qu'elle est le bien le plus grand, est une fin pour la sagesse[1].

996b1 : *Cependant, s'il y a plusieurs sciences*[2] ...

| Aristote passe à l'argumentation contraire. Il soulève en effet la difficulté suivante : dans l'hypothèse où il y a plusieurs sciences à même de connaître les causes et les principes, et non pas une science unique – comme cela semble avoir été montré dans les difficultés précédentes[3], du fait que chaque objet de science n'a pas affaire à toutes les causes – quelle cause la science recherchée (c'est-à-dire la sagesse, comme il le précise) doit-elle connaître? Ou encore : de qui faut-il dire qu'« il a surtout la connaissance | scientifique de l'objet en question, parmi les objets qui possèdent » toutes les causes? (996b3-5)[4], « car il est possible qu'à une même chose appartiennent toutes les sortes de causes » (996b5-6). Donc, par la connaissance de quelle sorte de cause, c'est-à-dire laquelle de ces causes faut-il savoir pour posséder la science du sujet en question[5]? Si, en effet, des sciences différentes connaissent des causes différentes, alors, dans le cas des objets où l'on trouve les quatre causes, | par la connaissance de laquelle de ces quatre causes possédera-t-on la science de ces objets?

1. Il y a désaccord des manuscrits (A et O donnent « ἐκεῖνα »; L et F donnent « ἐκείνω »; P donne « ἐκείνο »). À la suite de Brandis, Bonitz propose « ἐκείνῃ », par parallélisme avec la proposition précédente (« ἐκείνοις τέλος », l. 11) et du fait que juste avant il a été dit que telle était la fin *de la sagesse*. La proposition précédente fait certes état de la fin des êtres mathématiques eux-mêmes, alors qu'il serait ici question de la fin de la sagesse, non pas de son objet; mais Alexandre passe allègrement de la science à son objet (voir aussi ci-dessous, l. 18-19). En tout état de cause, le passage repose ainsi sur le caractère autotélique des sciences théoriques, qui n'ont d'autre fin qu'elles-mêmes.

2. O et P donnent le texte classiquement retenu chez Aristote (« ἀλλὰ μὴν εἴ γε πλείους ἐπιστῆμαι », 996b1-2), contre A (« ἀλλὰ μὴν πλείους εἴ γε ἐπιστῆμαι »).

3. Puisqu'on se situe dans la première aporie, il faut entendre cette expression au sens du développement de la première branche de l'aporie.

4. Le texte d'Aristote est : « ἢ τίνα μάλιστα τοῦ πράγματος τοῦ ζητουμένου ἐπιστήμονα τῶν ἐχόντων αὐτάς. ». Alexandre comprend « αὐτάς » comme renvoyant à « τῶν αἰτίων » (996b2) et non « ἐπιστῆμαι » (à la différence des traductions modernes). Par ailleurs, contre la traduction de Madigan et contre ce qui est sans doute le véritable sens du texte d'Aristote, Alexandre interprète le génitif partitif « τῶν ἐχόντων » comme renvoyant non pas aux hommes qui possèdent un savoir, mais aux objets possédant toutes les causes, comme le montre la citation immédiatement suivante. Cette construction est confirmée par la reformulation qu'effectue Alexandre en 183, 24 *sq*.

5. O comporte ici une très légère variante : « προκειμένου » à la place de « ὑποκειμένου ».

Or par [le cas où] ces causes se trouvent ensemble [dans un objet de science], Aristote réfute aussi la difficulté[1] montrant que des sciences différentes connaissent des causes différentes et qu'il n'existe pas une unique science qui connaisse toutes les causes, au motif que les causes[2] ne se trouveraient pas dans toutes les sciences; [il la réfute] en alléguant que si, dans certains objets de sciences, on trouve toutes les causes, alors à l'évidence, ces sciences seront sciences de toutes les causes. Ainsi en va-t-il dans l'exemple qu'il allègue, | à savoir celui de l'architecture : dans ce cas, dit-il[3], la forme est l'énoncé, parce que la définition de chaque chose correspond à la forme; « le ce en vue de quoi », c'est, dit-il, « l'œuvre », (1) soit au sens où le ce en vue de quoi est, dans l'architecture, ce pour quoi l'œuvre est produite (elle est produite pour protéger), (2) soit au sens où l'œuvre produite est, dans l'architecture, le ce en vue de quoi, qui est précisément | la forme, dans l'idée que la cause finale et la cause **184**
formelle sont identiques (comme on peut aussi le découvrir dans le cas de certaines choses qui viennent à être par nature). (3) Ou alors l'œuvre n'est pas la forme mais le composé, qui ne serait pas identique à la cause selon l'énoncé[4].

Peut-être veut-il dire aussi quelque chose comme : dans les cas où l'on trouve les quatre causes, | quelle sorte de cause faut-il surtout connaître pour que celui qui connaît toutes les causes de l'objet en possède la science? En effet, il appartiendra en propre à la sagesse de connaître une telle cause.

Après avoir montré l'absurdité de la position selon laquelle les causes d'un même objet sont connues par plusieurs sciences, chacune connaissant une cause différente, à travers la proposition « de qui faut-il

1. La phrase éditée par Hayduck à partir de A est : « καὶ τὸ μὴ εἶναι δεικνύουσαν ἀπορίαν »; O donne : « καὶ τὸ μὴ εἶναι τὴν δεικνύουσαν ἀπορίαν ». En suivant Sepúlveda, Bonitz propose de remplacer par « τὴν » l'expression « τὸ μὴ εἶναι » (l. 26), ce qui est en réalité à peu près la solution proposée par P : « καὶ τὴν εἶναι δεικνύουσαν ἀπορίαν », que l'on traduit ici.

2. Sur la foi de LFS, Hayduck ajoute « πάντα » (l. 28, donné aussi par P), omis par AO, mais qui n'est guère indispensable à la compréhension du texte.

3. En 996b8.

4. Alexandre propose trois interprétations de la proposition aristotélicienne (996b7) selon laquelle l'œuvre est la fin, dans l'exemple de la maison, supposé montrer comment un même objet peut cumuler les quatre causes (et donc comment une même science peut avoir à toutes les étudier). La première interprétation fait de la fin de l'objet produit, la fin de la science elle-même (*i.e.* l'architecture); autrement dit, la science a pour cause finale celle de son objet. La deuxième repose sur l'identité entre causes finale et formelle : connaître la forme, pour cette science, c'est donc aussi connaître la fin. La troisième, plus elliptique, disjoint les deux causes au niveau de l'objet : l'architecture doit non seulement connaître la forme de son produit, mais aussi la fin du produit en tant que composé.

dire qu'il a surtout la connaissance scientifique de l'objet en question, parmi les objets qui possèdent [toutes les causes] ? » (996b3-5), | Aristote laisse de côté ce point et répond à la question de savoir « de laquelle de ces sciences on doit dire qu'elle est la science recherchée » (996b3).

996b8 : *Il ne découle, donc, de nos analyses antérieures, aucun argument pour savoir laquelle de ces sciences il faut appeler sagesse.* [1]

Après avoir demandé de laquelle de ces sciences il faut dire qu'elle est la science recherchée, Aristote montre que toutes peuvent l'être, | en recourant à ce qu'il a dit de la sagesse au livre Alpha. Au livre précédent, Grand Alpha, il a en effet énoncé certaines préconceptions communes sur le sage, parmi lesquelles l'idée que la sagesse doit être : la plus souveraine [2] et la plus à même de commander; la plus exacte et savante au plus haut point; à même de connaître les choses difficiles; connaissant toutes choses autant qu'il est possible; à même d'enseigner [3].

| En recourant donc de nouveau à cela, il affirme [4] que certains peuvent entreprendre, pour chaque cause, de montrer, avec un titre égal, que la

1. Le lemme donné par les manuscrits est conforme au texte de A$^{b}$M : « οὐδαμῶς ἔχει λόγον », alors que Ross et Jaeger éditent : « ἔχει λόγον » (texte majoritaire des manuscrits d'Aristote). Le problème est que l'interprétation d'Alexandre semble se conclure sur une thèse positive, avancée grâce aux préconceptions de *Métaphysique* A, à savoir celle de la cause finale comme objet par excellence de la sagesse. On pourrait alors se demander si Alexandre lisait vraiment « οὐδαμῶς ». En réalité, cette hypothèse peut être écartée, en raison de la paraphrase l. 14-15 : si toutes les sciences peuvent l'être, c'est bien parce qu'au premier abord aucun argument contraignant ne semble avoir été avancé auparavant. Alexandre enchaîne alors en soutenant que les données du livre Alpha rappelées ici par Aristote (996b8-13) permettent de soutenir la thèse selon laquelle, des quatre causes, c'est surtout la connaissance de la cause finale (la « meilleure des causes ») qui mérite le titre de sagesse.

2. Il faut souligner l'écart entre « ἀρχικωτάτην » (le terme d'Aristote) et « ἀρχιτεκτονικωτάτην », le deuxième terme relevant d'une véritable interprétation de la part d'Alexandre et non pas d'une simple paraphrase. Certes, la métaphore de l'architecte se lit aussi en A 1 (981a30 et 982a1), comme Alexandre s'en avise (*In Met.* 14, 6), mais c'est toujours dans le registre strict de l'analogie avec l'art. En réalité, jamais Aristote ne qualifie littéralement la sagesse d'architectonique.

3. Telles sont en effet les opinions courantes sur la sagesse présentées en A 2, 982a8-19. L'expression de « préconceptions communes » (« κοιναὶ προλήψεις », l. 16) est déjà employée par Alexandre dans le commentaire à A 2 (par exemple 9, 19-20; 9, 29, etc.) sans qu'il faille immédiatement voir là une stoïcisation de la méthode d'Aristote. Le vocabulaire est aussi épicurien et constitue certainement un bien commun de la *koinè* philosophique hellénistique et post-hellénistique.

4. En 996b9-10.

science à même de connaître leur cause est une sagesse[1]. Dans la mesure, en effet, où la sagesse est la science à la fois la plus à même de diriger et de commander, c'est-à-dire en tant qu'elle est la maîtresse des autres sciences, elle sera la connaissance de la fin, car celle-ci est le bien, c'est-à-dire ce pour quoi est tout le reste. C'est, de fait, le regard fixé sur la fin que l'on ordonne ce qui doit | être fait. La plus souveraine, la plus parfaite et la meilleure [des sciences], ce sera donc la connaissance de la meilleure des causes, et tel est ce pour quoi tout le reste existe. D'après cela, donc, on estimera que la sagesse est à même de connaître la fin.

996b13 : *Mais en tant qu'elle a été définie comme science des premières causes et de ce qui, au plus haut point, est objet de science, la science de la substance sera une science de cette sorte.*

| Dans la mesure, affirme-t-il, où la sagesse tout entière[2] été dite à même de connaître les premières causes et ce qui, au plus haut point, est objet de science, on estimera que la connaissance de la forme, c'est-à-dire de cette sorte de cause[3], est, à son tour, sagesse. Après avoir parlé en premier de la cause finale dans les objets d'action, il parle ensuite de la cause finale dans les objets de contemplation. Et il montre que la forme est connaissable au plus haut point à travers le fait que, | dans tous les cas, on dit qu'il y a science lorsque l'on connaît la forme de quelque chose, c'est-à-dire cette
| sorte de cause : « en effet, quoiqu'on puisse connaître scientifiquement **185**
la même chose de plusieurs façons, nous affirmons que celui qui cherche à connaître ce qu'est un objet par ce qu'il est, en sait plus que celui qui cherche à le connaître par ce qu'il n'est pas » (996b14-16).

Pour montrer que celui qui cherche à connaître la cause formelle d'un objet de science le connaît au plus haut point, Aristote pose d'abord que nous connaissons davantage l'objet en question | quand nous le connaissons à partir de ce qui lui appartient, plutôt qu'à partir de ce qui ne lui appartient pas. C'est cela en effet [que veut dire] « par ce qu'il n'est

1. Cet emploi indéfini de « σοφία » est conforme à ce que fait Aristote lui-même en A 2, qui ne part pas d'une compréhension prédéterminée de ce qui constituerait « la » sagesse, et emploie également des comparatifs pour distinguer telle connaissance qui serait « plus sagesse » que telle autre (voir par exemple 982a15-16).

2. En conservant le « πᾶσα » de AOP, qui indique que la caractérisation qui suit vaut pour la sagesse en général, comme une définition qu'on pourrait qualifier d'étiologiquement neutre, indépendamment de savoir si elle est surtout connaissance de la cause finale ou de la cause formelle.

3. Alexandre veut rappeler au passage que la forme est cause, ce qui l'inscrit dans la problématique générale de l'aporie. *Cf.* aussi, juste après, 184, 35 – 185, 1, et 185, 17-18.

pas » : certains enseignements ou les énoncés de certaines choses sont produits par des négations, et cette connaissance, précisément, se fera à partir de ce que la chose n'est pas. Par exemple, celui qui définit le point par le fait qu'il est dépourvu de parties cherche à le connaître par ce qu'il n'est pas et c'est à partir de ce qui ne lui appartient pas qu'il donne son énoncé. De même, | celui qui dit qu'est accident ce qui « sans être une définition, ni un propre, ni un genre, appartient pourtant à son sujet »[1], celui-là définit l'accident à partir de ce qu'il n'est pas. Mais celui qui dit qu'est accident ce qui peut à la fois appartenir et ne pas appartenir à la même chose, celui-ci cherche à connaître l'accident par ce qu'il est, car il le fait à partir de ce qui lui appartient.

Or, parmi ceux qui cherchent à connaître un objet par ce qu'il est, nous disons que celui qui le connaît au plus haut point, c'est celui qui connaît ce qu'est l'objet, plus que celui qui connaît | ses accidents, car il cherche à le connaître à partir de son essence et non à partir d'un certain accident. Or chaque chose est ce qu'elle est en vertu de sa forme, de sorte que celui qui connaît la forme connaît au plus haut point la chose. Si donc la connaissance de sa forme, c'est-à-dire de cette cause, est au plus haut point science de l'objet et que la science la plus haute est la sagesse, alors, d'après cet argument aussi, la science de la cause formelle | sera une sagesse.

996b18 : *Et en outre, dans les autres cas, la connaissance de chaque chose...*

La construction de l'expression est la suivante : et en outre, dans les autres cas, nous pensons que la connaissance de chaque chose dont il y a démonstration est présente lorsque nous connaissons son essence[2]. L'expression « et dans les autres cas » a un sens équivalent à : dans tous les cas où il y a | démonstrations. Que la connaissance de la forme soit au plus

1. *Top.* I 5, 102a4-5.

2. Le texte d'Alexandre omet le second καὶ, dans « [καὶ] ὧν ἀποδείξεις εἰσίν » (996b19). Le résultat est que, dans sa lecture, tous les « autres cas » appartiennent à la classe des démontrables, alors que dans notre texte d'Aristote, on peut lire les démontrables comme un sous-ensemble des « autres cas » et ce, que l'on prenne pour antécédent du relatif « ὧν » (996b19) « τοῖς ἄλλοις » ou « ἕκαστον ». Voir par exemple la traduction d'A. Jaulin et M.-P. Duminil : « de plus, dans tous les cas, et notamment dans ceux où il a démonstration, nous pensons qu'il y a savoir de chaque chose, quand nous savons ce que c'est ». Ross traduit le second καί comme explétif (« *i.e.* ») et parvient donc à un sens similaire à celui d'Alexandre (« *and further in all other cases also (i.e. where demonstration is possible) we think that the knowledge of each thing is present when we know what it is*... »). Par ailleurs, Alexandre ajoute (ou lit) « *τὸ τί ἐστιν* », au lieu du simple « τί ἐστιν » d'Aristote (996b20).

haut point connaissance de l'objet, il le montre à travers l'idée que, surtout dans les démonstrations, nous pensons posséder une démonstration de l'objet en question lorsque nous connaissons l'énoncé définitionnel de l'objet en question. Lorsqu'en effet nous connaissons la définition de l'objet en question [1] et que nous prouvons, au moyen de sa définition, que ce dont on prouve qu'il lui appartient lui appartient [effectivement], alors nous jugeons | que nous en possédons la démonstration au sens le plus propre.

Par exemple, nous savons ce qu'est une éclipse lorsque nous avons appris que la définition de l'éclipse est : interposition de la terre [2]. De même, nous savons ce qu'est la quadrature d'une figure rectiligne [3] lorsque nous avons appris que c'est la découverte d'une moyenne. Le carré tracé à partir de la moyenne est en effet égal [en surface] à la figure rectiligne. Et c'est une moyenne parce qu'elle est plus grande que le côté le plus petit de la figure rectiligne | et plus petite que le côté le plus grand. Le carré tracé à
partir d'elle | est égal [en surface] à la figure donnée. **186**

En effet, la définition accompagnée de la cause est une démonstration, quoique différente par l'ordre des termes, comme Aristote l'a montré dans les *Seconds Analytiques* [4].

1. Hayduck (dont l'apparat est peu clair, mais qui suit fidèlement Bonitz) édite : « ὅταν εἰδῶμεν τὸν λόγον καὶ τὸν ὁρισμὸν τοῦ προκειμένου· ὅταν γὰρ τὸν ὁρισμὸν εἰδῶμεν τοῦ προκειμένου… », que l'on suit ici. A et O comportent : « ὅταν εἰδῶμεν τὸν λόγον καὶ τὸν ὁρισμὸν εἰδῶμεν τοῦ προκειμένου… », le second « εἰδῶμεν » ayant été barré dans A et omis par P. L'ajout proposé par Bonitz de la seconde subordonnée s'explique par la syntaxe et la présence de deux « τότε » (l. 26 et 29), appelant deux subordonnées, et non pas une seule comme dans le texte donné par AOP, dont la leçon peut s'expliquer par un saut du même au même. Un argument décisif avancé par Hayduck est qu'Asclépius a bien lu un texte avec les deux subordonnées (voir 156, 33-36). La suite du commentaire d'Asclépius est strictement identique au texte d'Alexandre. Le commentaire d'Alexandre s'efforce d'éloigner l'idée d'une démonstration de la définition, pour revenir à la thèse standard selon laquelle la démonstration porte sur les propriétés de l'objet défini.

2. Les manuscrits sont en désaccord sur la place du « ἐστιν » et sur la place et la nature du « ὅ. » Le texte édité par Hayduck à partir de L donne un sens identique à ce que l'on trouve chez Asclépius : « ὅτι ἀντίφραξις γῆς ἐστιν, ὅ ἐστιν ὁρισμὸς τῆς ἐκλείψεως » (157, 2-3). Il n'y a néanmoins pas de raison de ne pas conserver A et O, que l'on traduit ici, et qui donnent : « ὅτι ἀντίφραξις γῆς ἐστιν ὁ ὁρισμὸς τῆς ἐκλείψεως ». Sur cette définition, voir par exemple *An. Po.* II 2, 90a15-16.

3. Sur cette définition, voir par exemple *DA* II 2, 413a17-18.

4. *An. Po.* II 10 et plus précisément 94a2 pour cette affirmation.

996b22 : *Concernant les générations et les actions*...

Après avoir montré que la[1] sagesse peut correspondre à la connaissance de la cause formelle, | il montre que la sagesse peut aussi correspondre à la connaissance de la cause productrice. En effet, dans tout ce qui vient à être ou qui est produit par l'action, c'est-à-dire en général dans tout ce qui change, la connaissance de la cause productrice, qui est précisément ce d'où part le mouvement, est cause de la connaissance de ces choses. Nous connaissons par exemple la cause de la guerre de Troie lorsque nous savons qu'elle est due à l'enlèvement d'Hélène, ce qui est précisément le point de départ | et la cause de la guerre, et nous connaissons la cause du combat lorsque nous avons connaissance de l'insulte qui est au départ du combat.

Après avoir parlé de la cause productrice, Aristote ajoute : « celle-ci diffère de la fin et s'y oppose » (996b24), en voulant dire par là que ces causes s'opposent et sont des opposées[2]. Il ajoute : « si bien qu'on estimera que l'étude | de chacune de ces causes appartient à une science différente » (996b24-26), proposition dont on estimera qu'elle ne s'accorde en aucune façon avec ce qui est proposé[3].

1. Le texte de O ajoute « ἡ », absent de AP.

2. O comporte exactement le texte édité par Hayduck, quoique Brandis ait suspecté une corruption en raison d'une indication dans le manuscrit A. Mais le texte se construit correctement (O n'indique pas de lacune) et c'est celui que l'on traduit. Hayduck propose de combler cette prétendue lacune à partir d'Asclépius, 157, 14-15 : « ὅτι τὸ μὲν προϋπάρχει (τοιοῦτον γὰρ τὸ ποιητικὸν αἴτιον), τὸ δὲ ὕστερον ἐπιγίνεται » ; « en ce que l'une préexiste (et telle est la cause productrice) et que l'autre survient ensuite ». Mais cela ressemble fort à une glose. P donne un texte plus économique, pour éviter aussi l'asyndète : « κατὰ τοῦτο λέγων ἀντικεῖσθαι ταῦτα τὰ αἴτια. Ταῦτα δ'εἰπὼν ἐπήνεγκε τὸ... » ; « en voulant dire par là que ces causes s'opposent. Après avoir dit cela, il ajoute... ». Cette version du texte se retrouve chez Sepúlveda.

3. Ce qui gêne Alexandre, c'est que, pour lui, Aristote est, depuis 996b1 (*cf.* 183, 15), en train de développer la seconde branche de l'aporie, celle selon laquelle il ne convient pas qu'à chaque science corresponde une espèce de cause, à l'encontre de quoi va l'affirmation citée de 996b24-26, qui lui paraît au contraire relever d'un argument en faveur de la première branche de l'aporie. En réalité, le développement d'Aristote n'est pas aussi symétrique et au lieu d'envisager immédiatement l'hypothèse d'une science de toutes les causes, Aristote a demandé sur quelle espèce de cause porterait la sagesse, si à chaque espèce de cause correspondait une science différente.

La suite du commentaire d'Alexandre envisage donc différentes solutions pour expliquer cette apparente irrégularité. La première consiste à restreindre la portée de l'affirmation citée à la seule sagesse (« science » signifiant uniquement sagesse). La seconde consiste à considérer l'argument comme mal placé, renvoyant en réalité à la première branche de l'aporie (une cause pour une science, et pas de science de toutes les causes). La troisième interprétation aboutit à l'absurdité selon laquelle deux objets opposés ne seraient pas étudiés par une même science et fait donc de l'affirmation un argument purement dialectique. La quatrième, enfin, corrige simplement le texte, en ajoutant une négation, pour en faire un argument cohérent

(1) Aristote s'était en effet proposé de rechercher, dans l'hypothèse où la connaissance de toutes les causes sans exception n'appartient pas à la même science, quelle est la cause dont la connaissance doit être appelée sagesse. Il a ensuite montré qu'en un certain sens, suivant les préconceptions sur la sagesse, on peut appeler sagesse la connaissance de la cause finale, celle | de la cause formelle et celle de la cause productrice. De ce qui a été montré, s'ensuivait la conclusion d'une pluralité de sagesses. Il faut donc comprendre ses mots dans un sens équivalent à : si bien que l'étude de chacune de ces causes appartiendra à différentes sagesses et que la sagesse ne sera pas unique, puisqu'il n'appartient pas à une unique science d'étudier les causes et que chacune des sciences capables d'étudier ces trois causes est une sagesse.

(2) | Peut-être la proposition « si bien qu'on estimera que l'étude de chacune de ces causes appartient à une science différente » (996b24-26) n'est-elle pas à prendre comme une conclusion s'ensuivant de ce qui vient d'être dit, mais de ce qui a été dit encore avant, en y rattachant l'idée que chaque science est à même de connaître une cause différente.

(3) Ou alors : après avoir d'abord dit de la cause productrice qu'elle diffère de la fin et s'y oppose, il ajoute à leur propos que, | parce qu'elles sont des contraires, il n'appartiendra pas à la même science, mais à des sciences différentes, de connaître chacune de ces deux causes.

(4) Ou encore, meilleure leçon : « si bien qu'on estimera que l'étude de chacune de ces causes *n'*appartient *pas* à une science différente ». En effet, Aristote avait refusé que la même[1] science | soit capable de connaître **187**
toutes les causes, pour la raison qu'elles ne sont pas des contraires. Mais comme Aristote a découvert une contrariété entre les causes finale et productrice, et, de surcroît, en raison de ses autres propos en faveur de l'idée qu'il n'est pas raisonnable qu'il y ait plusieurs sciences portant sur la connaissance de ces causes, peut-être ajoute-t-il que, suivant ce qui a été dit auparavant, | la connaissance de ces causes n'appartient pas à des sciences différentes. Et il aurait ainsi simultanément démontré que le traitement de toutes les causes est propre à la sagesse.

avec la thèse attendue ici par Alexandre, celle d'une science de toutes les causes, pour la raison que des contraires sont étudiés par la même science. Il est à noter que cette dernière proposition a été retenue dans la tradition manuscrite de la *Métaphysique*, comme une variante marginale ajoutée par la seconde main du manuscrit E et que $E^s$ attribue explicitement à Alexandre (voir M. E. Kotwick, *Alexander of Aphrodisias and the text of Aristotle's* Metaphysics, *op. cit.*, p. 257-258, n. 282).

1. En acceptant la correction par Hayduck du « αὕτη » des manuscrits en « αὐτὴ ». Alexandre se réfère ici à 996a20-21.

Il faut noter que, dans ce qu'il vient de dire, Aristote a à nouveau mentionné le livre Grand Alpha. Dans celui-ci, en effet, il avait exposé les préconceptions communes concernant le sage[1].

Mais après avoir mentionné ces trois causes[2] et montré en vertu de quoi la science à même de connaître chacune d'elles peut être | cette sagesse que nous recherchons ici, Aristote n'a plus fait mention de la cause matérielle, dans l'idée que la connaissance de ces trois causes est science en un sens plus propre et à un plus haut degré que celle de la cause matérielle, car celles-là sont causes en un sens plus propre et à un plus haut degré. On estime en effet que la matière, dans les choses qui proviennent d'elle, a la valeur[3] d'une condition *sine qua non.*

*Aporie 2*

996b26 : *De plus, concernant*[4] *les principes démonstratifs, la question de savoir s'ils relèvent | d'une unique science ou de plusieurs est sujette à controverse.*

Cette question – la deuxième dans l'énumération des difficultés à soulever – porte sur les axiomes, qui sont les principes des démonstrations et qu'il appelle aussi « opinions communes » parce que tous ceux qui font des démonstrations y ont recours. Lorsqu'il mentionne cette difficulté, il les appelle principes[5] « à partir desquels tous font des démonstrations » (995b8).

Aristote recherche | donc s'il appartient à la même science de les connaître, à savoir celle à laquelle il appartiendrait aussi de connaître les principes de la substance et de l'être, ou bien à une science différente, en sorte qu'il y aurait plusieurs sciences des principes, l'une des principes des démonstrations, l'autre de ceux de la substance. Et si la connaissance

1. L'enjeu de cette remarque est celui de l'authenticité du livre A ; voir aussi plus loin les remarques faites en 196, 19-24.

2. Finale, formelle et productrice.

3. La cause matérielle semble ici ne plus même être « cause » en un sens fort, mais déchoir au rang de condition. Sur cette question, voir en particulier M. Rashed, *Essentialisme. Alexandre d'Aphrodise entre logique, physique et cosmologie*, *op. cit*, p. 182-214 et M. Bonelli, « Alexandre d'Aphrodise et la cause matérielle », *Journal of Ancient Philosophy* III, 2, 2009. Plusieurs passages du corpus, en effet, convergent vers l'idée que la matière n'est pas cause de propriétés du composé, mais simplement son constituant interne et la condition « sans laquelle » il n'y aurait pas de composé capable de devenir. Voir par exemple ci-dessus 178, 14-15.

4. La préposition « περὶ » est absente du lemme d'Alexandre en AO, contrairement à notre version de la *Métaphysique*. Indispensable pour le sens, on la rétablit, comme le fait P.

5. En supprimant « ἐξ ὧν περὶ τούτων » (même texte en O).

des principes de la substance et celle des principes de la démonstration appartiennent à des sciences distinctes, laquelle faut-il appeler sagesse, c'est-à-dire : de quelle sorte de causes et de principes s'occupe la sagesse ?

| C'est donc à ce propos qu'Aristote soulève une difficulté, et, en faveur de la position selon laquelle il n'appartient pas à la même science de discuter à la fois de ceux-ci et de ceux-là, il emploie d'abord une argumentation de cette sorte :

Si toutes les sciences démonstratives ont, de la même manière, recours aux axiomes en fonction de leurs propres objets de démonstration [1], sans qu'aucune n'en traite [2], alors aucune des sciences recourant de la même manière aux axiomes n'en traitera. | Or la première [proposition] est vraie : toutes, en effet, y ont recours, comme aussi la science des principes de la substance, et aucune n'en traite. Ni la géométrie, par exemple, ni la musique n'en traitent, quoiqu'elles y recourent. D'où la seconde [proposition] [3].

Ou alors, ceci : si toutes les sciences ont affaire de la même manière aux axiomes, comme y a affaire la science de la substance, alors ou bien toutes en traiteront, ou bien même cette dernière n'en traitera pas non
plus. | Assurément, toutes ont affaire de la même manière aux axiomes, **188**
comme la science de la substance elle-même [4], et aucune n'en traite. Par conséquent, la science de la substance n'en traitera pas non plus. Or s'il en va ainsi, ce n'est pas la même science qui a pour objet la substance et les axiomes. | De même, en effet, qu'il n'appartient pas en propre aux autres sciences recourant aux axiomes (comme c'est le cas de la science de la substance) de traiter des axiomes, de même cela n'appartiendra pas non plus à cette science de la substance.

1. En gardant la leçon de P, proposée également (de façon indépendante) comme correction par Brandis : « κατὰ τὰ οἰκεῖα ἀποδεικτά » (l. 28), au lieu de « καὶ τὰ οἰκεῖα ἀποδεικτικὰ » (AO).

2. Le verbe « λέγω » a ici un sens fort : ce n'est pas qu'elles n'en « parlent » pas (toutes les sciences démonstratives, en recourant aux axiomes, peuvent les mentionner), mais elles ne les ont pas pour objets en eux-mêmes.

3. C'est-à-dire : alors aucune des sciences recourant de la même manière aux axiomes n'en traitera.

4. La proposition éditée l. 1-2 par Hayduck (« πᾶσαι γὰρ αὐτοῖς ὁμοίως πρὸς τὰς τῶν οἰκείων ἀποδείξεις χρῶνται ὥσπερ καὶ αὐτή » : « car toutes y recourent de la même manière, pour leurs démonstrations propres, comme elle-même le fait »), absente de AOP, est clairement une glose ajoutée par Asclépius et LF.

996b35 : *Puisque donc*[1] *cela appartient de la même manière à n'importe quelle science, mais que*[2] *cela ne peut appartenir à toutes...*

Pourquoi donc cela ne peut-il appartenir à toutes? C'est parce que [toute] science | est à même de démontrer les propriétés par soi de son sujet et que les sciences ayant différents sujets ont aussi différentes propriétés démontrées[3]. Il est impossible, en effet, que des sujets distincts aient les mêmes propriétés par soi; c'est pourquoi les axiomes ne peuvent appartenir par soi aux sujets de toutes les sciences. Or, s'il en va ainsi, il ne sera pas non plus possible à toutes les sciences de les démontrer[4].

Après avoir d'abord argumenté en faveur de[5] l'idée selon laquelle il n'y a pas une unique science qui traite | à la fois des principes de la

1. En gardant la leçon de OLF (« ἐπεὶ οὖν »), contre A (« ἐπεὶ τῶν ») et nos éditions modernes de la *Métaphysique* (« εἴπερ οὖν »).

2. Madigan pense qu'Alexandre ne lit pas « ἁπασῶν δὲ μὴ ἐνδέχεται » comme la suite de la protase (ce qu'il devrait faire à cause de la particule et de la négation), mais comme l'apodose. C'est ce que montrerait la suite du commentaire. Toutefois, rien n'empêche qu'Alexandre isole cette partie de la protase pour s'interroger spécifiquement dessus et en retrouver les prémisses.

3. Au sens de : « à démontrer ».

4. Au sens où *aucune* science ne sera capable de les démontrer; la phrase d'Alexandre suit la structure de la fin du lemme (« ἁπασῶν δὲ μὴ ἐνδέχεται » 996b35-997a1). Le raisonnement peut se comprendre ainsi : toute science a pour tâche de démontrer les propriétés par soi de son sujet; or une propriété par soi ne peut appartenir qu'à un seul sujet; il est donc impossible que les axiomes soient des propriétés par soi de tous les sujets de toutes les sciences; il est donc impossible qu'il existe une unique science capable de les démontrer. « S'il en va ainsi » (l. 13) signifie : si les axiomes sont des propriétés par soi des sujets de toutes les sciences et « αὐτά » (l. 14) réfère nécessairement aux axiomes, sans quoi le raisonnement d'Alexandre ne serait pas concluant.

Ce qui peut conduire à résister à cette lecture est qu'elle implique une démonstration des axiomes qui sont pourtant, par définition, indémontrables. Mais comme le note fort justement Madigan, Alexandre n'a pas encore rappelé cette règle : il ne le fera qu'en 189, 6-8. On peut ajouter 1) que le jeu de l'argumentation dialectique est précisément d'envisager les axiomes comme des propriétés par soi, lesquelles sont, dans l'épistémologie aristotélicienne standard et prises au sens strict, censées être démontrables; 2) qu'il s'agit là de toute façon d'une difficulté de fond de la position d'Alexandre par rapport aux axiomes, puisque dans la suite du commentaire (en particulier en Γ, par exemple *In Met.* 265, 24-31, mais aussi dans le proème à Δ, 344, 5-14), il va continuer de concevoir les axiomes comme des propriétés par soi des êtres en tant qu'êtres – ce qui, au premier abord, entre en tension avec son souhait affiché de faire de la science de l'être en tant qu'être une science démonstrative.

5. En corrigeant avec P (« ἐπιχειρήσας δὲ πρῶτον πρὸς τὸ ») l'haplographie de AO (« ἐπιχειρήσας δὲ πρῶτον τὸ »), contre Hayduck (« ἐπιχειρήσας δὲ πρὸς τὸ » LF). Chez Alexandre, le verbe ἐπιχειρέω se construit ordinairement avec les prépositions πρός et εἰς ou la complétive; la construction directe avec l'accusatif est rare, sinon inexistante (voir par exemple 202, 32, mais avec « δείξας »). Voir la proposition parallèle de 190, 19.

substance et des axiomes (c'est-à-dire des principes de la démonstration), il argumente ensuite l'idée selon laquelle il n'existe pas même de science des axiomes, en disant : « Mais, en même temps, de quelle sorte sera » la connaissance[1] des axiomes ? « Car nous avons dès à présent connaissance de ce que chacun d'eux se trouve être » (997a2-4).

Ce qu'il veut dire est la chose suivante : nous connaissons quelque chose de façon scientifique soit par la définition, soit par la démonstration. Donc, concernant les | axiomes aussi, s'il y en a une science, celle-ci consistera à démontrer l'une de leurs propriétés[2]. Mais d'une part, ce qu'est chacun d'eux est, aux yeux de tous, immédiatement évident. Par exemple, indépendamment de [toute] science, ce que signifient "dans tous les cas, ou bien l'affirmation ou bien la négation" et "des termes égaux à une même chose sont aussi égaux entre eux" est évident[3]. C'est en effet en tant qu'ils sont évidents que toutes les sciences y ont recours, sans avoir aucun | besoin d'une science qui le leur enseigne. Par conséquent, il n'y aura aucune science déterminée de ce qu'est chacun d'eux. D'autre part, s'il existe à leur propos une démonstration et une sorte de science démonstrative[4], alors il faudra qu'il y ait parmi eux d'une part des attributs, c'est-à-dire les choses dont on démontre qu'elles appartiennent aux axiomes (car Aristote appelle « attributs » les propriétés par soi, qui sont précisément les démontrables), d'autre part certains axiomes, | au

1. Alexandre donne « γνῶσις » avec article, et non « ἐπιστήμη » sans article, comme dans notre version de la *Métaphysique* – sans qu'il faille voir là une variante textuelle, mais plutôt une citation inexacte ou une paraphrase très proche.

2. Asclépius donne plus scolairement le sens attendu (donc nous connaîtrons les axiomes ou bien par définition, ou bien par démonstration ; *cf.* 160, 20-22). L'argument d'Alexandre est plus rapide et saute cette étape.

3. Sur l'idée d'une évidence intrinsèque des axiomes, voir aussi *In Met.* 271, 8 ; 272, 14 ; 273, 16 ; 317, 24 *sq.* ; *In An. Pr.* 13, 9, etc.

4. Hayduck, à la suite de Brandis, suspecte une lacune et propose de compléter le texte grâce au passage parallèle d'Asclépius : « εἰ οὖν ἔστιν ἀπόδειξις τῶν ἀξιωμάτων καὶ ἀποδεικτική τις ἐπιστήμη, δεήσει τὰ ἀξιώματα εἶναι <τὰ πρῶτα> ἕν τι γένος καὶ μίαν τινὰ φύσιν ὑποκειμένην, εἶναί τε αὐτῶν τὰ μὲν πάθη, τουτέστι τὰ ἀποδεικνύμενα ὑπάρχειν αὐτοῖς » (161, 2-5. Il imprime <τὰ πρῶτα>, ce qui est pléonastique, mais a lu « τὰ ποτὲ » et propose aussi « ἅπαντα »). Hayduck renvoie aussi à la page suivante d'Alexandre, 189, 13-14. L'opération n'est toutefois pas indispensable. La glose d'Asclépius, fondée sur Aristote (996a6), tend en effet à normaliser le sens, en distinguant, dans cette hypothétique science des axiomes : d'une part, les axiomes qui en font l'objet ; d'autre part, des attributs par soi ; enfin d'autres axiomes à partir desquels se feront les démonstrations. Mais la mention des axiomes comme genre-sujet de l'hypothétique science est déjà sous-entendue dans l'expression « περὶ αὐτῶν » (l. 26-27). La page suivante du commentaire a pour rôle de développer cette tripartition.

moyen desquels on démontrera leurs[1] propriétés par soi (par « axiomes », Aristote veut dire les prémisses indémontrables et immédiates).

Aristote dit « il est en effet impossible qu'il y ait une démonstration de toutes choses » (997a7-8) comme la suite logique de « il faudra qu'il existe un certain genre-sujet et que, parmi eux[2], les uns soient des attributs, et les autres, des axiomes » (997a6-7). De cela, en effet, s'ensuit logiquement qu'« il est en effet impossible qu'il y ait une démonstration de toutes
**189** choses », | car c'est des propriétés par soi (qu'Aristote appelle attributs) du sujet de la science qu'il y a démonstrations, et non de toutes choses ni de n'importe quoi; et il n'est pas non plus possible d'avoir une démonstration de tout ce qui est posé afin de prouver[3] quelque chose.

Aristote rattache la proposition suivante : « la démonstration, nécessairement, part de certaines choses, porte sur quelque chose, et [démontre] certaines choses » (997a8-9) | à « il faudra qu'il existe un certain genre-sujet et, que, parmi eux, les uns soient des attributs, les autres, des axiomes » (997a6-7), et c'est entre parenthèses et à cause des axiomes qu'il a dit : « il est de fait impossible qu'il y ait une démonstration de toutes choses » (997a7-8). L'expression « part de certaines choses » désigne les axiomes au moyen desquels s'effectue la preuve; l'expression « porte sur quelque chose » désigne le genre-sujet dont on prouve que quelque chose lui appartient | ou ne lui appartient pas; l'expression « [démontre] certaines choses », enfin, désigne ce dont on démontre qu'il appartient ou non au sujet, et qu'Aristote appelle attributs.

La proposition « d'où il résulte qu'il y a un unique genre de toutes les choses démontrées » (997a9-10) peut équivaloir à : il en résultera, s'il y a démonstration des axiomes et que les axiomes forment un unique genre (c'est-à-dire une unique nature sous-jacente), que tout ce qui est démontré au moyen | des axiomes relèvera d'une unique nature. Les raisons en sont (a) que toutes les sciences et toutes les démonstrations prouvent au moyen des axiomes ce qu'elles se sont proposé de prouver, (b) que les axiomes relèvent d'une nature une et identique, et (c) que les choses qui partagent entre elles une même nature servent aux démonstrations qui relèvent

1. Les propriétés par soi des axiomes de premier niveau, ceux qui formeraient le genre-sujet de cette hypothétique science.

2. Les principes.

3. « Δεῖξις » a ici (contrairement à d'autres passages) un sens distinct de « ἀπόδειξις », plus large et plus général s'étendant à tout type d'inférence, y compris non scientifique, *i.e.* pratique ou dialectique.

d'une nature unique[1], s'il est vrai que les démonstrations se font à partir[2] des propriétés par soi, et que, nécessairement, les choses qui partagent entre elles une nature une et identique appartiennent par soi à cette nature unique. | Aristote dit « genre unique » à la place de « nature unique ».

Ou bien ce qu'il veut dire est : s'il existe quelque chose comme une science et une démonstration des axiomes, il faudra qu'ils aient un certain genre-sujet, car toute démonstration et toute science démonstrative portent sur un genre déterminé, et tout objet de démonstration appartient à un genre déterminé. Donc, les axiomes aussi, s'ils sont démontrables et s'il en existe | quelque chose comme une science démonstrative, ont pour sujet un genre déterminé dont on prouve qu'ils lui appartiennent[3]. Toute démonstration, en effet, prouve qu'appartiennent à un certain genre (c'est-à-dire à une unique nature sous-jacente) les choses qu'elle démontre (qu'Aristote appelle attributs), au moyen de certains axiomes par lesquels s'effectuent les démonstrations, (c'est-à-dire de prémisses immédiates et indémontrables)[4]. Si, en effet, (a) ce qu'on prouve doit être prouvé au moyen des axiomes, et si les axiomes aussi peuvent être prouvés, | alors on ira à l'infini et, de cette façon, rien ne sera établi par

1. Ce qui est la définition des synonymes utilisée dans le commentaire à Γ (par exemple 241, 10-12 ou 243, 31-32). Une science démonstrative a au fond la tâche de montrer que et pourquoi les synonymes qui font son objet, sont synonymes, c'est-à-dire partagent une même nature.

2. Madigan propose de supprimer le « ἐκ » de 189, 18 qui serait contradictoire avec le reste des explications d'Alexandre, restreignant les choses « à partir desquelles » se font les démonstrations aux axiomes (ci-dessus l. 8) et non les propriétés par soi. Mais la suite du commentaire identifie les « ἐξ ὧν » de 997a23 avec les propriétés par soi (par exemple 192, 13-19), ce qui illustre une souplesse d'Alexandre à ce sujet. Ainsi Alexandre glose-t-il déjà la classe des choses « *à partir* desquelles » se font les démonstrations (997a8) en disant que ce sont les axiomes « *au moyen* desquelles » se font les démonstrations (l. 8).

3. Dans cette lecture, contrairement au paragraphe précédent, les axiomes ne sont pas le genre-sujet de la science en question, mais des propriétés par soi du genre-sujet ou ses « attributs », en sorte que l'hypothétique science aurait pour tâche de démontrer l'appartenance de ces propriétés que seraient les axiomes au genre-sujet (dont l'identité n'est pas dévoilée dans le raisonnement hypothétique qui suit). Il faut en effet rappeler que pour Aristote, dans la version la plus plausible d'une prétendue science des axiomes, une partie de ceux-ci deviennent des théorèmes démontrables, cependant qu'une autre partie doit conserver le statut de principes premiers (997a6-9).

4. Hayduck suspecte une corruption à la ligne 28, à cause de l'irruption des accusatifs pour expliciter un génitif (« ἀξιωμάτων », l. 27-28). Pour le passage parallèle d'Asclépius, voir 161, 3-9 (dont la structure évite la bizarrerie du texte d'Alexandre, mais qui, pour le sens général, revient au même). On trouve déjà cette explication à la page précédente (188, 30-31). Mais le texte des manuscrits, quoique irrégulier, peut être accepté en l'état.

démonstration. En effet (b), il est faux que tout soit démontrable[1]. Ce dont Aristote aurait aussi pu se servir pour démontrer qu'il n'y a pas démonstration des axiomes.

Que ce dont on a parlé doive se trouver dans toute démonstration, Aristote l'a fait voir en ajoutant : « la démonstration, nécessairement, part de certaines choses » (au moyen desquelles elle démontre), « porte sur quelque chose » (dont il y a démonstration), | « et [démontre] certaines choses » (cela même qui est démontré)[2]. Mais si les axiomes ont pour sujet un unique genre, alors toutes les choses démontrées et toutes les sciences
**190** auront un genre-sujet qui sera un et le même. Si quelqu'un en effet | se sert, pour une démonstration, de quelque chose qui appartient par soi à

1. Le passage pose problème, d'abord en raison des désaccords des manuscrits sur les adjectifs l. 30 (ἀποδεικτικὸν AOLF : ἀποδεικτὸν Ascl. PS) et 31 (ἀποδεικτικά AO : ἀποδεικτά LF Ascl. : ἀναπόδεικτα PS). Les incertitudes des manuscrits concernant les terminaisons en –ικος sont légion (voir, pour un cas très proche, 267, 10-11) et non pas seulement dans le *Commentaire à la Métaphysique*. Mais c'est plus généralement le sens de l'argument qui fait difficulté. Asclépius (161, 12-13) inverse l'ordre des deux dernières propositions : « οὐ γὰρ δυνατὸν πάντα ἀποδεικτὰ εἶναι, ἐπεὶ οὕτως οὐδὲν ἔσται ἀποδεικτόν ». Le manuscrit P donne : « οὕτω δὲ οὐδὲν ἀποδεικτὸν ἂν εἴη· δεῖ γε μὴν εἶναι, οὐ γὰρ πάντα ἐστὶν ἀναπόδεικτα· ὥστε ἐνῆν καὶ αὐτὸν χρησάμενον ἀποδεῖξαι ὅτι μή ἐστιν ἀπόδειξις τῶν ἀξιωμάτων ». Dans une veine similaire, Sepúlveda doit lire quelque chose comme : « οὐ γὰρ πάντα ἐστὶν ἀναπόδεικτα » (*quia non omnia sunt indemonstrabilia*).

L'argument se situe dans le développement de l'hypothèse contrefactuelle d'une science des axiomes. Dans la présente version de l'hypothèse, « science des axiomes » veut dire que les axiomes sont les attributs du genre-sujet de la science en question. Plus précisément, la proposition débutant à la l. 29 (« εἰ γὰρ δεῖ... ») consiste en l'amorce de la réfutation de cette hypothèse contrefactuelle (en référence à 997a7-8 ; *cf.* Alexandre, 189, 4-8). Alexandre souligne en effet la régression à l'infini impliquée par une science ayant à démontrer les axiomes (attributs par soi du genre-sujet de cette science) au moyen des axiomes (cette fois-ci au sens standard de l'épistémologie aristotélicienne, comme prémisses premières et immédiates). La difficulté de la proposition qui suit vient de ce qu'Alexandre semble expliquer que « rien ne sera démontrable / démonstratif » par l'assertion refusant que « tout soit démontrable / démonstratif ». Or dire qu'il est faux que tout soit démontrable / démonstratif, implique néanmoins que certaines choses le sont (non pas toutes). Un premier élément de solution, déjà proposé par Madigan, consiste à faire de l'assertion « οὐ γὰρ πάντα ἐστὶν ἀποδεικτ* » une explication non pas de ce qui précède immédiatement, mais, comme cela arrive, de la proposition encore précédente. Autrement dit, le « γάρ » de la l. 31 (b) est strictement parallèle à celui de la l. 29 (a), et il consiste en un second argument indépendant en faveur de la thèse de 189, 26-29, selon laquelle toute démonstration requiert des axiomes indémontrables. Dans ce cas, c'est la forme « ἀποδεικτά » (LF) qui fait davantage sens. En revanche, pour la forme précédente (l. 30), on peut légitimement conserver le texte de AO, qui a aussi été repris par LF, à savoir « ἀποδεικτικὸν », car il s'agit bien, dans cette proposition, de souligner qu'avec le danger régression à l'infini, c'est la possibilité même d'un discours *démonstratif* qui est minée.

2. Les propositions entre parenthèses sont insérées par Alexandre dans le texte d'Aristote (997a8-9) et font voir le travail exégétique en acte.

un genre, c'est-à-dire à une unique nature, il ne s'en sert pas pour un autre genre que celui auquel cette chose appartient par soi, car on ne démontre pas n'importe quoi par n'importe quoi. Et par exemple, si quelqu'un, dans ses démonstrations géométriques, se sert de certaines choses, il ne s'en sert pour rien d'autre que pour les sujets de la géométrie | parce qu'elles leur appartiennent par soi. Et si quelqu'un se sert de certaines choses en musique, il ne s'en sert pas pour autre chose que pour les sujets de la musique. C'est en effet au moyen des propriétés par soi que se font les démonstrations des propriétés par soi[1]. De même, ceux donc qui se servent des axiomes s'en servent pour le genre auquel ces axiomes appartiennent par soi.

Or ils appartiennent à un genre unique, s'il est vrai qu'il y en a une science | démonstrative. Mais toutes les sciences se servent des axiomes pour effectuer leurs propres démonstrations. Donc toutes les sciences auraient le même genre-sujet du fait (a) que toutes se servent des axiomes, (b) que ceux-ci appartiendraient à un unique genre et (c) qu'il n'est pas possible de se servir de façon démonstrative de ce qui appartient par soi à un genre pour autre chose que pour le seul genre auquel ces propriétés appartiennent par soi. | Mais si toutes les sciences ont pour sujet le même genre et que toutes démontrent au moyen des mêmes choses (à savoir au moyen des axiomes), alors toutes les sciences seront identiques.

### 997a11 : *Mais si la science de la substance et celle des axiomes sont distinctes…*

Après avoir argumenté en faveur de l'idée selon laquelle il n'appartient pas à la même science de traiter des principes de la substance | et des principes démonstratifs, mais à des sciences distinctes, et après avoir en outre argumenté au moyen d'un argument extérieur[2] en faveur de l'idée que les principes ne sont pas même démontrables, Aristote soulève

1. Ou : c'est en effet au moyen de ce qui appartient par soi [au genre] que se font les démonstrations des propriétés par soi. Comme va aussi le montrer la suite, Alexandre distingue donc entre les propriétés par soi au sens large (tout ce qui relève d'un genre, y compris, donc les axiomes qui lui sont propres) et les propriétés par soi en un sens plus strict de caractéristiques essentielles de l'objet de la science (les « παθή »). Seules ces dernières font l'objet des démonstrations conduites au sein de cette science. En ce sens, il faut se garder d'une lecture par trop mécanique qui tendrait à identifier systématiquement et immédiatement les « propriétés par soi » dont parle Alexandre à des propriétés démontrables.

2. Voir les expressions parallèles de 208, 18 et 220, 34. Il ne s'agit toutefois pas ici pour Alexandre d'indiquer l'usage d'arguments dialectiques ou de thèses qui ne font pas positivement partie de la doctrine aristotélicienne, mais bien plutôt de noter un argument extérieur au développement de l'aporie en question.

ensuite une difficulté dans la continuité de la précédente. Il cherche en effet laquelle de ces sciences est une sagesse et laquelle est la sagesse la plus éminente et la plus première : est-ce celle qui porte sur les principes de la substance ou celle qui porte sur ceux de la démonstration ?

Que donc il soit raisonnable de soutenir que la science des axiomes soit de cette sorte[1], il l'argumente de la façon suivante :

| La science de ce qui est premier est première. Or les axiomes sont premiers – ce qu'il montre en disant que ceux-ci sont « universels » (il a été montré que les universaux sont par nature premiers, par rapport à ce qui est sous eux ; or tels sont les axiomes, communs à toutes choses et universels, puisque tout ce qui est prouvé est prouvé par leur intermédiaire) et « principes de tout »[2] (or les principes sont premiers par rapport à ce dont ils sont principes ; par conséquent, en ce sens aussi ils sont universaux).

L'erreur de logique | consiste à avoir pris les axiomes comme étant absolument premiers et universels, car les termes communs à certaines choses ne sont pas, de ce seul fait, leurs universaux, pas plus que les universaux ne sont premiers absolument et au sens propre. Par conséquent, la science des universaux n'est pas non plus absolument première et plus estimable. De plus, les principes ne sont pas non plus prouvés au moyen des axiomes, car ils ne peuvent être démontrés.

**191** | 997a14 : *S'il n'appartient pas au philosophe…*

Quant à la difficulté qu'il a soulevée, de savoir à qui cela[3] appartient (ou bien c'est à toutes les sciences qui se servent des axiomes, ou bien à aucune), il montre maintenant que c'est à bon droit au philosophe qu'il appartient de traiter des axiomes, lesquels sont principes des démonstrations et au moyen desquels on prouve en premier lieu la vérité contenue dans tous les objets de recherche. | Et il l'explique en faisant voir l'absurdité de soutenir qu'il reviendrait à quelqu'un d'autre [que le philosophe] de traiter du vrai et du faux.

L'expression « à propos d'eux » (997a14) peut signifier : à propos des prémisses parmi lesquelles se trouvent aussi les axiomes – car à qui d'autre que le philosophe appartient-il de faire la part du vrai et du faux contenus dans les prémisses ?

1. À savoir que la science des axiomes soit la sagesse la plus éminente et la plus première, ce qui est la conclusion du syllogisme suivant.

2. Deux expressions tirées de 997a12-13.

3. À savoir traiter des axiomes.

Par là, il montre que, même s'il n'appartient pas | au philosophe premier de discuter de la démonstration et de ses principes, cela appartient tout du moins au philosophe [1]. Par ces considérations aussi, peut-être a-t-il été posé qu'en un sens l'étude de la démonstration est une partie de la philosophie [2].

*Aporie 3*

997a15 : *Et en général, pour les substances : y en a-t-il une seule science ou plusieurs ?*

| Puisque, parmi les substances, les unes sont intelligibles et immobiles, les autres en mouvement et sensibles, Aristote cherche à savoir si l'étude de toutes les substances appartient à une unique science ou bien à plusieurs sciences différentes, et, dans le cas où ce n'est pas à une seule, quelle sorte de substance doit être prise en considération par la science qui fait l'objet de notre présente discussion, à savoir la sagesse. Poser, en effet, que toutes les substances relèvent d'une unique science, Aristote affirme que ce n'est pas raisonnable, | et il explique pourquoi.

Si, en effet, il y avait une unique science de la substance, il y aurait aussi une unique science à même de démontrer tous les accidents par soi des substances. Toute science démonstrative, en effet, est à même de démontrer les propriétés par soi du genre précis dont elle s'occupe. Par conséquent, s'il y a aussi une unique science de la substance, la substance constituera un genre unique (si un genre unique relève d'une unique science, alors ce qui relève | d'une unique science constitue aussi un genre unique). Or, si la substance constitue elle aussi un genre unique, et s'il appartient à une unique science de démontrer les accidents par soi d'un

1. Aristote ne parle pas ici du philosophe *premier* et cette précision est bien une interprétation d'Alexandre, anticipant son commentaire au livre Γ où il va montrer que la logique est produite par le métaphysicien. Voir en particulier *In Met.* 266, 18-25, conformément au statut de « produit » (sous-entendu : de la philosophie) accordé à la logique en *In An. Pr.* 1, 5-13.

2. Ce passage semble aller à l'encontre la thèse standard qui fait de la logique un instrument de la philosophie (soutenue en particulier dans le proème du *Commentaire aux Premiers Analytiques*). Voir par exemple M. Bonelli, *Alessandro di Afrodisia e la metafisica come scienza dimostrativa*, *op. cit.*, p. 275 et, en lien avec *In Met.* 266, 18-25, M. Mignucci, « Alessandro interprete di Aristotele : luci e ombre del commento a *Metaph.* Γ », dans G. Movia (éd.), *Alessandro di Afrodisia e la « Metafisica » di Aristotele*, Milano, Vita e pensiero, 2003, p. 96. Mais, étant donné le contexte dialectique, étant donné la double modalisation à la fois par l'optatif et par le « πως », il ne paraît pas possible de fonder une interprétation sur cette proposition (je me permets de renvoyer à G. Guyomarc'h, « *Métaphysique* et *Organon* selon Alexandre d'Aphrodise. L'utilité de la logique pour la philosophie première », *op. cit.*).

genre unique, il y aura une unique science démontrant les propriétés par soi de toutes les substances. En effet, il appartient en propre à une science démonstrative d'étudier, pour un sujet donné, ses accidents par soi, au moyen des axiomes et des propriétés communes.

« Concernant, donc, le même genre » (997a21) – qui est dit à la place de : concernant, donc, | un genre unique –, étudier les accidents par soi au moyen des opinions communes… revient à dire que cela appartient à une science unique[1].

Mais Aristote semble introduire l'absurdité[2] à partir de la notion d'accident : après avoir posé qu'il appartient à [toute] science de démontrer
**192** les accidents | de son genre-sujet, alors, vu que tout ce qui n'est pas une substance est un accident de la substance, d'après ceux pour qui la science de la substance est une, il appartient à une seule science de traiter de tous les êtres, car, hormis[3] la substance, tous les êtres sont des accidents de la substance. En effet, c'est aussi pour cela qu'Aristote dit : « de fait, | une seule science serait à même de démontrer tous les accidents » (997a18-19), sans ajouter le reste[4].

1. La syntaxe heurtée de la proposition vient ce qu'Alexandre explique la phrase d'Aristote (997a21-22) tout en la citant ou en la paraphrasant au plus près. Pour éviter ce problème de syntaxe, Madigan, sur une suggestion de R. W. Sharples, supplée « τῆς αὐτῆς », à partir du texte d'Aristote (997a21-22), ce qui donnerait : « étudier les accidents par soi au moyen des opinions communes appartient à la même science, c'est-à-dire à une science unique ».

2. L'absurdité (et non « une » absurdité) au sens de celle qu'on attend dans la réfutation de cette position.

3. On ne retient pas la leçon des manuscrits AOP (« περί » : « tous les êtres autour de la substance »), la confusion entre les deux prépositions étant fréquente. Sur la bipartition des catégories entre substance et accidents, voir *In Met.* 242, 10-17, qu'Alexandre nomme « première des divisions de l'être » effectuées par Aristote dans les *Catégories*. La thèse est traditionnelle et remonte sans doute au moins à Andronicos de Rhodes (sous la forme d'une bipartition entre par soi et relatif, voir Simplicius, *In Cat.* 63, 21-30).

4. Hayduck suspecte une corruption à cause de la traduction de Sepúlveda qui semble ne pas lire « οὐκέτι » l. 5 (« *quod vero statim adjecit : Subjectum enim circa…* », une leçon qui provient sans doute du manuscrit P). Le texte est néanmoins intelligible en l'état, comme le note bien Madigan, si l'on comprend que, selon Alexandre, Aristote aurait omis de tirer la conclusion que cette science serait donc science de tous les êtres, substances et accidents des substances (conclusion qu'Alexandre a énoncée juste avant). Si l'on conserve le texte des manuscrits, alors la citation qui suit est en réalité un lemme. Le fait qu'Alexandre cite ensuite une seconde fois le texte de 997a22-24 va dans ce sens. Sur ce passage, voir aussi C. Luna, « Alessandro di Afrodisia e Siriano sul libro B della *Metafisica* : tecnica e struttura del commento », *op. cit*, p. 41, n. 5.

997a22 : *Ce qu'elle [étudie] appartient à une unique science et ce à partir de quoi [elle l'étudie] appartient à une unique science, que ce soit la même ou une autre.*

À mon avis, il s'agit de la chose suivante[1] : après avoir énoncé que si la substance constitue un unique genre-sujet, il y aura aussi une unique science démonstrative d'absolument toutes les propriétés par soi de la substance, il a ajouté de façon générale[2] : « ce qu'elle | [étudie] appartient à une unique science et ce à partir de quoi [elle étudie] appartient à une unique science, que ce soit la même ou une autre, de sorte que les accidents aussi sont étudiés ou bien par [ces sciences] elles-mêmes[3], ou bien par une unique science composée des précédentes » (997a22-25).

Ce[4] qu'il veut dire est peut-être la chose suivante : il appartient à la même science d'étudier ce qu'est son sujet et d'étudier ses propriétés par soi, car c'est à partir d'elles et en elles que ce sujet a l'être[5]. Mais, de plus, la science à laquelle | il appartient de connaître les propriétés par soi de quelque chose, il lui appartient aussi d'en démontrer les « accidents » par soi.

1. Il y a deux temps dans l'explication : un moment logique ou formel (la construction du raisonnement) et un moment d'explication proprement dite (*cf.* l. 12).

2. L'expression « de façon générale » (« καθόλου ») montre qu'Alexandre ne lit pas la proposition de 997a22-24 uniquement dans le cadre précis de l'hypothèse d'une science de la substance et donc de tous les êtres.

3. Les manuscrits divergent chez Aristote (εἴθ' αὗται dans la branche β et $V^{d}$ : εἴτ' αὐταὶ $EE^{s}J$) comme chez Alexandre (αὐταὶ A : αὐτὰ OP). On conserve ici la leçon de A. À noter que le manuscrit L ($A^{b}$ dans les éditions d'Aristote) donne « εἴθ' αὗται » chez Aristote, mais « εἴτ' αὐταὶ » en marge, pour ce passage d'Alexandre. La suite du commentaire montre qu'en tout, Alexandre nous livre trois leçons différentes : « εἴτε αὐταὶ » (192, 11), « εἴθ' αὗται » (193, 1-2, confirmé par la paraphrase de 193, 34-35), « εἴθ' αἱ αὐταί » (194, 4, anticipé dans la paraphrase de 193, 2, et indiqué comme leçon distincte). Comme le montrent les explications d'Alexandre, il ne fait toutefois pas de grande différence conceptuelle qu'il soit écrit « εἴτε αὐταὶ » ou bien « εἴθ' αὗται », soit parce que la valeur intensive de « αὐταὶ » est sans importance sémantique, soit que « αὐτός » en grec post-classique ait sa fonction anaphorique même au nominatif.

4. Sans conserver le « καί » ajouté par PLF, omis par AO. Le « ἄν » qui suit, absent de AO et rétabli par les autres manuscrits, est grammaticalement nécessaire, mais il n'est pas rare qu'Alexandre l'omette (voir, entre autres exemples, 195, 11, où il est également absent en AOP).

5. Contrairement aux interprétations modernes, Alexandre comprend « ἐξ ὧν » de 997a23 comme désignant non pas les axiomes (« ἐκ τῶν κοινῶν δοξῶν », 997a21-22), mais les propriétés par soi, ce qui, dans sa lecture, rend raison de la conséquence (« ὥστε καὶ τὰ συμβεβηκότα… »), puisque dans ce qui suit, accidents par soi et propriétés par soi désignent la même chose. La thèse selon laquelle le sujet a l'être à partir de ses propriétés par soi se retrouve en 193, 23.

Peut-être a-t-il dit « ce à partir de quoi [elle étudie] appartient à une unique science » à la place de : ce à partir de quoi se font [1] les démonstrations portant sur le sujet en question. Les démonstrations se font en effet au moyen des propriétés par soi que doit connaître celui qui s'occupe du sujet en question. Dès lors, celui à qui appartient la connaissance de la nature [2] sous-jacente, il lui appartient aussi | de connaître les propriétés par soi de cette nature, car la connaissance de l'essence de l'objet en question se fait au moyen de ce par quoi se font aussi les démonstrations des propriétés de cette essence. Or la science à laquelle appartient la connaissance de ces propriétés, il lui appartient aussi de prouver les « accidents » par soi de son genre, au sens des choses dont on prouve par démonstration qu'elles appartiennent à ce genre. À celui, en effet, à qui il appartient de connaître à la fois le genre-sujet et ce par quoi | on prouve les propriétés par soi de ce genre, il lui appartient aussi de démontrer les propriétés par soi du genre ; et à celui à qui il appartient de démontrer quelque chose, il lui appartient aussi de le connaître.

Donc, ou bien [3] la science qui traite d'un genre-sujet donné et de son essence [4] est unique – parce que le genre lui-même est un, c'est-à-dire une unique nature –, et alors il appartiendra aussi à une science unique de démontrer tous les accidents par soi de ce genre. Ou bien c'est à plusieurs sciences et à des sciences différentes qu'il appartient de traiter du genre considéré et de l'essence [5], | parce que ce genre n'a pas une nature unique (car ce n'est pas parce que certaines choses se trouvent sous un genre plus haut que, pour autant, il appartient à une unique science de les connaître : il faut en réalité que le sujet dont traite chaque science soit de même forme et relève d'une unique nature), et alors il appartiendra à plusieurs sciences et à des sciences identiques de démontrer les propriétés de ce genre. En effet, les sciences qui portent sur les propriétés par soi et les accidents par soi d'un sujet sont aussi nombreuses que celles qui portent sur ce sujet.

1. Le « γιγνόμεναι » ajouté par LF, absent de AOP, n'est pas indispensable.

2. Au sens large de réalité.

3. En gardant le texte proposé par Bonitz et repris par Hayduck à partir de LF (contre « εἰ γοῦν » AOP). Dans tous les cas, Alexandre élabore une alternative entre, d'un côté, l'unicité de la science du sujet et de ses propriétés par soi, de l'autre, la distinction des sciences du sujet et de ses propriétés.

4. La proposition doit être prise en un sens « général » (et non comme portant précisément sur la science de la substance), conformément à l'interprétation d'Alexandre (ci-dessus l. 9).

5. Le passage est difficile. Le manuscrit O confirme la première partie de la conjecture de Hayduck « καὶ ἄλλης καὶ ἄλλης... » (l. 29). Hayduck propose en outre de supprimer « ἢ περὶ » (même ligne), et il est suivi par Madigan. Il est préférable de se contenter d'une correction plus économique, en supprimant seulement « ἢ ».

|La proposition « de sorte que les accidents aussi sont étudiés ou bien par ces sciences[1], ou bien par une unique science composée des précédentes » (997a24-25) a peut-être un sens équivalent à : il reviendra aux mêmes sciences, parmi lesquelles l'étude du genre-sujet et l'étude de ce par quoi les propriétés de ce genre sont démontrées, de connaître aussi les accidents par soi, | c'est-à-dire des choses dont on démontre qu'elles appartiennent à ce genre[2]. Ou bien, donc, ces sciences sont plusieurs, au sens où elles sont séparées les unes des autres, et alors les sciences démontrant ces accidents par soi seront aussi plusieurs. Ou bien ces sciences n'en font qu'une, composée de plusieurs sciences comme de parties, et il en ira alors de même pour celle qui prouve les propriétés par soi du genre en question, car elle sera une, bien que rassemblant plusieurs sciences comme ses parties. **193**

Mais si Aristote a ajouté cela, c'est parce qu'on | estime que l'étude de la substance constitue l'ensemble de la philosophie – non pas que toute la substance revienne à toute la philosophie, mais qu'à une partie de la philosophie revienne la substance sensible et naturelle, à l'autre, la substance intelligible.

Au motif qu'il a réduit à quelque chose d'absurde la position selon laquelle il y aura une unique science qui soit à même de démontrer les propriétés par soi de la substance, Aristote s'arrête, sans en dire davantage. On estimera irrationnel, en effet, que la même science | étudie à la fois les accidents de la substance sensible et ceux de la substance intelligible.

Mais comment donc – pourrait-on demander – la substance ne constitue-t-elle pas un genre unique, si par "concernant un genre unique"[3], Aristote entend ici, non pas le commun, comme il l'a dit, mais : concernant

1. En conservant la leçon de AOP « αὗται », contre la leçon donnée en 192, 11, mais avec, d'une part, 193, 34-35, où Alexandre paraphrase l'expression avec « ἑκατέρα τούτων » – comme si, donc, il lisait un démonstratif –, et, d'autre part, 194, 3-4. Il reste, que, juste après (193, 2), tout se passe comme si la reformulation d'Alexandre anticipait sur la leçon alternative indiquée en 194, 4 (« αἱ αὐταί »).

2. Cette proposition distingue trois types de savoir composant une unique science (seconde hypothèse dans l'alternative de 997a24-25). Elle place d'emblée ensemble a) la connaissance du genre et b) celle des principes au moyen desquels on démontre les propriétés de ce genre. À ces deux savoirs a et b, elle unit c) une dernière connaissance, celle des accidents par soi et de ce que ces propriétés par soi appartiennent effectivement à ce genre (en référence à *An. Po.* I 10, 76b11-16).

3. Alexandre ne reprend pas tant le texte même d'Aristote (997a21 : « περὶ οὖν τὸ αὐτὸ γένος ») que la traduction qu'il en a lui-même donné en 191, 29-30. Cela explique pourquoi, dans la suite immédiate, Alexandre mentionne ce qu'Aristote « a dit », alors qu'en réalité cela renvoie à sa propre interprétation. La proposition qui suit consiste donc à prendre « genre » non pas au sens précis de l'universel (le « commun ») de rang supérieur à l'espèce, mais simplement comme une classe d'objets partageant en commun des traits essentiels.

une unique forme et une unique nature de même forme? C'est en ce dernier sens, en effet, que [toute] science porte sur un genre unique, non pas parce que serait une la science qui porte sur tout ce qui provient du même genre le plus haut et le plus commun, | mais parce qu'est une celle qui porte sur les objets partageant la même forme et le même énoncé.

On peut aussi entendre l'expression « ce qu'elle [étudie] appartient à une unique science et ce à partir de quoi [elle étudie] appartient à une unique science » (997a22-23) au sens suivant : si la science d'un genre, qui recherche l'essence et la définition de chacune des choses qui se trouvent sous ce genre, est une, alors la science à même de connaître et de démontrer les propriétés par soi de ce genre, c'est-à-dire ce à partir de quoi il a l'être, est également une. C'est en effet au moyen des propriétés par soi de chaque genre, c'est-à-dire au moyen de | ses accidents par soi, que se font les démonstrations. Or c'est à une science unique qu'il appartient de connaître les propriétés par soi d'un genre unique. Si, en effet, la science définitionnelle d'un genre est une, alors la science démonstrative l'est aussi. D'une part, en effet, « ce que » (997a23) signifie l'essence et l'être essentiel, d'autre part, par « que ce soit la même ou une autre » (997a23-24)[1], il veut peut-être dire : que ce soit à la même science qu'il appartienne de définir la même[2] chose et d'en démontrer les propriétés par soi, c'est-à-dire que la même science soit à la fois définitionnelle | et démonstrative; ou bien que ce soient deux sciences distinctes et non pas deux parties d'une même science. Il en découlerait donc qu'une unique science démontrerait les accidents par soi du même genre.

C'est cela, en effet, qui fait défaut dans l'expression « de sorte que les accidents aussi… » (997a24)[3], car il manque : il appartiendra à une unique science de les étudier et de les prouver. En effet, à la science à laquelle il appartient de connaître les « ce à partir de quoi » (997a23), il lui appartient aussi de prouver les accidents par soi du sujet – soit que chacune | de ces deux [activités] étudie les propriétés par soi du sujet mais en formant deux sciences distinctes, l'une, définitionnelle, s'occupant

1. Corruption comblée grâce au passage tout à fait parallèle d'Asclépius (164, 6 *sq.*) : « τὸ δὲ <εἴτε τῆς αὐτῆς εἴτε ἄλλης> εἴη ἂν λέγων, εἴτε τῆς αὐτῆς τό τε ὁρίσασθαι τὸ αὐτὸ καὶ τὸ ἀποδεῖξαι τὰ καθ' αὐτὸ [chez Alexandre, αὑτὸ O : αὑτὰ A] ὑπάρχοντα τῷ αὐτῷ… ».

2. Cet emploi de « αὐτό » s'explique par le texte d'Aristote « τὸ αὐτὸ γένος » (997a21), qu'Alexandre a explicité en « ἓν γένος » (191, 29-30).

3. Alexandre ne propose pas ici une correction de la phrase, mais ce qu'il faudrait ajouter pour qu'elle soit parfaitement intelligible (*cf.* M. E. Kotwick, *Alexander of Aphrodisias and the text of Aristotle's* Metaphysics, *op. cit.*, p. 93, n. 323). Alexandre propose donc de lire quelque chose comme : « de sorte que les accidents aussi, il appartiendra à une unique science de les étudier et de les prouver… » avant l'alternative qu'il va rappeler ensuite.

de saisir, l'autre, démonstrative, de démontrer [1] ; soit qu'il y ait une unique | science, composée de ces deux [activités], à la fois celle de définir et celle **194** de démontrer. De même en effet que la science capable de définir et de montrer l'être essentiel d'une chose une est une, de même aussi la science démonstrative est une.

Dans certains manuscrits, à la place de « ou bien par ces sciences », il est écrit « ou bien par les mêmes sciences ». Avec cette leçon, le sens serait le suivant : que l'[activité] | de définir le même genre et celle de démontrer soient identiques l'une à l'autre, ou qu'elles ne soient pas identiques, mais qu'elles soient des parties d'une unique science, de sorte que la science du genre-sujet est composée de ces deux [activités] [2].

*Aporie 4*

997a25 : *En outre, cette étude porte-t-elle seulement sur les substances* [3] *ou aussi sur* [4] *leurs accidents ?*

| Cette difficulté a, elle aussi, déjà été énoncée par Aristote dans l'exposé des difficultés [5]. La difficulté soulevée par ces mots va apparaître comme la suite logique de ce qui précède : « ce qu'elle [étudie] appartient à une unique science et ce à partir de quoi [elle étudie] appartient à une unique

1. Le passage laisse entendre que, pour Alexandre la tâche définitionnelle de la science ne porte pas uniquement sur le genre-sujet (tandis que la partie démonstrative porterait uniquement sur les propriétés par soi qu'elle aurait à démontrer) : la partie définitionnelle concernerait aussi les propriétés par soi. En 195, 33-35, Alexandre présente aussi la partie démonstrative de la science comme une entreprise de définition.

2. Pour mémoire, le commentaire d'Alexandre nous livre trois leçons différentes : « εἴτε αὐταὶ » (192, 11), « εἴθ' αὗται » (193, 1-2, qui semble confirmé par la paraphrase de 193, 34-35), « εἴθ' αἱ αὐταί » (194, 4, anticipé dans la paraphrase de 193, 2). Comme on l'a dit ci-dessus, les deux premières leçons ne semblent pas faire grande différence; c'est avec la troisième qu'un sens distinct apparaît.

3. O et A donnent ici un singulier (corrigé par $A^2$) et, de façon cohérente, mettent au singulier le démonstratif à la fin du lemme. Mais la citation de 195, 3-4 rétablit le pluriel attendu.

4. En suppléant « περὶ τὰ συμβεβηκότα ταύταις » avec la citation de 195, 4 et nos manuscrits de la *Métaphysique*.

5. Comme on l'a vu en introduction (p. 120), Alexandre montre moins d'intérêt que Syrianus pour le dénombrement des apories et la correspondance entre leur exposition en B 1 et leur développement dans le reste du livre. En l'espèce, cette aporie est présentée en cinquième position en B 1 (995b18-20) mais discutée en quatrième position. Alexandre se contentera de noter que l'aporie suivante (cinquième dans l'ordre de la discussion) a été présentée en quatrième (196, 1-2). Mais ce sera la dernière fois dans le Commentaire qu'il se livrera à une remarque de ce type (*cf.* C. Luna, « Alessandro di Afrodisia e Siriano sul libro B della *Metafisica* : tecnica e struttura del comment », *op. cit.*, p. 64).

science, que ce soit la même ou une autre » (997a22-24). En effet, par là, il a d'abord exprimé que, de même qu'il appartient à une unique science de définir son genre-sujet, de même aussi pour le fait de démontrer ses accidents par soi. | Il a ensuite soulevé la difficulté de savoir si ces deux [activités] appartiennent à la même science, ou s'il appartient à une science de définir, à une autre de démontrer. Maintenant, il affronte pour elle-même la difficulté de cette question et cherche à savoir si la science qui fait l'objet de notre discussion (à savoir la sagesse) étudie seulement les substances, en examinant ce que c'est d'être pour une substance et en définissant sa nature, ou bien si la même science étudie aussi les accidents par soi de la substance, | de sorte qu'en même temps, elle serait démonstrative. Si, en effet, il appartient à la même science d'étudier la substance et ses accidents par soi, celle-ci sera démonstrative, car c'est à une science démonstrative qu'il appartiendra de démontrer les propriétés par soi de la substance.

Mais Aristote ajoute comme une absurdité que « la science de la substance serait aussi démonstrative » (997a30-31), en considérant qu'être « démonstrative » implique de démontrer ce qu'elle traite | et étudie[1].

« Or on estime[2] », affirme Aristote, « qu'il n'y a pas de démonstration de l'essence » (997a31-32), en posant la prémisse valide selon laquelle il n'y a pas de démonstration de la définition ou de l'essence (ce qu'il a montré dans les *Seconds Analytiques*[3]). Mais que la même science étudie la substance, c'est-à-dire l'essence de la substance, et les propriétés par soi de la substance, n'implique pas dans tous les cas que, pour autant, | cette science soit à même de *démontrer l'essence* de la substance. En effet, ce n'est pas parce que la science qui étudie la substance est aussi démonstrative que, pour autant, elle est à même de démontrer la substance, car l'essence sera posée sous forme d'une définition, tandis que c'est par la démonstration qu'on saisira les propriétés par soi, puisque ce sont ces dernières qui sont démontrables. En effet, ce n'est pas parce que la même science porte sur les deux[4] que, pour autant, elle porte de la même

1. À savoir la substance, alors que, dans la répartition standard des tâches d'une science (énoncée fermement en *Métaphysique* E 1, 1025b7-16, un chapitre dont Alexandre fait grand cas), celle-ci a à définir son genre-sujet (donner son essence) et à démontrer ses propriétés par soi, et non pas à démontrer son genre-sujet. L'absurdité consiste donc à faire surgir le danger d'une démonstration de l'essence.

2. En supprimant, avec P et Bonitz, le « τοῦτο » l. 25.

3. *An. Po.* II 3-4 et en particulier II 3, 91a9-11, repris en II 8, 93b18-20. *A contrario*, voir *An. Po.* II 10, 94a1-2 et *Topiques* VII 3, 153a23-24.

4. Essence et propriétés par soi.

manière sur les deux. Définir et démontrer, en effet, ne s'identifient pas l'un à l'autre au motif que tous deux incomberaient à | une seule personne.

Mais Aristote, en posant que la science de la substance serait démonstrative, | transforme cela en l'idée que la substance relèverait **195**
du champ de la démonstration, au motif que[1] le propre d'une science démonstrative est d'étudier son objet par la démonstration. Dans l'intention de nous indiquer en quel sens il dit « cette étude porte-t-elle seulement sur les substances ou[2] sur leurs accidents ? » (997a25-26), Aristote prend l'exemple | des sujets de la géométrie – solides, figures planes et lignes (pour autant, dit-il, que ce soient des substances) –, puisque ces objets ont certaines propriétés par soi sur lesquelles porte la démonstration du géomètre. Appartiendra-t-il, dit Aristote, à la même personne d'étudier ce qu'est chacun de ces objets (c'est-à-dire de définir ce qu'est un solide ou une figure plane, ce qu'est une ligne) et d'étudier quelles sont les propriétés par soi de ces objets ? La définition de la ligne, par exemple, c'est : | longueur sans largeur ; ce qui lui appartient par soi (si, éventuellement, c'est le cas) : l'essence du droit ou du courbe, ou que : si une droite élevée sur une autre droite fait que les angles qui en résultent sont égaux entre eux, chacun de ces deux angles égaux est un angle droit et la droite élevée est perpendiculaire à la droite sur laquelle elle est élevée[3] – et toutes choses de ce genre.

Mais, par cet exemple aussi, il résout presque la difficulté qu'il avance. Les | géomètres, par exemple, bien qu'ils parlent de définitions et de démonstrations, ne démontrent pas leurs définitions. Au contraire, d'un côté, ils posent[4] qu'une surface est ce qui n'a que longueur et largeur, et ils en font usage sans démonstration ; de l'autre, ils démontrent que, parmi les figures planes, les rectilignes ont certaines propriétés par soi, tandis que les curvilignes en ont d'autres – et cela n'entraîne pas de démonstration de l'essence.

Assurément, les géomètres | n'ont pas pour sujets de leurs définitions des substances[5] ; mais la physique, elle, à la fois, a des substances pour sujets, n'en définit pas moins ces substances et démontre quelles sont

1. En conservant le « ὡς » de PLF, comblant la lacune de A, contre le « ἡ δὲ » de O.

2. Le « καὶ » (« ou aussi ») est omis par Alexandre, mais sans qu'il faille voir ici une leçon différente, puisqu'il peut s'agir d'une citation légèrement inexacte.

3. *Cf.* Euclide, *Éléments* I, définition 10, avec un texte légèrement différent.

4. Sur l'emploi de « λαμβάνω » pour désigner la saisie simple de la définition, *cf.* par exemple 193, 36 ; c'est pourquoi, à l'inverse de Madigan, je fais porter « χωρὶς ἀποδείξεως » sur « χρῶνται ».

5. En réponse à 195, 5-6.

leurs propriétés par soi. Car il est faux de dire que la physique démontre ce que sont le monde, le soleil ou n'importe quelle autre substance naturelle, et que, pour autant[1], elle ne traite pas par la démonstration des | figures du mouvement ou des lieux, ou de toutes les autres propriétés par soi des êtres naturels. Donc, de même, si les substances premières ont un quelconque accident, celui qui étudie leur essence traitera aussi de cela par la démonstration.

Après avoir ajouté, à l'hypothèse qu'il appartient à la même science d'examiner les deux[2], que ce serait absurde qu'il y ait une démonstration de la définition et de l'être essentiel, Aristote énonce ensuite quelle difficulté[3] résulte de l'hypothèse où il n'est pas vrai qu'il appartient à la même science | d'étudier les deux. Quelle science, en effet, hormis celle qui étudie la substance, pourrait étudier et démontrer les propriétés par soi de la substance, tout en différant de la première ? Voilà qui est difficile à découvrir. Il ajoute la prémisse valide selon laquelle il est malaisé de découvrir, indépendamment l'une de l'autre, la science qui traite de l'essence de son sujet et la science qui traite de l'essence de ses propriétés | par soi[4] – que ce soit dans le cas d'un autre genre ou dans celui de la substance. Il est impossible en effet, pour celui qui ignore l'essence de quelque chose, de prouver ses propriétés par soi.

1. Le « οὐκέτι » (l. 24, donné par tous les manuscrits consultés, AOLP), pris couramment comme « ne…plus », donne un sens contradictoire avec le sens attendu (et avec la proposition suivante des l. 25-27), puisque Alexandre serait en train de dire que la physique ne démontre pas ce que sont le monde et le soleil, mais qu'elle ne démontre pas *non plus* les propriétés par soi des êtres naturels. Or, si la physique ne démontre pas l'essence de ces objets (en vertu de l'interdit d'une démonstration de l'essence), elle a néanmoins à démontrer l'appartenance de leurs propriétés par soi à ses objets. C'est d'ailleurs ce sens que donnent les passages correspondants chez Syrianus (22, 20-22) et Asclépius (165, 10-15). Leur paraphrase étant plus libre, il n'est pas possible de se servir des textes de Syrianus ou d'Asclépius pour reconstruire la lettre d'Alexandre. Madigan propose de supprimer « οὐκέτι » et de suppléer un « οὐδὲν ἔλαττον » comme à la l. 21. Une solution plus économique consiste à lire « οὐκέτι » sous le régime du premier « οὐ γὰρ δὴ », produisant ainsi une double négation, et à l'entendre, comme cela arrive souvent chez Alexandre, au sens d'un « οὐ ἤδη » (« pas pour autant », « pas dès lors »). L'idée est alors que ce n'est pas parce que la physique ne démontre pas l'essence de ses objets, que, pour autant, elle ne démontre pas non plus leurs propriétés par soi.

2. Essence et propriétés par soi.

3. En conservant la leçon « ἄπορον » de AOLFP (qui, pour A, n'est reportée par aucun éditeur).

4. On retrouve ici cette façon qu'a Alexandre de présenter la partie démonstrative comme une entreprise de définition (voir ci-dessus 193, 33-36).

*Aporie 5*

| Après cela, Aristote soulève une difficulté qu'il a déjà lui-même 196 présentée au début (c'était la quatrième dans sa présentation) : doit-on considérer que les substances sensibles sont les seules substances, ou bien que d'autres substances existent aussi par soi, en dehors de celles-là ? Et, à la question de savoir s'il existe des substances en dehors des sensibles, il ajoute une autre question qu'il a aussi présentée dans son exposé des difficultés[1] : | y a-t-il une seule sorte ou bien plusieurs genres de telles substances[2], au sens où les unes seraient des Idées et des Modèles, et les autres des intermédiaires entre les Idées et les sensibles, comme les substances mathématiques. Telle était, en effet, la place assignée par les platoniciens aux objets mathématiques, qui, à ce qu'ils disent, sont par soi des substances, mais extérieures et séparées à la fois des sensibles | et des Idées. C'est à ce sujet, du moins, qu'Aristote tient les propos qui suivent, quand il cherche s'il y a « plusieurs genres de substances » (997b1). Et qu'à son avis il n'y en ait pas plusieurs, c'est ce qu'il montrera en réfutant les propos [des platoniciens].

997b3 : *Or la façon dont nous disons que les Formes sont par soi des causes et des substances a été énoncée dans nos premières discussions.*

| Après avoir abordé la difficulté de savoir si les substances sensibles sont les seules substances, ou s'il y en a d'autres en dehors de celles-là et s'il y a plusieurs genres de substances en dehors des sensibles, comme le croyaient les anciens disciples de Platon qui posaient à la fois des Idées et des substances mathématiques, Aristote recherche, à leur sujet, si des substances de cette sorte sont susceptibles d'exister. Dans l'intention d'infirmer [l'existence] de ces substances, il nous rappelle d'abord quelle sorte de choses | elles étaient selon eux, en nous renvoyant à ce qui a été dit au premier livre[3].

De là aussi, il est évident – comme cela l'était déjà à partir de plusieurs éléments – que ce livre[4] est bien d'Aristote et qu'il est issu du présent traité. De fait, la façon dont il a parlé précédemment de ces questions et

1. En 995b15-18.
2. Non sensibles.
3. *Métaphysique* A 6.
4. Grand Alpha.

la manière qu’il a maintenant de les mentionner sont d’allure similaire : dans les deux passages[1], il en a parlé comme si la doctrine des Idées était la sienne.

L’expression « or la façon dont… » est équivalente à : | or le sens en lequel… Aristote a énoncé au premier livre que, selon les platoniciens, les Idées sont des substances en soi et par soi, à même de définir [les sensibles][2], séparées des sensibles, tandis que les sensibles ont l’être relativement à des modèles; et qu’ils[3] plaçaient les Idées sous la cause formelle et l’être essentiel.

997b5 : *Quoique leurs difficultés soient nombreuses*[4]*, la plus absurde de toutes est | d’affirmer qu’il y a certaines natures en dehors de celles situées dans l’univers…*

Aristote a énoncé au premier livre quelles sont ces « nombreuses difficultés »[5] et il dit « en dehors de celles situées dans l’univers » à la place

1. Voir A 9, 990b9 *sq.* et 991b7. Outre le présent passage de Beta, voir aussi 1002b14. Les textes sont listés par Ross (1924, p. xv). Alexandre s’oppose à un raisonnement du type : en Grand Alpha, l’auteur parle de la doctrine des Idées en première personne, donc ce ne peut être Aristote. Sur cette question classique, voir W. Jaeger, *Aristotle : Fundamentals of the History of his Development*, *op. cit.*, p. 177-178 (en référence directe à ce passage d’Alexandre). Alexandre a déjà proposé un argument en faveur de l’authenticité de Grand Alpha ci-dessus en 187, 6-8. Sur la question de l’authenticité des premiers livres de la *Métaphysique* d’après Alexandre, je me permets de renvoyer à G. Guyomarc’h, *L’Unité de la métaphysique selon Alexandre d’Aphrodise*, *op. cit.*, p. 79-84.

2. En conservant la *lectio difficilior* « ὁριστικάς » de A, contre la leçon de O, « νοητάς » (« intelligibles »), reprise en marge de A comme de P. La leçon du manuscrit A fait sens si l’on entend par là que les Idées sont à même de fournir une authentique définition aux sensibles qui en participent, en référence au chapitre A 6, qu’Alexandre a manifestement en tête ici (*cf.* 196, 20, ci-dessus). Or le passage de 987a32-b10, qui décrit les années de formation de Platon, montre comment c’est par l’apprentissage à la fois auprès de Cratyle (les sensibles sont en devenir et ne peuvent être objets de science) et de Socrate (qui recherche l’universel et arrête sa réflexion sur les définitions), que Platon en vient à poser des objets autres que les sensibles, à savoir les Idées, d’après lesquelles les sensibles peuvent recevoir leur dénomination et, donc, leur définition. Vu la plasticité des adjectifs en –ικος, il n’est pas indispensable, comme le propose Madigan (en se référant à 50, 13 et 51, 22), de supposer la présence antérieure d’un « καὶ » et de corriger « ὁριστικάς » en « ὁριστάς ». Voir aussi 197, 12-13.

3. Les platoniciens. Hayduck suggère la possibilité d’un « ὑπῆγεν » se référant alors plutôt à Aristote (*cf.* 998b4-5).

4. « Πολλὰς δ’ ἐχόντων δυσκολίας » : variation par rapport au texte de la *Métaphysique* donné par tous les manuscrits et les témoignages hormis $A^b$ (qui a le même texte qu’Alexandre) : « πολλαχῇ δὲ ἐχόντων δυσκολίαν ». Dans l’interprétation d’Alexandre, « leurs » renvoie aux difficultés posées par la doctrine des Idées (*cf.* 197, 1).

5. *Métaphysique* A 6 et 9.

de : en dehors des natures à la fois sensibles et situées dans le monde[1] (par « univers », il veut dire “monde”), au sens où elles sont à la fois dans un lieu et naturellement constituées. Celles-là, en effet, peuvent être dites, au sens propre, « situées dans l’univers ».

Il affirme que, quoique | les absurdités résultant de la doctrine des **197**
Idées soient nombreuses – font difficulté à la fois[2] la question de savoir quel est leur type de réalité (est-ce celui de la substance ou non[3] ?), et celle de savoir de quelle façon se fait la participation, et toutes celles soulevées contre cette doctrine au premier livre –, la plus absurde de toutes est précisément celle qu’il expose maintenant, comme une conséquence qui s’ensuit pour les platoniciens. Ils affirment en effet, d’une part, l’existence | de certaines natures en dehors de ces natures sensibles et naturellement constituées, que donc[4] ils appellent Idées, et ils posent, d’autre part, que ces natures sont identiques aux natures sensibles et situées dans l’univers, dont elles ne diffèrent que par leur éternité.

Aristote confirme le fait que cela s’ensuit de leur doctrine à partir de leurs propres propos. Ils affirment en effet qu’il existe un Homme en soi, un Cheval en soi, une Santé en soi, mais ne disent « rien d’autre » (997b9) | à leur sujet. Or si ces choses-là sont[5] aussi des hommes et des chevaux, qui ne diffèrent des sensibles que par l’« en soi », pour le reste elles auront les mêmes propriétés que celles des sensibles (ce qui est sûr, c’est qu’en disant qu’il y a des définitions de ces Idées, ils affirment qu’elles conviennent aussi aux sensibles), à cette seule différence près qu’elles sont éternelles. C’est cela, en effet, que semble indiquer cet ajout, à savoir « en soi ». Par conséquent, ces choses-là seront aussi sensibles. | De même, en effet, que ceux qui parlent des dieux et les forgent à l’image des hommes en faisaient des hommes éternels, en leur attribuant l’éternité à travers le nom de « dieu »[6], de même, ceux qui forgent des Formes identiques aux sensibles,

1. On conserve, pour ce début de commentaire, le texte plus complet de A. Le manuscrit O omet la proposition l. 31-33, de « τὸ δὲ… » à « …ἐν τῷ κόσμῳ » ; le manuscrit P omet les l. 31-32, de « Τίνες μὲν… » à « …ἐν τῷ οὐρανῷ ».

2. Le « γάρ » introduit par Bonitz est absent de AOP.

3. Madigan propose de corriger « πότερον ἡ οὐσία » en « πότερον ᾗ οὐσία », mais la correction n’est pas indispensable. Le principal est de reconnaître la substantialité comme l’un des modes possibles de réalité (ou de subsistance), ce qui confirme le caractère étendu et plastique de « ὑπόστασις », qui ne prend sens qu’en contexte ou complétée. Sur la traduction de ce terme, voir aussi ci-dessus la note à 180, 4.

4. Le « καί » introduit par Brandis est absent de AOP.

5. La critique va se concentrer sur les prédicats des Idées (pour démontrer l’absurdité et l’inutilité de poser leur existence) et, contre Madigan, on prend ici « ἐστι » comme copulatif.

6. Cette critique aristotélicienne rappelle l’argument de Xénophane contre l’anthropomorphisme religieux (Fr. B14-16 DK).

rehaussées par l'ajout de « en soi », faisaient des Idées des sensibles éternels. Car il est impossible pour quelque chose d'être un homme ou un cheval, même pour ce qui admet leurs définitions, | sans être susceptible d'être senti et de sentir. Or, s'il en va ainsi, la thèse des Idées ne détruira pas celle selon laquelle il n'existe que des substances sensibles[1].

Ce qu'Aristote a d'abord posé, au livre Grand Alpha, en réfutant les Idées – à savoir que c'est parce qu'ils voulaient acquérir une sorte de science des êtres que [les platoniciens] s'étaient mis en quête de leurs causes, alors qu'ils croyaient acquérir | cette science des êtres en forgeant des substances au même nombre que les substances préexistantes[2] – il explique à présent en quel sens il l'a dit, à travers [la formule][3] selon laquelle ceux qui ont posé les Idées ne faisaient rien d'autre que de poser des substances éternelles, égales et identiques aux substances sur lesquelles portait leur enquête, s'il est vrai qu'elles ne diffèrent des sensibles que par l'ajout de « en soi », qui indique sans doute leur éternité.

997b12 : *En outre, si on pose, en dehors des Idées et des sensibles, des intermédiaires,* | *on rencontrera de nombreuses difficultés*[4]...

Après avoir soulevé des difficultés contre les Idées, Aristote passe ensuite à ces êtres que [les platoniciens] disent intermédiaires entre les Idées elles-mêmes et les sensibles, à savoir les objets mathématiques qu'ils considéraient comme des substances, c'est-à-dire des réalités subsistant en soi et par soi. Il affirme que de nombreuses difficultés résultent de cette doctrine. À travers cela, il montre que la nature des substances | autres que celles des sensibles[5] est difficilement compréhensible.

1. Le sens de l'argument consiste à dire que, puisque « homme » et « cheval » admettent nécessairement dans leurs définitions le fait d'être sensible et doué de sensation et que les Idées ne se distinguent, d'un point de vue intensif, que par leur propriété d'éternité, alors les Idées seront des sensibles éternels, et l'existence des Idées sera compatible avec la thèse selon laquelle il n'existe que des substances sensibles (corruptibles ou éternelles). Pour l'argument selon lequel les Formes ne se distinguent des sensibles que par leur éternité, voir déjà, par exemple dans le commentaire à A 9, *In Met.* 76, 12 et 24-25

2. L'argument est le premier présenté en A 9, 990a34 – 990b8.

3. Cette glose est liée au fait qu'Alexandre paraphrase librement 997b11-12.

4. Légères variations par rapport à notre texte de la *Métaphysique* : « μεταξὺ » sans article, et « τίθεται », au lieu de « θήσεται ».

5. AOP s'accordent sur « οὐσιῶν παρὰ τὰς τῶν αἰσθητῶν » que l'on traduit ici. De plus, O comporte « φύσεις » au lieu du « φύσις » donné par AP. On pourrait supposer que le texte complet était « ἡ τῶν οὐσιῶν παρὰ τὰς τῶν αἰσθητῶν φύσεις φύσις δύσληπτος » : « la nature des substances autres que les natures des sensibles est difficilement compréhensible ».

Il pose précisément les difficultés que voici. Ainsi, en effet, | qu'il en **198**
va pour la ligne (car d'après eux il existe une ligne en dehors de la ligne sensible et de son Idée, à savoir la ligne mathématique, dont traite la géométrie), ainsi en ira-t-il pour tout le reste, c'est-à-dire pour les objets mathématiques[1]. Tous les mathématiciens, en effet, auront pour objets d'étude certaines natures intermédiaires. Donc, puisque | l'astronomie aussi fait partie des mathématiques – elle qui porte sur le ciel, le soleil, la lune et les autres astres –, tout ce dont discutent le mathématicien ou l'astronome sera aussi intermédiaire entre les sensibles (le ciel, le soleil, la lune et les autres astres) et les Idées. Mais comment pourrait-il y avoir un soleil mathématique qui ne soit pas mû ? Ou un monde, ou un autre | astre ? Car l'essence et la nature de ces choses comprend telle ou telle espèce de mouvement[2]. Or ceux-là soutiennent que les objets mathématiques sont immobiles.

Mais il y a plus irrationnel encore que de soutenir que le monde et le soleil sont immobiles, c'est de soutenir qu'ils sont mus mais non sensibles, à savoir mathématiques. Il est impossible en effet, que se meuve quelque chose[3] qui n'est pas dans une matière et qui n'est pas sensible en vertu de sa propre nature. Cette absurdité résulterait aussi | pour les partisans d'une Idée du ciel (le Ciel en soi) ou d'une Idée du soleil (le Soleil en soi). Comment, en effet, peut-on concevoir l'une de ces choses comme immobiles ?

Ce même argument, qui vaut pour l'astronomie, vaut aussi pour l'optique, à propos de ce dont elle traite, et pour l'harmonie mathématique. Il s'agit, pour cette dernière, non pas de l'harmonie qui accorde les cordes[4] d'un instrument (car, d'après leur opinion, celle-là porte sur les choses sensibles), mais | de celle qui montre dans quel rapport numérique réside tout accord musical. Celle-ci, en effet, est l'harmonie mathématique, en ce que, précisément, elle portera sur les objets mathématiques. Toutes ces sciences, puisqu'elles sont mathématiques, auront pour sujets des substances mathématiques, intermédiaires entre les sensibles et les Idées. Mais comment pourrait-il y avoir des choses visibles mais non sensibles qui soient objets de l'optique, ou des choses audibles mais non sensibles qui soient objets de l'harmonie ? | Car il est dans l'essence de l'optique de

1. Paraphrase de 997b14-15.

2. Le Socrate de la *République* (VII, 529c-d) assume la thèse qui est présentée ici comme contradictoire.

3. En conservant le « τι » de AOP.

4. Peut-être allusion à *République* VII, 531b.

traiter de choses visibles, et dans celle de l'harmonie[1], de traiter de choses audibles.

La conséquence de cela, en effet, sera aussi qu'on parlera de sortes de facultés sensibles intermédiaires – c'est-à-dire autres que les nôtres –, par lesquelles s'effectuera la saisie de ces êtres intermédiaires. Or si ces facultés sensibles existent, à l'évidence il existera aussi des animaux dotés de ces facultés sensibles, intermédiaires entre les animaux en soi (c'est-à-dire les Idées) et les animaux corruptibles, car | il ne peut y avoir de facultés sensibles sans animaux.

997b25 : *On pourrait aussi soulever la difficulté de savoir sur quelles sortes d'êtres doit porter la recherche conduite par ces sciences...*

Ce qui fait difficulté est la chose suivante : puisque [les platoniciens] soutenaient que les sciences mathématiques portent sur des êtres intermédiaires entre les sensibles et les Idées, Aristote cherche quels | sont les sensibles pour[2] lesquels il y a, en dehors d'eux, ces entités intermédiaires sur lesquelles portent les mathématiques.

**199** De même, | affirme Aristote[3], que la géométrie se distingue de la géodésie mais ne diffère de la géodésie par rien d'autre que par le fait que cette dernière porte sur les sensibles et sur leurs mesures (elle a été découverte en Égypte à cause du besoin de diviser la terre, parce que les limites établies à l'origine s'étaient confondues, sous l'effet de la crue du | Nil), tandis que la géométrie ne porte pas sur les sensibles, et qu'il y a encore une autre [science] qui porte sur les Idées de ces choses ; de même, donc, que dans le cas de la géodésie et de la géométrie, il faut aussi que, dans le cas de la médecine, il y ait une médecine qui s'occupe de la santé des animaux sensibles, analogue à la géodésie, et une autre – distincte de la

1. La proposition l. 25 est omise par AP (ce dernier ajoutant « γάρ » après « ἀκουστῶν », l. 25-26), mais est donnée par O, qu'il faut néanmoins légèrement corriger (« ὀπτικῇ » au lieu du « ὀπτικὸν » donné, et « ἁρμονικῇ » au lieu de « ἁρμονικὴ ») avec Asclépius (170, 11-12).

2. La traduction s'efforce de rendre la double signification de « παρά » dans ce contexte : ce qui est à la fois *à côté de*, en dehors de, et ce qui vaut *pour* une certaine classe d'entités ; voir 211, 30-31 qui explicite ce double sens, et la note. Contrairement à L et à Asclépius que l'on suit ici, les manuscrits AOP comportent tous trois « περί » au lieu de « παρά ». Mais la confusion entre les deux prépositions est fréquente (196, 31-32 ; 198, 34 ; 199, 26, etc.). Elle s'explique sans doute ici par le lemme et la construction « περὶ ποῖα τῶν ὄντων δεῖ ζητεῖν ».

3. En conservant le « φησὶ » de AOP, puisque, même si ce n'est pas la doctrine aristotélicienne, Alexandre est bien en train de paraphraser 997b26-30.

médecine intelligible en soi[1] – qui soit intermédiaire entre celle qui traite de la Santé en soi | et celle qui traite de la santé dans les sensibles, et qui soit analogue à la géométrie.

Mais, s'il en va ainsi, il y aura une certaine santé distincte de la Santé en soi et de celle dans les sensibles, une santé intelligible pour les animaux intelligibles. De même, en effet, que s'il y a un Triangle en soi et une Ligne en soi et qu'il y a des triangles et des lignes sensibles (sur lesquels porte la géodésie), il y a aussi des triangles et des lignes intermédiaires entre les précédents (sur lesquels porte la géométrie), de même, s'il y a la | Santé en soi et celle dans les sensibles (sur laquelle porte la médecine), il y aura aussi, intermédiaires entre les précédentes, une certaine santé et une certaine médecine – l'argument est le même. Or s'il y a une certaine santé et une certaine médecine intermédiaires, il y aura aussi une autre sorte de choses saines, au moyen desquelles ce médecin [intermédiaire] conservera la santé, et, évidemment, des animaux [intermédiaires] dans lesquels se trouvera cette santé.

Mais pour ceux[2] qui conçoivent les objets mathématiques comme issus, par abstraction, des | sensibles et qui ne leur accordent pas une réalité propre, cela n'implique pas pour autant qu'ils conçoivent aussi une sorte de santé par abstraction, analogue aux objets mathématiques. Il est en effet impossible de séparer en pensée une essence, du corps naturel.

On le dira pour les autres arts comme on l'a dit pour la médecine : pourquoi cela vaudrait-il pour la géométrie, mais ne serait-ce plus le cas pour n'importe quelle autre science ? Il faut en effet | donner une raison pour qu'il en soit ainsi.

Après avoir soulevé cette difficulté, Aristote affirme ensuite que leurs propos (selon lesquels la géodésie porte sur les sensibles, et la géométrie, sur d'autres objets) ne sont pas même sensés[3]. De fait, la géodésie non plus ne porte pas sur les sensibles ! Et il en apporte une preuve : si elle portait sur les sensibles, elle se corromprait elle-même en même temps que les sensibles. Nécessairement, en effet, si l'objet sur lequel porte quelque chose est détruit, | alors ce qui porte sur cet objet est aussi détruit. Dans le cas, en effet, où l'objet est un ceci, si ce dernier s'est corrompu, ce qui porte sur ce ceci, lui aussi, s'est nécessairement corrompu, s'il est vrai que son être réside dans le fait de porter sur cet objet. Or, en réalité, aucun

1. Alexandre doit ajouter « en soi » puisque la médecine intermédiaire peut aussi être dite intelligible, de même que la santé intermédiaire est appelée « intelligible » l. 12.

2. À savoir, pour Alexandre, les aristotéliciens. *Cf.* ci-dessous 201, 1-2; 230, 1 et 34; et *DA* 90, 2-11.

3. À partir de 997b32.

art, aucune science ne se corrompent en même temps que leurs objets, et ce n'est pas le cas non plus de la géodésie. Par conséquent, il est clair que sciences et arts ne portent ni sur ces objets, ni sur ce qui est sensible et corruptible, mais sur | l'universel, lequel est éternel. Toute science, en effet, et tout art consistent dans l'étude de l'universel, lequel n'est pas sensible. En effet, ce n'est pas parce que l'on se sert des sciences et des arts relativement aux sensibles que, pour autant, ils portent sur eux. Mais c'est parce qu'ils portent sur les universaux et les objets de telle ou telle sorte[1] qu'ils traitent des sensibles : non pas en tant que sensibles et « ceci », mais en tant que « de telle sorte » et en tant qu'ils participent du commun.

**200** Par conséquent, si la | géodésie ne porte pas non plus sur les grandeurs sensibles, la géométrie ne différera pas de la géodésie par le fait qu'elle porte sur les intelligibles, car la géodésie aussi porte sur de tels objets. D'après le même argument, la médecine non plus ne porte pas sur la santé sensible, sinon elle se corromprait en même temps que se corromprait ce sur quoi elle porte.

Aristote montre ensuite[2] que l'astronomie non plus | ne discute pas des sensibles (par exemple de ce ciel-ci ou de ces astres-là). Ces derniers sont, de fait, incorruptibles, et l'on ne peut pas pour autant montrer que l'astronomie ne porte pas sur eux au motif qu'ils se corrompraient sans que soit détruite la science qui en discute, à savoir, précisément, l'astronomie. Mais c'est différemment et avec d'autres arguments que l'on montre leur essence. Il n'est pas possible, en effet, de saisir des lignes sensibles | semblables à celles que saisit l'astronome dans ses démonstrations, car aucune chose sensible n'est aussi droite[3] (Aristote parle du géomètre à la place de l'astronome[4]). Mais les lignes dont se sert l'astronome pour ses démonstrations astronomiques sont telles que le géomètre les décrit. De même, rien de sensible n'est sphérique ou arrondi de la façon dont les définit le géomètre. | Par exemple, le cercle sensible ne touche pas la règle, ni la surface sensible en un [seul] point, alors que les mathématiciens et les astronomes décrivent le cercle et la sphère comme touchant la surface en

1. Sur cette distinction, voir ci-dessous 236, 5 *sq.* ; *DA* 83, 7-8.

2. En 997b34-998a9.

3. Paraphrase très proche ou quasi-citation de 998a1. L'addition proposée par Madigan de « οἵας λέγει ὁ γεωμέτρης » (998a1) n'est pas indispensable si l'on se rappelle qu'Alexandre suit le texte pas à pas, quoiqu'il soit vrai que l'explication reste ici assez elliptique.

4. Cette parenthèse s'explique parce que, pour Alexandre (200, 4-5), Aristote a ici commencé à prendre l'exemple de l'astronomie et qu'il en vient à mentionner le géomètre (998a1). Sur cette question, voir aussi Aristote, *An. Pr.* I 41.

un [seul] point. Ainsi Protagoras[1] croyait-il qu'en recourant aux sensibles, il pouvait convaincre de leurs erreurs les géomètres, quand il montrait que rien de sensible n'est tel | qu'ils le disent, parce que lui-même ignorait que leur discours ne porte pas sur ces choses, pas plus d'ailleurs que celui d'aucun autre spécialiste d'un art.

Mais ni les mouvements des êtres sensibles dans le ciel, ni ceux du ciel lui-même – mouvements qui se produisent en cercle ou en spirale – ne sont tels que les conçoit l'astronome. L'astronome, en effet, pose la spirale et le cercle comme des lignes qui sont des longueurs sans largeur, | et il part du principe que les mouvements se font en fonction d'elles. Or, dans les sensibles, il n'existe aucune longueur sans largeur. En outre, ils conçoivent les astres comme des points et comme occupant dans le ciel le statut de points ; or le point est ce qui est dépourvu de parties et il n'y a rien de tel parmi les astres.

Mais si aucun art ne porte sur les sensibles, la différence entre les arts et les sciences mathématiques ne pourra consister | en ce que les premiers portent sur les substances sensibles, tandis que les mathématiques portent sur des substances intelligibles. En effet, pour[2] montrer cela, Aristote ajoute[3] :

998a7 : *Il en est d'autres qui affirment l'existence de ces êtres dits intermédiaires entre les formes et les sensibles, mais sans les poser à part des sensibles…*

| Après avoir discuté la position de ceux pour qui les objets mathématiques sont en soi et par soi des substances, séparées à la fois des Idées et des sensibles, Aristote en passe maintenant à ceux pour qui les objets mathématiques existent en vertu d'une nature propre, quoiqu'ils ne résident pas en dehors des sensibles, mais en eux. Cette doctrine diffère sans doute | de celle selon laquelle c'est par abstraction que les **201**
objets mathématiques sont à la fois saisis et pensés (ce qui est la doctrine

1. Platon, *Protagoras* 318d-e. Pour une interprétation extrêmement fine de la référence à Protagoras qui est ici faite, voir T. Auffret, « L'angle de contingence chez Platon et Protagoras », *Les études philosophiques* 175, 1, 2018, p. 149 *sq.*

2. Madigan traduit par « au lieu de », ce qui se comprend par rapport à la suite, mais qui rend étrange le « γάρ ». En réalité, la discussion qui va suivre vise à réfuter une thèse réduisant à une pure distinction conceptuelle la distinction entre objets physiques sensibles et objets des sciences mathématiques. Pour un emploi similaire de la préposition, voir aussi 210, 9.

3. On a ici un cas extrêmement rare d'une formule introductive d'un lemme, mais qui est bien noté comme tel dans O, et qui peut légitimement être considéré comme tel en ce qu'il introduit un commentaire du passage qui va s'étendre jusqu'à 998a20.

d'Aristote lui-même), en ce que [les partisans de la première doctrine], tout en accordant aux objets mathématiques une nature propre et distincte en dehors des sensibles, soutiennent qu'ils sont dans les sensibles – non pas qu'ils en fassent partie, mais qu'ils sont en eux tout en étant distincts d'eux. En revanche, ceux qui saisissent les objets mathématiques par abstraction[1], | après avoir séparé par la raison certains caractères sensibles[2], les[3] laissent tous, avec ce qui a été séparé[4], dans chaque totalité sensible, puisque cela même qui a été séparé n'a plus en lui-même la capacité à constituer complètement la nature sensible, même lorsqu'il est pensé avec une extension. En effet, la nature sensible, c'est l'extension pensée dans les êtres mathématiques, prise avec les [qualités] affectives séparées par la

1. C'est-à-dire ceux pour qui ils sont saisis par abstraction. Sur ce texte, voir aussi M. Rashed, *Alexandre d'Aphrodise, Commentaire perdu à la* Physique *d'Aristote (Livres IV-VIII). Les scholies byzantines*, Berlin, W. De Gruyter, 2011, p. 60.

2. En suivant M. Rashed (voir note précédente) qui rattache « τῶν αἰσθητῶν » à « τινὰ » et non à « χωρίσαντες », étant donné la logique de l'argument.

3. Le second « αὐτὰ » (l. 6 : « καταλείπουσιν αὐτὰ σὺν… ») ne peut pas avoir le même référent que le premier (l. 5, qui désigne nécessairement les objets mathématiques) parce que les objets mathématiques sont ensuite évoqués dans l'expression « σὺν τοῖς χωρισθεῖσι ». Le pronom renvoie donc à « τινὰ τῶν αἰσθητῶν ». Les propriétés sensibles qui font l'objet de l'acte d'abstraction (« χωρίσαντες ») doivent ainsi être distinguées de ce qui est séparé (« σὺν τοῖς χωρισθεῖσι »). Alexandre distingue entre les propriétés sensibles, en tant que sensibles, sur lesquelles va porter l'acte d'abstraction, et ce qu'elles sont, une fois séparées, à savoir des objets mathématiques. Dans l'abstractionnisme d'Alexandre, les objets mathématiques, en tant que tels et *stricto sensu*, ne sont dès lors certainement pas « dans les sensibles » : ils sont « κατὰ τὰ ὅλα αἰσθητά » (une nuance avec « ἐν », difficile à rendre, et explicitée ou complétée en *In Met.* 52, 17 par la préposition « μετά »). Les objets mathématiques sont donc non seulement dépourvus d'extension, mais aussi des qualités affectives, lesquelles sont inséparables de la corporéité. Cette doctrine est déjà évoquée dans le commentaire à A 6, en *In Met.* 52, 16-19; elle est également tout à fait cohérente avec ce que Simplicius reprend d'Alexandre dans le Commentaire à *Physique* II 2 (par exemple en *In Phys.* 291, 3-7). La thèse présentée ici, comme celle relayée par Simplicius, exclut qu'Alexandre ait adopté un strict abstractionnisme, si du moins l'on entend par là une conception exclusivement mentale de la réalité des objets mathématiques. Dans le corpus alexandrinien, l'abstraction n'est jamais décrite comme un processus de *construction* de l'objet mathématique, mais comme une méthode d'isolation et donc de découverte. Alexandre refuse donc à la fois 1) un pur mentalisme; 2) un réalisme mathématique *in re*; 3) un réalisme de type platonicien. Les objets mathématiques ne sont donc ni de purs *figmenta*, de pures constructions mentales, ni des substances de plein droit, soit immanentes aux sensibles, soit séparées.

4. En supprimant, avec A. Madigan, K. Flannery (« Mathematical entities in Alexander and Pseudo-Alexander of Aphrodisias », dans V. Celluprica (éd.), *Il Libro B della Metafisica di Aristotele*, Napoli, Bibliopolis, 2003, p. 148-149) et M. Rashed (*Alexandre d'Aphrodise, Commentaire perdu à la Physique d'Aristote (Livres IV-VIII). Les scholies byzantines, op. cit.*, p. 60, n. 76), le premier « τὰ » dans « πάντα [τὰ] κατὰ τὰ ὅλα αἰσθητά ». O donne le texte que Hayduck a tiré de LF; A et P suppriment le second « τὰ ».

raison, | car la nature sensible, en ce qu'elle subsiste par nature, consiste dans les deux ensemble.

Aristote affirme que cette doctrine[1] est, par bien des côtés, plus absurde que celle selon laquelle les objets mathématiques sont séparés. Pour le moment, il se dispense de passer en revue la plupart des absurdités résultant de cette doctrine, mais il expose (1) celle selon laquelle, avec le même raisonnement, les Idées aussi pourraient être posées dans les sensibles. Si, en effet, les objets mathématiques, | bien qu'étant des substances intelligibles par soi, résident dans les sensibles, on se demande bien pourquoi les Idées, qui sont elles aussi des substances intelligibles, ne résideraient pas dans les sensibles. Il faut donner une raison qui explique pourquoi les objets mathématiques résideront dans les sensibles, mais non pas les Idées.

Aristote a dit au second livre [du *De ideis*[2]] que de multiples absurdités résultent de cette doctrine ; il l'a également rappelé au premier livre, Grand Alpha, en parlant de la doctrine d'Eudoxe | et il en parlera encore au livre Nu du présent traité[3].

(2) En outre, [d'après cette doctrine], deux solides résideront dans le même lieu : le solide mathématique (car il y a aussi un solide mathématique, sur lequel porte la stéréométrie) et le solide sensible, dans l'hypothèse où le premier réside dans le second. Ainsi, en effet, il y aura un corps traversant un corps[4], si chacun des deux existe en vertu de sa nature propre et que l'un réside dans l'autre.

(3) En outre, les objets mathématiques ne seront pas non plus immobiles | puisqu'ils résideront dans les sensibles. Car si les sensibles sont mus, il est nécessaire que ce qui se trouve en eux soit aussi mû, et qu'ils soient mus non pas comme les accidents, mais comme ce qui réside soi-même en un lieu. Si, en effet, les objets mathématiques sont des grandeurs et qu'ils sont dotés d'extension, ils seront mus comme ces

1. Celle d'après laquelle les objets mathématiques ont une réalité propre tout en résidant dans les sensibles.

2. Madigan renvoie à raison à *In Met.* 98, 21-22 (« καὶ ὅσα ἄλλα ἐν τῷ δευτέρῳ Περὶ ἰδεῶν τὴν δόξαν ταύτην ἐξετάζων ἔδειξεν ἄτοπα ἔχουσαν » ; « Et toutes les autres absurdités que comporte cette opinion, comme l'a montré Aristote en l'examinant au deuxième livre *Sur les Idées* »), tout en notant qu'il s'agit d'arguments contre les Idées, non contre une conception des objets mathématiques. Mais c'est bien des Idées qu'il s'agit à cet endroit précis du Commentaire (201, 13-20) et c'est dans le second livre du *De ideis* qu'Aristote aurait proposé une argumentation contre Eudoxe (voir la mention explicite d'Eudoxe en 97, 28, juste avant la liste conclue par la proposition citée ci-dessus de 98, 21-22).

3. Voir respectivement *Met.* A 9, 991a13-19 et N 3, 1090a20 *sq.*

4. C'est le langage stoïcien contre lequel polémique Alexandre tout au long du *De mixtione*.

corps qui sont mus par contrainte, c'est-à-dire sous l'action de quelque chose, et non par l'impulsion qui se trouve en eux.

(4) Et, en général, dans quel but doit-on dire des objets mathématiques qu'ils existent, tout en résidant | dans les sensibles[1] ? Il est manifeste en effet qu'ils n'offrent aux sensibles aucun avantage, puisqu'ils existent aussi par eux-mêmes[2].

(5) Mais, outre les absurdités qu'on vient de mentionner, toutes celles qui résultent pour ceux qui conçoivent les objets mathématiques comme séparés, s'ensuivront aussi pour ceux [qui conçoivent les objets mathématiques comme résidant dans les sensibles]. Il y aura aussi, d'après eux, un ciel distinct du ciel sensible, et de même pour le soleil et chaque astre, sauf qu'ils n'existeront pas par eux-mêmes, mais dans | les sensibles eux-mêmes : il y aura un soleil dans le soleil, une lune dans la lune et un ciel dans le ciel – ce qui, outre cette absurdité, implique aussi celle selon laquelle deux corps résident dans le même lieu.

1. O renforce l'opposition en ajoutant « μὲν » l. 29, entre « λέγειν » et « αὐτὰ ». L'idée est que si les objets mathématiques existent et sont des substances, ils sont par soi et ne devraient pas être dans autre chose.

2. En retenant le texte de AOLF (« γε καὶ καθ' αὐτά ») qui ne comporte pas la négation, ajoutée par Hayduck à partir d'Asclépius. P omet également le καὶ (« γε καθ' αὐτά »). L'idée, assez elliptique, est que si les objets mathématiques, *dans cette doctrine* (et non dans celle d'Aristote), sont des substances par soi, ils ont un mode d'existence assez autonome pour ne pas constituer des parties utiles au tout en lequel ils résident. La critique d'Alexandre consiste toujours à pointer la tension, dans cette doctrine, entre l'autonomie substantielle accordée aux objets mathématiques, d'une part, et leur inhérence aux sensibles, d'autre part. C'est pourquoi elle est même plus absurde que la position réaliste stricte, qui en fait des substances séparées (201, 11-12).

## CHAPITRE 3

*Aporie 6*

| Concernant tous les points dont il vient de parler, Aristote affirme alors que ce n'est pas une difficulté banale, que de savoir comment, une fois ces points posés, on atteindra le vrai[1]. Cela vaut, en outre, pour ce qu'il ajoute : **202**

> 998a20 : *Et concernant les principes, la difficulté est de savoir s'*[2] *il faut poser comme éléments* | *et principes les genres, ou plutôt ce qui constitue chaque sorte de chose en premier*[3].

Cette difficulté aussi a déjà été mentionnée dans l'exposé des difficultés[4] ; il s'agit de celle qui demande s'il faut poser, comme principes des êtres et premiers d'entre eux, les genres et les communs, ou bien les éléments premiers dont les êtres sont constitués | et les derniers en lesquels ils se décomposent. Il fait voir ce qu'il veut signifier, avec le cas des sons articulés. En effet, les sons articulés sont composés d'éléments[5], et ils

1. Paraphrase de 998a20-21.
2. Texte légèrement différent de notre *Métaphysique* (« πότερον », mais *cf.* 202, 8).
3. En conservant le texte de $A^1$OP : « ἕκαστα πρώτα ». Cette leçon constitue une *lectio difficilior*, où l'emploi du pluriel peut s'expliquer parce que l'on renvoie non pas à chaque individu, mais à chaque classe d'individus, dans l'idée que les classes n'ont pas la même constitution, et où « πρώτα » est à prendre en un sens quasi adverbial pour désigner ce que chaque classe de choses est en premier. Certes, en 202, 9, Alexandre écrit : « ἐξ ὧν συνέστηκε τὰ ὄντα πρώτων », mais la formule peut être lue comme la normalisation d'un texte difficile. Pour l'expression « ἐξ ὧν συνέστηκε τὰ ὄντα πρώτων καὶ εἰς ἃ ἔσχατα διαλύεται », cf. *GC* I 8, 325b18-19 (avec, néanmoins, la leçon « πρῶτον » dans certains manuscrits). *Cf.* aussi 348, 15 *sq.*, où l'on lit plusieurs occurrences d'un « πρῶτον » adverbial non accordé à « ἐνυπάρχοντος ». La tradition manuscrite de la *Métaphysique* est sur ce point (998a23) assez divisée, entre « πρῶτον » et « πρώτων ».
4. 995b27-29.
5. Le terme « στοιχεῖον » désigne la lettre et, par suite, l'élément.

ont pour principes ce dont ils sont composés, et non pas le son articulé commun[1] qui serait un genre des sons articulés.

C'est aussi le cas pour les propositions géométriques : leur principe, ce n'est pas l'élément commun, mais les constituants des démonstrations [dont][2] nous nous servons pour démontrer tout théorème – au sens où nous parlons des *Éléments* d'Euclide. | Nous appelons en effet ce genre de choses des « éléments » pour la raison que ce par quoi ces théorèmes sont démontrés nous est utile pour la démonstration de tout théorème, en ce qu'ils sont des constituants de tous[3]. Parmi ces théorèmes eux-mêmes, les premiers sont aussi des éléments des seconds parce que nous nous servons des démonstrations des premiers pour démontrer les seconds.

Aristote présente également le cas de ces physiciens qui posent qu'il y a ou bien plusieurs corps premiers, | ou bien un seul, et il montre qu'eux aussi considéraient que ces corps (qu'ils appelaient principes des êtres) sont des constituants du reste des êtres et qu'ils sont ce dont proviennent ces êtres. De fait, Empédocle, en posant comme éléments les quatre corps, les appelait principes des êtres, non pas au sens où ce seraient des genres, mais en ce que ce sont des constituants des êtres engendrés à partir d'eux. Et il en va de même pour chacun des autres physiciens qui posent que le principe est corporel. |

De surcroît, il montre aussi, à partir du cas des artefacts, que c'est ce qui a le statut de constituant et d'élément [qui est principe][4], et non pas leur genre. De fait, dans le cas d'un lit ou de toute chose de cette sorte, celui qui veut savoir quelle est la nature de chacun d'eux en acquiert la connaissance à partir des parties dont ils sont constitués, car ce dont ils sont constitués est principe de chacun d'eux. C'est en effet à partir de la connaissance des principes | qu'est connaissable ce qui vient à être à partir de ces principes; on acquiert en effet[5] la connaissance de chacune de ces

1. En traduisant le texte plus complet de O (l'omission en A pouvant s'expliquer par un saut du même au même) : « αἱ γὰρ φωναὶ ἐκ τῶν στοιχείων σύγκεινται, καὶ ἀρχὰς ἔχουσι ταῦτα ἐξ ὧν σύγκεινται, ἀλλ' οὐ τὴν κοινὴν φωνὴν… » Le « son articulé commun » désigne ce qu'il y a de commun à tout son articulé, donc leur genre.

2. En acceptant l'une des conjectures de Bonitz (« οἷς »). Le texte édité par Hayduck, est confirmé par O.

3. Cf. *Met.* Δ 3, 1014a35-b2.

4. Cette précision, omise en $OA^1PLF$, ajoutée en interligne par $A^2$, est, implicite ou explicite, nécessaire à la compréhension de la phrase (pour une omission similaire, voir ci-dessus l. 13).

5. En conservant le « γάρ » des manuscrits, qui implique que les deux propositions commençant par « en effet » (« c'est en effet à partir de la connaissance des principes… », l. 29-30, et « on acquiert en effet la connaissance… », l. 30-31) sont deux explications ou explicitations de la proposition précédente. La version avec « δέ », retenue par Hayduck (avec

choses lorsque ce dont elles sont composées et le mode de leur composition deviennent évidents, en sorte que leurs principes le deviennent aussi[1].

Après avoir argumenté et montré par induction[2] que les constituants sont principes, et non pas les communs et les genres, il argumente ensuite l'opinion dans laquelle, inversement, on aura des raisons de tenir les genres pour des principes.

> | 998b4 : *En tant que*[3] *nous acquérons la connaissance de chaque chose grâce à leurs définitions, les genres des définitions sont principes.* **203**

L'argument est en puissance[4] le suivant :

Ce à partir de quoi nous acquérons la connaissance de chaque chose, ce sont leurs principes (on a admis, en effet, que c'est à partir du savoir des causes et des éléments de certaines choses, | c'est-à-dire de leurs principes, qu'a lieu le savoir de ces choses). Or c'est à partir des définitions que nous acquérons la connaissance de chaque être. Les définitions sont donc principes. Mais, à leur tour, les genres sont principes des définitions elles-mêmes[5], car la saisie du genre est principe des définitions. Or les différences aussi peuvent être appelées « genres », comme Aristote l'a dit dans les *Topiques*[6], en sorte que le sens est : sont principes des définitions les « genres », c'est-à-dire, précisément, le genre et les différences[7], car

A² et Asclépius), construit un syllogisme; mais il est malaisé de tenir la seconde proposition (l. 30-31) pour une stricte mineure.

1. Ou : si bien que ces choses (leurs composants et le mode de leur composition) sont aussi leurs principes. Mais l'article devant « ἀρχαί » en fait plutôt un sujet. Il n'en demeure pas moins qu'il ne faut pas comprendre la proposition comme si les principes étaient autre chose que les composants et le mode de composition.

2. Aristote s'est servi de quatre cas empiriques : les sons, les propositions géométriques, les éléments physiques et les artefacts.

3. Texte légèrement différent de notre texte de la *Métaphysique* (« ᾗ » au lieu de « εἰ »).

4. Pour cette expression *cf.* déjà 181, 2 et la note *ad loc.*

5. Lacune comblée grâce à Asclépius, 175, 26-27 : « ἀλλὰ μὴν πάλιν αὐτῶν τῶν ὁρισμῶν τὰ γένη ἀρχαί ».

6. *Top.* I 4, 101b18-19; pour le commentaire d'Alexandre, voir *In Top.* 38, 22 *sq.* Alexandre justifie l'appellation de générique pour la différence en ce que celle-ci, comme le genre, appartient à l'essence de la chose, en est une partie complétive (« συμπληρωτικά »), et est prédiquée de plus d'une seule classe de choses. Pour le double sens de « genre » en *Métaphysique* B, pouvant désigner à la fois une classe et une Forme platonicienne, *cf.* E. Berti « *Aporiai* 6-7 », dans M. Crubellier et A. Laks, *Aristotle's* Metaphysics *Beta*, *XVIth* Symposium Aristotelicum, *op. cit.*, p. 112, n. 22.

7. Le passage souffre d'un saut du même au même avec la l. 7 en AOP; on retient ici le texte que Hayduck édite à partir de LS.

ce sont eux | qui composent les définitions. Par conséquent, les genres sont principes, car les définitions sont principes des définis et les genres, principes des définitions.

998b6 : *Et si acquérir une science des espèces est acquérir une*[1] *science des êtres...*

L'argument est le suivant : c'est en fonction des espèces[2] que se produit la connaissance scientifique | des êtres, puisqu'il n'y a pas de science des particuliers. De fait, leurs définitions se font en fonction de leurs espèces. Or si la connaissance des êtres dépend de la connaissance de leurs espèces, les espèces seront principes des particuliers, parce que c'est en vertu de leur espèce que chaque être est un ceci[3]. Cependant, les genres sont principes des espèces, parce que les espèces sont issues de la division des genres, et que les définitions des espèces se font au moyen | des genres. Donc les genres sont principes aussi de tous les êtres.

Ou bien : c'est en fonction des formes (*eidè*) qu'a lieu la connaissance de chaque chose (car c'est en vertu d'elles que chaque chose a l'être[4]), non pas, toutefois, en fonction de l'espèce (*eidos*) qui est issue de la division du genre, mais de la forme qui est contre-distinguée de la matière. Or celui qui saisit la forme en ce dernier sens atteint celle qui est issue du genre[5].

1. Le « τὴν » de notre version de la *Métaphysique* est absent du texte d'Alexandre en AO, mais rétabli par P. En revanche les manuscrits s'accordent sur « καὶ » en début de phrase, comme dans la branche β des manuscrits chez Aristote, contre le « κἂν » de la branche α.

2. Le terme d'« εἶδος » signifie à la fois forme et espèce, et Alexandre joue consciemment sur ce double sens (voir, juste après, 203, 21-23).

3. Sur la forme comme ce par quoi (c'est-à-dire comme la cause par laquelle) les choses sont des ceci (« τόδε τι »), *cf.* par exemple *Mantissa* § 1, 102, 4 *sq.* ; § 5, 122, 11 *sq.* ; *In Met.*, 376, 11-12 (« ὃ γὰρ αἴτιον τοῦ τόδε τι εἶναι τῷ χωριστῷ, τοῦτο ἡ κατὰ τὸ εἶδος οὐσία. ») ; *Quaestio* 2 10, 55, 6, etc.

4. Alors qu'Aristote met les formes ou les espèces au principe du nom des choses dont elles sont les formes (« τῶν εἰδῶν… καθ' ἃ λέγονται τὰ ὄντα » 998b7-8), Alexandre traduit immédiatement la relation linguistique en causalité ontique, selon une thèse fréquente dans le Commentaire.

5. Le passage manifeste la conscience qu'a Alexandre du double sens du terme d'« εἶδος » – au sens d'espèce, en tant que classe issue de la division du genre, et au sens de forme du composé hylémorphique, opposée à la matière. Mais le raisonnement montre aussi le lien entre les deux sens (connaître la forme, c'est connaître l'espèce), tout en assurant une prééminence à la forme sur l'espèce – et c'est là ce qui distingue cette interprétation de la précédente, où εἶδος était seulement pris au sens d'espèce.

998b9 : *Or, manifestement, certains aussi, parmi ceux pour qui l'Un ou l'Être ou le Grand et le Petit sont des éléments | des êtres, les traitent comme des genres.*

Pour montrer que l'opinion selon laquelle les genres sont principes des êtres peut être raisonnable, il appuie maintenant cette opinion à partir aussi de ceux qui se sont servis des mêmes principes[1]. En effet, ceux qui posaient l'Un, l'Être, le Grand et le Petit comme principes des êtres, | les posaient comme principes des êtres, en tant que genres. Cette opinion serait celle de Platon. Celui-ci, en effet, posait comme principes l'Un, qu'il appelait être au sens propre, et la Dyade indéfinie, qu'il | nommait grand- **204**
et-petit. Or il les concevait comme genres *des êtres*, parce qu'il voyait que l'un et l'inégalité sont tous deux prédiqués de chaque être en particulier. C'est, en effet, d'une part, dans la mesure où chaque être est un ceci, et qu'il est tel en vertu de sa forme, que l'un et l'être se prédiquent de lui. | Et c'est, d'autre part, dans la mesure où Platon voyait le substrat dans un flux et un changement continuels, que le grand et le petit se prédiquent de lui. Donc ces genres sont aussi communs et, en tant que genres les plus hauts, ils sont, selon lui, principes.

998b11 : *Pourtant, il n'est pas non plus possible de parler des principes de ces deux façons à la fois*[2].

Après avoir fourni des arguments en faveur du fait qu'on aurait plus de raisons de prendre pour principes les éléments, | plutôt que les genres, et, inversement, en faveur du fait que c'est le genre qui est principe, plutôt que les éléments, il argumente à présent la position selon laquelle il n'est pas non plus possible de tenir les deux à la fois – et les genres, et les éléments – pour des principes. L'argument est le suivant :

Il pose que la définition manifestant l'essence de chaque chose est unique – ce qui a été démontré dans les *Seconds Analytiques*[3] –, parce que, pour chaque être, le fait d'être ce qu'il est est unique, et que c'est cela | que manifeste la définition prise au sens strict. Mais, de plus, la définition est composée des principes [du défini]. Cela admis, il pose que les genres et les éléments sont principes des êtres et il affirme que si la définition

1. Sous-entendu, comme le note bien Madigan, pour toutes choses ; *cf.* Aristote, *Met.* A 6, 987b18-20 et A 9, 992b18 *sq*.

2. Avec une très légère différence par rapport à notre texte de la *Métaphysique* (un « γε » absent après « ἀμφοτέρως »).

3. Brandis penchait pour *An. Po.* II 9-10, Bonitz pour *Top.* VI 4, 141a31 *sq*. La thèse est de fait difficilement discernable telle quelle dans les *Seconds Analytiques*.

de chaque chose est composée de ses principes, alors la définition par les genres (et par genre, comme on l'a dit [1], il veut aussi parler des différences) différera de la définition par les éléments. Par conséquent, si la définition est composée des principes et que celle qui est composée des genres diffère | de celle qui est composée des éléments, alors il y aura plusieurs définitions d'une même chose. Or une même chose n'a pas plusieurs définitions, car la définition de chaque chose est unique. Donc il n'est pas vrai que les uns et les autres soient éléments [2].

*Aporie 7*

998b14 : *Et de plus, si en outre les genres sont principes, et ce, au plus haut point, faut-il tenir les genres premiers pour des principes ?* [3]

| Cette difficulté se trouve elle aussi parmi celles déjà mentionnées [4] et c'est la suivante : à supposer que l'on accorde et que l'on concède aux genres d'être des principes, il vaudrait la peine de chercher, affirme Aristote, s'il faut poser comme principes les genres les plus hauts et les plus communs, ou bien les genres derniers, proches des particuliers, que l'on appelle espèces indivisibles. Car par « genre », ici, il entend aussi les espèces.

Si, en effet, les universaux sont toujours plus principes [5] que ce qui n'est pas universel de la même façon – | puisqu'on pose dès le départ que l'universel est principe –, alors les genres les plus hauts et les plus

1. Ci-dessus en 203, 7-8.

2. On attendrait évidemment « principes » ; tel est bien, pourtant, le texte unanime des manuscrits consultés (« στοιχεῖα »). Cette bizarrerie pourrait s'expliquer par le fait que ce sont Platon et les Platoniciens qui sont visés, et qu'ils pourraient avoir employé le terme d'élément.

3. Sur les problèmes textuels et les divergences entre les manuscrits d'Aristote sur tout ce passage, voir M. E. Kotwick, *Alexander of Aphrodisias and the text of Aristotle's* Metaphysics, *op. cit.*, p. 121-124. Tous les manuscrits grecs d'Aristote et les traductions latines (mais pas la traduction arabe) donnent ou supposent : « εἰ καὶ ὅτι μάλιστα ». On peut considérer que, dans le lemme d'Alexandre d'après AO (normalisé en PS), « ἔτι » vient renforcer « πρὸς δὲ τούτοις ».

4. En 995b29-31.

5. À propos de 998b17 (« εἰ μὲν γὰρ ἀεὶ τὰ καθόλου μᾶλλον ἀρχαί »), M. E. Kotwick montre que le texte d'Alexandre 1) confirme la leçon « ἀεὶ » absente de la branche α et infirme le « δεῖ » de la branche β (manifeste faute d'onciale) ; 2) permet de rejeter la leçon « εἰ μὲν γὰρ ὅτι » de la branche α et présente chez Asclépius (tour qui selon M. E. Kotwick est absent chez Aristote mais fréquent chez Plotin) ; 3) confirme le « ἀρχαί » de la branche α, contre le « ἀρχάς » de la branche β, découlant de l'erreur transformant « ἀεὶ » en « δεῖ ». Le passage lui sert, avec d'autres, à montrer l'indépendance, et finalement l'antériorité du texte lu par Alexandre, par rapport à l'archétype de la division des branches α et β qui daterait du IV^e siècle.

communs seront principes. Les genres les plus hauts seront ainsi principes des êtres et il y aura autant de principes qu'il existe de genres premiers. Cela posé, Aristote ajoute « de sorte que l'un et l'être[1] seront principes et substances, car ils se disent au plus haut point de toutes choses » (998b20-21). Si, en effet, l'un et l'être | étaient prédiqués de tous les autres êtres en 205
tant que genres, alors ils seraient principes et causes des êtres – car c'est là ce que signifie « substance ».

Après avoir tenu ces propos, et après les avoir reconduits à l'argument selon lequel si les [prédicats] les plus génériques et les plus communs sont principes, alors l'être et l'un seront principes d'absolument tous les êtres puisqu'ils sont les [prédicats] les plus communs[2], | Aristote argumente et montre ensuite que l'être et l'un ne sont pas genres des êtres et que, si ce ne sont pas des genres, ils ne seront évidemment pas non plus principes. Mais, alors, toutes choses n'auront pas non plus le même principe, si elles n'ont pas de genre commun, dans l'hypothèse où le genre est principe (on a admis en effet que les genres sont principes et, parmi eux, les plus communs). Ainsi, parce qu'elle a été l'opinion de certains[3], Aristote la réfute, et il en a d'ailleurs parlé peu avant[4]. | Que donc l'être et l'un ne soient pas des genres, il le montre ainsi :

Toute différence divisant un genre est à la fois un être et une unité, si bien que les différences de l'un et de l'être, dans l'hypothèse où ces derniers sont des genres, seront, chacune d'elles, une unité et un être[5]. Mais si l'être et l'un se trouvent en[6] chaque différence de l'être, alors, dans l'hypothèse où l'être et l'un sont des genres, les genres seront prédiqués | de leurs différences propres. Or voilà qui est, affirme Aristote, impossible[7].

1. En gardant le texte de AO, qui inverse « être » et « un » par rapport à notre texte de la *Métaphysique*.

2. Alexandre résume ainsi l'argument de 998b17-21. La suite de la phrase annonce l'argumentation de 998b21-28.

3. Les platoniciens.

4. 998b9-11.

5. Les manuscrits divergent. Avec Bonitz et Hayduck, on suit $A^2$ : « καὶ ἓν ἑκάστη αὐτῶν καὶ ὂν ἔσται ». Bonitz renvoie à une formule similaire (mais au négatif) en 206, 3-4 (sur laquelle s'accordent les manuscrits). Asclépius donne une expression similaire, mais dans un ordre différent (179, 25). Le manuscrit P donne un sens similaire, mais avec « ἐστι » au présent et non au futur (« καὶ ἓν ἐστιν ἑκάστη αὐτῶν καὶ ὄν »).

6. C'est-à-dire : s'ils sont les genres de chaque différence et sont compris dans la définition des différences.

7. 998b24-25.

En effet, en général, l'espèce qui est espèce d'un genre[1] (car l'espèce se dit en plusieurs sens, comme on l'a dit peu avant[2]) n'est pas prédiquée de sa différence propre, si la différence se trouve être prise en elle-même[3]. En effet, la différence se prédique de plus de choses que l'espèce – par exemple, « rationnel » ou « mortel » se prédiquent de plus de choses que « homme ». Or ce qui se dit de moins de choses ne peut être prédiqué en vérité de ce qui se dit de plus de choses. | C'est en effet pour cette raison qu'Aristote dit : « des différences propres », ce qui revient à dire :

1. Avec Bonitz et Hayduck (l. 15-17), on se sert d'Asclépius (179, 28-30) pour corriger le texte de AO, en retenant le texte suivant : « καθόλου γὰρ οὔτε τὸ εἶδος τὸ ὡς γένους ὃν εἶδος (πολλαχῶς γὰρ τὸ εἶδος, ὡς εἴρηται πρὸ ὀλίγου) τῆς οἰκείας κατηγορεῖται διαφορᾶς, εἰ καθ' αὑτὴν ἡ διαφορὰ λαμβάνοιτο ». Dans ce texte, il faut lire « οὔτε » en lien avec le « οὐδὲ » de 205, 28, le tout étant récapitulé en 206, 1-2 (« οὔτε γὰρ τὰ εἴδη οὔτε τὰ γένη… »). Sur l'expression « ὡς γένους εἶδος » chez Aristote, cf. *Met.* I 7, 1057b7 ; I 8, 1058a22 ; M 5, 1079b34.

Les manuscrits AO donnent : « καθόλου γὰρ οὗτος εἶναι τί τὸ ὡς γένος ὃν εἶδος, πολλαχῶς γὰρ τὸ εἶδος… » (avec une suite identique au texte retenu). Ce texte, délicat à bien des égards, a suscité des divergences assez importantes chez les copistes et les éditeurs. Sa difficulté principale vient de l'absence de négation, qui fait dire à Alexandre que l'espèce se prédique de sa différence propre, ce qui va à l'encontre de ce qu'affirme Aristote et qu'Alexandre rappelle au moins deux fois (206, 1-2 dans une formule assez proche, et 206, 26-27). Il vaut la peine de mentionner deux de ces conjectures ou corrections. Les manuscrits LF (la prétendue *recensio altera*) donnent : « καθόλου γὰρ οὔτε τὸ γένος οὔτε τὸ εἶδος τῶν οἰκείων διαφορῶν κατηγορεῖται, κἂν πολλαχοῦ τὸ εἶδος, ὡς εἴρηται πρὸ ὀλίγου » ; « en général, en effet, ni le genre ni l'espèce ne sont prédiqués de leurs différences propres, même si la forme se dit en plusieurs sens, comme on l'a dit peu avant ». Cette leçon annonce le plan qui va suivre (l'espèce en 205, 17-28, puis le genre en 205, 28 – 206, 1) et fournit, au moins dans son début, un sens globalement acceptable, mais plus éloigné du texte de AO que la version d'Asclépius. Le manuscrit P, d'autre part, s'éloigne très sensiblement de AO, mais donne une explication intéressante pour les lignes 15-18 : « οὔτε γὰρ ἀμέσως κατηγορηθείη ἂν τὸ γένος τῆς διαφορᾶς, ἄνευ δηλόνοτι τοῦ εἴδους· οὕτω γὰρ δὶς κατηγορηθήσεται τοῦ εἴδους τὸ γένος, ἔσται ἄρα ἀληθὲς λέγειν ὁ ἄνθρωπος ἐστι ζῷον ζῷον λογικόν· οὔτ' αὖ διὰ μέσου τοῦ εἴδους· ἀνάγκη γὰρ ταύτῃ τὸ εἶδος κατηγορεῖσθαι τῆς διαφορᾶς. Πῶς δ' ἂν κατηγορηθείη τῆς οἰκείας διαφορᾶς, εἰ καθ' αὑτὴν ἡ διαφορὰ λαμβάνοιτο· ἡ γὰρ διαφορὰ ἐπὶ πλέον οὖσα τοῦ εἴδους κατηγορεῖται αὐτοῦ. » : « En effet, le genre ne pourrait se prédiquer de la différence immédiatement (c'est-à-dire sans l'espèce), car de cette façon le genre sera prédiqué deux fois de l'espèce (il sera donc vrai de dire l'homme est un « animal animal rationnel ») ; ni non plus par un intermédiaire de l'espèce : de cette façon en effet, l'espèce serait nécessairement prédiquée de la différence. Mais comment pourrait-elle être prédiquée de sa propre différence, si la différence peut être prise en elle-même ? En effet, c'est la différence qui, étant plus large que l'espèce, se prédique de celle-ci ».

2. 203, 20-23.

3. Élément central de la conception alexandrinienne de la différence, qui permet le rapprochement entre la différence spécifique et la forme hylémorphique, telle qu'elle est développée dans la *Quaestio* seulement conservée en arabe *De la différence*, traduite par M. Rashed dans ses deux versions (M. Rashed, *Essentialisme. Alexandre d'Aphrodise entre logique, physique et cosmologie*, *op. cit.*, p. 56-58). Cette dernière condition répond sans doute au « en général » qui ouvre la phrase, comme le montre la suite immédiate du texte.

de celles sur lesquelles on produit des espèces[1]. En outre, l'espèce est quelque chose qui résulte d'une combinaison, tandis que la différence est une partie de cette combinaison. En outre, la différence est une partie de l'espèce, dans la mesure où chaque [élément] de ce qui est compris dans l'énoncé définitionnel est une partie de la chose dont il complète l'essence[2]. Et elle est une partie anhoméomère, car le genre ne | signifie pas, dans la définition, la même chose que chacune des différences. Or une telle totalité[3] ne se prédique pas de ses propres parties. Par conséquent, l'espèce ne se prédique ni de l'une ni de l'autre manière[4] de sa différence propre. En effet, ce n'est pas de cette manière que le genre a les espèces pour parties, car les espèces ne se trouvent pas dans la définition du genre[5].

Mais les genres non plus ne sont pas prédiqués de leurs différences propres[6], lorsque les différences sont prises à part des espèces et que les espèces ne sont pas | incluses en elles. Par exemple, lorsque « animal » est prédiqué de rationnel, il est prédiqué[7] de l'animal rationnel (c'est ce que l'on entend alors par « rationnel »), puisqu'en revanche[8] il n'est pas prédiqué de cette différence prise en elle-même sans l'espèce – par exemple, la rationalité. Car si les différences sont des sortes de qualités,
| comment sera-t-il possible d'en prédiquer « animal » qui, lui, signifie **206**

1. En gardant le texte de AO : « ἐφ' ὧν εἴδη ποεῖται ».

2. Sur la notion de partie complétive, voir par exemple *In Met.* 423, 7-8 ; Simplicius, *In Cat.* 97, 34 *sq.*, avec les commentaires de R. Chiaradonna, *Sostanza movimento analogia. Plotino critico di Aristotele*, Napoli, Bibliopolis, 2002, p. 69 *sq.*, et M. Rashed, *Essentialisme. Alexandre d'Aphrodise entre logique, physique et cosmologie*, *op. cit.*, p. 147 *sq.*

3. L'espèce, composée d'un genre et d'une différence.

4. À savoir : que la différence soit prise en elle-même ou comme partie d'une espèce. Alexandre prépare ainsi le terrain à une interprétation qui s'écarte de la lettre du texte aristotélicien : si l'espèce ne saurait être prédiquée de sa différence propre, que celle-ci soit prise en elle-même ou composée au genre (et donc identifiable à l'espèce), il n'en ira néanmoins pas de même pour le genre, qui peut, en un sens, être prédiqué de sa différence lorsque celle-ci n'est pas prise en elle-même (voir le résumé en 206, 11-12). Sur tout le passage de 205, 28-33, voir aussi M. E. Kotwick, *Alexander of Aphrodisias and the text of Aristotle's* Metaphysics, *op. cit.*, p. 182-183.

5. Sur cette question qui a manifestement occupé Alexandre, voir les textes transmis en arabe et rassemblés et discutés par M. Rashed, « Priorité de l'ΕΙΔΟΣ ou du ΓΕΝΟΣ entre Andronicos et Alexandre : vestiges arabes et grecs inédits », *Arabic Sciences and Philosophy* 14, 2004, p. 9-63.

6. Alexandre en passe à l'explication de la deuxième partie de l'affirmation de 998b24-26, celle qui porte sur le genre.

7. $A^1$ et O omettent le verbe « κατηγορεῖται » l. 31, ajouté par $A^2$ après la parenthèse, confirmé par Asclépius et P (mais avant la parenthèse).

8. Le « γε » proposé par Bonitz, suivi par Hayduck (contre le « τε » de AOLF) est déjà présent en P.

une substance qui résulte d'une combinaison? Donc[1] ni les espèces ni les genres ne sont prédiqués des différences.

Or s'il en va ainsi, les différences de l'être et de l'un, dans l'hypothèse où ces derniers sont des genres, ne seront ni des êtres, ni chacune d'elles une unité. C'est-à-dire qu'aucune différence ne sera ni un être ni une unité, puisque toutes | seront des différences de l'être. Ce qui est absurde. Dès lors, l'être et l'un ne seront pas non plus des genres. Or, si ce ne sont pas des genres, ce ne seront pas non plus des principes, dans l'hypothèse où les genres sont principes.

La proposition : « il est impossible de prédiquer de leurs différences propres soit les espèces du genre… » (998b24-25) a un sens équivalent à : il est impossible de prédiquer de leurs différences propres (c'est-à-dire de leurs différences particulières) soit ce qu'on appelle espèces[2]…

La proposition « …soit le genre sans les espèces » (998b25-26) équivaut ou bien | à : il est impossible de prédiquer le genre d'autre chose que de ses propres espèces; ou bien à : il est impossible de prédiquer le genre de ses différences, sauf si les différences sont prises comme déjà des espèces et comme issues d'une combinaison[3].

Cet argument est à mon avis assez dialectique[4], comme le sont d'ailleurs la plupart de ses raisonnements. En effet, sous quelque genre que nous rangions les différences (il faut bien qu'elles proviennent de quelque genre, | puisqu'elles aussi font partie des êtres), leur genre propre

1. En corrigeant le « γὰρ » (AOP) comme le propose Hayduck à partir d'Asclépius (180, 8) : « οὔτε ἄρα τὰ εἴδη… »

2. À l'omission de A répond une dittographie dans O, qui a néanmoins l'avantage de confirmer le texte édité par Hayduck.

3. Autrement dit, on ne saurait affirmer du rationnel qu'il est quelque chose d'animal, sauf si l'on entend en réalité par là « animal rationnel », à savoir l'homme (*cf.* 205, 30-33). Sur cette alternative exégétique, *cf.* M. E. Kotwick *Alexander of Aphrodisias and the text of Aristotle's* Metaphysics, *op. cit.*, p. 183-187. Tout le passage qui précède montre que le texte lu par Alexandre (« τὸ γένος ἄνευ τῶν εἰδῶν ») diffère de notre texte de la *Métaphysique* (« τὸ γένος ἄνευ τῶν *αὐτοῦ* εἰδῶν ») et M. E. Kotwick note qu'il en va de même chez Syrianus (*In Met.* 32, 34-36). Le « αὐτοῦ » n'apparaît que dans la première interprétation d'Alexandre, mais non pas dans le texte qu'il cite. Il serait donc légitime de se demander si l'apparition de ce terme ne daterait pas d'une époque postérieure à celle d'Alexandre, chez un copiste informé du Commentaire alexandrinien (M. E. Kotwick, *Alexander of Aphrodisias and the text of Aristotle's* Metaphysics, *op. cit.*, p. 184-185). La double interprétation d'Alexandre aurait en fait pour objectif d'assouplir l'interdit aristotélicien portant sur une prédication de leur genre pour les différences, dans le cas où la différence signifie en réalité l'espèce, par opposition à la différence prise en elle-même, selon une distinction qui court tout le commentaire qui précède. Et c'est ce qui explique la critique immédiatement suivante, à l'encontre d'une argumentation assez « dialectique ».

4. Littéralement « logique ». Pour la justification de cette traduction, voir *In Top.* 30, 12-13.

se prédique nécessairement des différences de ce genre. Car ou bien, tout en étant un genre, il n'aura pas de différences[1], ou bien elles seront sous le genre qu'elles divisent. Si par exemple les différences se trouvaient toutes sous la qualité[2], il est évident que les différences de la qualité elle-même se trouveraient sous la qualité. Le genre serait alors prédiqué de ses différences propres. | En effet, dire des autres différences qu'elles sont des qualités, mais non pas les différences de la qualité, et placer ces dernières sous un autre genre, voilà qui est à la fois forcé et absurde. Peut-être, donc, que les différences [divisant] chaque genre appartiennent à ce même genre, c'est-à-dire à la même catégorie. De fait, même si le genre prochain de certains êtres n'est pas prédiqué de leur différence parce qu'il est déjà une certaine combinaison (ce | qui ne vaut que pour les substances, car c'est [du genre] de la substance que provient la substance, qui est, elle aussi, une combinaison et qui ne peut être prédiquée de la simple[3] différence du genre), néanmoins, le genre le plus haut, parce qu'il est plus commun et plus simple, peut être prédiqué de la différence. [Le genre de] la substance, en effet, est commun à la fois aux substances simples et aux substances composées. Par conséquent, même si « animal » est une substance composée, c'est-à-dire une combinaison, et que, pour cette raison, | il n'est pas prédiqué de la différence prise en elle-même, néanmoins « substance » sera prédiquée de cette différence. Ou encore : si « substance » est aussi prédiquée de la différence-même qui divise « animal », on a alors immédiatement montré que le genre divisé par la différence se prédique d'elle. Tel était donc aussi le sens de ses propos.

Mais, même si cela est vrai dans certains cas, il n'est néanmoins pas impossible qu'un genre soit prédiqué de la différence qui le divise. Car on peut bien prendre n'importe quelle différence divisant la substance :
| nécessairement, cette différence est une substance. Si l'on ne croit pas **207**
que les genres sont en propre prédiqués de leurs différences, c'est à cause de l'homonymie : par exemple, « dissociateur » se dit à la fois des couleurs

1. Ou « différence » au singulier, d'après P, qui a néanmoins l'avantage de confirmer la nécessité d'un accusatif, contre A et O.

2. Sur la question de savoir à quelle catégorie appartient la différence spécifique, *cf.* à nouveau « De la différence » (M. Rashed, *Essentialisme. Alexandre d'Aphrodise entre logique, physique et cosmologie*, *op. cit.*, p. 56-58).

3. C'est-à-dire non pas de la différence articulée avec un genre, qui est immédiatement une espèce, mais de la différence prise en elle-même. A et O omettent « différence », mais pas l'article au féminin; on doit donc sous-entendre le nom. P omet même l'article, ce qui donnerait : « qui ne peut être simplement prédiquée du genre ».

et des odeurs[1]. Quel genre sera-t-il donc prédiqué de lui ? Mais si son genre propre est composé avec lui, ce sera immédiatement une espèce.

Après avoir montré que l'être et l'un ne sont pas | des genres, il ajoute dans la continuité que : « cependant, si ce ne sont pas des genres, ils ne seront pas[2] principes, s'il est vrai que les genres sont principes » (998b27-28).

998b28 : *En outre, les intermédiaires pris avec leurs différences seront des genres.*

Il peut sembler que ce qu'il dit maintenant, il le dit non pas seulement en vue de savoir si les genres premiers sont ou non des principes, | mais précisément en faveur de la thèse selon laquelle les genres *ne* sont *pas* des principes. Car [en ce cas], les principes de chaque être seraient en grand nombre, voire infinis. En effet, chacune des différences qui se trouvent dans une espèce indivisible, quand elle est composée avec le genre dont elle est la différence, produit un genre : chaque genre intermédiaire entre le genre premier et l'espèce indivisible, quand il est composé avec sa différence propre, produit un genre, même si | on estime parfois que ce n'est pas le cas, en raison de l'absence de nom propre au genre en question. C'est cela en effet que signifie la phrase : « on estime que c'est parfois le cas, parfois non » (998b30). « Animal ailé », par exemple, est un genre, tout comme « animal », même si l'on estime qu'il est sans nom.

Ou alors il a dit « on estime que c'est parfois le cas, parfois non », parce que, comme il l'a énoncé au premier livre *Sur les animaux*[3], ce sont seulement les différences privatives qui ne produisent ni espèces ni | genres, car elles n'indiquent pas non plus quelque chose de déterminé.

C'est peut-être là aussi une conséquence absurde de la position de ceux qui font de l'être et de l'un des genres et qui, ensuite, produisent les espèces et les définitions par la division du genre en deux. Il faut en effet que les[4] intermédiaires aussi qui résultent de la composition des différences avec les genres, forment des genres et les mêmes espèces[5]. Or

1. Sur le blanc comme couleur qui dissocie et le noir comme couleur qui comprime, voir *Met.* I 7, 1057b8 et *Top.* I 15, 107b27-32, et, chez Platon, *Timée* 67e.

2. « Pas non plus », d'après notre texte de la *Métaphysique*.

3. *PA* I 3, 642b21-24.

4. P ajoute aussi l'article, omis en AO.

5. En traduisant le texte de AO (« γένη καὶ τὰ αὐτὰ εἴδη »), sans retenir la conjecture de Bonitz (« καὶ αὐτὰ καὶ εἴδη », c'est-à-dire : qu'ils forment eux aussi des genres et des espèces). Voir l'expression parallèle à la l. 26 : « τῶν αὐτῶν ἀτόμων ». L'idée est qu'on cherche à rejoindre les espèces dernières à partir de la méthode platonicienne de division. L'argument signifie que les diverses différences qui sont utilisées dans la reconstruction doivent (1) produire des

cette conséquence ne se retrouve pas chez les partisans de la division des genres en deux. | De surcroît, ils sont contraints de diviser par privation, alors que la différence privative composée avec le genre ne produit pas d'espèce. Donc, pour les mêmes espèces indivisibles, il y a de nombreux genres[1] et de nombreux principes, dans l'hypothèse où l'Être et l'Un sont des genres et des principes des êtres.

Par « jusqu'aux indivisibles » (998b29), Aristote veut sans doute dire : jusqu'aux espèces dernières, car celles-ci ne sont plus divisées par des différences.

De surcroît – du moins, d'après ce raisonnement[2] –, les différences | ne seront pas moins principes que les genres, car elles aussi sont communes et se prédiquent d'une multiplicité de choses. Si donc les différences aussi sont principes (car les genres pris avec leurs différences sont aussi communs), les principes seront en grand nombre, voire presque infinis, surtout si l'on pose comme principe le genre le plus haut, car les différences d'un tel genre sont multiples. Or voilà qui passe pour déraisonnable. De fait, ceux qui | posent les genres comme principes, tout en croyant échapper à la pluralité au motif qu'ils saisissent le commun, posent [en réalité] celle-ci au principe.

Aristote a parlé de la sorte dans l'idée que, pour celui qui pose le premier genre comme principe, la conséquence est qu'il doit aussi considérer comme principes les autres genres qui suivent le premier. | Or **208**
les différences, même si elles se disent de plus de choses que les espèces qu'elles subsument, ne sont toutefois pas prédiquées d'elles dans [la catégorie de] l'essence, et ne le sont pas non plus comme des genres.

999a1 : *Cependant, même si l'Un a davantage la forme d'un principe...*

| Après avoir, en premier lieu, argumenté en faveur de la position selon laquelle les genres les plus hauts sont davantage principes des êtres, Aristote entreprend ici de montrer que les espèces sont plus principes que les genres. Si, en effet, l'Un occupe la place du principe, alors ce qui est

unités classificatoires cohérentes et homogènes (des « genres »), et (2) aboutir aux « mêmes espèces » (parce que, quel que soit le parcours suivi, c'est à celles-là qu'il faut aboutir). Voir aussi *PA* I 3, 643a9-16, avec une conclusion générale assez proche de ce que dit ici Alexandre. L'expression « les mêmes espèces » signifie donc quelque chose comme : les mêmes espèces mais obtenues par des chemins différents.

1. A et O omettent « genres », mais P l'ajoute, quoiqu'à une place différente de celle que Hayduck tire de LF (« πολλὰ οὖν γένη » chez Hayduck ; « τῶν αὐτῶν ἀτόμων γένη » en P).

2. D'après ceux qui considèrent les genres comme des principes (les platoniciens).

davantage un sera davantage principe. Par ailleurs, l'Un est indivisible[1], car ce qui n'est pas divisé ou ne peut l'être est davantage principe, puisqu'il est davantage un. Or l'espèce est plus indivisible que le genre, si bien qu'elle est aussi | davantage principe.

Qu'elle soit davantage indivisible, Aristote le montre de la façon suivante : l'indivisible l'est soit par l'espèce, soit par la quantité. Est indivisible par l'espèce ce qui n'est plus divisé en espèces, ce qui est le cas des espèces indivisibles ; est indivisible par la quantité ce qui n'est pas divisé par le nombre, comme l'unité numérique et le particulier, car chacun d'eux, parce qu'il est un en nombre, | n'est pas divisé en une pluralité de quantités dénombrables semblables à lui (par « par la quantité » (999a3), il veut dire ici ce qui est divisible par le nombre). Mais, parmi ces indivisibles, l'indivisible par l'espèce est premier par la position, non par la nature (il est possible de le diviser par la quantité, tandis que l'indivisible par la quantité, cela peut s'observer de l'extérieur)[2].

1. En suivant A$^2$P : « ἀδιαίρετον » (O et A comportent « διαιρετέον », difficile à conserver à cause de l'explication qui suit, qui corrèle la position de principe à l'unité et à l'indivisibilité ou l'indivision).

2. La proposition est marquée d'une *crux* par Bonitz (mais avec un apparat lacunaire pour A, comme, déjà, celui de Brandis). Au niveau du contexte, Alexandre est ici en train de spécifier la prémisse de 999a3-4, où Aristote affirme sans préciser que l'indivisible par l'espèce est antérieur. L'objectif de l'argument est de montrer que, des deux indivisibles (par l'espèce et par la quantité), celui par l'espèce est plus indivisible que celui par la quantité. L'espèce étant elle-même indivisible par l'espèce, elle sera donc davantage indivisible et, dans cet argument, davantage principe.

Pour la première partie du texte, contre le « καὶ τῇ φύσει » de AP, retenu par Hayduck, on conserve la leçon de O qui bénéficie d'un accord avec LF : « πρῶτον δὲ τῇ τάξει, οὐ τῇ φύσει, τῶν ἀδιαιρέτων τούτων τὸ τῷ εἴδει ἀδιαίρετον ». Il fait sens pour un aristotélicien de ne pas tenir l'espèce pour réellement antérieure à l'indivisible par la quantité, à savoir ici, le particulier. Alexandre a attribué l'idée d'une antériorité naturelle de l'espèce à Xénocrate, auquel il répond dans un texte conservé seulement en arabe et connu sous le titre de *Réfutation de Xénocrate* (traduit en appendice par M. Rashed, « Priorité de l'ΕΙΔΟΣ ou du ΓΕΝΟΣ entre Andronicos et Alexandre : vestiges arabes et grecs inédits », *op. cit.*, p. 50-51). Chez Xénocrate, l'espèce est effectivement dite « naturellement » antérieure, et c'est précisément à cette thèse que s'attaque Alexandre dans la *Réfutation*. Sur l'attribution à Xénocrate de l'argument ici présenté par Aristote, et de la thèse selon laquelle les espèces sont par nature antérieures à la fois aux individus et aux genres, voir E. Berti, « *Aporiai* 6-7 », *op. cit.*, p. 126 *sq.* Alexandre serait donc ici en train de concéder, pour les besoins à la fois de l'argument et de l'exégèse, une antériorité de l'indivisibilité de l'espèce, mais il refuse au passage une antériorité par nature de l'espèce, et accepte seulement une antériorité par la position ou l'ordre. C'est ce refus qu'il expose dans la suite.

Pour la seconde partie, A$^1$OLF s'accordent pour donner : « οἷον τοῦ κατὰ τὸ ποσὸν διαιρεῖσθαι· τὸ δὲ τῷ ποσῷ ἀδιαὶρετον, τοῦτο ἔξωθεν ἱστορῆσαι... ». Ce texte sans doute corrompu et inintelligible en l'état a été corrigé par A$^2$ (supprimant « οἷον » pour donner « τοῦ κατὰ τὸ ποσὸν διαιρουμένου »), qui ne résout pas toutes les difficultés. P parvient à un

Il montre ensuite que, tandis que les genres se divisent en espèces, les espèces dernières sont, elles, indivisibles par l'espèce [1]. C'est pourquoi | les espèces dernières seront davantage principes, puisqu'elles sont davantage une.

Après avoir dit que les genres se divisent en espèces, et afin que l'on n'aille pas croire que lui-même soutient que ce qu'il a dit jusqu'ici vaut aussi dans le cas des espèces indivisibles (ce qu'il a dit jusqu'ici), il ajoute : « car "homme" n'est pas le genre des hommes » (999a5-6) dont il est prédiqué et en lesquels il se divise. Car « homme » se divise, non pas en espèces (ce n'est pas un genre), mais en individus seulement, | tandis que le genre se divise en fonction des espèces et en fonction des individus.

999a6 : *En outre, dans les cas où il y a de l'antérieur et du postérieur, il n'est pas possible que ce qui leur est attribué soit quelque chose en dehors d'eux.*

Aristote propose aussi cet argument en faveur de l'idée que les genres derniers, c'est-à-dire les espèces indivisibles, doivent être davantage tenus pour des principes, plutôt que les genres les plus hauts et les plus communs. Les | genres, en effet, qui sont prédiqués des espèces, ne sont absolument rien qui existe en dehors des espèces dont ils sont prédiqués.
Il le [2] montre de la façon suivante : dans les cas où il y a de l'antérieur | et **209**
du postérieur, ce qui est prédiqué en commun d'eux en tant que genre n'est rien en dehors de ce dont il est prédiqué. Si, par exemple, dans le cas

texte sensé au prix d'importantes modifications : « …τὸ τῷ εἴδει ἀδιαίρετον τοῦ κατὰ τὸ ποσὸν ἀδιαιρέτου· τὸ δὲ τῷ ποσῷ ἀδιαίρετον ἔξωθεν ἱστορήσας … ». Sepúlveda, enfin, traduit : « *Ex his autem individuia prius et ordine atque natura, id quod specie est individuum, quam quod per quantum, id est quam individuum quanto. Quibus extrinsecus…* » Voir aussi les solutions proposées *ad loc.* par Madigan.

On propose ici une correction plus économique, qui concentre la difficulté en un point et suit autant que possible le texte le mieux attesté : « (οἷόν τ' ἐστὶ κατὰ τὸ ποσὸν διαιρεῖσθαι, τὸ δὲ τῷ ποσῷ ἀδιαὶρετον, τοῦτο ἔξωθεν ἱστορῆσαι) », en tablant seulement sur une corruption d'un « οἷόν τ' ἐστὶ » en « οἷον τοῦ », et en conservant la ponctuation des manuscrits pour la suite. Le sens est alors qu'à la différence d'une espèce qui peut encore être divisée selon la quantité et ne peut donc, en bon aristotélisme, être tenue pour antérieure que selon l'ordre et non selon la nature, ce qui est indivisible par la quantité, en revanche, ne peut pas être déterminé à partir de l'espèce par une procédure de division, parce que son statut d'individu et son existence même nous sont connus par l'observation empirique (« ἔξωθεν ἱστορῆσαι »). Je remercie spécialement Michel Crubellier pour notre longue discussion au sujet de ce passage.

1. Paraphrase de 999a4-5.

2. La glose de $A^2$, « δ' αὐτὸ », est absente de $A^1$OP (que l'on traduit ici) et peut être sous-entendue dans un tour elliptique. P évite seulement la parataxe avec « δ' οὕτως ». Mais, quoique rares, des exemples de parataxe se trouvent chez Alexandre (par exemple 177, 19 ; 236, 15).

des nombres, 2 ou 3 est le premier nombre, il n'existe pas quelque autre nature du nombre en dehors de ces nombres-là (2, 3 et ceux qui suivent[1]) dont elle est prédiquée en tant que genre. De même | au sujet des[2] figures : ce qui, en tant que figure, est prédiqué en commun des figures, n'est rien en dehors du triangle, du carré et des figures restantes, puisque, dans le cas des figures aussi, le triangle est premier, puis c'est le carré, et le reste s'ensuit d'eux selon leur ordre[3].

Aristote considère que cela est aussi leur opinion. Ils* posaient en effet comme principes des êtres les genres les plus hauts, comme il l'a rapporté, | à savoir l'un, l'être, le grand et le petit (*ils, à savoir les disciples de Platon). Car là où il y a de l'antérieur et du postérieur, ils soutenaient que le commun n'est pas quelque chose en dehors de ce dont il est prédiqué. C'est clairement pour cette raison que, selon eux, il n'y a pas non plus d'Idée de ces choses, comme Aristote l'a rapporté, entre autres, au premier livre de l'*Éthique à Nicomaque*[4].

Après, donc, avoir posé que, selon ces gens-là, le commun n'est, dans ces cas, rien | en dehors de ce dont il est prédiqué (ni dans le cas des nombres, ni dans celui des figures), Aristote ajoute que si, pour ces cas[5], il n'existe pas un commun en dehors de ce dont il est prédiqué, [il n'y en aura pas non plus dans les autres cas][6]. Il dit cela (1) ou bien[7] en considérant

1. O confirme le masculin, mais donne « ἐφεξῆς » plutôt que « ἑξῆς » (AP), ce qui ne change pas le sens, mais rapproche de la terminologie technique.

2. En conservant le texte des manuscrits AOP, « περί », au lieu du « ἐπί » édité par Hayduck à partir de LF.

3. Sur la conception alexandrinienne de l'unité sérielle ou par consécution (ἐφεξῆς), voir aussi *In Met.* 263, 25-33.

4. *EN* I 4, 1096a17-19.

5. Il n'y a pas de raison de ne pas conserver le texte de AOP, « ἐπὶ τούτοις ».

6. A et O sont ici lacunaires. Bonitz (et Hayduck à sa suite) propose de suivre Sepúlveda : « *Quod si horum genera praeter species ipsas non sunt, multo minus caeterorum genera* », en renvoyant aussi à 209, 21 : « οὐδὲ ἐν τοῖς ἄλλοις ἂν εἴη » et 211, 16 : « οὐδὲ ἐπὶ τῶν ἄλλων ἔσται τι... ». La solution est déjà avancée par P en marge : « οὐδὲ ἐν τοῖς ἄλλοις ἔσται ». L'addition est nécessaire pour que le commentaire soit cohérent avec le passage paraphrasé, à savoir 999a10-11, et avec la proposition qui suit, qui commente la relation entre les séries au sens propre (figures, nombres) et les autres genres.

7. Madigan propose de lire « ἤτοι δὲ τοῦτο ἤ... » au lieu du « τοῦτο δὲ ἤτοι... » des manuscrits, en distinguant deux interprétations d'Alexandre, l'une fondée sur un argument *a fortiori* (juste avant), l'autre sur l'idée que tous les genres sont des cas d'antérieur et de postérieur. Une solution plus économique est de considérer que ce « ἤτοι » est en balancement avec le « ἀλλ'ὁμοίως τούτων... » l. 19. Le manuscrit P explicite d'ailleurs cette construction en transformant la proposition l. 19, « ἀλλ'ὁμοίως τούτων... », en « ἢ ὁμοίως τούτων... ». Il faut alors comprendre l'alternative suivante : ou bien 1) Aristote veut dire que tous les genres sont des séries par consécution (non seulement les nombres et les figures, mais même tout le reste). Si donc il n'y a pas de genre commun séparé dans le cas des premiers, il n'y en a pas

que tous les genres ont quelque chose d'antérieur et de postérieur, et qu'il y a une certaine différence médiane au sein de ces prédicats eux-mêmes et des autres genres ; (2) ou au contraire qu'il en va de même à la fois pour les premiers et pour les seconds [1]. | Si donc, dans ce qu'on estime être au plus point des genres, le commun n'est pas quelque chose en dehors de ce dont il est prédiqué, ce ne sera pas non plus le cas dans les autres genres, même s'il n'y a pas en eux d'antérieur et de postérieur.

Or la raison pour laquelle [les platoniciens] estiment que ce sont à la fois des genres et des principes est que les nombres et les figures sont, à leur avis, des êtres au plus haut degré, dont les genres *sont* au plus haut degré. De plus, il apparaît clairement que la figure | se prédique des figures en tant que genre, et le nombre, des nombres. Si donc ce qu'il y a de commun en ces choses-là n'est pas un principe, il ne le sera pas non plus dans les autres cas. Si, en effet, le commun, c'est-à-dire le genre n'est rien en dehors des espèces dont il est prédiqué, il ne sera pas non plus principe. Bien plutôt, ce seront les espèces prédiquées des individus qui seront principes, car il n'y a pas dans les individus d'antérieur et de postérieur (ce qui aurait pour conséquence que | l'espèce qui est prédiquée des individus ne serait rien en dehors d'eux). Or si, dans le cas des figures et des nombres, la figure et le nombre – les communs – ne sont pas principes, mais que le triangle [est principe des triangles particuliers] [2] ou le 2, des 2 particuliers, il en ira de même dans les autres cas, et ce seront les espèces indivisibles qui seront principes, non pas les genres communs.

Outre ce qui vient d'être dit, Aristote montre que dans tous les genres, | il y a de l'antérieur et du postérieur. Le meilleur, en effet, est aussi un mode de l'antérieur, comme il l'a montré au cours de la division d'« antérieur » dans les *Catégories* [3]. | Or, dans tous les genres, il y a une espèce qui est la **210**
meilleure, et une autre qui est la pire.

non plus pour les autres. Ou alors 2) si, dans le cas des séries, il n'y a pas de genre séparé, et si ces séries constituent des genres au plus haut point (comme Alexandre l'explicite dans la proposition immédiatement suivante), alors *a fortiori* il en ira de même dans le reste des genres, même si ce ne sont pas des séries.

Dans cette lecture, il faut, d'une part, donner un sens fort à la distinction « τούτων τε καὶ ἐκείνων » (l. 19), qui s'oppose à « πᾶσι τοῖς γένεσιν » ; d'autre part, il faut relier la proposition « ἀλλ' ὁμοίως τούτων τε καὶ ἐκείνων ὄντων γενῶν » avec sa suite immédiate, sans insérer de paragraphe, contrairement à ce que fait Madigan, puisque la proposition vient expliciter la prémisse justifiant l'argument *a fortiori*.

1. Pour les prédicats du type figure et nombre et pour tous les autres.
2. L'idée est sous-entendue dans le texte, qui reste elliptique.
3. *Cat.* 12, 14b3-8.

Par conséquent, aucun genre n'est principe. Bien plutôt, les espèces indivisibles seront principes parce que, dans les individus qui sont sous elles, il n'y en a pas un qui serait premier et l'autre postérieur.

Pour cette difficulté, Aristote a tiré profit de l'homonymie de « premier ». | Il s'est servi de l'homonymie de « premier » pour montrer que le genre n'est rien en dehors de ce dont il est prédiqué. Dans le cas des animaux, par exemple, l'un est le meilleur, l'autre le pire : le dieu est le meilleur animal, c'est pourquoi il est premier. L'homme à son tour est meilleur que les autres animaux, et il est premier. De même dans les couleurs, le blanc est meilleur que les autres couleurs, et, dans les saveurs, c'est le sucré.

Après avoir dit cela pour montrer que ce sont les espèces | et les genres derniers qui sont principes, plutôt que les genres communs et les plus génériques, Aristote pose, par les mots qu'il ajoute[1] : « à partir de là, il apparaît donc que c'est ce qui est prédiqué des individus qui est principe, plutôt que les genres » (999a14-16).

Il poursuit en argumentant en faveur, à son tour, de la position selon laquelle les espèces indivisibles ne peuvent être des principes. L'argument est le suivant : le principe et la cause de quelque chose doivent exister en dehors de cet objet dont ils sont le principe et la cause, | c'est-à-dire qu'ils doivent pouvoir exister séparément de ce dont ils sont la cause[2]. Or rien ne peut exister par soi à l'état séparé qui ne soit pas un particulier. Si l'on dit, en effet, que les espèces existent parce qu'elles sont universellement prédiquées de tous les particuliers qui se trouvent sous elles et qu'elles sont autre chose que chaque particulier, et si pour cette raison on affirme[3] qu'elles sont principes, par ce raisonnement ce seront les genres les plus élevés[4] qui seront principes, plutôt que les espèces, | car ceux-là sont plus communs et prédiqués de davantage de choses.

Ces arguments que présente Aristote sont tout à fait conformes aux opinions admises, c'est-à-dire dialectiques.

1. En conservant le texte de $A^1$OLP : « ἔλαβε δι' ὧν ἐπιφέρει » (l'expression « δι' ὧν ἐπιφέρει » est assez fréquente dans le Commentaire et il n'y a pas lieu de ne pas la retenir).

2. Paraphrase très proche de 999a17-20.

3. En conservant les deux « λέγει » donnés par P l. 17 et 19 ; A et O donnent « λέγει » l. 17 et « λέγοι » l. 19.

4. Voir aussi l'emploi du terme « ἐπαναβεβηκότος », sans doute courant à l'époque pour désigner une place élevée ou la première place dans une division, chez Galien ou Sextus, par exemple dans les *Esquisses Pyrrhoniennes* 1, 174.

## CHAPITRE 4

*Aporie 8*

999a24 : *Rattachée à celles-là, il y a une difficulté qui est à la fois la plus ardue de toutes et dont l'étude est la plus nécessaire, sur laquelle notre propos s'arrête maintenant.*

| Il y a, affirme Aristote, une difficulté qui, à la fois, est la plus ardue et dont l'explication est la plus nécessaire pour la connaissance des principes et, en général, pour la présente étude. Elle dépend de ce qui a été dit peu avant sur les genres et sur les espèces, tout en étant rattachée à la difficulté précédente[1], du fait que, dans celle-ci, nous recherchions ce qui, parmi les termes communs, est davantage principe – le terme le plus commun, ou bien le plus proche [des individus] –, | et qu'ensuite, en posant que le principe doit être séparé et subsister en soi et par soi, nous avons refusé[2] que ces termes communs soient principes. Mais, ici, l'objet de la recherche est de savoir s'il existe ou non quelque chose en dehors des particuliers et des individus – cette chose commune que nous appelons genre ou espèce. Aristote montre quelles absurdités s'ensuivent si l'on pose qu'ils n'existent pas, et, si inversement on soutient qu'ils existent[3], il va aussi énoncer les difficultés qui s'ensuivent de cette hypothèse.

1. C'est-à-dire immédiatement précédente (aporie 7), par distinction d'avec l'aporie 6 sur les genres comme principes.

2. En gardant la leçon de P (« ἀνῃροῦμεν ») plutôt que celle de O (« ἀναιροῦμεν »). Pour un emploi tout à fait similaire et une construction analogue, voir par exemple *In Top.* 166, 19-20.

3. À savoir : si les genres ou les espèces existent en dehors des particuliers.

| Si donc rien n'existe en dehors des particuliers, la science sera
211 supprimée, | car les particuliers sont infinis[1] ; or il est impossible qu'il y ait une connaissance, une science ou une compréhension de ce qui est infini. On estime en effet qu'il y a une connaissance et une science des particuliers, dans la mesure où il y a, en eux tous, quelque chose qui est un et le même, à savoir l'universel qui est prédiqué d'eux en commun. Or, précisément, s'il n'y avait pas d'universel, | il ne pourrait[2] pas non plus y avoir connaissance des particuliers. Si, en revanche, une science ou une connaissance existent, il s'ensuivra en général qu'il existe quelque chose de commun en dehors des particuliers, en fonction duquel sont établies la connaissance et la science. Et cela, c'est le genre – ou bien le genre dernier, qu'on appelle au sens propre « espèce », ou bien le premier, qui est [au sens propre] le genre.

Et qu'aucun des deux n'existe, [cela résulte], affirme Aristote, « des difficultés que nous venons d'explorer » (999a32), en nous renvoyant à ce qu'il a dit quand il cherchait | si l'espèce est principe. Il disait en effet : « le principe et la cause doivent exister en dehors des objets dont ils sont principes et ils doivent pouvoir exister séparément d'eux. Mais l'on pourrait poser que quelque chose de tel existe en dehors des particuliers… »[3] (999a17-20). De plus, il semble avoir été montré peu avant que le prédicat commun de certaines choses n'est rien en dehors de ce dont il est prédiqué. Après avoir montré, en effet, que cela est accordé dans le cas des figures et des nombres | parce qu'il y a en eux du premier et du postérieur, il a ajouté que si, dans ces cas, il n'existe pas quelque chose de commun en dehors des particuliers, alors il n'en existera pas non plus dans les autres cas. Car si cela existait, cela existerait surtout dans le cas des figures et des nombres[4].

1. Sur cet argument et sa postérité néoplatonicienne, voir par exemple M. Griffin, « What Does Aristotle Categorize ? Semantics and the Early Peripatetic Reading of the Categories », *Bulletin of the Institute of Classical Studies* 55, 1, 2012, p. 65-108.

2. En conservant le « δύναιτο » proposé par Bonitz et confirmé par P.

3. Aucun des quatre manuscrits consultés (AOLP) ne comporte le « διὰ τί » de notre version de la *Métaphysique*.

4. Pour le commentaire de ce raisonnement, *cf.* ci-dessus 209, 14-22.

999a32 : *En outre, si l'on va jusqu'à admettre qu'il existe quelque chose en dehors du composé, chaque fois que quelque chose est prédiqué de la matière...*

| Par « composé », Aristote veut dire le particulier sensible qui résulte d'une combinaison de matière et de forme – car c'est ainsi que, plus habituellement, il appelle le particulier issu d'un assemblage[1].

La proposition « chaque fois que quelque chose est prédiqué de la matière » (999a33-34) peut ou bien désigner le tout composé (car une chose est un tout chaque fois que quelque chose est prédiqué de la matière, c'est-à-dire chaque fois que quelque chose survient dans la matière. Et ce quelque chose, c'est la forme, | car c'est en recevant une forme que la matière devient un corps[2]); ou bien par « de la matière » il entend ici "du substrat", qu'il appelle composé, chaque fois que nous prédiquons [quelque chose] d'eux[3].

Ce qu'il veut dire est la chose suivante : même si l'on concédait que l'universel, c'est-à-dire les genres et les espèces (qui sont les prédicats de la | substance comme matière, à savoir la substance individuelle) existent en dehors des individus dont ils sont les genres et les espèces, ces universaux existeraient-ils en dehors de tous les individus ? C'est-à-dire [faut-il], pour[4] tous les individus (qu'ils soient naturels ou artificiels), qu'il existe[5] quelque chose de commun en dehors d'eux ? Ou bien y a-t-il

1. Pour une expression similaire, cf. *Phys.* I 1, 184a22.

2. Le corps désigne ici le composé de matière et de forme.

3. On suit ici O en le corrigeant légèrement : « ...τοῦ ὑποκειμένου νῦν λέγει, ὃ σύνολον εἶπεν, ὅταν κατηγορήσομεν [*scil.* κατηγορήσωμέν τι] αὐτῶν. ». Le pronom au pluriel (« αὐτῶν ») peut renvoyer à la matière et au substrat. Mais c'est peut-être parce que ce n'est pas immédiatement clair que L et F ont ajouté ce qui peut bien passer pour une glose (qu'édite Hayduck en la corrigeant et qui donne : « ...qu'il appelle composé : chaque fois que quelque chose est prédiqué des sensibles, lesquels sont des touts et comme des matières sous-jacentes à ce qui est prédiqué, c'est cela qui est prédiqué d'eux. »). Une autre solution, plus économique mais plus radicale, est fournie par le texte de P (« ...τοῦ ὑποκειμένου νῦν λέγει. ὃ δὲ λέγει... »), qui, par rapport à $A^1$, se contente d'ajouter « ὃ δὲ λέγει » (l. 28).

4. Il est intéressant de noter que cette reformulation déplie le double sens contenu dans la préposition « παρά », qui signifie à la fois que le commun est séparé (en dehors) des particuliers, mais aussi qu'il vaut pour ces particuliers dont il est la classe et auxquels il s'applique (ἐπί). On peut ainsi gloser la question suivante : Ou bien y a-t-il pour certains individus quelque chose de commun en dehors d'eux, mais, pour certains autres, rien de commun qui soit en dehors d'eux ? Comme déjà pour 198, 34-35, la traduction de « παρά » dans ce qui suit en passera parfois par l'explicitation de ce double sens.

5. La correction proposée par Bonitz (« ὥστ' ἐπὶ » à la place de « καὶ ἐπὶ » l. 31) avec S est tentante, à cause de l'infinitif « εἶναι » l. 32 ; cet infinitif avait déjà gêné $A^2$ qui le corrige en « ἔστι ». $A^1$OP s'accordent pourtant sur cet infinitif, qui peut s'expliquer si l'on a en tête le texte qu'Alexandre est ici en train de paraphraser (999a34-999b1) : « πότερον, εἰ ἔστι, παρὰ

quelque chose de commun en dehors de certains individus, mais rien de commun en dehors de certains autres ?

Après avoir énoncé les conséquences de l'hypothèse, Aristote
212 ajoute ensuite « ou bien en dehors d'aucun » (999b1) | – ce qui détruit l'hypothèse[1] –, à savoir le cas où, pour aucun particulier, on ne saurait trouver un commun qui soit capable d'être séparé d'eux[2].

Après avoir ajouté cela, Aristote commence par la dernière [hypothèse] « en dehors d'aucun particulier », et montre quelles absurdités en découlent, si, pour aucun des particuliers, le commun ne peut absolument pas exister en dehors d'eux. | Il n'y aura en effet rien d'intelligible et, au contraire, tous les êtres seront sensibles. Car les touts issus d'une combinaison, en dehors desquels on n'a rien posé d'autre[3], sont quelque chose de tel[4]. Or s'il n'existe pas quelque chose d'intelligible, il n'y aura pas non plus de science de quoi que ce soit. C'est en effet sur les communs, à savoir les intelligibles, que portent les sciences[5], sauf à vouloir faire de la sensation une science, car tout sera alors objet de science et connaissable – [mais] non pas par la science prise au sens propre.

| À cela, il ajoute qu'il n'y aura rien d'éternel ni d'immobile, « car tous les sensibles se corrompent et sont en mouvement » (999b4-5), c'est-à-dire dans un flux. C'est conformément aux opinions admises qu'il est en train d'argumenter, c'est-à-dire conformément aux opinions de ceux pour qui tous les sensibles sont engendrés et corruptibles. Platon, surtout, était de cet avis. En effet, même s'il posait que le monde

πάντα δεῖ εἶναί τι, ἢ παρὰ μὲν ἔνια εἶναι παρὰ δ' ἔνια μὴ εἶναι, ἢ παρ' οὐδέν ». L'infinitif se comprend donc par contamination avec la grammaire du texte d'Aristote – on peut imaginer Alexandre en train de se livrer à une lecture du texte aristotélicien par groupe de mots, avec paraphrase et explication (par exemple, « εἰ ἔστι » est glosé par toute la proposition l. 28-31 « εἰ καὶ δοθείη εἶναι τὸ καθόλου… » jusqu'à « … παρὰ τὰ ὧν ἐστι γένη καὶ εἴδη ἀτόμων »). Pour rendre cette contamination, on s'est contenté de suppléer le « δεῖ » de 999a34, en fait sous-entendu dans le texte d'Alexandre.

1. La remarque d'Alexandre s'explique parce que dans le texte d'Aristote la fin de la phrase (« ἢ παρ' οὐδέν », 999b1) revient à nier la protase initiale (« εἰ ἔστι » 999a34).

2. A et O donnent une conditionnelle sans principale, ce qui peut néanmoins à nouveau s'interpréter comme une manière lapidaire de paraphraser le texte aristotélicien, en prenant le γάρ comme explétif (voir la reformulation très proche, juste après, en 212, 4). P complète par : « οὐδ' ἂν εἴη τι παρὰ τὰ καθ' ἕκαστα », ce qui donnerait : « si, en effet, on ne trouvait un commun qui soit capable d'être séparé, en dehors d'aucun particulier, alors il n'y aurait pas non plus quelque chose en dehors des particuliers ».

3. En conservant le texte de AO : « παρ' ἃ κεῖται μηδὲν ἄλλο » (PLFS suppléent « εἶναι »).

4. À savoir quelque chose de sensible (la proposition de correction par Bonitz du « τοιοῦτον » en « τοιαῦτα », acceptée par Madigan, n'est pas nécessaire).

5. Voir aussi 217, 2-3.

ne se corromprait pas, il soutenait cependant qu'il est, par sa nature, corruptible. | Il devait d'ailleurs s'ensuivre que le monde soit corruptible si du moins il est engendré (car Aristote [1], lui, estime que tous les sensibles sont en mouvement sans être pour autant corruptibles). Il considère en effet le corps mû en cercle comme totalement inengendré et totalement incorruptible. Mais ici, comme je l'ai dit, il argumente conformément aux opinions admises. Ceux, en effet, qui estiment que tous les sensibles sont dans une matière et dans un flux continuel estiment qu'ils sont aussi corruptibles.

| Après avoir posé que rien ne sera éternel s'il n'existe rien en dehors des sensibles, il ajoute à cela, à titre de conséquence : « Mais si rien n'est éternel, la génération n'est pas non plus possible, car ce qui vient à être est nécessairement quelque chose, et ce dont il provient aussi [2], et le dernier d'entre eux est nécessairement inengendré, s'il est vrai qu'il faut s'arrêter et qu'à partir du non-être la génération est impossible » (999b5-8). [Par là] il montre que | s'il n'y a pas quelque chose d'éternel, il n'y aura pas non plus de génération; que s'il n'y a pas de génération, il n'y aura pas non plus de choses engendrées; que s'il n'y a pas non plus de choses engendrées, il n'y aura pas non plus de sensibles. De là il s'ensuit que si seuls existent les sensibles, il n'existe pas de sensibles. Il montre de la façon suivante que s'il n'y a pas quelque chose d'éternel, il n'y aura pas non plus de génération : si quelque chose vient à être, alors nécessairement il y a ce qui vient à être (à savoir ce que devient ce qui vient à être), et ce dont il provient, qui diffère du précédent [3].

| Par exemple, si un homme vient à être, il faut qu'existe et que *puisse* exister ce qui précisément devient un homme [4]. Il faut donc que l'homme

1. Le nom n'est pas explicité chez Alexandre, mais s'impose en raison de la suite. C'est bien de cette façon que l'a compris Asclépius (187, 33 : « ἐπεὶ τῷ Ἀριστοτέλει κινεῖσθαι μὲν δοκεῖ πάντα τὰ αἰσθητά… »). La proposition entre parenthèses a pour fonction d'expliquer la concession qui précède et pourquoi il ne s'agit que d'une concession à ce que dit Platon (*Timée* 41a-b).

2. Sur la valeur de ce « καί », épexégétique ou non, *cf.* W. D. Ross, *Aristotle's* Metaphysics, *a Revised Text with Introduction and Commentary*, *op. cit.*, p. 241 et S. Broadie, « *Aporia* 8 », dans M. Crubellier et A. Laks, *Aristotle's* Metaphysics *Beta*, *XVIth* Symposium Aristotelicum, p. 142 et n. 17.

3. À la l. 28, on conserve le texte « ἀνάγκη εἶναί » de AOLFP, sans suivre le texte d'Asclépius (« ἀνάγκη εἶναί τι ») qui lisse celui d'Alexandre en fonction du texte d'Aristote (999b6) et de l'exemple suivant (*cf.* 212, 32-33). En suivant Asclépius, il faudrait traduire : « alors sont nécessairement quelque chose… ». Sur l'équivalence explicite entre « être » et « être quelque chose » chez Alexandre, cf. *In Top.* 301, 16 *sq.*

4. Sans conserver la glose d'Asclépius et de LF (absente en AOPS) : « car si l'homme n'existait pas, un homme ne pourrait pas non plus venir à être ».

qui est dit venir à être et, en outre, ce dont il provient soient quelque chose. En effet, tout ce qui vient à être provient de quelque chose qui n'est pas [déjà] tel. Si, en effet, cela l'était [déjà], cela ne le deviendrait pas. Et "cela", c'est le substrat, | c'est-à-dire une matière. Parmi les substrats [1] dont provient ce qui vient à être (car les substrats prochains sont nombreux [2]
**213** | puisque tout substrat est le substrat prochain d'un autre), parmi ces substrats, donc, Aristote affirme que le substrat ultime est nécessairement éternel. Ce substrat ultime, c'est la matière première [3]. En effet, quand nous décomposons les matières prochaines de ce qui vient à être, nous | nous arrêtons à cette matière ultime.

Que cette matière ultime soit nécessairement éternelle, il le montre à partir du fait que, s'il n'y a aucun substrat ultime éternel dont provienne la génération, il s'ensuivra ou bien que la génération d'une chose à partir d'une autre se fera à l'infini, ou bien qu'il y aura génération à partir du non-être. Or, dans les deux cas, c'est impossible. Si, en effet, n'importe quel substrat est venu à l'être, il devra être issu ou bien d'un autre substrat, ou bien du non-être (dans l'hypothèse où il est venu à l'être, mais non pas à partir d'un autre substrat). | Toutefois, de l'une comme de l'autre manière, c'est impossible. (1) Il n'est en effet pas possible de venir à l'être à partir du non-être. Cette doctrine est, de fait, partagée par ceux qui ont dit quelque chose de sensé sur la nature, à savoir que rien ne vient à être à partir du non-être. Et il est manifestement absurde et impossible de dire que quelque chose vient à être de cette façon. (2) Mais il n'est pas non plus possible qu'une chose soit cause d'une autre à l'infini et qu'elle soit substrat d'une autre en ligne droite, comme Aristote l'a montré | au livre précédent, en Petit alpha. Si donc c'est impossible des deux façons, alors ou bien il n'y aura pas de génération, ou bien le premier substrat sera éternel et inengendré. De ce que rien n'est éternel, il s'ensuit donc qu'il n'y a pas non plus de génération.

Il est possible que « d'entre eux » [4] (999b7) ne renvoie pas seulement à la matière, qui est ce dont provient ce qui vient à être, mais aussi à ce qui vient à être [5]. On estime en effet que, dans ce qui vient à être naturellement, le semblable vient à être sous l'action du semblable : | un homme engendre

1. En suivant P : « τούτων τῶν ὑποκειμένων », en raison du « τούτων δὴ τῶν ὑποκειμένων » de 213, 2.

2. A et O donnent « ἐν αἰδίῳ », difficile étant donné la ligne suivante. On suit P et Asclépius « πλείω ».

3. Sur tout ce thème, voir ci-dessus le commentaire à Petit alpha, 158, 8 *sq*.

4. Dans la proposition : « car ce qui vient à être est nécessairement quelque chose, et ce dont il provient aussi, et le dernier d'entre eux est nécessairement inengendré » (999b6-8).

5. Au sens de ce qu'une chose vient à être, *cf.* 212, 29 et 215, 1-2.

un homme, de sorte que si un homme vient à être, il faut qu'il y ait [déjà] un homme, à savoir celui qui le produit et l'engendre. Il est donc nécessaire que, dans ce qui vient à être naturellement, il y ait une [cause] productrice éternelle[1].

999b8 : *En outre*[2]*, s'il y a de la génération et du mouvement, il y a aussi nécessairement | une limite.*

Cet argument sert lui aussi à montrer qu'il existe un principe de la génération, qui est le premier substrat inengendré, et que la génération d'une chose à partir d'une autre ne va pas à l'infini. L'argument est, en puissance, le suivant :

Si tout mouvement et toute génération ont une limite[3], ils ont un principe, car ce qui a une limite a aussi nécessairement un principe. | Si, en effet, il n'y avait pas de principe, mais que la génération et le mouvement remontassent à l'infini, ils n'auraient pas non plus de fin. Cependant, toute génération et tout mouvement ont une fin, comme le pose Aristote en disant « car aucun mouvement n'est infini » (999b9-10), ce qu'il a montré ailleurs[4] en raison du fait que tout mouvement va d'un état à un autre. Par exemple, ce qui croît possède une limite à sa croissance, | de même aussi pour ce qui s'altère, de même encore pour ce qui se corrompt. Tout mouvement possède une limite et il en va de même pour la génération. En effet, rien de ce dont la réalisation est impossible | ne vient à être[5]. **214**

1. En suivant P qui corrige A et O de façon économique : « ἀναγκαῖον δὴ [δὲ καὶ A : δὲ O] ἐπὶ τούτων εἶναι ποιητικὸν [ποιητὴν O] ἀίδιον [ἀίδιον δεῖ εἶναι AO] ». Avec le texte que Hayduck tire de LF : « Et il est également nécessaire que, dans ce qui vient à être naturellement, il y ait une [cause] productrice éternelle ; et lui-même, après avoir traité de la matière, entreprend de montrer que même ce qui vient à être doit être éternel ».

2. « Ἔτι δὲ καὶ » chez Alexandre ; « ἔτι δὲ » dans notre version de la *Métaphysique*.

3. Si, dans ce qui suit, l'on garde la traduction standard de « πέρας » par limite, pour faire entendre le jeu avec « ἄπειρον » (illimité), il est toutefois clair dans le contexte qu'Alexandre y entend plus précisément le « terme » final, alors que « limite » en français peut également désigner le point de départ. De fait, selon Alexandre, Aristote établit la nécessité d'un principe du devenir à partir de la thèse selon laquelle le devenir est orienté vers un terme, une fin. L'erreur d'Aristote, selon Alexandre, est de ne pas avoir explicité l'inférence selon laquelle tout devenir possédant une fin possède aussi nécessairement un principe (*cf.* aussi ci-dessous, 214, 12-15). Pour une lecture opposée de l'argument d'Aristote, voir W. D. Ross (*Aristotle's Metaphysics, a Revised Text with Introduction and Commentary*, *op. cit.*, p. 241).

4. Outre le livre précédent (Petit alpha 2), on peut aussi renvoyer à la démonstration de *Physique* VIII.

5. Dans cette phrase et dans le paragraphe qui suit, la traduction s'efforce de rendre le jeu entre les infinitifs aoristes (« γενέσθαι ») et les emplois du verbe au présent (indicatif ou participe), dans l'idée que l'aoriste a ici sa valeur d'aspect verbal pur, ou, comme le disent certaines grammaires, de « fait pur », sans idée de durée ou de temporalité. La forme « γενέσθαι »

De fait, cela aussi a été montré[1] : ce dont la réalisation est impossible n'en vient pas même à être. Par exemple, la diagonale ne devient pas commensurable [au côté], parce que ni la réalisation, ni l'achèvement [de cette commensurabilité] ne sont possibles. Or la réalisation de ce dont la génération est sans limite et qui vient à être indéfiniment, est impossible, si bien qu'il ne commence pas même à venir à être[2]. | Donc, la réalisation de tout ce qui vient à être est possible, et ce dont la réalisation est possible peut éventuellement venir à être[3]. Par ailleurs, « ce qui est venu à être, il est nécessaire qu'il *soit*, dès le premier moment où il est venu à être[4] » (999b11-12). En effet, ce qui est venu à être[5], dès qu'il *est*[6], cesse d'être en train de venir à être (cela a été montré au livre VI de la *Physique*[7]). Mais s'il *est* dès le premier moment où il est venu à être, alors tout ce qui vient à être possède une limite[8]. C'est pour poser cette prémisse qu'Aristote emploie l'argument « ce qui est venu à être, il est nécessaire | qu'il soit, dès le premier moment où il est venu à être ». Tout ce qui vient à être et qui est en mouvement possède donc aussi un principe[9]. Or si c'est le cas, alors

désigne donc le simple fait de venir à l'être, le fait même de la génération (en tous les sens qu'a cette notion chez Aristote, laquelle désigne aussi bien l'apparition d'une qualité, que la naissance d'un être, etc.), tandis que le présent désigne le processus à l'œuvre, la génération en train de se produire. La solution adoptée faute de mieux a consisté à traduire l'infinitif aoriste par un nom, en l'occurrence « réalisation » (au simple sens du fait même de se produire, d'advenir). Tricot avait d'ailleurs déjà adopté un artifice de ce type dans sa traduction du passage chez Aristote.

1. La manuscrit O dit que cela n'a *pas* été montré, mais l'expression renvoie sans doute à ce qui est dit l. 7, à savoir que cela a été démontré en *Phys.* VI 5.

2. Littéralement : « il ne vient pas même à être au début ». L'expression peut aussi signifier : « il ne vient pas du tout à être », mais, au vu du contexte, c'est bien la question du commencement du devenir qui est jeu.

3. On comprend la phrase comme signifiant d'une part que, de l'effectivité du devenir, on peut inférer qu'il était possible; d'autre part, inversement, que ce qui a la possibilité de venir à être peut effectivement se produire comme ne pas se produire (dans le cas des êtres naturels, soumis à la contingence, dont il est question ici).

4. Le parfait doit ici être compris au sens de ce qui a fini de venir à être et a accompli son devenir (Ross glose par « *that which has completed its coming to be* »), ce qui, dans le commentaire d'Alexandre, est explicité un peu avant par le verbe « ἐπιτελεσθῆναι » (214, 3).

5. Le terme « γεγονὸς », omis par A et O, est confirmé par P.

6. Il vaut la peine de noter qu'Alexandre traduit « dès le premier moment où il est venu à être » en « dès qu'il est » (voir note suivante).

7. *Phys.* VI 5, où Aristote établit qu'il n'y a pas de premier instant du changement. Sur le commentaire d'Alexandre à ce passage, voir M. Rashed, *Alexandre d'Aphrodise, Commentaire perdu à la Physique d'Aristote (Livres IV-VIII). Les scholies byzantines, op. cit.*, en particulier les scholies 355, sur « πρῶτον », et 360, avec le jeu sur le parfait et le présent.

8. Autrement dit : l'être est le terme en lequel s'achève, à savoir s'arrête et se réalise, le devenir (savoir lire est la fin de l'apprentissage de la lecture).

9. Récapitulation de tout l'argument qui précède.

la génération d'une chose à partir d'une autre ne va pas à l'infini. Et si la génération ne va pas à l'infini, alors il existe un substrat éternel ultime.

L'argumentation semble obscure parce qu'il omet la conséquence du fait que tout mouvement et toute génération possèdent une limite, à savoir (comme on l'a dit) que ce qui possède une limite possède aussi un principe. | En omettant cela, en effet, sous prétexte que cette conséquence est bien connue, il montre seulement que tout mouvement et toute génération possèdent une limite. Même le mouvement circulaire possède une limite, car il vient à être à partir du même vers le même, et son infinité est due à ce que c'est toujours le même mouvement qui est en train de venir à être, et non pas tantôt un mouvement, tantôt un autre.

999b12 : *En outre, s'il est vrai que la matière existe parce qu'elle est inengendrée, alors, à bien plus forte | raison*[1], *la substance existe.*

Après avoir montré qu'il existe un substrat ultime et éternel (ce qu'il fait voir en disant « s'il est vrai que la matière existe parce qu'elle est inengendrée », car s'il n'existait pas quelque chose de ce genre, la génération serait impossible. De fait, si la matière remontait à l'infini, rien ne pourrait provenir de la matière, étant donné qu'une matière | ne cesserait jamais de provenir d'une autre[2] : une matière ne surviendrait pas dans la précédente, mais détruirait ce qui en provient), après donc[3] avoir montré que le premier substrat doit être inengendré et que la génération d'une chose à partir d'une autre ne doit pas aller à l'infini, il montre maintenant que la forme qui vient à être dans la matière[4] doit elle aussi

1. Notre version de la *Métaphysique* a « à bien plus forte raison encore » (« ἔτι μᾶλλον »).

2. Brandis, et surtout Bonitz (avec Hayduck à sa suite) considèrent le passage comme corrompu, à cause de la traduction de Sepúlveda. Il y a un argument matériel supplémentaire pour cette corruption, à savoir l'espace vide en O. La répétition qui suit, du lemme (avant « δείξας » l. 26), commune à OALM, laisse en outre deviner un passage peu stable dans le processus de copie. Il est néanmoins possible de construire le texte tel quel, comme le suggère Madigan.

3. Le « οὖν » résomptif l. 26, proposé par Brandis et Bonitz est déjà donné par P.

4. Voir la discussion des spécialistes sur l'apparition de l'âme dans le corps dans le *De anima* d'Alexandre, en particulier P. Accattino, « Generazione dell'anima in Alessandro di Afrodisia *De anima* 2.10-11.13 ? », *Phronesis* 40, 2, 1995, p. 198-200. Sur le fait qu'Alexandre soutienne le caractère inengendré des formes, voir Simplicius, *In Phys.* 234, 11-28 ; *In De caelo* 578, 32 *sq.* et M. Rashed, *Essentialisme. Alexandre d'Aphrodise entre logique, physique et cosmologie*, *op. cit.*, p. 237 *sq.* Voir aussi P. Accattino et P. Donini, *Alessandro di Afrodisia, L'anima*, Rome, Bari, Biblioteca universale Laterza, 1996, p. 114-116 et le résumé dans P. Accattino, « Alejandro de Afrodisia intérprete del *De Anima* de Aristóteles », *Estudios de Filosofía* 40, 2009, p. 59-60.

être éternelle, afin de montrer et d'établir par là qu'il doit exister une substance individuée[1] éternelle.

Si, en effet, la matière possède une nature[2], | alors il est plus raisonnable qu'existe cette substance que reçoit la matière. Il fait voir cela en disant « ce qu'à un moment donné la matière devient » (999b14). Par « substance », il entend la forme, car ce en vertu de quoi chaque chose a l'être, c'est une
**215** substance. La matière, en effet, en ayant reçu | une forme, fournit ce qui vient à être, qui est venu à être à partir d'elle[3], c'est-à-dire à la fois ce qu'elle reçoit et qu'elle vient à être[4].

Qu'il soit donc raisonnable que la forme reçue par la matière préexiste, elle aussi, en étant éternelle, c'est ce qu'il montre de la façon suivante. De même que, si le substrat n'existe pas, il est, comme on l'a dit, impossible que quelque chose vienne à être, de même, si ce que reçoit le substrat n'existe pas, la génération est impossible. | C'est ce qu'il veut dire par « si, en effet, il n'existe pas à la fois l'une[5] et l'autre, il n'y aura absolument rien » (999b14-15), ce qui équivaut à : si, en effet, aucune des deux n'existe, ni la matière éternelle, ni la forme éternelle, alors absolument rien ne viendra à être. Aristote fait voir que tel est bien son propos en disant : « il existe nécessairement quelque chose en dehors du composé, à savoir l'aspect, c'est-à-dire la forme » (999b16), en entendant par « composé », ce qui est venu à être, le sensible qui résulte d'une combinaison. | En énonçant que chacune des deux choses dont est issu le composé doit exister (à savoir la matière et l'aspect, c'est-à-dire la forme, comme nous l'avons dit; il dit en effet : « si, en effet, il n'existe pas à la fois l'une et l'autre », c'est-à-dire la forme et la matière, « il n'y aura absolument rien »), Aristote ajoute :

1. Sur la possibilité qu'il s'agisse ici d'une glose (l'adjectif « μοναδικός » étant un hapax chez Alexandre, mais apparaissant 15 fois dans la partie du Commentaire attribuée à Michel d'Ephèse), voir I. Kupreeva, « *Aporia* and *Exegesis*. Alexander of Aphrodisias », *op. cit.*, p. 244, n. 69.

2. Au sens où cette nature est la « substance » (999b14), *i.e.* la forme que reçoit la matière (mais l'identité de cette substance n'est pas explicitée par Aristote avant 999b16).

3. À savoir la matière.

4. Cette proposition obscure est certainement une glose du « ὅ ποτε ἐκείνη γίγνεται » (999b14), « ce que celle-là [la matière] devient à un moment donné », qui exige explication en ce que le pronom relatif au neutre est apposé au féminin « τὴν οὐσίαν », plutôt qu'il ne l'aurait pour antécédent. L'idée est que la réception de la forme par la matière est indissociablement un processus de devenir de la matière, autrement dit que « ce qu'elle peut bien devenir » (autre traduction possible de la relative de 999b14, proposée par M. Rashed, *Essentialisme. Alexandre d'Aphrodise entre logique, physique et cosmologie*, *op. cit.*, p. 241) désigne la forme reçue par la matière.

5. Les manuscrits consultés (y compris O) donnent ici le neutre à la place du féminin attendu (pour la matière), mais ce féminin est rétabli dans la citation de 215, 12.

« or si cela est impossible », à savoir : impossible qu'aucune n'existe, « alors il est nécessaire qu'existe en dehors du composé », c'est-à-dire en dehors de ce qui résulte d'une combinaison, | à savoir une forme dans une matière, « l'aspect, c'est-à-dire la forme ». Il pose ainsi comme valide le fait que, comme pour la matière, il doit également y avoir une forme éternelle. Celle-ci, néanmoins, ne doit pas être la forme qui vient à être dans la matière, mais ce qui produit, lequel, s'il ressemble au produit, doit en quelque manière lui préexister [1].

Après avoir établi, à partir de cette argumentation, que la forme aussi doit, comme la matière, préexister, afin que | le composé issu de leur combinaison provienne d'une matière et d'une forme préexistantes, il ajoute à cela une difficulté qu'il s'était proposé d'affronter en commençant cette difficulté-là, quand il a dit « faut-il que cela, s'il existe, existe pour toutes choses en dehors d'elles ? » [2] (999a34). Si l'on pose, en effet, que la forme qui vient à être dans la matière préexiste et est éternelle, pour quels êtres et pour quelles choses en devenir dira-t-on que la forme préexiste en étant éternelle ? Et pour lesquels ne préexistera-t-elle pas ? | On ne peut en effet pas dire cela pour tout ce qui vient à être. Et Aristote mentionne les choses qui viennent à être par l'art : dans leur cas, il est absurde de dire que la forme qui, sous l'action de l'artisan, vient à être dans la matière, préexiste et est éternelle [3].

Peut-être a-t-il dit cela et soulevé cette difficulté pour le cas des Idées, mais peut-être aussi simplement pour le cas de la forme dans la matière, | comme une suite logique de la difficulté [4].

1. Sur les enjeux de ce passage, M. Rashed, *ibid.*, p. 240-243 ; I. Kupreeva, « *Aporia* and *Exegesis*. Alexander of Aphrodisias », *op. cit.*, p. 243-245. L'une des questions est de savoir si l'on doit réellement suppléer « forme » dans « τὸ ποιητικόν » (l. 17), si donc Alexandre fait vraiment de la forme un principe moteur, ou bien s'il faut se contenter d'une traduction plus neutre (« ce qui produit », pour désigner simplement la cause efficiente). Comme le dit bien M. Rashed, « Alexandre connaissait assez le grec pour éliminer une telle ambiguïté s'il l'avait vraiment voulu. » (p. 242). Voir aussi la formule plus neutre de 216, 10-11.

2. La citation d'Alexandre diffère de notre texte de la *Métaphysique* : « παρὰ πάντα εἶναι δεῖ » chez Alexandre ; « παρὰ πάντα δεῖ εἶναί τι » chez Aristote (retenu par Ross et Jaeger avec EJΓ). Dans la traduction, « cela » renvoie au commun qui existerait séparément du composé sensible (*cf.* 211, 28 *sq.*).

3. *Cf.* 999b18-20.

4. À savoir comme découlant logiquement de cette huitième aporie, sans référence spécifique à la thèse platonicienne. Voir une remarque similaire en 216, 15-16 pour la neuvième aporie.

999b20 : *En outre, y aura-t-il une seule essence pour toutes les choses*[1], *par exemple pour tous les hommes ? En effet, toutes les choses dont l'essence est une ne sont pas une.*[2]

Aristote ajoute également à ses propos la difficulté de savoir, dans l'hypothèse où, comme la matière, les formes aussi sont préexistantes, s'il y a une forme numériquement une et une essence une par le nombre pour tous les hommes, ou bien s'il y en a plusieurs, c'est-à-dire autant qu'il y a | d'hommes particuliers. Si, en effet, on pose que la forme est numériquement une, un homme unique proviendra de la matière ayant
**216** reçu cette forme[3]. Mais s'il | y en a autant que d'hommes particuliers,

1. Sous-entendu : toutes les choses d'une même classe (il ne s'agit pas de demander si tous les êtres du monde ont une seule et même essence) ; c'est sans doute pour expliciter cela qu'est donné l'exemple des hommes.

2. Le texte retenu par Ross et Jaeger, à partir de Syrianus, est : « ἀλλ' ἄτοπον· ἓν γὰρ πάντα ὧν ἡ οὐσία μία » (« mais c'est absurde, car toutes les choses dont l'essence est une sont une »), mais les manuscrits grecs d'Aristote donnent unanimement la négation : « οὐ γὰρ ἓν ἅπαντα », comme dans le lemme d'Alexandre (la traduction arabe d'Aristote par Astât, toutefois, va dans le sens de Ross et de Jaeger). Jaeger et Ross justifient aussi leur texte à partir de la paraphrase d'Alexandre, sans doute avec la proposition de 215, 35-36 (mais voir note suivante). Madigan propose de lire la proposition de façon interrogative ; il est suivi par S. Broadie, « *Aporia 8* », *op. cit.*, p. 14, selon qui la variation des leçons ne fait plus guère de différence philosophique. Il est alors préférable – et pour Aristote, et pour Alexandre – de retenir la leçon des manuscrits, avec la proposition négative. Chez Aristote – comme le font par exemple A. Jaulin et M.-P. Duminil, *Métaphysique*, Paris, Flammarion, 2008, p. 134 – la proposition avec la négation vient répondre au « ἀλλ' ἄτοπον », en explicitant où réside cette absurdité ; elle doit alors être lue avec sa suite (à ponctuer à l'affirmative) : « ἀλλὰ πολλὰ καὶ διάφορα ». Aristote est donc en train de dire : il est absurde que tous les êtres de même essence soient (numériquement) un ; au contraire, ils sont (numériquement) multiples. Sans la négation, la proposition viendrait au contraire poursuivre le scénario en explicitant sa conséquence absurde (et non pas la réfuter) et Aristote serait en train de dire : mais c'est absurde, car dans ce cas, seule une chose numériquement une pourrait venir à être (c'est ainsi que le comprend Tricot, en renvoyant précisément à Alexandre, 215, 35-36). Le texte de Syrianus est plus complexe que ne le laissent entendre les apparats de Ross et de Jaeger, puisque Syrianus pourrait bien faire état des deux textes : « ἓν γὰρ πάντα ὧν ἡ οὐσία μία » (39, 11) et « οὐ γὰρ πάντων ἡ οὐσία μία » (39, 17-18) qu'il tire sans doute d'Alexandre et présente plus prudemment (« εἴτε γράφειν αἱροῖτό τις »). Chez Alexandre, enfin, à la différence de ce qui se passe chez Syrianus et dans nos manuscrits de la *Métaphysique*, la proposition n'est pas précédée par le « ἀλλ' ἄτοπον ». Outre l'incertitude affectant les lemmes dans le processus de copie, le commentaire d'Alexandre ne permet guère de trancher (voir note suivante).

3. En A[1]O cette proposition est donnée à la négative (« εἰ μὴ γὰρ… »), mais rétablie à l'affirmative par A[2]PLF, seule leçon susceptible de faire sens étant donné le reste de la phrase. Alexandre tire donc comme conséquence absurde de la thèse discutée (une seule forme par le nombre pour toutes choses) l'existence d'un seul et unique exemplaire de cette forme. Mais, comme indiqué précédemment, cela ne permet guère de décider du texte d'Aristote qu'il avait sous les yeux. Il peut en effet, comme le suggèrent Ross et Jaeger, avoir lu notre texte (le lemme ayant alors été corrompu) et avoir paraphrasé « ἓν γὰρ πάντα ὧν ἡ οὐσία μία » par

c'est irrationnel. Par quoi ces formes de l'homme, prises à part de leur matière, différeront-elles les unes des autres ? Car ce qui différencie entre eux les hommes particuliers est d'ordre matériel.

En outre, Aristote soulève aussi la difficulté[1] de savoir comment la matière reçoit ces formes préexistantes, ou, donc, en général les formes[2], et | comment chacun des sensibles vient à être et est, en tant que touts faits de forme et de matière : sont-ils issus d'une composition, d'une mixtion ou d'un mélange ? Et de quelle manière la matière ayant reçu les formes en vient-elle à être ce qu'elle vient à être ?

Il a posé ces difficultés dans d'autres passages, en cherchant ce qui unifie et maintient la forme dans la matière, passages où il affirme que l'être en puissance de la matière est cause du fait qu'elle reçoit la forme[3] et qu'elle demeure | en elle-même tout en se changeant[4] en ce qu'elle était jusque-là en puissance – à condition, évidemment, qu'une cause productrice préexiste.

« εἷς ἄνθρωπος γενήσεται… ». Mais il peut très bien avoir compris « οὐ γὰρ ἓν ἅπαντα ὧν ἡ οὐσία μία » comme une thèse positive d'Aristote (et non pas une absurdité) signifiant : toutes les choses unes par l'espèce ne sont pas numériquement unes, mais multiples.

1. En 999b23-24.

2. O, comme A [1]LMF, donne « ὅλως οὖν τὰ εἴδη » après « ἢ ὁπωσοῦν τὰ εἴδη » (216, 4). P résout le problème en donnant : « ὅλως οὖν τὰ εἴδη πως σύναπτεται τῇ ὕλῃ » ; Sepúlveda traduit « *ad summam quomodo formae coniunguntur cum materia* ». Hayduck propose « τὰ προϋπάρχοντα ἤδη καὶ ὁπωσοῦν ὄντα εἴδη », que reprend Madigan, qui donnerait : « comment la matière reçoit ces formes déjà préexistantes et existant d'une manière ou d'une autre ». Son argument est que, dans l'aporie qui va suivre, les formes sont toujours prises comme préexistantes et que l'alternative ne peut porter sur leur mode d'être (préexistantes ou non) mais sur leur manière de préexister. On choisit ici une version plus économique : « τὰ προϋπάρχοντα εἴδη ἢ ὅλως οὖν τὰ εἴδη », en tablant sur une dittographie (avec confusion entre « ὁπωσοῦν » et « ὅλως οὖν »). L'expression vient alors répondre au démonstratif qui précède ; elle se justifie en outre par le fait que, dans ce passage, Aristote ne parle pas spécifiquement des formes préexistantes ou séparées, comme le note implicitement Alexandre, par exemple en 215, 27-29, quand il se demande si cette partie de la diaporie porte ou non sur les thèses platoniciennes. L'expression indique alors que la question ne vaut pas seulement pour les formes dont il est question depuis 215, 2, mais pour n'importe quelle forme, y compris (et peut-être même surtout) les formes données dans la matière (*cf.* « τοῦ ἐνύλου εἴδους », 215, 29).

3. Allusion possible à *Physique* I et à *Métaphysique* H 1-2. Madigan suggère également *Génération et Corruption* I 3 et I 4.

4. Madigan propose « αὐτῇ… μεταβάλλουσῃ » en considérant que les deux infinitifs (« λαμβάνειν αὐτὸ καὶ μένειν ») n'ont pas le même sujet : que cette forme demeure dans la matière qui se change… (O et P confirment « μεταβάλλουσαν »). Il est tout de même peu probable que les deux infinitifs n'aient pas le même sujet sans qu'Alexandre ait senti la nécessité d'expliciter le sujet du second ; de plus, l'expression peut aisément renvoyer au caractère sous-jacent de la matière.

*Aporie 9*

999b24 : *En outre, à propos des principes, on pourrait aussi poser la difficulté suivante*[1] *: s'ils sont spécifiquement un.*

Cette difficulté est la suite logique de la précédente (la forme est-elle numériquement une | ou plusieurs ?), mais elle peut aussi renvoyer aux Idées, étant donné qu'Aristote mentionne l'Un en soi et l'Être en soi. Ou alors la difficulté est peut-être posée à propos des principes en général, car les principes sont des êtres au sens propre, et c'est pourquoi il leur ajoute « en soi ». Puisque cette difficulté est posée de façon générale, elle peut donc aussi s'appliquer à ce qui est dit être substrat. Ce qui fait difficulté à propos des principes est de savoir si chacun d'eux | – que l'on suppose que les principes soient uns ou plusieurs – possède l'unité spécifique ou numérique. Par exemple, si la matière est une, est-elle une numériquement ou spécifiquement ? Et si la forme est une, l'est-elle numériquement ou spécifiquement ?

Si, en effet, chaque principe est spécifiquement un et numériquement multiple, il n'y aura rien, affirme Aristote, parmi les principes du devenir, qui sera numériquement un. Or si aucun principe n'est quelque chose de numériquement un, rien, non plus, | de ce qui est composé de ces principes ne sera numériquement un, car ce qui est composé d'une unité non pas numérique mais spécifique est un spécifiquement, non pas numériquement. Si, en effet, ce qui est composé d'une unité numérique est numériquement un, alors, à l'évidence, ce qui ne possède pas l'être à partir d'une unité [numérique] aura le même type d'unité que cela[2].

Aristote ajoute une absurdité qui en découle : l'Un en soi et l'Être en soi, | que posaient eux aussi parmi les principes ceux d'après qui les Idées sont des principes, ne seront pas non plus numériquement un. Cependant, si l'Un en soi n'est pas numériquement un et si toute chose est une en participant de l'Un en soi, alors aucune des autres choses ayant l'être relativement à lui ne sera numériquement une, car, en s'assimilant à une unité spécifique, elles posséderont le même type d'unité qu'elle.

1. « τοῦτο » au lieu du « τόδε » de notre version de la *Métaphysique*.

2. À savoir que ce qui possède l'unité spécifique. On maintient, contre la correction apportée par Bonitz à partir d'Asclépius, le texte des manuscrits AOP : « τὰ μὴ ἐξ ἑνὸς ». Le texte d'Asclépius (191, 31-33) régularise le raisonnement (peut-être en référence à 216, 34-35) en disant : « si, en effet, ce qui est composé d'une unité numérique est numériquement un, alors à l'évidence ce qui possède l'être à partir d'une unité spécifique aura le même type d'unité que cela » (« εἰ γὰρ τὰ ἐξ ἑνὸς κατ' ἀριθμὸν συγκείμενα ἓν τῷ ἀριθμῷ, φανερὸν ὡς τὰ ἐξ ἑνὸς τῷ εἴδει τὸ εἶναι ἔχοντα ὁμοίως ἐκείνοις ἕξει τὸ ἕν. »).

Rien, donc, ne sera numériquement un, si | rien de ce qui vient à être relativement à quelque chose n'est numériquement un, ni l'Un en soi qui en est le principe, ni même aucun autre principe.

Aristote ajoute aussi à cela | qu'il n'y aura pas non plus de science 217
s'il n'y a rien qui soit un par le nombre, car les sciences se produisent en saisissant une unité qui s'applique à[1] une pluralité de choses, comme il l'a dit un peu avant[2]. Les sciences, en effet, portent sur ce qui est commun et dont on montre que, quoique commun, il est numériquement un[3]. En effet, il n'est pas vrai que, de même que les choses qui sont sous le commun sont une, les unes à l'égard des autres, par l'espèce ou par le genre, de même | le commun (c'est-à-dire l'espèce qui s'applique à elles, ou leur genre) sera un par l'espèce ou par le genre. Car, de cette façon, on ira à l'infini. Si, en effet, l'animal est un en fonction de l'espèce, en possédant en commun son unité, de même, à son tour, ce en fonction de quoi les animaux sont un, s'ils sont un en fonction de leur espèce, sera aussi numériquement multiple, et ainsi on ira à l'infini. Mais chaque commun est numériquement un[4]. | Et si les sciences ont pour objets des termes qui sont numériquement un, et si rien n'est un par le nombre, dans l'hypothèse où les principes ont une unité [seulement] spécifique, alors la science sera supprimée.

Si, en effet, quelqu'un disait que ce qui est au-dessus des principes est numériquement un, puisqu'on a posé que les principes sont un par l'espèce, alors celui-là dirait que les principes ne possèdent plus d'unité spécifique, car cette espèce numériquement une est davantage principe

1. Alexandre reprend d'abord le génitif « ἐπὶ πολλῶν » d'Aristote (999b27), puis apparaît le datif (217, 12-13, et surtout 218, 8), dans une terminologie qui va devenir standard chez les commentateurs postérieurs et qu'on appelle parfois « doctrine des trois états de l'universel », en particulier chez Ammonius (par exemple, *In Porph. Isag.* 41, 10 – 42, 26 et 68, 25 *sq.*).

2. En 999a26-29, *cf.* 210, 35 *sq.* On comprend la répétition de « commun » dans la relative non pas comme un simple effet stylistique, mais comme signifiant que, *bien que* valant pour une multiplicité de particuliers, le « commun » qui fait l'objet de telle science (par exemple, telle propriété commune des cercles ou des poissons) possède un degré d'unité assez fort pour qu'on le dise même numériquement un.

3. *Cf.* aussi 212, 7-8 pour le début de la proposition.

4. Alexandre réfute la régression à l'infini en rappelant la thèse déjà énoncée aux l. 2-3 : les sciences portent sur des termes communs (telle propriété, par exemple), identiques dans l'ensemble de leurs occurrences et donc numériquement un. Pour que la régression s'arrête, il faut un commun doté d'unité numérique et pas seulement spécifique, sinon les objets des sciences resteraient spécifiquement un, mais numériquement multiples.

| que ce qu'il y a sous elle, et elle n'est plus spécifiquement, mais numériquement une[1].

En outre, il n'est pas non plus possible que soit spécifiquement un ce qui est dépourvu d'une forme commune numériquement une. En effet, les choses numériquement multiples, qui ont néanmoins une communauté entre elles, si leur commun n'est pas numériquement un, ne seront pas non plus identiques par l'espèce[2].

On peut comprendre la proposition « et comment le savoir scientifique sera-t-il possible s'il n'existe aucune unité | applicable à toutes choses ? » (999b26-27) comme étant dirigée contre ceux qui posent les Idées. Ceux-là, en effet, soutenaient qu'il ne saurait y avoir de science si les Idées n'existaient pas. Les sensibles, en effet, sont à la fois infinis et pris dans un flux continu, et ils ne sont dès lors pas objets de science. En revanche, en dehors des sensibles, précisément, et des particuliers, l'Idée, qui est conçue comme unité numérique s'appliquant à une multiplicité, en vient à être la cause, immobile et éternelle, de la science. Or cela est supprimé, | si ces Idées n'ont pas même l'unité numérique.

999b27 : *Mais, d'autre part, si même chacun des principes est numériquement un*[3]*...*

Après avoir montré quelle absurdité s'ensuit si l'on tient les principes pour [seulement] spécifiquement un, il argumente désormais ici en faveur de l'idée que les principes ne peuvent pas non plus posséder l'unité numérique. Il fait désormais porter son discours sur les principes appelés éléments, | dont provient par composition ce qui en est issu, comme dans le cas des lettres. Et il montre que, dans le cas des principes entendus en ce sens, si chacun d'eux est numériquement un, les êtres ne seront pas plus nombreux que leurs éléments. De même, en effet, que les syllabes sont identiques les unes aux autres en espèce, mais viennent à être infinies en nombre, puisque les lettres dont elles sont composées peuvent être considérées comme étant infinies en nombre, bien qu'identiques en espèce, de même aussi, si les lettres n'étaient pas numériquement multiples, mais

1. L'objection consiste à faire remonter le niveau de ce qui est numériquement un au-dessus des principes qui sont seulement spécifiquement un. La réponse à l'objection consiste à dire que c'est alors ce qui sera au-dessus de ces prétendus « principes » qui sera réellement principe.

2. Bonitz indiquait déjà ici un *locus corruptus* et O confirme le texte de A édité par Hayduck. On traduit ici le texte du manuscrit P : « πολλὰ γὰρ ὄντα κατ' ἀριθμὸν, ἔχοντα *δὲ* κοινωνίαν ἀλλήλοις, *ἂν* μὴ *ᾖ τὸ κοινὸν* κατ' ἀριθμὸν ἕν… ».

3. En groupant « μία ἑκάστη », selon un tour fréquent en grec classique.

qu'il y ait un A et un B numériquement un, alors nécessairement il n'y aurait qu'une seule syllabe | à être issue de leur composition. Et il ne sera **218** pas non plus possible d'obtenir plusieurs syllabes contenant B, si le B est un par le nombre, hormis « BA ». En effet, B, s'il est un être unique, ne constitue absolument plus rien d'autre que la syllabe « BA ».

Ce qui vaut dans le cas des syllabes et des lettres (si les lettres sont numériquement une, | elles ne seront pas plus nombreuses dans les syllabes, mais aussi nombreuses qu'elles), vaudra donc aussi, affirme Aristote, dans le cas des êtres, si leurs principes sont un et, chacun, numériquement un. Aristote a aussi expliqué ce qu'est l'unité numérique (à savoir que c'est le particulier) et ce qu'est l'universel (à savoir que c'est ce qui est saisi comme s'appliquant en commun aux particuliers, c'est-à-dire à la fois l'espèce et le genre).

Après avoir dit « de même, donc, que | si les éléments du son articulé étaient limités en nombre » (1000a1-2), les lettres aussi, celles qui sont écrites, seraient aussi nombreuses que leurs éléments[1], il n'a plus énoncé la proposition correspondante[2] : il en ira de même dans le cas des êtres et de leur nombre. Rien d'autre, en effet, n'existera en dehors des éléments, c'est-à-dire que les êtres ne seront pas plus nombreux que les éléments. Mais, considérant que cette conséquence est évidente, il a négligé de la suppléer. | Si, en effet, la terre et chacun des quatre éléments sont numériquement un, et s'ils sont présents dans tel corps particulier, alors, à l'évidence, il est impossible qu'un autre corps en soit composé. Cet argument est tout à fait logique et dialectique.

### *Aporie 10*

1000a5 : *Une difficulté qui ne le cède en rien aux autres a été négligée par les penseurs actuels comme par nos devanciers.*

| Cette difficulté, qu'il est nécessaire de rectifier et dont Aristote affirme qu'elle a été négligée par tous les penseurs avant lui, a été énoncée elle aussi, comme les précédentes, au début de ce livre, dans l'exposé des difficultés[3], et c'est la suivante. Il cherche à savoir si les principes des êtres corruptibles et des êtres incorruptibles sont les mêmes. Si, en effet, ce sont

1. La fin de la phrase est à mi-chemin entre la paraphrase et la citation libre (Aristote : « ἀναγκαῖον ἦν ἂν τοσαῦτα εἶναι τὰ πάντα γράμματα ὅσαπερ τὰ στοιχεῖα. » (1000a2-3); Alexandre : « ἦν ἂν καὶ τὰ γράμματα τοσαῦτα τὰ γραφόμενα ὅσα αὐτῶν καὶ τὰ στοιχεῖα »).

2. À savoir l'autre partie de l'analogie.

3. En 996a1-2.

les mêmes, pour quelle raison, alors que tous les êtres sont issus des mêmes principes, les uns | sont-ils corruptibles et les autres, incorruptibles ?

Ici, Aristote mentionne Hésiode et les anciens théologiens, qui, en posant que toutes choses viennent des mêmes principes éternels et incorruptibles, se contentaient de soutenir l'opinion qui leur avait paru plausible, à savoir que certains êtres sont incorruptibles et d'autres, corruptibles. Mais ils « se soucièrent peu de nous » (1000a10-11), c'est-à-dire de nous enseigner et de nous convaincre. Après avoir posé, en effet, que les principes sont éternels et divins | et que tous les êtres existent et ont été engendrés à partir d'eux, ils affirment que certains êtres ayant goûté l'ambroisie et le nectar sont devenus des dieux, tandis que tous ceux qui n'y ont pas goûté sont corruptibles. Premièrement, ils parlent de l'ambroisie et du nectar comme de fluides[1] divinisants, ce qui était peut-être évident pour eux, mais certainement pas pour nous, ou pour n'importe qui d'autre. Deuxièmement, concernant le bénéfice que l'on
**219** tire de ces choses, ils ont tenu des discours superficiels et fort peu | clairs : dans quel but [ces dieux] en vinrent-ils à goûter le nectar et l'ambroisie, causes de leur immortalité ? Si, en effet, c'est pour le plaisir qu'ils y goûtent, le nectar et l'ambroisie ne contribuent en rien à leur être, en sorte que le fait d'y avoir goûté n'est pas responsable de leur immortalité. Si, en revanche, y goûter contribue à leur être, | il est évident que c'est pour eux une nourriture. Or les êtres qui se nourrissent, et qui n'existeraient pas s'ils ne se nourrissaient pas, comment peut-on dire qu'ils sont éternels ?

Après avoir seulement évoqué Hésiode et les autres théologiens sur ces questions, Aristote se dispense d'examiner attentivement leurs doctrines puisqu'ils racontent des mythes, c'est-à-dire qu'ils rassemblent et composent leurs erreurs au moyen de mythes. L'expression « ceux qui font les savants avec des mythes » (1000a18-19) équivaut à : ceux qui, au moyen de mythes, | donnent l'illusion du vrai.

Puis il poursuit avec ceux qui sont réputés traiter ces questions par la démonstration, et il affirme que, sur ces questions[2], il faut examiner comment ils expliquent le fait que, si toutes choses viennent des mêmes principes et des mêmes éléments, certaines des choses qui en sont issues sont éternelles et incorruptibles, et les autres, corruptibles. Si, en effet, affirme-t-il, ils n'en donnent pas une explication et si leur doctrine n'a

1. Notre texte de la *Métaphysique* donne « ὀνόματα » (1000a13), alors qu'Alexandre parle de « νάματα », et il est légitime de se demander si le commentaire d'Alexandre ne témoigne pas ainsi d'une leçon du manuscrit qu'il a sous les yeux et qu'auraient corrigée les copistes postérieurs.

2. En conservant le texte de AOLFP : « ἐξετάζειν περὶ τούτων », plutôt que la proposition de Bonitz (en référence à 1000a19), « παρὰ τούτων ἐξετάζειν ».

pas non plus par ailleurs quelque chose de raisonnable, alors, à l'évidence, | les principes de toutes choses ne seront pas les mêmes.

Il affirme que ce n'est pas le cas non plus d'Empédocle, qui, plus que tous les autres physiciens, a l'air de tenir des propos cohérents. Il introduit en effet un élément comme cause de la génération et de l'être (telle est pour lui l'Amitié) et un autre, de la corruption (telle est la Haine). Cependant, il apparaît que, bien souvent, pour lui, la Haine contient la cause de la génération, et l'Amitié, celle de la corruption. | Et Aristote montre comment Empédocle a l'air de tenir des propos cohérents, et comment, néanmoins, il n'échappe pas à la difficulté[1]. Empédocle, en effet, pose aussi parmi les principes la Haine, qui est pour lui cause de la corruption. C'est pourquoi, d'après lui, tout ce qui vient à être se corrompt, et non pas seulement certaines choses, quand ce ne serait pas le cas pour d'autres. Ce qu'il soutient a, en effet, l'air d'être cohérent, à savoir que, puisque toutes les choses en devenir sont issues des mêmes principes, elles se corrompent toutes semblablement, | et non pas que certaines d'entre elles se corrompraient, quand d'autres resteraient éternelles. Et il pose que seuls sont incorruptibles les éléments, c'est-à-dire les quatre corps, la Haine et l'Amitié. C'est par là qu'Empédocle semble admettre une cause de la corruption de ce qui se corrompt, et tenir des propos cohérents avec lui-même, puisqu'il définit une cause de la génération et une autre, de la corruption.

Toutefois, selon lui, cette Haine, elle aussi, engendre, | c'est-à-dire qu'elle devient cause de la génération, et non pas seulement de la corruption, de même, en fait, que l'Amitié est aussi cause de la corruption et non pas, en effet, [seulement] de la génération[2] : c'est à partir de l'Un, qu'Empédocle appelle « dieu » et « Sphère » et qui est engendré par l'Amitié, que, d'après lui, tous les êtres sont engendrés par la Haine, hormis le dieu (au sens

1. En dépit de l'incohérence principale (la confusion entre Haine et Amitié aux titres de cause de la génération et de la corruption, *cf.* déjà *Met.* A 4), Empédocle va être crédité d'une double cohérence : 1) tous les êtres en devenir proviennent des mêmes principes ; 2) les principiés, corruptibles, dépendent de principes incorruptibles. Sur ce texte, voir aussi M. E. Kotwick, *Alexander of Aphrodisias and the text of Aristotle's* Metaphysics, *op. cit.*, p. 258-259.

2. Madigan souligne qu'on attendrait ici une explication du fait que l'Amitié ne soit pas seulement cause de la génération et que la proposition énonce plutôt en quoi l'Amitié est cause de la génération. On peut au contraire lire la proposition qui suit comme une explication, non pas du bout de proposition immédiatement précédente (« οὐ γὰρ γενέσεως »), mais de la contradiction initiale consistant à faire de la Haine une cause de génération : au « τὸ νεῖκος αὐτὸ τοῦτο γεννᾶν » (l. 29-30) répond le « πάντα τὰ ὄντα ὑπὸ τοῦ νείκους κατ' αὐτὸν γίνεται » (l. 32-33). C'est d'ailleurs ainsi que fonctionnent les lignes d'Aristote qu'Alexandre est ici en train d'expliquer (1000a27-29).

de la Sphère[1], et qu'Empédocle appelle aussi Un), comme Aristote le fait voir en citant ses vers[2]. Or, dans la mesure où il dit cela, | Empédocle ne pourra plus tenir des propos cohérents avec lui-même. Il ne pourra en effet plus maintenir qu'il y a une cause de la corruption et une autre de la génération, ce par quoi il semblait que sa doctrine pouvait avoir quelque chose de raisonnable.

220 |1000a27 : *La haine aussi ne paraîtra pas moins engendrer*[3].

C'est-à-dire : être génératrice et productrice. À « tout, en effet, provient de l'Un, c'est-à-dire que, de lui, tout le reste provient, sauf le dieu » (1000a28-29), on doit suppléer : ce qui est engendré par la Haine[4].

1. Sur cette mention, absente du texte d'Aristote, voir C. Louguet « Les Présocratiques dans le commentaire d'Alexandre d'Aphrodise à la *Métaphysique* d'Aristote : un essai de typologie », dans A. Balansard et A. Jaulin, *Alexandre d'Aphrodise et la métaphysique aristotélicienne*, *op. cit.*, p. 65 *sq.*, selon qui Alexandre aurait connu, *via* Eudème, le vers 4 du fragment 31B27 DK (fr. 92 Bollack), lequel nomme effectivement la Sphère.

2. En 1000a29-32.

3. En gardant le texte de AO « δόξειεν ἄν » (donné aussi par J chez Aristote) contre le « δόξειε δ' ἄν » retenu par Ross et Jaeger dans la *Métaphysique* (rétabli par P chez Alexandre).

4. Le texte d'Alexandre diffère de notre version de la *Métaphysique*. Nous lisons : « δόξειε δ' ἄν οὐθὲν ἧττον καὶ τοῦτο γεννᾶν ἔξω τοῦ ἑνός· ἅπαντα γὰρ ἐκ τούτου τἆλλά ἐστι πλὴν ὁ θεός. ». Alexandre devait, quant à lui, lire : « δόξειεν ἄν οὐδὲν ἧττον καὶ τοῦτο γεννᾶν. Ἐκ γὰρ τοῦ ἑνὸς ἅπαντα καὶ ἐκ τούτου τὰ ἄλλα ἐστὶ πλὴν θεός. ». Pour nous, Aristote dit : « Mais la Haine aussi ne paraîtra pas moins engendrer, à l'exception de l'Un. Tout, en effet, provient d'elle, sauf le dieu ». La version d'Alexandre donne : « La Haine aussi ne paraîtra pas moins engendrer. Tout, en effet, provient de l'Un, c'est-à-dire que, de lui, tout le reste provient, sauf le dieu ». Il faut d'emblée souligner que cette lecture est confirmée par la paraphrase du commentaire immédiatement précédent en 219, 29-34 (*cf.* en particulier « ἐκ γὰρ τοῦ ἑνός » en 219, 31). Le premier résultat de cette divergence porte sur les référents des démonstratifs : chez Aristote, « τοῦτο » et « τούτου » sont généralement tenus pour renvoyer à la Haine ; chez Alexandre, « τούτου » renvoie à l'Un. Donc, du point de vue d'Alexandre, Aristote ne pointe pas immédiatement que la Haine est cause de génération et il est train de souligner que c'est à partir de l'Un que se produit cette génération ; d'où la nécessité de suppléer « ce qui est engendré par la Haine ». Autre différence, connexe : chez Aristote, les deux propositions soulignent en parallèle une exception (« à l'exception de l'Un » ; « sauf le dieu »), et l'expression « ἐκ τούτου » signifie : sous l'effet de la Haine. Chez Alexandre, en revanche, la préposition « ἐκ » a un sens chronologique (d'où, à nouveau, la nécessité pour lui de suppléer « ὑπὸ τοῦ νείκους »). Voir aussi *Met.* A 4, 985a25-26 ; *De caelo* III 2, 301a14 *sq.* et, sur tout ce passage, M. E. Kotwick, *Alexander of Aphrodisias and the text of Aristotle's* Metaphysics, *op. cit.*, p. 116-121, avec une référence passionnante au Papyrus de Strasbourg, dont un vers (v. 268), dans un passage pertinent portant sur l'influence de la Haine, comporte l'expression « ἐξ ἑνὸς εἶναι », pour dire que, sous l'effet de la Haine, les éléments deviennent plusieurs « à partir d'un ». Pour M. E. Kotwick, le texte dont témoigne Alexandre serait ainsi confirmé par le Papyrus de Strasbourg et donc préférable au texte qui nous a été transmis.

Après avoir cité les vers d'après lesquels la Haine est, | pour Empédocle, cause de la génération de toutes choses (« tout ce qui était et tout ce qui est »[1]), alors que, parmi les principes, il la posait comme productrice de corruption, Aristote affirme que, même sans ces vers, il est évident que, selon Empédocle, la Haine est génératrice. Si, en effet, la Haine ne se trouvait pas parmi les êtres, toutes choses, affirme Empédocle, seraient une, et ne seraient pas différenciées, c'est-à-dire engendrées. La Haine, en effet, quand elle est mélangée[2], est cause du fait que l'Un (qui est l'œuvre de l'Amitié) ne demeure pas[3] parmi les êtres. | En effet, quand tout se rassemble et s'unifie, à la toute fin, affirme-t-il, la Haine s'en sépare, en tant que cause de l'être[4] des choses différenciées, puisque c'est en étant séparées de la Haine que celles-ci peuvent s'unifier. Voilà pourquoi, affirme Aristote, la Haine selon Empédocle se trouve dans toutes les autres choses, exactement comme chacun des autres éléments. C'est ainsi, en effet, qu'elles seraient différenciées | c'est-à-dire dotées d'une nature propre[5]. Il n'y a que dans l'Un (le dieu), que la Haine n'est pas présente, de sorte que, de lui seul, la Haine n'est pas cause de l'être, tandis qu'elle l'est de tout le reste.

Après avoir montré comment les propos d'Empédocle ne sont pas cohérents entre eux, et rappelé que, selon lui, il n'y a que dans le dieu, que la Haine ne soit pas présente et qu'elle n'est donc pas à même de le produire, Aristote accuse Empédocle | de rendre en cela le dieu plus insensé[6] que les autres êtres. Selon Empédocle, en effet, tous les autres penseront toutes choses, puisqu'ils possèdent en eux tous les principes et que la pensée se produit du semblable par le semblable. Le dieu, en revanche, pensera les autres êtres, puisque lui aussi possède en lui-même leurs éléments ; mais la Haine (et elle seule), il ne la pensera pas, puisqu'elle n'est absolument pas présente en lui.

On pourrait poser la difficulté de savoir en quel sens | Aristote dit que le dieu, pour Empédocle, en vient à être *plus* insensé puisqu'il ne

1. Voir 1000a29-30.

2. Sur cette idée voir aussi Simplicius, *In De caelo* 529, 17 *sq.*

3. La négation, absente de A et O, est ajoutée par P en interligne et est indispensable à la bonne compréhension du texte.

4. C'est « οὐσία » qui est employé, mais voir par exemple l. 16, « αἴτιον τοῦ εἶναι ».

5. Pour cette expression, voir entre autres *In Met.* 50, 11-12 ; 123, 24 ; 308, 20, souvent associé à « μένειν », avec l'idée de conservation de sa propre nature.

6. Alexandre traduit en « ἀφρονέστερον » (220, 20 et 25) le « ἧττον φρόνιμον » d'Aristote (1000b4). Comme l'a montré C. Louguet (« Les Présocratiques dans le commentaire d'Alexandre d'Aphrodise à la *Métaphysique* d'Aristote : un essai de typologie », *op. cit.*, p. 45 *sq.*), c'est parce qu'ici Alexandre a en tête *De anima* I 5 (voir en particulier 410b4-7).

pense pas toutes choses. En effet, dans ces conditions, pour Aristote aussi, il devrait être insensé. Mais lui-même dit aussi quelque part[1] qu'il y a certaines choses qu'il vaut mieux ne pas penser, comme les maux. Ou alors si, selon Empédocle, le dieu est plus insensé, c'est dans la mesure où il n'est pas supérieur aux autres êtres. Puisqu'en effet il provient lui-même des éléments, hormis la Haine, et qu'il ne pense rien d'autre de plus digne | que ce dont lui et les autres êtres sont issus, il y a [l'un] des éléments qu'il ne pense pas[2]; mais, tandis que les choses pensent tous les éléments, seul le dieu, parmi elles, n'est pas capable de tous les penser. En outre, bien qu'il puisse penser tous les éléments matériels, il ne le pourra plus pour les éléments producteurs, qui sont plus dignes que les matériels[3]. Et Aristote dit ailleurs[4] que, selon Empédocle, seule la Haine est incorruptible.

Après avoir soulevé, à partir de thèses extérieures[5], cette difficulté | contre Empédocle, Aristote revient à la démonstration de son incohérence, en ce qu'il ne maintient ni l'Amitié comme cause de la génération, ni la
**221** Haine comme celle de la corruption. | Au contraire, il ne considère pas que l'une soit plus cause de la génération ou de la corruption que l'autre[6], la Haine étant [aussi] cause de la génération et l'Amitié, de la corruption.

Que l'Amitié corrompe[7] et comment elle le fait, il l'explique [ainsi] : en réunissant toutes choses en l'Un, il est clair que l'Amitié corrompt ce qui existait avant ce rassemblement. Or si la Haine n'est pas plus cause de la corruption que l'Amitié, | de ce point de vue aussi, il sera raisonnable que le dieu pour Empédocle soit plus insensé que les autres êtres. Il n'y a en effet pas même, selon lui, de mal particulier dans la Haine, qui ferait qu'il serait raisonnable que le dieu ne la pense pas. C'est seulement pour cette raison-là, en effet[8], qu'une certaine composition est privée de haine[9], et il en irait de même si l'on supposait que l'Amitié (ou quelque chose

1. *Met.* Λ 9, 1074b31-33.

2. Bonitz propose de suppléer « πλέον », qui tend à rendre l'argument circulaire; avec C. Louguet (« Les Présocratiques dans le commentaire d'Alexandre d'Aphrodise à la *Métaphysique* d'Aristote : un essai de typologie », *op. cit.*, p. 48), on supplée plutôt « ἕν », cf. *DA* I 5, 410b5-6 : « μόνος γὰρ τῶν στοιχείων ἓν οὐ γνωριεῖ ».

3. Voir Aristote, *DA* I 5, 410b10-12.

4. *Met.* Λ 10, 1075b6 *sq.* Comme le rappelle C. Louguet, Aristote ne dit pas que seule la Haine est incorruptible, et Alexandre l'avait déjà noté ci-dessus (219, 25-27) en affirmant que tous les éléments sont incorruptibles.

5. Voir la formule en 190, 20 et la note *ad loc.*

6. 1000b10.

7. On conserve ici le texte que Hayduck édite à partir de LF et qui vient combler l'omission de « φθείρει » en A[1]O.

8. En suivant AO : « μόνον γὰρ δια τοῦτο αὐτὸ σύνθεσίς τις… ».

9. Au sens où un objet en général ne peut pas penser ce dont il n'est pas constitué.

d'autre) n'était pas présente en elle. En effet, ce n'est pas parce qu'il serait raisonnable pour lui de ne pas penser la Haine | qu'il ne la pensera pas, mais parce qu'il en est incapable, du fait qu'il n'en est pas composé.

Aristote accuse aussi Empédocle de ne pas rendre raison du fait que tantôt l'Amitié règne sur le dieu[1], tantôt c'est la Haine qui règne sur toutes choses[2]. Il ne suffit pas, en effet, de dire « il en va ainsi par nature », ou « il est nécessaire qu'il en aille ainsi », car on peut le dire de de tout ce qui vient à être et de tout ce qui est : dire qu'il en va ainsi par nature, ce n'est pas donner une cause !

| Après avoir dit cela contre Empédocle, Aristote affirme que, jusqu'à un certain point du moins, il est le seul à tenir un discours cohérent, à savoir que ce qui vient des mêmes principes est semblablement corruptible, et non pas que ce serait le cas pour certaines choses, et non pour d'autres[3]. Mais cette dernière affirmation paraît contenir l'incohérence suivante : comment se fait-il, d'après ceux pour qui tout vient des mêmes principes, qu'à partir des mêmes principes, certaines choses soient incorruptibles, et les autres, corruptibles ?[4]

| Après avoir soulevé ces difficultés contre ceux qui posent que tous les êtres ont les mêmes principes, il en présente ensuite contre ceux qui posent qu'il y a certains principes pour les êtres incorruptibles et d'autres, pour les corruptibles[5].

1. Avec $A^2$ et S, Madigan omet « τὸν θεόν ». Alexandre ne construit en effet jamais « ἐπικρατεῖν » avec l'accusatif, et c'est pourquoi P corrige en « τοῦ θεοῦ », que l'on conserve ici. Le dieu d'Empédocle, depuis le début du commentaire, désigne l'Un ou le *Sphairos*, produit par l'Amitié et issu des éléments sauf la Haine (219, 31-32 et 220, 15). On peut néanmoins comprendre la proposition comme indiquant l'alternance entre un *Sphairos* unifié sous l'action de l'Amitié, et un monde produit par la dissociation qu'engendre la Haine, conformément à la scholie 543 (Rashed) du *Commentaire à la Physique*. Voir aussi C. Louguet, « Les Présocratiques dans le commentaire d'Alexandre d'Aphrodise à la *Métaphysique* d'Aristote : un essai de typologie ».

2. Commentaire de 1000b12-17.

3. Ce passage est le commentaire de 1000b17-22. Le texte de AO est impossible à construire (« ὁμολογούμενον ὃ εἰρηκέναι τὰ… »). On se fie à P : « … ὁμολογούμενον εἰρηκέναι ὅτι τὰ ἐκ τῶν αὐτῶν ἀρχῶν φθαρτὰ ὁμοίως … », qui est plus économique que ce que propose $A^2$. Pour la suite, O et P donnent la négation (« ἀλλ' οὐ »), absente de $A^1$ mais indispensable pour le sens.

4. A et O souffrent ici des mêmes lacunes. Le texte traduit est celui édité par Bonitz et Hayduck à la suite de LF. Une autre possibilité est celle donnée par P : « πῶς ἐκ τῶν αὐτῶν τὰ μέν ἐστιν ἄφθαρτα τὰ δὲ φθαρτά, εἰ πάντα ἐστὶν ἐκ τῶν αὐτῶν ». La seconde main de A proposait purement et simplement de supprimer la dernière proposition, qui semble assez redondante. La redondance peut être voulue pour insister sur l'incohérence.

5. Commentaire de 1000b22-28.

Il soulève tout d'abord la difficulté suivante : les principes des êtres corruptibles sont-ils, eux aussi, corruptibles (1), ou bien sont-ils incorruptibles (2)[1] ?

(1) S'ils sont corruptibles, à l'évidence ils proviendront de ce en quoi ils se corrompent, car ils ne se corrompent certainement pas | dans le non-être. En effet, ce en quoi toute chose se corrompt est aussi ce dont elle est composée. Il y aura donc des principes des principes. Mais s'il en va ainsi, ces derniers ne seront pas principes ; ce sont ceux dont ils proviennent qui seront principes. Or il est impossible que les principes aient des principes. Si, en effet[2], les principes proviennent de principes, soit ils s'arrêtent à un point, soit ils régressent à l'infini. S'ils s'arrêtent, les principes en lesquels s'arrêterait la corruption | seraient principes des principes supposés, et ils seraient en outre éternels, comme cela a été montré. Ou alors il y aura génération à partir du non-être, si la corruption s'arrête au non-être. Si, en revanche, ils vont à l'infini, ce en quoi le principe se corrompt sera toujours principe du principe corrompu. Plus, même : il n'y aura absolument plus aucun principe. Cela, en effet, a été montré au livre précédent[3].

Ou bien la suite logique de la proposition « il en résulte, dès lors, que | d'autres principes seront antérieurs aux principes » (1000b26-27) est
**222** « que l'on s'arrête ou que | l'on marche à l'infini » (1000b27-28) – car, dans chacun de ces cas, il s'ensuit qu'il y a des principes des principes. C'est peut-être après cela[4] qu'Aristote a dit « or cela est impossible »

1. En bonne logique, la question de savoir si les êtres corruptibles et incorruptibles ont les mêmes principes ou bien des principes différents ouvre à quatre possibilités : 1. Des principes différents : 1.1 des principes incorruptibles pour les êtres incorruptibles et des corruptibles pour les corruptibles ; 1.2 des principes corruptibles pour les incorruptibles et des incorruptibles pour les corruptibles ; 2. Des principes identiques : 2.1 des principes incorruptibles pour les deux ; 2.2 des principes corruptibles pour les deux.

Les positions 1.2 et 2.2 sont manifestement intenables, si bien que la question peut être réduite à la difficulté de savoir si les principes des êtres *corruptibles* sont, eux aussi, corruptibles (et dans ce cas, on est dans la position 1 « principes différents »), ou bien s'ils sont incorruptibles (et dans ce cas, on est dans la position 2 « mêmes principes »). Le « εἰ μὲν οὖν » de la l. 13 est ainsi en balancement avec le « εἰ δέ » de 222, 14.

2. En conservant le texte de A$^1$OP (« εἰ γὰρ »), contre la correction de A$^2$ (« οὐ γὰρ ») que retient Hayduck.

3. Au chapitre 2 du livre Petit alpha.

4. C'est-à-dire : après « que l'on s'arrête ou que l'on marche à l'infini » (1000b27-28). Alexandre ne fait pas ici état d'un texte corrompu, mais il est plutôt en train de critiquer Aristote (comme cela lui arrive parfois) pour n'avoir pas livré un texte entièrement clair. Alexandre suggère en effet de prendre les propositions dans un ordre différent de celui dans lequel Aristote les a écrites, et donc de lire : « il en résulte, dès lors, que d'autres principes seront antérieurs aux principes, que l'on s'arrête ou que l'on marche à l'infini ; or cela est impossible ». Les manuscrits présentent des incertitudes (l. 34-35) quant à savoir quelle

(1000b27), mais, placé entre les deux propositions, cela a davantage obscurci son propos.

1000b28 : *De plus, comment les êtres corruptibles existeront-ils, si leurs principes sont supprimés ?*

| Le sens est que, dans le cas où les êtres corruptibles viennent de principes corruptibles, comment pourront-ils encore venir à être si leurs principes se sont corrompus ? Si, en effet, leurs principes se sont corrompus, il ne sera plus possible que vienne à être ce qui provient des mêmes principes[1]. Et le sens est peut-être[2] : « de plus, comment les êtres corruptibles existeront-ils », c'est-à-dire : comment les êtres corruptibles pourront-ils se corrompre ou venir à être | si leurs principes n'existent pas ? On a montré que c'est cela qui s'ensuivrait, si les principes étaient corruptibles[3]. Les choses, en effet, qui viennent à être et se corrompent viennent à être et se corrompent parce qu'elles ont des principes à partir desquels et sous l'effet desquels elles viennent à être, et en lesquels elles se corrompent (c'est par[4] le fait de se décomposer en ces principes qu'il y a corruption). Comment ces choses pourront-elles donc se corrompre si n'existe pas ce en quoi elles se dissoudront lorsqu'elles se corrompent ?

proposition doit être la suite logique de quelle autre (l. 34, τῷ AOP : τὸ LF ; l. 35, τὸ OP : τῷ A[1]). On conserve, contre Hayduck, la leçon la mieux attestée. En réalité, que la proposition « que l'on s'arrête ou que l'on marche à l'infini » soit avant ou après « il en résulte, dès lors, que ... » ne change pas grand-chose : ce qui importe est que l'alternative entre arrêt et régression à l'infini engage de toute façon à chaque fois la situation d'un principe des principes et que c'est précisément cela qui est impossible. Mais on peut comprendre la gêne d'Alexandre devant le fait que la proposition « or cela est impossible » soit intercalée.

1. Les lignes 4 à 9 (« εἰ αἱ ἀρχαὶ [...] τὸ λεγόμενον ») sont omises en AP, mais présentes en OM, et confirmées par LF. Le « ταῦτα » édité par Hayduck l. 7 est omis par O, sans qu'il soit indispensable à la compréhension. De même, à la place de « δυνατὸν » (l. 8), O donne « οἷόν τε ». Enfin, à la place de « τὰ ἐκ τῶν ἀρχῶν » (l. 8), O donne « τὰ ἐξ αὐτῶν » (voir la même expression l. 17).

2. Ici O ne donne pas le « τοιοῦτον » édité par Hayduck à partir de LFM (qui correspond clairement à un lissage du texte) et répète : « Ἔτι δὲ πῶς ἔσται τὰ φθαρτά ». Le γάρ qui suit est alors explétif.

3. Le texte mis entre crochets par Hayduck (et que Brandis tirait de M) est en réalité confirmé par O. Il n'y a pas de raison de le supprimer (A a sans doute commis un saut du même au même entre les « ἀρχαί » l. 10-11). La proposition fait référence au développement de la première branche de l'aporie, entamée en 221, 23, qui elle-même renvoie aux développements du chapitre α 2 (voir 221, 34). La logique commande cependant de suivre la correction par Bonitz du « ᾧ » en « ὅ » : ce qui a « été montré », c'est précisément la conséquence de l'hypothèse, rappelée juste après, « si les principes étaient corruptibles ». Une autre référence possible est donnée par Asclépius, pour le cas spécifique de la matière, à savoir *Physique* I 9, 192a32 *sq.*

4. En conservant le « τῷ » de AOP.

(2) Si, en revanche, on soutient que les principes des êtres corruptibles | sont incorruptibles[1], alors se pose à nouveau la difficulté de savoir comment et pourquoi, à partir de ces principes incorruptibles d'une part, telles choses sont incorruptibles, [et qu'à partir de ces mêmes principes incorruptibles, certaines autres qui en proviennent sont corruptibles. « Cela, en effet », affirme-t-il, « n'est pas raisonnable, et même, ou bien c'est totalement impossible, ou bien cela demande beaucoup d'explication » (1000b31-32) pour montrer que c'est raisonnable.][2] La difficulté, en effet, reste, à peu de choses près, la même que la précédente.

En outre, | Aristote affirme qu'absolument personne n'a soutenu qu'il y a certains principes pour les êtres corruptibles et d'autres pour les incorruptibles, car tous postulent[3] qu'ils ont les mêmes[4]. Après avoir en effet postulé l'objet de la première difficulté[5] – à savoir comment, des mêmes principes, proviennent des êtres corruptibles et des êtres incorruptibles ? – ils passent outre et sont [encore] en difficulté[6]. C'est

1. A et O donnent : « τῶν ἀφθάρτων ἀφθάρτους τὰς ἀρχὰς εἶναι » (« les principes des êtres incorruptibles sont incorruptibles »), ce qui a gêné les copistes et éditeurs postérieurs. Hayduck suit LF qui complètent : « les principes des êtres incorruptibles, *aussi bien que des corruptibles* (« τε καὶ φθαρτῶν »), sont incorruptibles » ; P donne, de façon plus économique : « les principes des êtres corruptibles (« φθαρτῶν ») sont incorruptibles », suivi par Sepúlveda et repris par Bonitz.

Pour rappel, on se situe dans l'alternative énoncée par Alexandre en 221, 20-23 : y a-t-il certains principes pour les êtres incorruptibles et d'autres, pour les corruptibles ?, réduite à la question de savoir si les êtres corruptibles ont des principes incorruptibles ou bien corruptibles (voir note *ad. loc.*). Les deux versions (LF et P) font sens ; celle de LF est plus développée et renvoie à l'aporie complète, celle de P, plus rigoureuse, renvoie à l'aporie réduite (221, 22-23) et c'est elle qu'on traduit.

2. A et O donnent « ἐκεῖνα » à la place de « τὰ ἐξ αὐτῶν » l. 16 ; comme cela arrive chez Alexandre, le démonstratif a valeur déictique et signifie quelque chose comme « par exemple ceci ». Surtout A et O ne comportent pas les lignes 16-19 éditées par Hayduck (ἐκ δὲ – εὔλογον) à partir de LF, lesquelles ne sont toutefois pas non plus confirmées par Asclépius (199, 28-30). La nécessité de compléter vient du « μέν » l. 15, qui resterait sinon solitaire. La différence la plus frappante entre la leçon LF et celle d'Asclépius est la présence chez les premiers d'une citation du texte d'Aristote. C'est la leçon de LF qui est traduite ci-dessus.

3. Le verbe ne peut prendre son sens philosophique, courant chez Alexandre, de « poser au fondement », puisque, précisément, le reproche qui est fait à ces penseurs antérieurs est de ne pas avoir thématisé cette doctrine et de ne pas s'être arrêtés à cette difficulté alors qu'il aurait valu la peine de le faire.

4. En suivant A et O, qui omettent la glose de LF et d'Asclépius (« que les corruptibles et les incorruptibles ont les mêmes principes »).

5. Et non pas la première difficulté en elle-même, puisque cette difficulté n'a pas été explicitée en tant que telle.

6. Au sens où, comme Alexandre l'explicite après, parce qu'ils ne discutent pas cette difficulté expressément, ils ne sortent pas de l'embarras qu'elle pose. La leçon de AO

cela, en effet, que signifie « ils la font disparaître » (1001a2), | comme on le voit aussi à partir de ce qu'il dit ensuite : « comme s'ils la tenaient pour insignifiante » (1001a2-3). Puisqu'ils postulent la question de savoir si toutes choses ont les mêmes principes, comme si elle était insignifiante et dépourvue de difficulté, ils ne discutent pas cette difficulté.

Ou alors il a dit « ils la font disparaître » au lieu de : ils s'efforcent de l'esquiver en racontant des choses qui leur paraissent plausibles, ainsi qu'il l'a dit à propos d'Hésiode et des | anciens théologiens, ou encore à propos d'Empédocle (qui, en faisant provenir toutes choses des mêmes principes, | établissait une cause de la génération et une autre de la corruption), **223**
comme si ce qu'ils postulent n'était pas important et ardu[1].

D'après Aristote, cependant, les êtres éternels et les êtres corruptibles n'ont pas les mêmes principes, et parmi les corruptibles, tous les principes ne sont pas éternels. La forme, en effet, n'est pas éternelle, et la matière, bien qu'éternelle, n'est pas impassible, | mais passible et altérable.

*Aporie 11*

1001a4 : *Le point le plus difficile de tous à étudier et, à la fois, le plus nécessaire pour connaître le vrai…*

La difficulté dont il affirme qu'elle est la plus difficile et la plus nécessaire pour la connaissance de la vérité[2] est la suivante : l'Être et l'Un sont-ils les substances[3] des êtres | (c'est-à-dire sont-ils principes en étant cela, à savoir l'un et l'être, et non parce qu'ils s'appliqueraient à autre chose et manifesteraient cette nature[4] dans les êtres dont ils seraient prédiqués), ou bien y a-t-il une autre nature qui leur est sous-jacente, qui

(« ἀποροῦσι ») a posé problème aux commentateurs. Asclépius, suivi par Madigan, donne « ἀφαιροῦσι » (ils en font abstraction). P ajoute sobrement une négation, ce qui implique alors de prendre le verbe ἀπορέω au sens plus actif de « soulever la difficulté ».

1. En conservant le « δύσκολόν τι » de OP.

2. L'expression de connaissance ou d'étude (*cf.* ci-dessous l. 16-17) de la vérité, est employée par Aristote en α 1, 993a30. Alexandre interprète l'expression de 1001a5 à la lumière du livre précédent, produisant ainsi un effet de continuité entre les livres ; il justifie aussi par là l'importance accordée par Aristote à cette aporie : c'est parce qu'elle a un rapport direct à la science proposée par le traité.

3. Le terme d'οὐσία (ici au pluriel) signifie dans ce passage l'essence, mais traduire ainsi rendrait incompréhensible l'effort d'Alexandre pour l'expliquer, par exemple quand il précise qu'il s'agit du sens d'οὐσία qui se construit avec un génitif (224, 19).

4. À savoir l'unité et le fait d'être.

est principe et substance des êtres, et dont il faut rechercher ce que c'est[1], si c'est du feu, de l'air, autre chose, ou même plusieurs, tandis que l'être et l'un s'appliqueraient à ces substrats.

Que cette recherche soit nécessaire, | c'est évident (1) à partir du fait qu'à ce sujet les uns ont adopté la première position, les autres la seconde, (2) à partir des difficultés qu'Aristote va soulever plus loin, (3) parce que, dans l'étude de la vérité, la recherche sur l'être est la recherche la plus éminente, et que (4) de cette question dépend la possibilité de tenir les nombres pour principes et éléments des êtres. La recherche à ce sujet est donc la plus nécessaire pour la connaissance de la vérité, | mais la résolution de ces questions est aussi la plus difficile, car la connaissance des intelligibles, des causes premières et des êtres premiers est la plus difficile.

Aristote lui-même explicite la question de savoir si l'Un et l'Être sont la substance[2] des êtres en disant : « ce n'est pas en étant quelque chose d'autre que chacun d'eux est ou l'un, ou l'être » (1001a6-7). En effet, cela revient à dire : puisque l'être et l'un font partie des êtres, | sont-ils des êtres en tant que substances, ou bien en tant qu'accidents de la substance ?[3]

Après avoir dit que les uns ont conçu l'Un et l'Être comme des natures existant par soi, et les autres comme des accidents d'autres natures – exactement comme, concernant l'infini, il a exposé les différences qui séparent ceux qui en ont traité, au premier livre de la *Physique*[4] (les

1. En conservant le « τί » des manuscrits.

2. A et O gardent ici le singulier, sans qu'il soit très clair si c'est significatif ou non. À noter néanmoins que l'annonce de l'aporie en B 1 se fait avec le singulier (996a7 ; *cf.* W. Cavini, « *Aporia* 11 », dans M. Crubellier et A. Laks, *Aristotle's* Metaphysics *Beta, XVIth* Symposium Aristotelicum, *op. cit.*, p. 176).

3. À vrai dire, comme le note justement Madigan, ce n'est pas tout à fait équivalent à ce que dit Aristote (voir aussi W. Cavini, « *Aporia* 11 », *op. cit.*, p. 176-177), mais l'interprétation est bien celle à laquelle Alexandre veut résumer l'aporie, *cf.* après 225, 10-32.

4. La référence est étrange, puisqu'on songe immédiatement à *Physique* III 4 et que l'hypothèse d'une référence au livre I (par exemple I 4 ?) serait assez maladroite. Or, sauf erreur, jamais Alexandre n'envisage le troisième livre de la *Physique* comme pouvant être le premier. Toutes les autres références à la *Physique* au sein du *Commentaire à la Métaphysique* suivent l'ordre des livres tel qu'ils nous sont parvenus. Voir par exemple, pour le premier livre, *In Met.* 44, 16 ; 61, 5 ; 97, 27, etc. Simplicius, dans son *Commentaire à* la *Physique*, résume les trois grandes lectures antérieures du traité : pour les uns, les cinq premiers livres forment une section « Sur les principes », les trois derniers « Sur le mouvement » (*In Phys.* 801, 13-16) ; pour les autres, la division se fait entre les livres I-IV et V-VIII. Si donc on peut imaginer un exégète qualifiant les livres V ou VI de « premier livre », ce n'est pas le cas pour le livre III. Simplicius tient enfin d'Adraste d'Aphrodise (l'un des maîtres d'Alexandre) l'existence d'interprétations unitariennes de la *Physique* et M. Rashed a défendu que telle était la lecture d'Alexandre (M. Rashed, *Alexandre d'Aphrodise, Commentaire perdu à la Physique d'Aristote (Livres IV-VIII). Les scholies byzantines*, *op. cit.*, p. 35-37). Il reste donc deux solutions, entre

uns en effet faisaient de l'infini en lui-même une certaine nature, | par exemple les Pythagoriciens, car tel est pour eux le nombre pair, tandis que les autres considéraient l'infini comme l'accident de quelque chose) –, après avoir dit cela, Aristote expose et rapporte[1] quels sont ceux qui, sur ces questions, soutenaient la première position, et quels sont ceux qui soutenaient la seconde[2].

La proposition : « ou s'il faut chercher ce que peuvent bien être l'un et l'être, en considérant qu'une autre nature est leur substrat » (1001a7-8) équivaut à : ou s'il faut chercher ce qu'est le substrat | de l'un et de l'être en considérant qu'ils en sont des accidents, mais qu'ils n'en manifestent pas la substance.

Platon et les Pythagoriciens | soutenaient que l'Un et l'Être **224**
n'appartiennent pas à un autre substrat, mais que leur nature est d'être substrat, et leur substance d'être cela même : l'un et l'être. L'expression « en considérant que leur substance est d'être l'Un en soi et un certain être »[3] (1001a11-12) équivaut à : en considérant que l'Un et l'Être ont la

lesquelles il est difficile de trancher sur la foi de cette seule occurrence : 1) une erreur d'Alexandre, peut-être due à la confusion entre la démarche doxographique menée par excellence au livre I, et le thème de l'infini. 2) une erreur de copie. Ainsi le manuscrit P corrigeait-il déjà la référence en indiquant le livre Γ (III).

1. Les deux verbes sont régulièrement utilisés par Alexandre dans le Commentaire pour indiquer la démarche doxographique.

2. À savoir : 1) l'être et l'un sont des substances ou des essences ; 2) l'être et l'un sont des accidents.

3. Le texte de la citation édité par Hayduck (confirmé par O) diffère de notre version de la *Métaphysique*. Nous lisons (avec Ross et Jaeger) : « ὡς οὔσης τῆς οὐσίας αὐτοῦ τοῦ ἑνὶ εἶναι καὶ ὄντι », « au sens où leur substance est le fait même d'être un et d'être ». Mais le texte d'Aristote diverge suivant les manuscrits, comme dans les traductions arabe et latine. La version d'Alexandre est difficile, entre autres parce qu'on ne comprend guère pourquoi l'être est particularisé (« un certain être ») ; c'est d'ailleurs pour conserver la forme en un mot « ὄντι » que, par parallélisme, Bonitz a proposé de corriger chez Aristote « ἕν » ($A^b$) en « ἑνὶ » (rapporté aussi par Asclépius). Plus grave : la paraphrase que donne ensuite Alexandre ne paraît pas de prime abord refléter l'état du texte tel qu'il est cité dans les manuscrits AO. Tout se passe comme si, au lieu de « αὐτὸ τὸ ἕν » Alexandre avait « ταὐτὸν », puisqu'il dit ensuite, à deux reprises, que l'un et l'être ont « la même substance », qu'ils sont « la même chose » (l. 3-4). Telle est précisément la leçon que donne le manuscrit P : « ταὐτὸν ἕν εἶναι καὶ ὄν τι », en accord avec certains manuscrits de la *Métaphysique* d'Aristote ($V^d$ ; voir aussi le « ταὐτὸ ἕν » de EJ). Asclépius donne quant à lui deux versions de la proposition (203, 24-25, avec ensuite une paraphrase *quasi* identique aux lignes 3-5 d'Alexandre ; 204, 6). La coexistence des deux leçons ne permet pas de trancher puisque la première va dans le sens du « ταὐτὸν », quand la seconde reste assez proche de ce que donnent les manuscrits AO. Il est néanmoins possible de conserver le texte des manuscrits AO, en supposant qu'Alexandre donne un sens possessif fort à l'article « τῆς οὐσίας » et qu'il lit d'un seul tenant « αὐτὸ τὸ ἕν εἶναι καὶ ὄν τι » comme valant à la fois pour l'Être et pour l'Un.

même substance, et que c'est la même chose d'être un et d'être un être. | Que Platon ait dit que l'Un et l'Être sont une substance, c'est clair à partir du fait qu'il disait que l'Être en soi et l'Un en soi sont eux aussi des Idées.

Les physiciens, en revanche, parmi lesquels aussi Empédocle, posaient d'autres choses comme substrats de l'Être et de l'Un et soutenaient que l'Un et l'Être leur appartiennent. Empédocle, en effet, comme s'il ramenait l'Un à quelque chose de plus aisé à connaître, pose l'Amitié comme substrat et lui attribue l'Un, puisque, d'après lui, l'Amitié est cause, pour | toutes choses, du fait que chacune d'elles est une, en les rassemblant[1]. D'autres physiciens ont posé le feu sous l'Un et l'Être, comme Héraclite; d'autres l'air, comme Anaximène; d'autres encore, un autre [élément][2]. Chacun d'eux attribue en effet l'Être et l'Un à ce qu'il a posé comme principe et cause des êtres. Mais il en va de même pour ceux d'après qui les éléments des êtres sont multiples : d'après eux aussi, chacun de ces éléments | était quelque chose d'un et un être.

Après avoir rapporté et exposé les divergences entre les doctrines des principes, Aristote aborde ensuite la difficulté et commence par le problème[3] qui se pose si l'on nie que l'Un et l'Être soient des substances. C'est là, en effet, ce qu'indique l'expression « si l'on ne pose pas que l'Un et l'Être sont une certaine substance » (1001a20-21). Le sens serait le même s'il était écrit : si l'on nie qu'ils soient substance de quelque chose[4]. L'Être, en effet, se prédique d'absolument toutes choses. | « Homme », par exemple, ne se prédique que des hommes et, de même, « animal » ne se prédique que de certaines choses définies. L'Un et l'Être, en revanche, se prédiquent de tous les êtres. Par conséquent, si les termes les plus

1. Sans conserver la glose éditée par Hayduck à partir de LF et Asclépius : « καὶ συγκρίνουσα » (« et en les associant »).

2. En corrigeant la coquille dans le texte de Hayduck : point en haut après « οἱ δὲ ἄλλο τι· ».

3. Alexandre veut dire par là qu'Aristote aborde l'aporie proprement dite et qu'il commence par sa première branche.

4. Le « λέγει » (A) l. 19, intégré par Hayduck dans la citation et rapporté par Ross et Jaeger comme des variantes du texte d'Aristote, est aussi difficile à construire dans le texte d'Aristote que dans celui d'Alexandre. On doit supposer que la négation est sous-entendue (voir aussi le « μὴ λέγοι », l. 17). Ce passage semble rapporter une reformulation ou une paraphrase, ce qui empêche de reporter la proposition comme un texte alternatif dans un apparat critique au texte d'Aristote. Certes, Alexandre reprend cette version alternative quelques lignes plus loin (l. 26) pour la paraphraser. Mais, puisqu'il n'indique pas ici (comme cela lui arrive ailleurs) qu'il s'agit d'une leçon alternative, le second passage (l. 26) doit plutôt être pris comme la paraphrase d'une paraphrase.

universels ne sont ni substance[1], ni des êtres, alors aucun autre universel ne le sera non plus.

Aristote dit aussi : « Mais s'il n'existe aucun Un en soi, ni aucun Être en soi »[2] (1001a22-23) à la place de : si, en effet, il n'est pas possible de considérer comme genres | des êtres à la fois l'Un et l'Être, c'est-à-dire de les considérer comme prédiqués des êtres de cette façon[3], et non pas de façon homonyme, comme lui-même l'a montré ailleurs[4]. Et il dit « la substance de quelque chose »[5] à la place du fait d'être la substance de quelque chose, c'est-à-dire d'être prédiqué dans la catégorie de la substance, parmi les objets dont on prédique quelque chose. Dans ce cas, seuls les particuliers existeront, non les universaux. Or Aristote a montré que c'est là une absurdité. [Si c'était vrai], il n'y aurait en effet ni sciences, ni quoi que ce soit d'intelligible ; tout, au contraire, serait sensible. | Et il n'y aurait rien, non plus, qui soit toujours[6].

Ici, Aristote ajoute aussi à cela que le nombre ne serait pas une substance, au sens où il serait séparé et existerait par soi, comme l'estiment les Pythagoriciens et Platon, si l'Un n'était pas une substance. Et il en énonce la raison. Le nombre, en effet, est une combinaison d'unités ; or l'unité et l'Un sont la même chose ; par conséquent, si l'Un n'est pas une substance, les unités non plus. Si les unités ne sont pas des substances, le nombre non plus. | Par conséquent, le nombre serait un accident, et non pas une substance, dans l'hypothèse, du moins, où l'Un n'est pas une substance, mais l'accident d'autre chose. L'expression « précisément Un » (1001a26-27) équivaut à « Un au sens propre », ou « sous l'Un en tant que genre », car l'Un en[7] est prédiqué. | Aristote énonce cette position **225**
en ce qu'elle aurait pu sembler absurde à ceux qui tiennent le nombre pour une substance séparée (ce qui n'est certainement pas le cas pour

1. La correction proposée par Bonitz (« οὐσίαι », au lieu du singulier donné par AOP) n'est pas indispensable : on a déjà vu que, comme Aristote, Alexandre alterne entre singulier et pluriel (*cf.* par exemple ci-dessus 223, 22, et la note *ad loc.*).

2. Le texte diffère légèrement de notre version de la *Métaphysique* (Aristote : « εἰ δὲ μὴ ἔστι τι ἓν αὐτὸ μηδ' αὐτὸ ὄν » ; Alexandre : « εἰ δὲ μή ἐστί τι αὐτοὲν μηδ' αὐτοὸν ») ; le sens reste le même.

3. C'est-à-dire en tant que leurs genres.

4. Madigan propose de lire une référence à *Catégories* 5, 3a33 *sq.* Mais on pourrait plutôt penser aux passages du corpus qui s'élèvent contre un genre de l'Être, par exemple, ici même, B 3, 998b21-27. Voir aussi *Met.* Γ 2, 1003a34.

5. Alexandre reprend ici sa propre paraphrase (« τινὸς οὐσίαν »), et non pas le texte qu'il cite lui-même plus haut, « τινα οὐσίαν » (l. 18-19).

6. En conservant le « ἀεὶ ὄν » de AP.

7. De l'unité (ou monade).

lui). Elle aurait pu, en effet, sembler absurde, comme on l'a dit, à ceux qui soutiennent cette doctrine, car celui[1] pour qui les objets mathématiques sont des substances intermédiaires, posait aussi le nombre parmi elles.

Aristote argumente ensuite[2] en faveur de l'idée que l'un et l'être ne sont pas des substances par soi. | Il commence par poser et montrer que, pour ceux qui parlent d'un Un en soi et d'un Être en soi (c'est-à-dire ceux qui disent que l'un et l'être ne sont pas des accidents d'autres choses, mais des êtres au sens propre), il s'ensuit qu'ils affirment que ce sont des substances et que leur être consiste dans le fait d'être un et d'être un être. (1) En effet, l'expression « [il est nécessaire que] l'Un et l'Être en soi soient substances »[3] (1001a27-28) indique le fait qu'ils sont les substances de l'Un et de l'Être, et qu'ils ne consistent dans rien d'autre | que dans l'être essentiel de l'un et de l'être[4]. C'est pour montrer cela qu'Aristote ajoute que « rien d'autre, en effet, n'est prédiqué universellement »[5] (1001a28-29), ce qui équivaut à : l'un et l'être sont prédiqués non pas en étant quelque chose d'autre, parmi les substrats dont ils sont universellement prédiqués, mais en étant cela même, à savoir un et être[6].

1. Platon ou, du moins, les platoniciens.

2. Commentaire de 1001a27-29.

3. Le texte donné par AOP diffère de notre version de la *Métaphysique* sur deux points. En premier lieu « substances » (« οὐσίας ») est au pluriel, contre notre singulier. En outre, AOP donnent « αὐτὸ », contre le « αὐτῶν » édité par Hayduck à partir de LFS et d'Aristote. Certes, la phrase suivante met au génitif « τοῦ ἑνὸς καὶ τοῦ ὄντος », mais l'argument n'est pas décisif et « αὐτὸ » peut sans difficulté se construire comme mis en facteur commun de « τὸ ἓν καὶ τὸ ὄν ». Le texte des manuscrits AOP doit donc être conservé et permet d'autant mieux de comprendre l'effort d'interprétation d'Alexandre pour expliciter le sens d'« essence » donné à οὐσία, par la construction avec le génitif (*cf.* déjà, ci-dessus, 224, 19), ce que renforce la suite de la paraphrase moyennant la construction du verbe être avec le datif. Voir aussi ci-dessus l. 22 qui se comprend mieux avec ce texte de la citation.

4. L'addition par Bonitz de « εἶναι » après « τῷ ἑνὶ », absent des manuscrits, n'est pas nécessaire (voir juste avant, l. 8).

5. Sur le problème de ce texte, *cf.* W. Cavini, « *Aporia 11* », *op. cit.*, p. 182-184. Comme le montre bien W. Cavini, la phrase pose, chez Aristote, deux difficultés. La première est la correction proposée par Bonitz du « καθόλου » en « καθ' οὗ »; elle peut être laissée de côté pour ce qui nous occupe, puisque Alexandre confirme bien la leçon « καθόλου » (par ailleurs attestée dans tous les manuscrits d'Aristote). La seconde est la place de la proposition dans l'argumentation d'Aristote : fait-elle encore partie du développement de la thèse (l'être et l'un sont les essences de tous les êtres) ou marque-t-elle le début de l'antithèse ? Alexandre opte pour la seconde lecture, comme le montrent les lignes 4-5. Plus exactement, la proposition amorce la réfutation de la thèse *via* les conséquences absurdes qu'elle engage (voir le « ἀκολουθεῖ », l. 5), d'où la nécessité de déplier les tenants implicites et aboutissants de la thèse.

6. La proposition est aussi elliptique en grec, mais il faut prendre en un sens fort l'expression « cela même », c'est-à-dire qu'ils sont Un et Être *en soi* (voir ci-dessus, l. 8, l'expression

(2) Ou encore : rien d'autre en effet ne sera prédiqué de la substance, hormis cela, | l'être et l'un, de sorte que tout ce qui se trouve être une substance est un et un être – non pas en étant quelque chose d'autre, mais en étant cela même [1]. De même, en effet, que, pour les hommes, puisque leur prédicat, c'est, justement [2], « homme », ce dont il est prédiqué, ce sont des hommes et pas autre chose, de même ce dont l'être et l'un sont prédiqués dans la catégorie de la substance, leur substance sera « être » et « un », dans l'hypothèse où l'Être et l'Un sont des substances. Par exemple, l'eau ou le feu ne sont pas | prédiqués des êtres en sorte que nous dirions que cela est leur substance, mais c'est le cas pour l'être et l'un. Si en revanche, l'être et l'un, en tant que substances, sont prédiqués universellement des êtres, alors la substance des êtres dont ils sont prédiqués sera aussi l'Un en soi et l'Être en soi [3].

(3) Il est possible que la phrase « s'il existe un Un en soi et un Être en soi, il est nécessaire que l'Un et l'Être en soi soient substances » (1001a27-28) vise ceux qui disent que l'Être et l'Un sont des Idées. En effet, selon ceux pour | qui l'Un en soi et l'Être en soi sont des Idées, l'un et l'être en sont nécessairement la substance. En effet, l'Être en soi et l'Un en soi ne sont pas prédiqués universellement des êtres en étant d'autres choses, car

similaire dans la citation de 1001a27-28 selon le texte donné par les meilleurs manuscrits). La première partie de la proposition ne peut pas signifier que, dans l'hypothèse à réfuter, l'Être et l'Un ne sont pas « distincts de leurs substrats » (comme le traduit Madigan), puisque c'est précisément ce qu'ils sont dans cette hypothèse, à savoir non pas des accidents (*cf.* l. 6), mais des substances. Il faut donc comprendre que, dans cette hypothèse, l'Être et l'Un ne sont pas autre chose qu'eux-mêmes, ce qu'ils seraient s'ils étaient des accidents prédiqués d'autres substrats, mais qu'ils sont purement et substantiellement ce qu'ils sont.

1. C'est-à-dire en étant essentiellement un et être.

2. L'imparfait dans le grec pourrait s'expliquer comme une référence à l'énonciation elle-même. En glosant : pour les hommes, puisque leur prédicat, c'est, comme son nom l'indique, « Homme ».

3. Il s'agit de rappeler la propriété fondamentale de la catégorie (c'est-à-dire du mode de prédication) de la substance : quand je prédique P d'un sujet S selon ce mode de prédication, ce S est P sans avoir besoin d'être autre chose pour être ce qu'il est. L'exégèse d'Alexandre commence par poser la thèse pour l'un et l'être, dans une proposition qui doit être lue en sous-entendant « dans la catégorie de la substance ». La proposition suivante opère une analogie entre l'attribution essentielle du prédicat « homme » aux êtres humains et celle de « être » et « un », dans l'hypothèse où il existe un Un en soi et un Être en soi. Alexandre propose alors une expérience de pensée absurde avec le cas du feu et de l'eau. Pour paraphraser : à la différence de l'un et de l'être dans la présente hypothèse, le feu et l'eau ne sont pas des attributs essentiels de tous les êtres ; si en revanche les prédicats être et un se prédiquent, dans cette hypothèse, de tous les étants, alors l'on est fondé à voir dans l'Un en soi et l'Être en soi l'essence de tous les êtres.

alors ils ne seraient plus Un *en soi* et Être *en soi*[1], mais c'est en tant qu'un et en tant qu'être qu'ils sont prédiqués universellement des autres êtres.

(4) Ou encore : « rien d'autre en effet n'en est prédiqué universellement, sinon ceux-là mêmes » (1001a28-29), | c'est-à-dire : rien d'autre en effet n'est prédiqué universellement de l'Un en soi et de l'Être en soi – en sorte qu'ils appartiendraient à la réalité[2] signifiée par ce qui en est universellement prédiqué –, mais ceux-là mêmes, l'un et l'être, sont prédiqués de l'Un en soi et de l'Être en soi.

1001a29 : *Cependant, s'il doit exister un Un en soi et un Être en soi*[3]*, une grande difficulté sera de savoir comment autre chose existera en dehors d'eux.*

| Après avoir montré que pour[4] les choses dont l'être et l'un sont
**226** prédiqués, leur substance sera | l'être et l'un, à savoir des substances et non des accidents de substances, Aristote affirme que ce qui devient difficile, en outre[5], c'est de montrer qu'il y a en dehors de l'un et de l'être quelque chose qui le soit en étant autre chose[6]. Car ce qui est en dehors de l'être n'est pas un être, comme le disait Parménide. Or l'être, c'est, selon lui, l'un, si bien ce qui se trouve être en dehors de l'un n'existera pas non plus, car la même chose se trouve | aussi en dehors de l'être[7]. Et cela, en considérant que l'être et l'un sont la même chose. Par conséquent, le multiple n'existera pas, car le multiple est en dehors de l'un ; or ce qui est en dehors de l'un, comme on l'a dit, n'existe pas, et les choses qui sont

1. Le texte, lacunaire en A [1], mais comblé par A[2], est confirmé par O avec une inversion par rapport à ce qu'édite Hayduck.

2. Celle de l'autre chose dont l'Être en soi et l'Un en soi seraient des prédicats.

3. « Un » et « être » sont inversés dans notre texte de la *Métaphysique*.

4. Le texte de AO est ici grammaticalement incorrect ; avec Hayduck on suit LF.

5. On conserve la leçon « ἔτι » donnée par A[2] et P, qui corrigent le « ὅτι » de A [1]O.

6. C'est-à-dire de montrer qu'il existe en dehors de l'Un en soi et de l'Être en soi d'autres choses qui puissent être et être une, tout en étant ce qu'elles sont. La thèse est positivement assumée par le chapitre Γ 2 : un homme est, tout à la fois, « un », « être », « homme » (*cf.* 1003b22-25). L'objection est ici que s'il existe un Être en soi et un Un en soi, les prédicats « un » et « être » ne pourraient plus valoir pour d'autres choses, comme « homme ».

7. A et O donnent : « τὸ γὰρ αὐτὸ γίγνεται καὶ παρὰ τὸ ἕν », ce qui est redondant. Hayduck suit Asclépius (205, 20), « τὸ γὰρ αὐτὸ γίνεται καὶ παρὰ τὸ ὄν, εἴπερ καὶ παρὰ τὸ ἕν » ; « en effet, la même chose se trouve en dehors de l'être, puisqu'elle est aussi en dehors de l'un ». La leçon de P est plus économique : « τὸ γὰρ αὐτὸ γίγνεται καὶ παρὰ τὸ ὄν ».

en dehors de l'être n'existent pas [1]. Or [2] c'est ce qui résulte de l'hypothèse selon laquelle l'Être et l'Un sont des substances et ne se disent pas de façon homonymique. Donc, comme le disait Parménide, tous les êtres seront un, et cet Un sera le seul être.

|1001b1 : *D'une manière comme de l'autre, c'est difficile. Que l'Un, en effet, ne soit pas substance ou que l'Un en soi* [3] *existe, il est impossible pour le nombre d'être substance.*

Aristote a d'abord montré que si l'Un n'est pas substance, le nombre ne sera pas non plus une substance séparée, du fait que le nombre est une combinaison d'unités et que les unités ne sont pas des substances. Il dit maintenant que même si l'Un est substance, de cette manière non plus | le nombre ne peut être substance, car il n'existera même pas du tout. Rien, en effet, n'existera en dehors de l'Un en soi, car ce qui est en dehors de l'Un n'est pas un, de même que ce qui est en dehors de l'Être n'est pas un être.

Après avoir posé que s'il y a quelque chose en dehors de l'Un, il ne sera pas un mais multiple, Aristote montre qu'il est impossible que le multiple existe, en posant que le multiple se compose de multiples unités dont il est impossible qu'elles existent. Elles seront en effet, si elles existent, | en dehors de l'un. Or s'il n'existe pas plusieurs unités, le nombre n'existera pas non plus. Nécessairement, en effet, toute unité constitutive d'une multiplicité sera en dehors de l'Un en soi, c'est-à-dire de l'Un en tant que substance; or une substance en dehors de l'Un ne sera pas une chose une. Mais s'il n'existe pas plusieurs unités, il n'existera pas non plus

1. A et O donnent : « τὸ δὲ παρὰ τὸ ἓν οὐκ ἦν καὶ τὰ περὶ τὸ ὂν οὐχ ἦν ». Les confusions des manuscrits entre περί et παρά sont extrêmement fréquentes; P corrige à raison : « καὶ τὰ παρὰ τὸ ὂν » et c'est ce que l'on traduit. Contrairement à ce que suggère la *crux* posée par Hayduck, la proposition « τὸ δὲ παρὰ τὸ ἓν οὐκ ἦν » peut parfaitement être rappelée à cet endroit, puisqu'elle vient d'être établie aux lignes précédentes. La suite est certes plus surprenante, parce que, si le but de l'argument est de montrer qu'il n'existe pas plusieurs êtres, la prémisse cruciale est que ce qui serait en dehors de l'Un ne peut pas être. Mais le texte peut être construit grammaticalement et ne comporte aucune proposition aberrante par rapport au contexte. Asclépius (205, 22-23) donne quant à lui le sens plus attendu et transforme le premier singulier en neutre pluriel : « τὰ δὲ παρὰ <τὸ> ἓν παρὰ τὸ ὂν ἦν, τὰ δὲ παρὰ τὸ ὂν οὐκ ἔστι »; « or ce qui est en dehors de l'un est, comme on l'a dit, en dehors de l'être, et ce qui est en dehors de l'être n'existe pas ».

2. En conservant le « δὲ » de AOP.

3. Le texte donné par les manuscrits d'Alexandre (« ἤ τὸ αὐτοέν ») est quasi identique à celui édité par Ross (« ἤ τὸ αὐτὸ ἕν ») à partir du consensus des manuscrits E et J (branche α), mais aussi de C et $V^k$, contre le « ἤ τι αὐτο έν » choisi par Jaeger à partir de $A^b$ (« ou s'il existe un Un en soi »).

de nombre. Tous les êtres en effet sont soit un, soit multiples; or il est impossible que le multiple existe, étant donné que le multiple est composé de multiples unités et qu'il ne peut y en avoir en dehors | de l'Un en soi. Ce qui est en dehors de l'Un, en effet, n'est pas un, tout comme ce qui est en dehors de l'Être n'est pas un être. Or si le multiple ne peut exister, le nombre n'existera pas non plus, car le multiple est une pluralité d'unités[1].

L'expression « c'est la même difficulté que pour l'Être » (1001b4) indique que la même difficulté qui se pose aussi dans le cas de l'Être vaudra pour l'Un. De même, en effet, que ce qui est en dehors de l'Être n'est pas un être, ce qui est en dehors de l'Un n'est pas un. C'est ce qu'indique la proposition « d'où viendra, en effet, | un autre un en dehors de l'Un en soi ? » (1001b4-5) Il est nécessaire, en effet, qu'en dehors de l'Un, il n'y ait rien d'autre[2] dont puisse provenir l'autre un. De même, en effet, que si l'Être est substance, il n'y a plus[3] aucune autre substance, puisque ce qui est en dehors de la substance n'est pas substance, de même en ira-t-il
**227** si l'Un aussi est [substance][4]. | Or, s'il en va ainsi, le multiple n'existera pas non plus, car chaque élément dans une multiplicité est un, puisque le multiple et le nombre sont composés d'unités[5]. Or si ces dernières n'existent pas, ni le multiple, ni le nombre n'existeront.

Ou encore : dans l'hypothèse où l'Un en soi existe, il faut aussi, si les nombres doivent exister, qu'en outre un autre un vienne à être. Or | cet un qui vient à être, nécessairement il devient « un » en n'étant pas [déjà] un. Ce qui n'est pas [déjà] un proviendra donc du non-un[6]. Si, en effet,

1. L'expression « πλῆθος μονάδων » est la définition standard du nombre, donnée en particulier par Euclide dans la définition 2 du livre VII des *Éléments*.

2. Le manuscrit O confirme le texte édité par Hayduck à partir de LF et Asclépius (comblant l'omission de A), à ceci près qu'il donne « αὐτὸ ἄλλο ὄν » au lieu du « αὐτὸ ἄλλο ἕν » donné par tous nos manuscrits d'Aristote, ce qui constitue certainement une erreur de copie. Dans la citation, on prend « αὐτὸ » avec « τὸ ἓν » et non pas « ἄλλο ἕν », en raison de l'interprétation générale d'Alexandre.

3. En conservant le texte donné par $A^1$OLF : « ἐστὶν ἔτι τῷ ». On conserve en revanche le « τὸ » ajouté par $A^2$, l. 32.

4. O et $A^1$ s'accordent pour donner un texte extrêmement elliptique : « οὕτως εἰ καὶ ἐστιν ἓν ἔσται », que l'on conserve ici. Les commentateurs ou copistes ont explicité l'ellipse de différentes manières, mais le fait que ces textes longs soient assez substantiellement différents les uns des autres suggère fortement que le texte original devait être le texte bref.

5. Le terme est ici « ἑνάδων » et non plus « μονάδων ».

6. O et A donnent : « ἐκ μὴ ἑνὸς οὖν ἔσται τοῦτο τὸ μὴ ἕν » (contrairement à ce que rapporte Hayduck, qui attribue en réalité à A une coquille de Bonitz, « τὸ μὴ ὄν »). La proposition est un peu rude, mais elle fait sens dans le contexte, si l'on se rappelle qu'Alexandre indique juste avant que ce qui *devient* un « ne l'est pas », sous-entendu : pas encore. Il faut ici sous-entendre la même chose.

tous les êtres sont un ou multiples, et que le multiple est composé d'unités dont ne provient pas quelque chose d'un, alors il n'y aura rien dont l'un[1] puisse provenir.

1001b7 : *En outre, si l'Un en soi est indivisible, d'après la doctrine*[2] *de Zénon,* | *il ne sera rien.*

Aux propos qui précèdent Aristote ajoute une difficulté concernant l'Un : s'il est totalement indivisible et dépourvu de grandeur, comment peut-il être principe d'une grandeur ? D'après Zénon, en effet, il ne sera rien ; car Zénon (il veut dire Zénon d'Élée, disciple de Parménide) soutenait que ce qui, en soi, n'est capable ni d'agrandir quelque chose quand il lui est ajouté, ni de le diminuer quand il en est soustrait, | n'est rien du tout. Or tel est précisément l'Un en soi.

Zénon soutenait cela dans l'idée que tout être est une grandeur et un corps[3]. En effet, d'après lui, il n'y a aucune autre grandeur réelle qui[4] puisse augmenter ou être augmentée si ce n'est le corps, « car le corps est un être dans toutes les dimensions[5] » (1001b11). C'est pourquoi une telle grandeur, quand elle est ajoutée, produit une augmentation dans toutes les dimensions. | En revanche, les autres grandeurs n'augmentent pas le tout en étant simplement ajoutées à lui, mais en y étant ajoutées d'une certaine façon, si bien qu'elles ne sont pas des grandeurs au sens propre, ni intégralement. Les lignes (ou les surfaces), par exemple, produisent

1. L'un supplémentaire.

2. Le terme grec est « ἀξίωμα ». À la différence de certaines traductions modernes, qui y lisent le sens fort d'« axiome », Alexandre et Asclépius le comprennent en un sens faible, comme position ou croyance (voir juste après les verbes employés pour le paraphraser, « ἠξίου » l. 13 ; ou « ἐδόκει » chez Asclépius, 206, 23 ; et enfin et surtout « τῆς Ζήνωνος δόξης » l. 31). Le passage est donné par le dictionnaire Liddell-Scott-Jones en exemple du sens de « *doctrine* » *s.v.* « ἀξίωμα ».

3. Comme l'a noté T. Auffret (« L'angle de contingence chez Platon et Protagoras », *op. cit.*, p. 148, n. 63) on trouve chez Simplicius un développement sur l'argument de Zénon (*In Phys.* 139, 9-15) : « [Zénon] montre que ce qui n'a ni grandeur, ni épaisseur, ni volume aucun, cela ne saurait même pas être. "Car, dit-il, si cela était ajouté à un autre étant, cela ne le rendrait en rien plus grand : en effet, sa grandeur n'étant rien, si on l'ajoute, il n'est pas possible que cela procure un accroissement de grandeur. Et déjà il s'ensuit que ce qui aurait été ajouté ne serait rien. Si, quand on le retranche à quelque chose, l'autre chose n'est en rien plus petite, ni inversement, quand on l'ajoute, aucunement augmentée, alors il est évident que ce qui a été ajouté, non plus que ce qui a été retranché, n'était rien." » (Traduction T. Auffret, *ibid.*).

4. En conservant le « ὡς » également omis par O, édité par Hayduck à partir de LF.

5. Pour la traduction de cette expression, voir l'explication d'Asclépius (206, 31) et, pour son emploi chez Aristote, par exemple *De caelo* I 1, 268a7.

une augmentation seulement quand on les ajoute l'une à l'autre à leurs limites. Quand la surface, en effet, est ajoutée le long d'une ligne qui est elle-même la limite d'une [autre] surface, elle augmente cette dernière. Mais si la surface est ajoutée à même une autre surface, c'est-à-dire sur sa largeur, elle ne l'augmente pas, car elle coïncide avec elle, | du fait qu'une profondeur ne peut provenir d'une addition de surfaces[1]. De même, la ligne – qui est bien une grandeur –, si elle est ajoutée à une [autre] ligne en un point qui est sa limite, agrandit la ligne totale. Mais si elle est ajoutée le long d'une [autre] ligne, elle coïncide et ne l'augmente pas, du fait qu'une largeur ne peut être complétée par une ligne. Or la surface et la ligne, même si elles ne sont pas des êtres au sens propre, sont néanmoins des êtres en un certain sens, à savoir dans la mesure où elles augmentent les êtres. | En revanche, d'après Zénon, le point et l'unité ne sont plus du tout des êtres, puisqu'ils sont absolument dépourvus de grandeur ; ils sont en effet incapables de produire une augmentation.

Après avoir rappelé l'opinion de Zénon, qui détruit l'Un de fond en
**228** comble, Aristote affirme là-dessus que même si | l'argument de Zénon est grossier[2] quand il dit qu'il n'existe rien d'autre que la grandeur[3] (car quelque chose d'indivisible peut aussi exister : l'indivisible n'est pas absolument privé du fait de produire une augmentation, mais, peut-on répondre à Zénon, « s'il n'agrandit[4] pas une chose, [il la rend toutefois plus nombreuse][5] » (1001b15-16) et, de ce point de vue, l'un et l'indivisible produisent aussi une augmentation, de sorte que, de ce point de vue, | l'Un en soi ne manque pas d'être quelque chose, puisque lui-même peut produire une augmentation) il vaut la peine de soulever la difficulté suivante[6] : comment, à partir de l'Un de ce genre, ou de plusieurs Uns de ce genre, une grandeur vient-elle à être ? Cela revient à dire que la ligne est composée de points. Et Aristote fait cette objection à ceux qui posent les nombres comme principes et éléments de toutes choses, car les nombres en viennent à être des principes des grandeurs. Ceux-là, | on l'a dit, ce sont les Pythagoriciens.

1. En gardant le texte de $A^2$ (suivi, mais sans le dire, par Hayduck) contre $A^1O$ (« ἐξ ἐπιφανείας ὧν συντιθεμένον »).

2. Voir 1001b14.

3. Voir 1001b10 : « l'être est une grandeur ».

4. Notre texte de la *Métaphysique* a le futur.

5. Le passage est omis par OA, mais indispensable puisque c'est lui qui constitue la réponse que l'on peut faire à Zénon.

6. En corrigeant la coquille dans Hayduck : « ἀπορῆσαι ».

Il soulève ensuite une difficulté contre la doctrine de Platon, qui posait, comme principe du nombre et des autres êtres, l'Un et quelque chose d'autre qui n'est pas un, à savoir un certain nombre. C'est ce qu'indique en effet l'expression « et d'un autre non-Un » (1001b20-21), c'est-à-dire l'Inégalité et la Dyade indéfinie, que Platon appelait « grand et petit ». Platon soutenait que le nombre est d'abord engendré à partir d'eux, la Dyade indéfinie étant délimitée | par l'Un et devenant « deux », et ainsi de suite pour le reste. Aristote soulève la difficulté de savoir comment, à partir de la réunion de l'Un et de la Dyade indéfinie, sont engendrés le nombre, d'une part, la grandeur, de l'autre, car, selon lui[1], il n'y a pas que les nombres qui soient engendrés à partir d'eux, mais aussi les grandeurs. Si, en effet, l'Inégalité et la Dyade indéfinie, puisqu'elles sont identiques par nature[2], sont principes à la fois des nombres et des grandeurs, comment, à partir de leur combinaison[3] avec l'Un, une grandeur | peut-elle être engendrée? C'est, en effet, le nombre que l'Un et la Dyade peuvent engendrer.

Ou alors : si l'on dit que c'est d'abord le nombre qui est engendré à partir d'eux, et ensuite, de cette manière, à partir du nombre, les grandeurs, on est en droit de demander comment une grandeur peut bien provenir d'une combinaison de nombres, ou d'un nombre et de l'Inégalité. Il est difficile en effet de comprendre comment ce qui est dépourvu de parties peut produire des grandeurs.

La proposition « s'il était vrai que le non-un est l'Inégalité, | c'est-à-dire la même[4] nature » (1001b23-24) équivaut à : s'il était vrai que le non-un, d'après lui, est l'Inégalité, c'est-à-dire cette nature qui est, d'après lui, la même à la fois pour les nombres et les grandeurs[5] – comment, en effet, les nombres aussi bien que les grandeurs peuvent-ils être engendrés à partir des mêmes principes?[6].

1. À savoir Platon. Voir aussi aux l. 26-27.

2. En gardant le texte des manuscrits « φύσει », et non celui d'Asclépius (conforme à notre version de la *Métaphysique*) « la même nature » (« φύσις »).

3. En conservant le « συντιθεμένων » de AOP.

4. Contrairement à ce qu'écrit Hayduck (par confusion avec la ligne suivante), les manuscrits comportent bien « ἡ αὐτὴ » ici.

5. Le texte traduit ci-dessus est celui des manuscrits AOLP : « καὶ αὕτη ἡ φύσις οὖσα καὶ ἀριθμῶν καὶ μεγεθῶν ἡ αὐτὴ κατ' αὐτόν· ». Hayduck suit Asclépius (208, 15-16), qui indique « ἡ ἀρχὴ » avant « κατ' αὐτόν » (laquelle « ἀρχὴ » se justifie : voir ci-dessus l. 18 et la question juste après, l. 27-28), au lieu du « ἡ αὐτὴ » des manuscrits (quoique ajouté en marge dans P), ce qui donne : « cette dernière étant la même nature [que le non-un], à savoir, d'après lui, un principe à la fois des nombres et des grandeurs ».

6. Paraphrase de 1001b24-25.

## Chapitre 5

*Aporie 12*

1001b26 : *Une difficulté, qui est liée aux précédentes, est de savoir si les nombres, | les corps*[1] *et les points sont des substances ou non.*

Après avoir montré, à travers les difficultés qu'il a soulevées, que les nombres ne seront pas des substances, Aristote soulève une difficulté qui fait suite à ses propos précédents[2], celle de savoir si les nombres, les corps et les points | (et, bien sûr aussi, les surfaces et les lignes) sont des **229** substances ou non. Si, en effet, ce ne sont pas des substances, il n'existera alors aucune substance du tout. Quelles substances en effet y aura-t-il ? Ne sont pas substances, par exemple, les qualités (par quoi il veut dire les affections et les mouvements[3]), « les relatifs et les dispositions », qui sont eux aussi des qualités. Et les « rapports », | par quoi il veut dire les nombres, ne sont pas eux-mêmes des substances, même s'ils sont des rapports entre substances. La proposition « on estime qu'ils ne signifient la substance de rien » (1001b30-31) revient à dire que ce ne sont pas [des substances][4].

1. Notre version de la *Métaphysique* ajoute « les surfaces ». Alexandre prend soin de les ajouter en 229, 1, mais c'est bien le signe qu'il n'a pas lu ces mots dans le texte. Voir M. E. Kotwick, *Alexander of Aphrodisias and the text of Aristotle's* Metaphysics, *op. cit.*, p. 47 et p. 134 *sq.*

2. En conservant « προειρημένοις » de AOP S Bonitz, contre le « προηπορημένοις » édité par Hayduck à partir de LF et Asclépius.

3. Les manuscrits donnent « παθητικὰς κινήσεις », « mouvements affectifs ». Mais, sauf erreur, cette expression ne se lit nulle part ailleurs chez Alexandre (mais chez Galien). Suivant la suggestion de Madigan, on retient « πάθη τε καὶ κινήσεις », qui fait davantage sens par rapport au texte d'Aristote (« τὰ μὲν γὰρ πάθη καὶ αἱ κινήσεις », 1001b29). De surcroît, le passage montre à plusieurs reprises le travail d'Alexandre qui s'emploie à traduire dans un lexique plus précisément péripatéticien ce qu'Aristote a écrit de façon informelle (voir la référence aux catégories l. 9 ou l'explicitation des « rapports » en « nombres », l. 4-5).

4. Le terme est omis par AOP, mais il peut aisément être sous-entendu dans un tour elliptique.

Tout comme eux, les autres choses qui se trouvent sous les neuf catégories[1] ne sont pas des substances. En effet, toutes ces choses se disent « d'un certain substrat » (1001b31-32), c'est-à-dire qu'elles sont dans un certain substrat, qu'elles ont autre chose pour substrat et ne sont pas en elles-mêmes des substrats ; | et aucune d'elles non plus n'est susceptible d'être montrée[2] comme un substrat par soi. Par « substance », il veut dire ici "être".

Après ces propos, il pose ensuite comme une évidence le fait que les corps simples sont des substances au plus haut point. Et après les avoir séparés de leurs qualités et de leurs autres affections[3], en tant qu'accidents de ces corps, il pose que le corps qui leur sert de substrat (je veux dire : à leurs affections), est la substance – ce qui est | étendu dans les trois dimensions[4]. Cela posé, Aristote montre ensuite que ce corps est, d'un certain point de vue[5], moins substance que ses propres limites, car la surface est plus substance que le corps, la ligne plus que la surface, et le point plus que la ligne. À la suite de cela, du fait que ces limites ne sont pas des substances, il va conjointement supprimer le fait que le corps aussi soit substance, au moyen du lieu du plus et moins[6]. Si, en effet, ce qui est davantage | substance n'est pas substance, alors les substances qui le sont moins ne seront pas non plus substances[7]. Que le corps soit moins substance que ses limites, il le montre d'abord par l'argumentation suivante : ce qui délimite et donne forme à quelque chose est plus substance que ce qui est délimité par lui. Ce qui délimite quelque chose est plus un être et plus une substance, que ce qui est délimité et à quoi il donne forme. C'est en tout cas pour cette raison qu'Aristote lui-même affirme[8] que la forme a

1. Les manuscrits O et P confirment le chiffre « neuf » contre le « δέκα » édité par Hayduck.

2. On conserve la leçon de LF et Asclépius. Sur cette expression peu fréquente, voir tout de même plus loin 236, 8 et 11 (« ὑπὸ ἔκθεσιν καὶ δεῖξιν ») ; Simplicius, *In Phys.*, 217, 8 *sq.* ; Ps-Simplicius, *In DA*, 83, 26. Ces derniers passages renvoient tous à la mise en évidence du τόδε τι. L'expression semble trouver son origine chez les grammairiens (par exemple Apollonius Dyscole). Elle est à rattacher, dans le texte d'Aristote, à « καὶ οὐθὲν τόδε τι » (1001b32). AOP comportent « ὑπὸ ἀπόδειξιν », une expression qui, d'après le TLG, ne se lit dans aucun texte grec antique.

3. Au simple sens, ici, de « déterminations ».

4. Sur cette définition, voir par exemple Aristote, *De caelo* I 1, 268a8 et le commentaire de Simplicius rapportant celui d'Alexandre, *In De caelo* 8, 4-6.

5. En réalité erroné.

6. Sur l'argument topique du plus et du moins, voir Aristote, *Top.* II 10.

7. Le texte est altéré en $A^1$O ; on suit Hayduck, confirmé par P (avec cette seule différence qu'à la place de « αἱ », P donne « ἃ », qui renforce le parallélisme avec la protase).

8. L'expression « εἶναί φησιν » donnée par $A^2$ et que l'on retient ici, est omise en $A^1$O ; P propose : « οὐσίαν δείκνυσιν » : « Aristote lui-même montre que la forme est plus substance que la matière ».

plus d'être que la matière. | Or le corps est délimité par sa surface, ses lignes et ses points. Ces derniers sont donc[1] plus substances que le corps. Le second argument est le suivant : si, de deux choses, l'une peut exister par elle-même sans l'autre, et non pas la seconde, ce qui peut exister par soi est davantage substance. Or, entre les limites du corps et le corps, les limites peuvent exister sans le corps, mais le corps ne peut exister | sans ses limites. Donc les limites du corps sont plus substances que le corps.

(Aristote a très bien fait d'ajouter « elles semblent pouvoir exister » (1002a7), car rien de cela ne peut exister réellement[2] sans le corps, pas
plus que | que le corps ne peut exister sans elles, tandis qu'en pensée et en **230**
raison, c'est possible.)[3]

Le corps en effet ne peut être pensé sans la surface, ni, à son tour, la surface sans la ligne, ni celle-ci à part du point, car les seconds sont compris dans les définitions des premiers[4]. Aristote, en effet, dit qu'un corps est ce qui possède longueur et largeur, | et une ligne, une longueur sans largeur, dont les limites sont des points[5]. Or le point est pensé même sans la ligne, celle-ci sans la surface, et la surface, sans le corps. Afin de confirmer que ces objets sont plus substances que le corps, Aristote ajoute à ces propos les doctrines de ses devanciers[6]. Parmi eux, les plus anciens, qui ne traitaient pas encore des êtres avec attention, | posaient comme corporelles les substances des êtres et leurs principes. Les suivants, qui passent déjà pour plus sages, comme les Pythagoriciens et Platon, ont affirmé que les principes sont des nombres, dans l'idée que ceux-ci sont plus substances que les corps. La proposition « si bien que les principes des corps sont aussi principes des êtres » (1002a10-11) revient à dire : si bien | qu'ils disaient que les principes des corps sont aussi des êtres au sens propre, parce qu'ils sont principes des êtres, c'est-à-dire des corps.

1. Omis par A [1]O; confirmé par P.

2. L'expression est « τῇ ὑποστάσει », littéralement « par la (ou sa) subsistance ». Voir ci-dessus la note à 180, 4.

3. Cette ponctuation par la mise entre parenthèses, proposée par Madigan, est nécessaire pour éviter la contradiction en 230, 1.

4. C'est-à-dire que les définitions de la surface, de la ligne et du point sont respectivement comprises dans les définitions du corps, de la surface et de la ligne.

5. On traduit A [1]OP (« σῶμα μὲν γὰρ λέγει εἶναι ὃ μῆκος καὶ πλάτος ἔχει, γραμμὴν [γραμμὴ AO] δὲ μῆκος ἀπλατές, ἧς πέρατα σημεῖα ») qui offrent un texte plus elliptique que celui édité par Hayduck (à partir d'Asclépius et Sepúlveda), lequel donne : « Est appelé corps, en effet, ce qui possède longueur, largeur et profondeur ; surface, ce qui possède longueur et largeur ; ligne, longueur sans largeur, dont les limites sont des points ».

6. Voir 1002a8-11.

Cela posé, Aristote affirme ensuite que, si donc[1] aucun de ces objets[2] n'est substance, rien d'autre ne sera substance : ni les corps (qui sont substance à un degré moindre) et encore moins les accidents dans le corps[3]. Mais que donc[4] ces objets ne soient pas des êtres, à savoir des substances, il le prouve de la façon suivante. Si le point, | la ligne et la surface sont des êtres et[5] des substances, alors à l'évidence, leur réalité se trouve précisément dans des corps, et si c'est dans des corps, alors c'est dans ceux d'ici[6]. Cependant, rien de cela n'existe dans les sensibles. Il n'est pas possible, en effet, de trouver dans les sensibles le point tel que nous le définissons, ni la ligne telle que nous la définissons. Il n'est nullement possible, en effet, de saisir dans un corps sensible une longueur séparée de toute largeur, | pas plus qu'une surface dépourvue de profondeur. Si donc ces objets étaient des êtres et des substances, ils devraient exister dans les corps sensibles, car eux seuls sont réels. Mais si ce n'est pas le cas, ce ne seront pas non plus des substances.

Aristote montre aussi que ces objets ne sont pas des êtres réels à partir du fait qu'ils sont des affections et des divisions des corps, [c'est-à-dire que c'est en vertu de ces objets que les divisions des corps] viennent à être[7]. Mais les divisions du corps ne sont ni des substrats ni des êtres | de par leur propre nature, car elles sont des affections, or les affections ne sont pas des substances[8]. C'est certainement en largeur que le corps est partagé par une ligne, en profondeur par une surface, en longueur par un point[9].

En outre, Aristote montre de la façon suivante que ces objets – à savoir la surface, la ligne ou le point – n'existent pas dans les corps : c'est en pensée qu'ils sont dits être dans les corps et clairement pas en réalité,

1. En conservant le « οὖν » de OLF.

2. Points, lignes, surfaces.

3. En conservant le texte de AOP : « ἐν τῷ σώματι ».

4. En conservant le texte de nos manuscrits (y compris OP) « οὖν », sans la correction de $A^2$.

5. Le « καί » n'est ici pas explétif, voir 231, 24.

6. À savoir les sensibles, comme le montre la phrase suivante.

7. On comble la lacune de AO grâce au texte transmis par Asclépius : « τουτέστι κατὰ ταῦτα τὰς τῶν σωμάτων γίνεσθαι διαιρέσεις » (213, 3-4).

8. En conservant, avec Hayduck, le texte d'Asclépius et LFS – les manuscrits AO (« πάθη οὐκ οὐσίαι ») ayant souffert d'un saut du même au même.

9. Madigan note qu'on attendrait : en profondeur le corps est partagé par une surface, en largeur la surface l'est par une ligne, en longueur une ligne l'est par un point. Toutefois, il s'agit de points de vue différents portés sur le corps, selon trois vues en coupe différentes : l'intersection entre un plan et un corps peut être vue de trois façons en coupe (si l'on ne considère que la largeur du corps, le couteau dessine une ligne ; la profondeur une surface ; la longueur un point).

c'est-à-dire | par leur capacité à être séparés. En recourant à cet argument, **231** Aristote veut dire qu'il est possible de poser n'importe quelle figure et n'importe quelle surface comme existant, sur le même mode, dans les corps. Par exemple, c'est par la pensée qu'il est possible de poser dans la pierre brute la figure d'Hermès, celle d'Apollon, et, pareillement, la figure de n'importe qui d'autre. De même, la moitié du cube se trouve, par la pensée, dans le cube, | et la surface qui le divise en deux peut être posée[1] dans la profondeur, et pareillement pour n'importe quelle surface. Si donc toutes les figures et les surfaces sont sur le même mode dans le corps, à savoir par la pensée, et si ce qu'on pose par la pensée n'existe pas en lui[2], alors rien d'autre n'existera en lui. Par conséquent, si la figure d'Hermès | ne se trouve pas dans la pierre[3], alors la figure qu'on considère possédée par la pierre ne s'y trouve pas non plus, et si la surface qui le divise en deux ne se trouve dans le cube, la surface qu'on considère possédée par le cube, non plus.

L'erreur de ce raisonnement est la prémisse selon laquelle toutes les figures existent sur le même mode dans le substrat, à la fois celles qui sont en puissance et celles qui sont en acte. Sa plausibilité vient de ce qu'on croit que c'est par la pensée que les figures en acte aussi, comme celles qui sont en puissance, existent dans le substrat et ce, | parce qu'elles ne sont pas séparées. Or il en va pour la ligne, le point ou l'unité (l'unité est, de fait, une sorte de point) comme pour la surface. Dans leurs cas, en effet, il est possible, de la même façon, de dire que c'est par la pensée que n'importe lequel se trouve dans le corps substrat, et si l'on prend l'un de ceux qui sont en puissance et que l'on montre qu'il n'existe pas dans le corps (car ce qui est en puissance dans quelque chose n'existe pas encore en lui), il est possible de montrer que | même ce qu'on croit exister en acte en lui n'existe pas en lui.

Après avoir montré par là que la surface, la ligne, le point et l'unité ne sont pas des substances, Aristote pose, comme s'ensuivant logiquement des preuves précédentes, que même le corps délimité par ces objets ne sera pas substance. Et il montre que non seulement ces objets ne sont pas des substances, mais même qu'ils ne sont pas du tout des êtres. La proposition

1. À savoir par la pensée.

2. À la suite du texte parallèle d'Asclépius (213, 17-18), Bonitz a tablé sur un saut du même au même chez Alexandre. Le texte traduit est celui des manuscrits en suppléant seulement, de façon plus économique, « τὰ » (« μὴ ἔστι δὲ ἐν αὐτῷ <τὰ> ἐπινοίᾳ λαμβανόμενα »). Si l'on suit Asclépius (en corrigeant, qui plus est, le deuxième « αὐτῷ » en « τῷ ») : « si elles n'existent pas en lui du fait qu'elles peuvent se trouver en lui lorsqu'on les pose par la pensée ».

3. À savoir dans le bloc de marbre non taillé, *cf.* Aristote, *Met.* Θ 6, 1048a32-33.

« ces objets ne sont pas[1], ni ne sont des substances » (1002a27) équivaut à : ces objets ne sont ni des êtres, ni des substances.

1002a28 : *Outre ce qu'on vient de dire, s'ensuivent aussi des absurdités pour ce qui concerne la génération et la corruption.*

L'argumentation suivante montre elle aussi, pour Aristote, que les limites du corps, dont il a montré qu'elles sont plus substances que le corps, ne sont [en réalité] pas des substances. Les substances, en effet, qui n'existent pas antérieurement, | viennent à l'être par la génération. De même, celles qui existent antérieurement vont vers le non-être par la corruption. Dès lors, la génération et la corruption précèdent l'être et le non-être des substances. Or ces objets tantôt sont, tantôt ne sont pas, sans génération ni corruption; ils ne sont donc pas des substances. La
**232** proposition | « tantôt, au moment même du contact, on obtient une seule surface, tantôt, au moment de la division, on en obtient[2] deux » (1002b1-2) indique que cela se passe sans génération. En effet, quand des corps sont en contact, il y a, aussitôt et en même temps, une seule surface, mais, à l'inverse, quand ils sont divisés et séparés, aussitôt et en même temps, il y en a deux, sans qu'aucune génération n'ait précédé.

Que tantôt ces objets soient, que tantôt ils ne soient pas, sans | génération ni corruption, Aristote le montre de la façon suivante : lorsque les corps sont en contact les uns avec les autres et, à l'inverse, quand ils sont écartés, la surface, la ligne ou le point sont, tantôt, une seule chose instantanément, car, quand ils sont en contact, leurs limites respectives, parce qu'elles coïncident, sont une. Mais, à l'inverse, quand les corps sont séparés, surface, ligne et point sont à nouveau instantanément deux. Par conséquent, la surface et les autres, tantôt existent, quand les corps ne sont pas en contact les uns avec les autres, tantôt | n'existent pas, quand ils sont en contact, et ce, sans génération ni corruption. À l'évidence, le point, qui est indivisible par sa nature propre, n'a pas été divisé en deux de telle

1. La traduction de la citation reflète l'interprétation qu'en donne ensuite Alexandre, et qui, incidemment, montre une fois de plus l'équivalence pour Alexandre entre « être » au sens absolu et « être un être ». Au demeurant, la lecture d'Alexandre est discutable; avec W. D. Ross ou A. Jaulin et M.-P. Duminil, on peut lire la phrase d'Aristote comme signifiant : « mais que ces choses-là [surfaces, lignes, points] ne sont pas non plus des substances ».

2. Notre version de la *Métaphysique* donne « γίγνονται ». Les manuscrits d'Alexandre sont en désaccord : ἐγίνοντο OPL : ἐγίνετο $A^1$ : γίγνεται $A^2$FS (donné aussi sous la forme « γίνεται » chez Aristote par le manuscrit $V^k$). L'imparfait donné par OPL ne peut être accepté en l'absence de la particule « ἄν » ; on conserve donc la correction effectuée par $A^2$. La présence de ce verbe (difficile à rendre en français) explique la précision que donne ensuite Alexandre : « sans qu'aucune génération n'ait précédé ».

sorte que cette division serait génération de l'autre point; mais c'est le point qui antérieurement n'existait pas, qui existe ensuite, sans qu'il y ait eu génération. Le même raisonnement vaut pour la ligne et la surface, car il n'est possible ni de diviser la ligne en largeur de telle sorte | qu'une ligne unique deviendrait deux quand le contact se déferait, ni de diviser la surface en profondeur.

Aristote ajoute[1] à cela que si tout ce qui vient à être provient d'un substrat[2], à savoir d'une matière, mais que rien ne fait office de substrat pour ces objets, ils ne viennent pas à être. Si | en effet[3] c'est sans génération que tantôt ils sont, tantôt ils ne sont pas, alors ce qu'on a mentionné n'existe pas[4]. De plus, il en ira pour le point, la ligne et la surface comme pour le maintenant, qui est la limite du temps : toutes ces choses sont de la même manière, des limites (du corps, de la surface, de la ligne ou du temps) ou bien une division (c'est en vertu des secondes que sont divisées les premières).

| Si donc ces choses ont toutes nécessairement ceci de semblable que tantôt elles sont, tantôt elles ne sont pas, étant donné qu'elles sont de même nature, et si le maintenant tantôt est, tantôt n'est pas, et qu'il diffère à chaque instant sans génération ni corruption (toute génération, en effet, se produit dans le temps, de même pour la corruption, de sorte que si le maintenant venait à être, il viendrait d'abord à être dans le temps, et, venant à être dans le temps, il serait divisible et occuperait | un certain

1. Voir 1002b4-5.

2. Hayduck édite ici un texte absent de AOP, donné par LF et Asclépius, qui a tout l'air d'une glose, et qui explique aussi pourquoi LF et Asclépius ont « εἰ δέ » l. 19-20, au lieu du « εἰ γάρ » de AO. La glose est, de fait, redondante et peu claire, quoiqu'elle rappelle le texte d'Aristote (1002b4-5) : « tout ce qui vient à être provient d'un substrat – mais de quel substrat dira-t-on que ces choses-là proviennent, ce n'est pas possible [de le dire] ». Après « ὅτι » l. 16, on traduit le « εἰ » donné par $A^2$ et confirmé par le texte d'Asclépius, qui, après sa glose, reprend plus fidèlement : « ὥστε *εἰ* ἅπαν μὲν τὸ γινόμενον ἐξ ὑποκειμένου τινὸς γίνεται καὶ ὕλης, τούτοις δὲ οὐδὲν ὑπόκειται, οὐ γίνεται ταῦτα. » (215, 27-28).

3. En conservant le « γάρ » donné par AO et qui convient mieux à la marche du raisonnement, en faisant de cette proposition une explicitation de ce qui précède.

4. À savoir : il n'y a ni substrat ni matière pour les surfaces, les lignes ou les points.

Contrairement à ce que traduit Madigan, qui se fie à la référence trompeuse de Hayduck à Asclépius (Asclépius n'écrit pas « οὐκ ἔστι οὐσία τὰ προειρημένα », comme le laisse entendre Hayduck en apparat, mais « οὐκ οὐσία διὰ τὰ προκείμενα »), on comprend ici que « τὰ προειρημένα » renvoie non pas aux surfaces, lignes et points (ce qui serait du reste assez étrange, puisque c'est le sujet de la protase), mais au substrat et à la matière, évoqués plus haut. Ainsi comprise, la proposition est un commentaire fidèle de 1002b4-5, sauf que là où Aristote laisse la question ouverte (« si [surfaces, lignes et points] viennent à être et se corrompent, de quoi [à savoir de quel substrat] proviendront-ils ? »), Alexandre répond plus explicitement en suivant l'inférence.

intervalle, car, de ce qui vient à être dans le temps, une partie est déjà venue à être et l'autre est en train de venir à être. C'est en effet dans des parties du temps que viennent aussi à être les parties de ce qui vient à être, puisque[1] tout ce qui vient à être possède un substrat, comme il l'a dit[2]. Or le maintenant n'a aucun substrat), par conséquent, si le maintenant tantôt est et tantôt n'est pas, sans qu'il y ait génération, ainsi en ira-t-il des choses précédemment mentionnées. Mais, s'il va ainsi, elles ne sont pas des substances.

1. En conservant le « ἐπεὶ » de AOLF, contre le « ἔτι » d'Asclépius, P et Sepúlveda. La proposition introduite par « ἐπεὶ » peut en effet être comprise comme une explication de ce qui précède immédiatement : c'est parce que ce qui est pris dans le devenir est doté d'un substrat qu'il vient à être progressivement, que donc une de ses parties vient à être dans une partie du temps, et ainsi de suite (en laissant de côté les cas particuliers de génération instantanée parfois évoqués par Aristote, par exemple *Physique* VIII 3, 253b25), et que donc il doit être divisible, etc. La proposition suivante l. 31-32 « or le maintenant n'a aucun substrat » vient rejeter toutes les conséquences données avant, dans le cadre d'un *modus tollens* qui a commencé l. 28.

2. En 1002b4-5.

## Chapitre 6

*Aporie 13*[1]

|1002b12 : *En général, on pourrait soulever la difficulté de savoir aussi pourquoi il faut rechercher d'autres choses de la sorte*[2], *à part des sensibles et des intermédiaires, par exemple les Formes que nous posons.* 233

La difficulté est de savoir en quel sens il est raisonnable de rechercher et de poser, à part des substances sensibles et des intermédiaires | (c'est-à-dire des objets mathématiques), d'autres causes, comme l'ont fait ceux d'après qui les Idées existent. Aristote expose ensuite pourquoi c'est raisonnable en se plaçant du point de vue de cette doctrine. « Si[3] en effet c'est parce que » (1002b14), même si les objets mathématiques diffèrent des sensibles par ailleurs (par exemple du fait d'être éternels et immobiles, comme il l'a dit auparavant[4]), néanmoins ils ne diffèrent pas des sensibles en ce qu'il y a, parmi eux, de multiples objets de même forme. | En effet, aucun d'eux n'est même numériquement un, comme Aristote l'a dit ci-dessus[5], mais chacun d'eux est un par l'espèce, et multiple par le

1. Cette aporie est connue pour n'avoir pas été annoncée par Aristote dans la liste de B 1. Alexandre ne prend pas la peine de le signaler, à la différence de Syrianus (*In Met.* 51, 12).

2. Ross et Jaeger éditent simplement « ἀλλ' ἄττα » (donné par la branche α et le lemme d'Asclépius) contre le « ἄλλα τοιαῦτα » tiré de A$^{b}$M et du lemme complet dans le manuscrit C de Syrianus. Alexandre propose donc une leçon conjuguant les deux branches.

3. Les traducteurs anglais et italien notent qu'on a une protase sans apodose, mais il s'agit là d'une citation du texte d'Aristote, dans lequel la protase de 1002b14 ne trouve son apodose qu'en b24 (voire en b26, selon I. Mueller, « *Aporia* 12 (and 12 bis) », dans M. Crubellier et A. Laks (éd.), *Aristotle's* Metaphysics *Beta*, *XVIth Symposium Aristotelicum*, *op. cit.*, p. 207). Avec le phénomène d'amplification inhérent au commentaire, le texte d'Alexandre accroît également l'éloignement entre le commentaire des prémisses de la démonstration par l'absurde (233, 7-14) et celui de la conclusion.

4. Aristote le dit explicitement en A 6, 987b16-18, mais on retrouve l'idée dans la discussion de la cinquième aporie (997b19 *sq.*, 998a14-15).

5. Dans la discussion de la neuvième aporie.

nombre. Or si[1] tous les particuliers de cette sorte sont semblables entre eux, aucun d'eux ne sera substance et élément des autres. Dès lors, si ni les principes des objets mathématiques, ni ceux des sensibles ne sont limités en nombre, il n'existera pas de principes des êtres | qui soient limités en nombre, et il n'existera pas de substance une et limitée en nombre parmi les principes, sauf s'il y a, à part des substances sensibles et des substances mathématiques, d'autres substances, comme le sont, d'après eux, les Idées. Aucun des principes, en effet, ne sera une substance une[2] en nombre, si, d'une part, les substances sensibles et les substances mathématiques sont une par l'espèce et si, d'autre part, il n'existe pas d'autre substance en dehors d'elles. En outre, les principes des êtres ne seront pas non plus des substances | si aucun d'eux n'est un en nombre, car l'être des universaux est par accident, comme il le dira plus loin[3].

Après avoir dit « il n'y aura pas de substance (au sens de principe[4]) une en nombre » (1002b24), Aristote ajoute « et en espèce », en voulant dire ou bien : par nature et en réalité, ou bien qu'il n'y aura pas, d'un côté, un principe un en nombre et, de l'autre, un principe un en espèce. En effet, seul existera le principe un en espèce, lequel n'est pas même principe au sens propre, | du fait qu'il a l'être dans les choses dont les principes sont dits être principes, et qu'il est conçu à partir d'elles.

Une meilleure leçon serait[5] : « il n'y aura pas [de substance] une en nombre, mais en espèce »[6], car cela relie ce qui a été dit avant à ce qui suit : « et les principes des êtres ne seront pas déterminés[7] en nombre mais en espèce » (1002b24-25). Si donc[8] il est vrai que, à supposer qu'il

1. Le texte souffre d'une lacune en AO ; on suit avec Bonitz et Hayduck le texte strictement parallèle d'Asclépius.

2. En gardant le texte de LF et Asclépius (O souffre de la même lacune que A).

3. En 1003a7-9.

4. Cette précision « ὡς ἀρχή » (confirmée par O) est absente de notre texte de la *Métaphysique*. Il s'agit plus probablement d'une note explicative ajoutée en incise, plutôt que d'une leçon témoignant d'un texte différent du nôtre.

5. Le texte est elliptique, mais, comme l'a montré M. E. Kotwick (*Alexander of Aphrodisias and the text of Aristotle's* Metaphysics, *op. cit.*, p. 92-94), la formulation relève des corrections suggérées par Alexandre, plutôt que du témoignage d'une variante textuelle.

6. Leçon transmise par $V^{d}$ et adoptée par Ross (« ἀλλ' εἴδει » plutôt que « καὶ εἴδει ») ; Jaeger supprime « καὶ εἴδει ».

7. Littéralement : « des quantités » (« ποσαί τινες »). Mais, comme l'avait déjà bien vu Ross (qui traduit par « *nor will the first principles of things be determinate in number* »), il ne s'agit pas de dire que les principes relèveraient de la catégorie de la quantité, comme le laisserait entendre une traduction littérale, mais qu'ils doivent pouvoir être comptés. La proposition reprend ainsi l'idée sous-jacente à 1002b16-17 : « de sorte que leurs principes ne seront pas en nombre déterminé ».

8. En gardant le texte de LF (« εἰ δὴ ») contre le « εἰ δὲ » donné par O, par parallélisme avec le texte d'Aristote (voir note suivante).

n'y ait aucune substance en dehors des substances mathématiques et des substances sensibles, il n'existera pas de substances déterminées, | et si, de la sorte, à supposer qu'il y ait des principes, [il n'existera pas] non plus de substances au sens propre et déterminées[1], il a estimé nécessaire de poser d'autres substances[2], dont chacune sera substance au sens propre et qui n'auront pas leur être et leur unité par participation à quoi que ce soit, pas même par accident, car ce qui est un par l'espèce est un par accident, et non au sens propre.

Mais si c'est pour cette raison que l'on en vient à poser l'existence de
certaines substances de cette sorte, | Aristote nous rappelle les problèmes **234**
qui, comme il l'a montré, découlent de l'hypothèse des Idées. L'esprit[3] de ses propos est le suivant. Il prend l'exemple des éléments[4] des syllabes et montre à leur sujet comment leurs principes (c'est-à-dire ce qui est prédiqué en commun de quelque chose) ne sont pas limités en

1. La dernière proposition (l. 30-31) est marquée d'une *crux* par Hayduck. Les manuscrits AO donnent le même texte. Toute la phrase (l. 28-31) est certainement une paraphrase de 1002b22-25 (de même que les l. 31-33 portent sur 1002b25-30). Ainsi, lorsqu'Alexandre dit que, dans l'hypothèse où il n'y a pas de substances séparées (c'est-à-dire de Formes, voir note suivante), « il n'existera pas de substances déterminées », il est en train de paraphraser 1002b24 (dans la version qui a ici sa faveur) : « il n'y aura pas de substance une en nombre, mais [sous-entendu : seulement une] en espèce ».

La proposition frappée d'une *crux* est donc une paraphrase de 1002b24-25, qu'Alexandre a cité juste avant et qui vise le fait qu'en l'absence de Formes, les sensibles et les objets mathématiques seront dépourvus de principes limités en nombre, à la suite de ce qui a été posé en 1002b16-17. Contrairement à ce que propose Madigan (qui veut lire « οὕτω δὲ οὐδὲ ἀρχαὶ οὐσιῶν κυρίως τινες καὶ ὡρισμέναι », en supposant une corruption de « ἀρχαὶ οὐσιῶν » en « ἀρχαὶ οὐσῶν », puis en « ἀρχῶν οὐσῶν οὐσίαι »), ces remarques viennent soutenir la proposition de correction faite par Bonitz, qui est plus prudente et a en outre l'avantage de ne pas rompre la construction parallèle de la phrase : « οὕτω δὲ οὐδὲ ἀρχῶν οὐσῶν οὐσίαι κυρίως τινες καὶ ὡρισμέναι ». Madigan refuse cette solution au motif qu'elle ne ferait pas avancer le raisonnement. Mais, dans cette seconde condition, les substances déterminées dont il est question désignent les principes (comme le montre d'ailleurs la suite de la phrase qui réserve aux Idées le titre de substances au sens propre; voir aussi ci-dessus 233, 13-20 et ci-dessous, note suivante). En outre, ici comme précédemment, quand Alexandre dit simplement « déterminées », il veut dire : déterminées (ou limitées) en nombre, ce qui répond au « ἀριθμῷ ἔσονται ποσαί τινες » de 1002b25 et revient bien à dire, avec Aristote, que les principes seront alors seulement déterminés en espèce.

2. Là où Aristote parle de poser l'existence de Formes (« τὰ εἴδη [...] εἶναι τιθέναι » 1002b26), Alexandre se contente de parler de substances (« ἄλλας τινὰς οὐσίας θέσθαι »).

3. La phrase présente l'un des emplois de « νοῦς » par opposition (ici implicite) à la lettre, qui apparaît chez Alexandre avant de devenir l'instrument exégétique systématique des commentateurs néoplatoniciens qu'on connaît sous le nom de « technique de la double exégèse ». Pour une opposition plus franche, cf. *In Met.* 276, 9-10; 276, 27-28; 331, 9-10 et P. Golitsis, *Les Commentaires de Simplicius et de Jean Philopon à la* Physique *d'Aristote. Tradition et Innovation*, Berlin, W. De Gruyter, p. 56. La distinction apparaît déjà chez Aspasius (voir par exemple *In EN* 150, 9-10).

4. Le terme « στοιχεῖον » veut dire à la fois lettre et élément.

nombre, mais en espèce. En effet, le « A » commun est principe des « A » particuliers, | et il est un en espèce, non pas un en nombre. De même pour les autres éléments [des syllabes]. Ce qui vaut dans le cas des éléments vaut aussi pour l'homme dans le cas des hommes particuliers, et de même pour tous les autres sensibles.

Après avoir dit « les principes des lettres d'ici ne sont pas limités en nombre, mais en espèce »[1], parce que, dans le cas de la syllabe délimitée[2], par exemple cette syllabe « BA », ce « B » et ce « A » | sont des principes et des éléments numériquement délimités, Aristote prend aussi cet exemple et montre que, dans le cas des syllabes considérées de cette façon[3] et pour tous les autres composés pour lesquels il est possible de regarder leurs principes comme délimités en nombre[4], ce sont néanmoins les communs qui, à leur tour, sont les principes de ces principes eux-mêmes, car les « A » dans telle et telle syllabe ont pour principe le « A » qui en est prédiqué en commun.

Après avoir montré que, dans le cas des | éléments, ce qui est commun et spécifiquement un en vient à être leur principe, il affirme qu'il en va de même pour les intermédiaires, c'est-à-dire les objets mathématiques[5].

1. Malgré l'absence de conjonction de subordination en AO (suppléée par P), il ne peut s'agir d'une citation littérale mais plutôt d'une citation inexacte, le texte étant assez différent du nôtre : « τῶν ἐνταῦθα γραμμάτων αἱ ἀρχαὶ ἀριθμῷ μὲν οὔκ εἰσιν ὡρισμέναι, εἴδει δέ » chez Alexandre (en supprimant le « μὲν » redondant de AO avant « ἀριθμῷ ») ; « τῶν ἐνταῦθα γραμμάτων ἀριθμῷ μὲν πάντων οὐκ εἰσὶν αἱ ἀρχαὶ ὡρισμέναι, εἴδει δέ » (1002b17-19).

2. Comme on l'a déjà vu ci-dessus (par exemple 233, 30-31), lorsqu'Alexandre ne précise pas, il faut sous-entendre « en nombre ».

3. C'est-à-dire individuellement, de telle sorte que leurs principes (leurs lettres) sont, de fait, limités en nombre.

4. Toute cette phrase souffre, dans les manuscrits de $A^1$ et O, d'un texte manifestement fautif, d'où les désaccords entre Brandis (qui suit plutôt $A^2$), et Bonitz et Hayduck (qui mêlent aux corrections de $A^2$ des éléments tirés d'Asclépius, 219, 18-25). L'ajout par Hayduck d'un « ἐπεὶ » l. 8, tiré d'Asclépius, n'est pas indispensable : la participiale peut avoir une valeur causale (qu'Asclépius aura choisi d'expliciter). Le texte ici retenu est donc plus économique que celui de Hayduck : « εἰπὼν δὲ <τῶν ἐνταῦθα γραμμάτων αἱ ἀρχαὶ ἀριθμῷ μὲν οὔκ εἰσιν ὡρισμέναι, εἴδει δέ>, ἐπὶ τῆς ἀφωρισμένης, οἷον τῆσδε τῆς βα συλλαβῆς, τόδε τὸ β καὶ τόδε τὸ α ἀρχαὶ καὶ στοιχεῖα ἀφωρισμένα κατ' ἀριθμόν, παρέθετο καὶ τοῦτο, καὶ ἔδειξεν ὅτι ἐπὶ μὲν τῶν οὕτως λαμβανομένων συλλαβῶν καὶ ἐπὶ πάντων ἄλλων τῶν συνθέτων ἐφ' ὧν ὡρισμένας ἀριθμῷ τὰς ἀρχὰς ἔστι λαβεῖν, ἀλλ' αὐτῶν... ». La fin du texte corrige l'erreur de grammaire contenue dans AOP (« ἐπὶ πάντων των ἀρχῶν »), grâce à la citation d'Asclépius, et elle est ponctuée différemment, en reprenant ce que Hayduck lui-même édite chez Asclépius.

5. Alexandre revient sur le passage de 1002b22-25, déjà présenté à la page précédente. Loin d'être une simple répétition, le commentaire suit en réalité le mouvement du texte d'Aristote. La raison en est qu'en 1002b14-17, Aristote ne fait qu'esquisser l'argument et que, pour l'expliquer (233, 7-34), Alexandre anticipe sur les détails qui ne seront donnés qu'en 1002b22-25. Il commente ensuite (234, 2-14) l'analogie avec les lettres donnée par Aristote en 1002b17-22, et reprend maintenant la suite du texte.

De fait, parmi eux comme parmi les éléments, les objets considérés un à un sont multiples, voire infinis, et sont spécifiquement identiques les uns aux autres. Or si ces choses à part des particuliers sont spécifiquement identiques les unes aux autres (Aristote tient le même discours pour les objets physiques et | pour les objets mathématiques car l'argument est le même dans les deux cas), [et s'] [1] il n'y a aucune autre substance une en nombre que celle, quelle qu'elle soit, que les partisans des Idées veulent poser, « il n'y aura pas de substance une en nombre et par sa forme » (1002b24) [2], c'est-à-dire qu'il n'y aura aucune substance formelle numériquement une et que, donc, les principes des êtres ne seront pas non plus limités et déterminés [3] numériquement, mais spécifiquement.

Mais si cela est nécessaire, | à savoir que les principes des êtres soient limités en nombre (car ainsi, ce seront des substances, puisque le commun n'est pas substance au sens propre et que, par conséquent, il n'est pas non plus principe et élément), alors on pourra estimer que c'est par un mouvement nécessaire que ceux qui posent les Idées en sont venus à cette thèse. Même si, en effet, ils n'affirment pas cela explicitement, faute d'articuler très nettement leur propre doctrine, néanmoins c'est là, manifestement, ce qui les a conduits à poser les Idées comme principes des êtres, | à savoir que les principes doivent à la fois être des substances et être limités [4]. C'est ainsi en effet que, pour eux, les principes en viennent à être des substances, précisément des substances par soi et distinctes des autres choses dotées d'unité [seulement] spécifique, et qui ne sont pas par accident, comme semblent l'être les communs. La réalité des communs, en effet, n'est pas par soi, mais par accident.

Après avoir dit cela et après avoir, en outre, introduit l'idée qu'il est raisonnable | qu'existent de tels principes des êtres, Aristote poursuit en **235**

1. Le « εἰ » suppléé par Bonitz est omis par AOP. Mais il est indispensable pour placer la citation suivante d'Aristote en position d'apodose. Alexandre paraphrase 1002b22-25 et la structure de sa longue proposition suit fidèlement celle d'Aristote. Or la proposition d'Alexandre aux lignes 20-21 a clairement pour objectif de paraphraser 1002b22-23. Le raisonnement peut sembler alors souffrir d'une pétition de principe, en ce que la prémisse selon laquelle il n'aura « aucune autre substance une en nombre » ressemble fortement à la conclusion donnée par la citation « il n'y aura pas de substance une en nombre et en espèce ». Mais c'est qu'il faut comprendre la prémisse comme signifiant : s'il n'existe pas de substance numériquement une en dehors des sensibles et des objets mathématiques (à savoir s'il n'existe pas de Forme numériquement une), dont on conclut que, dans ce cas, il n'existera rien du tout (chez les sensibles et les objets mathématiques) qui soit numériquement un.

2. Alexandre donne ici la citation sans la modification suggérée en 233, 26 et reprise en 234, 24. On en modifie la traduction en fonction de la nouvelle explication qu'il en donne ensuite.

3. Voir ci-dessus, note à 233, 28, sur la citation de 1002b24-25.

4. En nombre.

nous rappelant les difficultés soulevées contre cette doctrine et, en général, contre la position selon laquelle chaque principe est un en nombre. Il a été dit en effet que [dans ce cas] il n'existera rien d'autre en dehors des principes, car il a été montré que les êtres dont les principes sont limités en nombre sont en nombre égal à leurs principes, | si bien qu'il n'existera pas d'autres êtres en dehors des principes [1]. Mais, plus encore, il nous renvoie [2] aussi à toutes les difficultés soulevées contre les Idées au premier livre [3].

*Aporie 14*

1002b32 : *Une difficulté toute proche est de savoir si les éléments sont en puissance ou bien d'une autre manière.*

La difficulté est tout à fait dialectique [4]. Aristote cherche à savoir si les éléments, c'est-à-dire les | principes des êtres sont en puissance ou en acte – c'est ce qui est signifié par « ou bien d'une autre manière ». Si, en effet, c'est en acte – c'est à nouveau ce qu'il veut dire par « si, en effet, c'est autrement » (1002b34) –, il y aura des principes des principes, comme il l'affirme, c'est-à-dire qu'il y aura quelque chose d'antérieur aux principes. Or cela est absurde. Qu'est-ce qui sera antérieur ? L'en-puissance [5]. On estime en effet que, pour une même chose, l'en-puissance [6] est antérieur à l'acte, | si bien que la puissance d'une cause et d'un principe en acte sera antérieure au principe, du moins au principe qui est en acte. Il n'est pas nécessaire en effet que le possible soit déjà en acte. Par conséquent, si ce n'est pas réciproque [7], mais que la puissance précède ce qui est en acte, alors, pour tout possible déjà en acte [8] du moins, la puissance sera aussi antérieure.

1. Voir *Métaphysique* B 4, 999b24 *sq*.

2. En conservant le « ὑπομιμνήσκει » de OA [1].

3. À savoir *Métaphysique* A 6 et 9.

4. Pour cette traduction de « λογική », voir par exemple la note à 206, 13.

5. Ou, si l'on préfère, le fait d'être en puissance. Contrairement à ce qu'indique Hayduck, l'expression « τὸ δυνάμει » est bien donnée par A, confirmée par OP (mais voir note suivante). Cette substantivation de l'expression « en puissance » a déjà été utilisée par Alexandre en 216, 9 (« τὸ δυνάμει τῆς ὕλης »). L'expression désigne le statut de la puissance par différence d'avec l'objet de cette puissance.

6. $A^1$ et O normalisent ici en mettant « τῇ », contre le « τὸ » donné par $A^2$LFP, que l'on conserve.

7. La relation entre acte et puissance.

8. Le manuscrit O donne : « καὶ πάντῃ γε τῷ δυνατῷ ἤδη ἐνεργείᾳ », avec une faute d'iottacisme sur « πάντῃ », à corriger en « πάντι » (donné par ALF). Le texte traduit ci-dessus est celui des manuscrits $A^1$LF (en corrigeant l'accentuation de $A^1$LF pour « ἐνεργείᾳ ») et O (avec la correction indiquée). Ainsi compris, le raisonnement vient expliciter l'affirmation

Aristote explique cela de façon fort ramassée, | en joignant à « en effet la puissance est antérieure à cette cause » (1003a1) la proposition « or il n'est pas nécessaire que le possible soit totalement sur ce mode » (1003a2), c'est-à-dire qu'il soit en acte. Il dit « cette cause » à la place de « ce principe », à savoir, comme on l'a dit, le principe en acte, en posant, par l'expression « en effet la puissance est antérieure à cette cause » (1003a1), que, si quelque chose est en acte, il a antérieurement possédé le fait d'être en puissance. Mais si | quelqu'un pose que les éléments sont en puissance et non en acte, il s'ensuivra qu'il se pourrait qu'absolument rien n'existe. Peut exister, en effet, ce qui n'existe pas encore, de sorte que même les principes [1], s'ils sont en puissance, peuvent aussi ne pas exister. Or s'ils n'existent pas, ce qui en provient n'existera pas non plus.

Que le non-être aussi puisse exister, Aristote le montre ainsi [2] : si ce qui vient à être n'existe pas [3] (c'est ce qu'il veut dire par « car le non-être vient à être » (1003a4-5)), | alors ce possible n'existe pas [4]. Il pose la seconde prémisse en disant : « aucune chose dont l'être est impossible ne vient à être » (1003a5), car cela équivaut à : l'en-puissance et le possible sont ce qui vient à être.

lapidaire des l. 15-16 (« la puissance d'une cause et d'un principe en acte sera antérieure au principe, du moins au principe qui est en acte ») avec le même jeu sur la particule « γε ».

Bonitz suggérait de voir un saut du même au même et suppléait grâce à Asclépius (220, 15-16) : « καὶ παντὶ ἐνυπάρχει, οὐκ ἐν παντὶ δὲ τῷ δυνατῷ ἤδη ἐνέργεια » : « et si [la puissance] est présente en toute chose, mais que, dans tout possible, l'acte n'est pas pour autant présent, alors… ». Le texte d'Asclépius a tout au moins l'avantage d'expliciter plus nettement l'absence de réciprocité entre acte et puissance. Mais il n'est pas nécessaire de le suppléer chez Alexandre.

1. En gardant le texte de P : « ὥστε καὶ αἱ ἀρχαὶ » (AOLF ont « ὥστε καὶ ἀρχαὶ » ; Bonitz et Hayduck éditent « ὥστε αἱ ἀρχαὶ » à partir d'Asclépius).

2. En gardant le « οὕτως » de LF et Asclépius, mais omis par AOP, selon une expression fréquente du Commentaire.

3. Au sens de : pas encore (voir 1003a4).

4. Le passage est peu sûr du point de vue des manuscrits, lesquels ne s'accordent pas entre eux ou donnent un texte redondant. La seconde main du manuscrit A inscrit en marge un texte assez similaire à celui de O (lequel donne : « …τὸ μὴ ὄν>, τὸ δὲ δυνατὸν οὐκ ἔστιν· τὸ γινόμενον οὐκ ἔστι· τὸ δυνατὸν οὐκ ἔστι »). Hayduck édite le texte d'Asclépius (220, 25-26), qui revient à expliciter et à insérer la prémisse mineure (« τὸ δὲ δυνατὸν γίνεται ») avant la conclusion (« τὸ δυνατὸν οὐκ ἔστιν »). Une autre solution, mais qui revient au même quant au sens, est donnée par P : « …τὸ μὴ ὄν>, τὸ δὲ δυνατὸν ἐστι τὸ γινόμενον, τὸ δυνατὸν ἄρα οὐκ ἔστιν ». Le texte traduit ici est plus économique et fondé sur A ¹LF, avec la très légère correction déjà proposée par Hayduck : « εἰ τὸ γινόμενον οὐκ ἔστι (τοῦτο γὰρ εἶπε διὰ τοῦ <γίγνεται μὲν γὰρ τὸ μὴ ὄν>), τὸ [δὲ] δυνατὸν οὐκ ἔστιν. ». Alexandre énonce ainsi la majeure du syllogisme, en l'explicitant par la parenthèse, puis la conclusion, produisant ainsi un enthymème (au sens courant du terme), de forme « si… alors… ». C'est la proposition suivante l. 30-31 (« Il pose la seconde prémisse… ») qui est chargée d'expliciter la mineure.

*Aporie 15*

Après cela, Aristote évoque à nouveau la difficulté qu'il a déjà
236 mentionnée auparavant[1]. C'est celle | de savoir si les éléments et les principes des êtres sont des universaux et des communs, ou bien des particuliers.

Et il ajoute une autre difficulté que celle qui avait alors été mentionnée[2]. La substance, en effet, est un substrat et un ceci[3], mais non pas un « de telle sorte ». | De fait, les genres et les espèces des substances ne signifient

1. Alexandre ne renvoie pas ici à l'exposé de l'aporie en B 1, 996a9-10. La lourde formulation avec « πάλιν » et « ἤδη » indique en effet une répétition (voir aussi ci-dessous l. 22). Or quand Alexandre énonce qu'une aporie a été présentée dans le catalogue de B 1, il ne s'exprime jamais ainsi (voir par exemple 187, 16; 194, 10-11; 196, 1-2, etc.). Alexandre veut donc ici souligner que, dans le développement des apories depuis B 2, cette difficulté a déjà été abordée. Syrianus l'entend de cette façon, en disant que cette difficulté a déjà été soulevée avec la dixième aporie (la neuvième pour nous, à savoir en B 4, 999b24-1000a4), laquelle demande si les principes sont un en espèce ou en nombre (*cf.* Syrianus, 52, 29-30, opinion reprise par Ross, Tricot, etc.).

2. Cette proposition, assez étrange de prime abord, est donnée par tous les manuscrits (et par Asclépius) sauf P. On en conserve le texte à titre de *lectio difficilior*. Le manuscrit P propose quant à lui : « ταύτην δὴ προστίθησι τὴν ἀπορίαν τὴν ῥηθεῖσαν τότε », « il ajoute donc cette difficulté qui avait été alors mentionnée », leçon qui fait de cette phrase un simple rappel de ce qui a été dit juste avant en 235, 32-33. Le texte majoritaire (« καὶ προστίθησιν ἄλλην ἀπορίαν παρὰ τὴν ῥηθεῖσαν τότε ») peut s'éclaircir si l'on rappelle que, chez Alexandre, le terme d'ἀπορία désigne tout autant l'aporie à proprement parler, comme formulation du problème, que les difficultés suscitées par ce problème initial et les objections qui peuvent être soulevées à l'encontre de l'une des branches de l'alternative initiale (voir par exemple 76, 21; 183, 15 et 26; 195, 14; 197, 33, etc.). Alexandre est donc ici en train de dire que, quoique l'aporie ait été déjà plus ou moins travaillée, le passage contient un nouvel argument, en l'occurrence celui sur l'individualité de la substance avec la référence aux *Catégories*. Cet argument était, de fait, absent du développement de la neuvième aporie, contrairement à l'argument de la science (dont Alexandre lui-même indique qu'il a été déjà employé, l. 22).

De ce fait, la phrase ajoutée ensuite par Bonitz à partir d'Asclépius (« Si, en effet, affirme-t-il, les principes existent universellement, ce ne seront pas des substances. », l. 3 dans Hayduck), mais omise par les manuscrits, est une glose scolaire, qui empêche de voir ce qu'il y a de neuf dans le présent passage.

3. À la différence de A, O a l'intérêt d'indiquer une brève lacune, entre « καὶ τό » puis « ἀλλ'οὐ τοιόνδε ». Une solution économique consiste à lire : « … ὑποκείμενον καὶ τό[δε τι], ἀλλ'οὐ τοιόνδε ». C'est ce que suggère P, que l'on suit ici. Bonitz se servait au contraire d'Asclépius (221, 1-2 : « …ὑποκείμενον καὶ τόδε τι, οὐδὲν δὲ τῶν κοινῶν ὑποκείμενόν ἐστι καὶ τόδε τι ἀλλὰ τοιόνδε ») : « La substance, en effet, est un substrat et un ceci. Or aucun commun n'est un substrat ni un ceci, mais un "de telle sorte" ». Mais les manuscrits d'Alexandre donnent bien la négation « ἀλλ'οὐ τοιόνδε », laquelle ne fait pas sens si l'on garde le texte d'Asclépius.

pas un ceci[1], mais « ils déterminent, concernant une substance, de quelle qualité elle est », comme il le dit dans les *Catégories*[2]. Que le commun non plus [ne signifie pas un ceci][3], il le montre ainsi : si l'on dit que le commun est un ceci et qu'il est susceptible d'être mis à part et montré[4], comme[5] Socrate, une substance individuelle sera plusieurs animaux en nombre (à savoir, à la fois, Socrate lui-même, | Animal et Homme), à supposer qu'aussi bien Homme qu'Animal soient des ceci, qu'ils soient par soi et qu'ils soient susceptibles d'être mis à part et montrés[6]. Socrate, en effet, est un Homme, et l'être de Socrate et l'être de l'Homme ne sont pas la même chose. De même pour Animal : Socrate est aussi un Animal et l'on suppose que cela aussi[7] existe et subsiste par soi, car cela aussi est universel. Mais c'est absurde !

1. En ajoutant avec $A^2$ et P la négation manquante dans $A^1$O et en lisant donc : « καὶ γὰρ τὰ τῶν οὐσιῶν γένη καὶ εἴδη οὐ τόδε τι σημαίνει », ce qui, du point de vue du sens, revient au même que ce fait Asclépius (en tête de phrase « οὐδὲ γὰρ… », comme L « οὐ γὰρ… »). La négation permet de comprendre le raisonnement par *modus tollens* qui va suivre.

2. *Cat.* 5, 3b20.

3. En conservant le texte de OLF « ὅτι μηδὲ » et en sous-entendant « οὐ τόδε τι σημαίνει » de la ligne précédente.

4. « Mis à part » traduit ici la fameuse « ecthèse » du texte d'Aristote, et veut dire qu'on traite le prédicat qui est commun à une multiplicité d'objets, comme un particulier et un objet individuel désignable (un « ceci », d'où la traduction concrète de « δεῖξις », renvoyant à un geste déictique de monstration, voir aussi 229, 10 et la note *ad loc.*). Alexandre confirme le texte unanime des manuscrits d'Aristote, « ἐκθέσθαι τὸ κοινῇ κατηγορούμενον » (voir aussi ci-dessous l. 18-19), corrigé par Ross en « ἔν θέσθαι τὸ κοινῇ κατηγορούμενον » (1003a10). Pour une défense du texte des manuscrits, voir S. Menn, « *Aporiai* 13-14 », dans M. Crubellier et A. Laks, *Aristotle's* Metaphysics Beta, *XVIth* Symposium Aristotelicum, *op. cit.*, p. 226 *sq.*

5. En gardant le texte des manuscrits : « ὡς ὁ Σωκράτης ».

6. Toute cette proposition est une paraphrase de 1003a9-12. L'argument consiste à dire qu'un particulier participant de plusieurs Idées, si les Idées sont des individus, sera plusieurs individus. Un être humain est un animal; Socrate participant de l'animalité et de l'humanité, il sera donc trois fois « animal ».

7. À savoir le genre « Animal ».

1003a13 : *Si, | en revanche, [les principes] ne sont pas universels…* [1]

Aristote a en effet argumenté contre cette thèse ; il a dit[2] « Socrate sera plusieurs animaux » (1003a10-11)[3].

Ou bien ce qu'il a voulu dire est la chose suivante[4] : si au contraire[5] on estimait que l'universel est tel qu'il signifie non pas un « de telle sorte », mais à la fois un « ceci », une substance, et qu'il est tel que ce qui est désigné par la mise à part. Il dit donc « et le prédicat commun est mis à part » (1003a10). Or tel est l'universel[6]. C'est pourquoi, selon toute vraisemblance, Aristote | passe ici[7] à l'autre partie de la difficulté

1. Si l'on adopte pour critère des lemmes l'absence de verbe introductif, alors ce qui est imprimé par Hayduck comme une citation devrait l'être comme un lemme. La suite du commentaire sonne d'ailleurs comme un début de commentaire lemmatique.

2. En conservant le « εἴρηκεν » de O, malgré la parataxe (pour un cas similaire, voir par exemple 177, 19).

3. Première interprétation de l'ordre argumentatif du passage, d'après laquelle le texte donné en lemme poursuit ce qui a été entamé en 1003a9. Il faut rappeler en effet que l'argumentation de 1003a7-16 est rythmée par trois moments : A) 1003a7-9, si les principes sont universels ; B) 1003a9-12, si le prédicat commun est un ceci ; C) 1003a13-14, si les principes ne sont pas universels. La question est de savoir de quel moment argumentatif relève B : s'agit-il encore de la réfutation de l'universalité des principes (avec A), ou déjà de la réfutation de leur individualité (avec C) ? Dans cette première interprétation, Alexandre rassemble B et C, d'où les verbes au parfait : Aristote a déjà commencé à réfuter la thèse de l'individualité des principes.

4. Seconde interprétation de l'ordre argumentatif : contrairement à ce qui vient d'être dit, le moment B n'anticipe pas sur C, car il ne s'agissait pas, en B, de la thèse selon laquelle les principes ne sont pas des universels. Alexandre va donc rectifier en paraphrasant 1003a9-10 : Aristote visait ici la position selon laquelle, dans l'hypothèse où les principes sont universels (dans la ligne de A), l'universel *signifie* un particulier. Dès lors, C est bien un second temps de la discussion, comme Alexandre le dit l. 19-20 et comme, du reste, le texte d'Aristote semble le confirmer avec la phrase de transition de 1003a12-13.

5. Le « ἀλλά » sert à expliciter la valeur du « δέ » dans le texte d'Aristote de 1003a9-10 (« εἰ δ'ἔσται τόδε τι… », B). Pour expliquer la position du lemme (C) dans l'ordre argumentatif, Alexandre revient en arrière en sorte d'éclairer la place de B (comme le montre, outre la structure de la proposition, le retour de l'ecthèse).

6. P donne une autre structure à ce commentaire, en plaçant ici : « εἰ δὴ τοιοῦτον τὸ καθόλου, συμβαίνει ὡς τὰ καθ' ἕκαστα εἶναι καὶ μὴ εἶναι αὐτοῦ ἐπιστήμην. ἢ μᾶλλον δείξας μὴ εἶναι καθόλου τὰς ἀρχάς, εἰκότως νῦν… » : « Si donc tel est l'universel, il s'ensuit qu'il sera comme les particuliers et qu'il n'y en aura pas de science. Ou plutôt, après avoir montré que les principes ne sont pas universels, et passant ici, selon toute vraisemblance… ». L'opération n'est pas nécessaire pour que le texte fasse sens (tel, du moins, qu'on a tenté de l'expliquer dans les notes ci-dessus). Au contraire, même, elle trouble et rompt la marche du raisonnement en injectant l'argument des sciences dans ces lignes.

7. En 1003a13.

en tenant les propos suivants : « si en revanche [les principes] ne sont pas universels » (1003a13) – ce qui veut dire : si l'on soutient que les principes ne sont pas universels, mais particuliers et individuels –, il n'y en aura pas de science, comme l'affirme à nouveau[1] Aristote, car la science est science des universaux. Par conséquent, ou bien ces principes auront à leur tour d'autres principes universels, s'il doit y en avoir une science, et ainsi, à nouveau, | les universaux seront principes ; ou bien il n'existera pas de principes qui soient scientifiquement connaissables.

Telles sont les difficultés contenues dans le livre Beta[2], dont les argumentations sont composées d'opinions admises et sont conformes au plausible. De fait, il est même impossible d'argumenter en faveur de thèses opposées sans user d'argumentations dialectiques. En effet, ces difficultés ne pourraient pas même être résolues s'il n'en allait pas ainsi.

FIN DU LIVRE BETA

1. Cela a déjà été avancé dans le traitement de la neuvième aporie (999b26-27).

2. Les manuscrits $A^1$O l'appellent « deuxième » (« δευτέρῳ »), mais l'on sait qu'avec la position instable du livre α et les confusions possibles entre les lettres comme noms des livres et leur sens numérique, ces variations sont explicables (voir par exemple *In Met.* 344, 22-25).

# GLOSSAIRES ET INDICES

## GLOSSAIRE LIVRE PETIT ALPHA

*Ne sont relevés dans ce glossaire que les termes jugés les plus significatifs.*

### FRANÇAIS-GREC

à titre premier : πρώτως
accident : συμβεβηκός (κατὰ συμβεβηκός : selon ses accidents)
accomplissement : τελειότης (s'accomplir : τελειοῦσθαι ; en train de s'accomplir, en s'accomplissant : τελειούμενον)
accroissement : αὔξησις
actes à accomplir : πρακτά
activité : ἐνέργεια
aisé à connaître : εὔγνωστος
altération : ἀλλοίωσις
appartenir : ὑπάρχεσθαι
apprendre : μανθάνειν (celui qui apprend : ὁ μανθάνων)
approprié : οἰκεῖός
argumentation dialectique : ἐπιχείρησις
art : τέχνη
au plus haut point : μάλιστα
au sens strict, au sens propre : κυρίως
auditeur : ἀκροᾶτής

but : σκοπός

cause : αἰτία, αἴτιον (la cause matérielle : ἡ ὑλικὴ αἰτία ; la cause finale : τὸ τελικὸν αἴτιον ; la cause formelle : ἡ κατὰ τὸ εἶδος αἰτία)
ce en vue de quoi : τὸ οὗ ἕνεκα
ce qui est : ὄν (ce qui est absolument : τὸ ἁπλῶς ὄν)
ceci : τόδε τι
changement : μεταβολή
cible : σκοπός
commencement : ἀρχή (au commencement : τὴν ἀρχήν)
connaissable : γνωστός
continûment : προσεχῶς
contradiction : ἀντίφασις
contraires : ἐναντία

d'un accès malaisé : δυσεύρετον
définition : ὁρισμός
démonstration : ἀπόδειξις
destruction : φθορά
difficile à connaître : δύσγνωστος
disposition : ἕξις
division : διαίρεσις

éduqué : πεπαιδευμένος
en soi : καθ' αὑτό
en vue de quoi : οὗ ἕνεκα
espèce : εἶδος (d'une même espèce : ὁμοειδής ; d'une espèce dissemblable : ἀνομοειδής ; selon l'espèce : κατ' εἶδος)
esprit vétilleux : μικρολογία
éternel : ἀΐδιον
être : ὄν, εἶναι

être essentiel : (τὸ) τί ἦν εἶναι
étude théorique : θεωρία
exact : ἀκριβής
exhorter : προτρέπειν

fin : τέλος, πέρας
flux : ῥύσις
forme : εἶδος
formulation : λόγος

général : καθόλου
génération : γένεσις

habitudes : (τὰ) ἔθη
homme d'action : (ὁ) πρακτικὸς

immédiatement : ἀμέσως
individus particuliers : (τὰ) καθ' ἕκαστα
indivisible : ἄτομος
infini : ἄπειρον (infinité : ἀπειρία ; infini en acte : κατ' ἐνέργειαν ἄπειρον ; infini par addition : ἄπειρον κατὰ τὴν πρόσθεσιν ; l'essence de l'infini : τὸ ἀπείρῳ εἶναι ; infini vers le bas : ἄπειρος ἐπὶ τὸ κάτω ; infini vers le haut : ἄπειρος ἐπὶ τὸ ἄνω ; à l'infini : ἐπ' ἄπειρόν)
instigateur : (ὁ) ἀρξάμενος
intellect : νοῦς
intermédiaire : μέσον, μεταξύ

leçon : ἀκρόᾱσις (leçon de physique : ἡ φυσικὴ ἀκρόᾱσις)
législateur : (ὁ) νομοθέτης
ligne : γραμμή
limite : πέρας

matière : ὕλη
méthode : μέθοδος, τρόπος
nature : φύσις
non-être : μὴ εἶναι, μὴ ὄν (ce qui n'est absolument pas : τὸ ἁπλῶς μὴ ὄν)

objet de science : ἐπιστητόν
objet mathématique : μαθηματικόν
opinion : δόξα
ordre : τάξις

participer : μετέχειν
penser : νοῆσαι, νοεῖν
philosophie : φιλοσοφία (philosophie pratique : πρακτικὴ φιλοσοφία ; philosophie théorique : θεωρητικὴ φιλοσοφία)
précision : ἀκρῑβολογία
prémisse : πρότασις
principe : ἀρχή
procession, progression : πρόοδος

raison : λόγος, αἰτία
raisonnement : λόγος
réalité physique : (τὸ) φῠσικόν
retourner réciproquement les unes dans les autres : ἀνακάμπτειν εἰς ἄλληλα

sans figure : ἀσχημάτιστος
savant : (ὁ) ἐπιστήμων
science : ἐπιστήμη (objet de science : ἐπιστητόν)
se fourvoyer : ἀποτυγχάνειν.
sensé : ὑγιὲς
série rectiligne : εὐθυωρία (selon une série rectiligne : κατ' εὐθυωρίαν)
substance : οὐσία
substrat : ὑποκείμενον
superficiel : ἐπιπόλαιος
synonyme : συνώνυμον

terme : ὅρος

venir à être : γίγνεσθαι (en venant à être, ce qui vient à être : γιγνόμενον)
vérité : ἀλήθεια (le vrai : τὸ ἀληθὲς)

## GREC-FRANÇAIS

ἀΐδιον : éternel
αἰτία : raison
αἰτία, αἴτιον : cause (ἡ ὑλικὴ αἰτία : la cause matérielle ; τὸ τελικὸν αἴτιον : la cause finale ; ἡ κατὰ τὸ εἶδος αἰτία : la cause formelle)
ἀκριβής : exact
ἀκρῑβολογία : précision
ἀκρόᾱσις : leçon (leçon de physique : ἡ φυσικὴ ἀκρόᾱσις)
ἀκροᾱτής : auditeur
ἀλήθεια : vérité (τὸ ἀληθὲς : le vrai)
ἀλλοίωσις : altération
ἀμέσως : immédiatement
ἀνακάμπτειν εἰς ἄλληλα : retourner réciproquement les unes dans les autres
ἀντίφασις : contradiction
ἄπειρον : infini (ἀπειρία : infinité ; κατ' ἐνέργειαν ἄπειρον : infini en acte ; ἄπειρον κατὰ τὴν πρόσθεσιν : infini par addition ; τὸ ἀπείρῳ εἶναι : l'essence de l'infini ; ἄπειρος ἐπὶ τὸ κάτω : infini vers le bas ; ἄπειρος ἐπὶ τὸ ἄνω : infini vers le haut ; à l'infini : ἐπ' ἄπειρόν)
ἀπόδειξις : démonstration
ἀποτυγχάνειν : se fourvoyer
ἀρξάμενος (ὁ) : instigateur
ἀρχή : commencement (au commencement : τὴν ἀρχήν) ; principe
ἀσχημάτιστος : sans figure
ἄτομος : indivisible
αὔξησις : accroissement

γένεσις : génération
γίγνεσθαι : venir à être (γιγνόμενον : en venant à être, ce qui vient à être)
γνωστός : connaissable
γραμμή : ligne

διαίρεσις : division
δόξα : opinion
δύσγνωστος : difficile à connaître
δυσεύρετον : d'un accès malaisé

ἔθη (τὰ) : habitudes
εἶδος : espèce : (ὁμοειδής : d'une même espèce ; ἀνομοειδής : d'une espèce dissemblable)
εἶδος : forme
εἶναι : être : (ὄν : être, ce qui est ; τὸ ἁπλῶς ὄν : ce qui est absolument)
ἐναντία : contraires
ἐνέργεια : activité
ἕξις : disposition
ἐπιπόλαιος : superficiel
ἐπιστήμη : science : (ἐπιστήμων (ὁ) : savant ; ἐπιστητόν : objet de science)
ἐπιχείρησις : argumentation dialectique
εὔγνωστος : aisé à connaître
εὐθυωρία : série rectiligne : (κατ' εὐθυωρίαν : selon une série rectiligne)

θεωρία : étude théorique

καθ' αὑτό : en soi
καθ' ἕκαστα (τὰ) : individus particuliers
καθόλου : général
κατ' εἶδος : selon l'espèce :
κυρίως : au sens strict, au sens propre

λόγος : formulation, raison, raisonnement,

μαθηματικόν : objet mathématique
μάλιστα : au plus haut point
μανθάνειν : apprendre (ὁ μανθάνων : celui qui apprend)
μέθοδος : méthode

μέσον : intermédiaire
μεταβολή : changement
μεταξύ : intermédiaire
μετέχειν : participer
μὴ εἶναι : non-être (μὴ ὄν : non-être, ce qui n'est pas ; τὸ ἁπλῶς μὴ ὄν : ce qui n'est absolument pas)
μικρολογία : esprit vétilleux

νοεῖν, νοῆσαι : penser
νομοθέτης : législateur
νοῦς : intellect

οἰκεῖός : approprié
ὁρισμός : définition
ὅρος : terme
οὗ ἕνεκα (τὸ) : (ce) en vue de quoi
οὐσία : substance

πεπαιδευμένος : éduqué
πέρας : limite
πρακτά : actes à accomplir
πρακτικὸς (ὁ) : homme d'action
πρόοδος : procession, progression
προσεχῶς : continûment
πρότασις : prémisse
προτρέπειν : exhorter
πρώτως : à titre premier

ῥύσις : flux
σκοπός : but, cible
συμβεβηκός : accident (κατὰ συμβεβηκός : selon ses accidents)
συνώνυμον : synonyme

τάξις : ordre
τελειότης : accomplissement
τελειοῦσθαι : s'accomplir (τελειούμενον : en train de s'accomplir, en s'accomplissant)
τέλος : fin
τέχνη : art
τί ἦν εἶναι (τὸ) : être essentiel
τόδε τι (τὸ) : (le) ceci
τρόπος : méthode, sorte, modalité

ὑγιὲς : sensé
ὕλη : matière
ὑπάρχεσθαι : appartenir
ὑποκείμενον : substrat

φθορά : destruction
φιλοσοφία : philosophie (πρακτικὴ φιλοσοφία : philosophie pratique ; θεωρητικὴ φιλοσοφία : philosophie théorique)
φύσις : nature (φῦσικόν (τὸ) : réalité physique)

## INDEX DES LIEUX LIVRE PETIT ALPHA

*Les références internes au commentaire d'Alexandre à* Petit Alpha *mentionnées dans les notes ne sont pas prises en compte dans cet index. De même, les références internes au livre* Petit Alpha *de la* Métaphysique *ne sont pas mentionnées.*

# INDEX DES NOMS LIVRE PETIT ALPHA

## AUTEURS ANCIENS



## AUTEURS MODERNES ET CONTEMPORAINS

## GLOSSAIRE LIVRE BETA

### Français-Grec

accident : συμβεβηκός
acte : ἐνέργεια
affection : πάθος
amitié : φιλία
approprié : οἰκεῖος
argumentation : ἐπιχείρησις
argumenter : ἐπιχειρεῖν
attribuer : κατηγορεῖν
au sens propre, au sens strict : κυρίως
avoir une solution : εὐπορεῖν

ceci (un) : τόδε τι
commun : κοινός
conséquence (être là) : ἀκολουθεῖν
corruptible : φθαρτός

description : ὑπογραφή
détruire : ἀναιρεῖν
difficulté : ἀπορία ; être en difficulté, soulever une difficulté, faire difficulté (pass.) : ἀπορεῖν

écrire : γράφειν
élément : στοιχεῖον
entre parenthèses : διὰ μέσου
erreur, erreur de logique : παραγωγή
essence : τί ἐστιν, οὐσία
espèce : εἶδος
esprit (des propos) : νοῦς
être essentiel : τί ἦν εἶναι
étudier : θεωρεῖν

exact : ἀκριβής
expliciter : ἐξηγεῖσθαι
expliquer : ἐξηγεῖσθαι
explorer la difficulté : διαπορεῖν
exposé : ἔκθεσις

flux : ῥύσις
forme : εἶδος

génération : γένεσις

haine : νεῖκος

indivisible, individu : ἄτομος
inégalité : ἀνισότης
infini : ἄπειρος
intellect : νοῦς
intermédiaire : μεταξύ

lettre : στοιχεῖον
limite : πέρας
logique : λογικός

mathématique : μαθηματικός
médian : μέσος
mise à part : ἔκθεσις
moyen : μέσος (la moyenne : ἡ μέση)
musical : μουσικός

objets mathématiques : τὰ μαθηματικά
opinion admise : ἔνδοξον

opposé : ἀντικείμενον

par soi : καθ' αὑτό

participation : μέθεξις
pensée : ἐπίνοια
préconception : πρόληψις
prédiquer : κατηγορεῖν
preuve : δεῖξις
propre : ἴδιος, οἰκεῖος

qualité : ποιότης

rapporter : ἱστορεῖν
rationnel : λογικός
réalité : ὑπόστασις
recherche : ζήτησις
résolution : λύσις

s'ensuivre logiquement : ἀκολουθεῖν
sensé : ὑγιής
séparé : χωριστός
simplement, absolument, superficiellement : ἁπλῶς
son articulé : φωνή
sortie de la difficulté : εὐπορία
subsister : ὑφιστάναι
substance : οὐσία
substrat, sujet : ὑποκείμενον
supprimer : ἀναιρεῖν

tourner en sens inverse : ἀνελίττειν
unité : ἑνάς, μονάς

universel : καθόλου

valide : ὑγιής

## Grec-Français

ἀκολουθεῖν : s'ensuivre logiquement, être la conséquence
ἀκριβής : exact
ἀναιρεῖν : détruire, supprimer
ἀνελίττειν : tourner en sens inverse
ἀνισότης : inégalité
ἀντικεῖσθαι : être opposé
ἄπειρος : infini
ἁπλῶς : simplement, absolument, superficiellement
ἀπορία : difficulté
ἀπορεῖν : être en difficulté, soulever une difficulté, faire difficulté (pass.)
ἄτομος : indivisible, individu

γένεσις : génération
γράφειν : écrire (ἄμεινον γεγράφθαι : une meilleure leçon)

διαπορεῖν : explorer la difficulté
δεῖξις : preuve (ὑπὸ δεῖξιν πίπτειν : être susceptible d'être montré)

εἶδος : forme, espèce
ἔκθεσις : exposé, mise à part
ἑνάς : unité
ἐνέργεια : acte
ἔνδοξον : opinion admise
ἐπιχειρεῖν : argumenter
ἐπιχείρησις : argumentation
ἐπίνοια : pensée
εὐπορεῖν : avoir une solution
εὐπορία : sortie de la difficulté
ἐξηγεῖσθαι : expliquer, expliciter

ζήτησις : recherche

θεωρεῖν : étudier

ἴδιος : propre
ἱστορεῖν : rapporter

καθ' αὑτό : par soi
καθόλου : universel
κατηγορεῖν : prédiquer, attribuer
κοινός : commun (τὸ κοινόν : le commun)
κυρίως : au sens propre, au sens strict

λέγειν : dire, vouloir dire, entendre (τὸ λεγόμενον : ce qu'il veut dire, le sens)
λογικός : rationnel, logique, dialectique
λύσις : résolution

μαθηματικός : mathématique (τὰ μαθηματικά : les objets mathématiques)
μέθεξις : participation
μέσος : moyen, médian (ἡ μέση : la moyenne ; διὰ μέσου : entre parenthèses)
μεταξύ : entre, intermédiaire
μονάς : unité
μουσικός : musical

νεῖκος : haine
νοῦς : intellect, esprit (des propos)

οἰκεῖος : propre, approprié
οὐσία : substance, essence

πάθος : attribut, affection
παραγωγή : erreur, erreur de logique
πέρας : limite
ποιότης : qualité
πρόληψις : préconception

ῥύσις : flux

στοιχεῖον : lettre, élément
συμβεβηκός : accident

τί ἐστιν : essence
τί ἦν εἶναι : être essentiel
τόδε τι : un ceci

ὑγιής : sensé, valide
ὑπογραφή : description
ὑποκείμενον : substrat, sujet

ὑπόστασις : réalité
ὑφιστάναι : subsister

φθαρτός : corruptible
φιλία : amitié
φωνή : son articulé

χωριστός : séparé

## INDEX DES LIEUX LIVRE BETA

*Les passages du livre Beta de la* Métaphysique *et de ses commentaires ne sont pas repris ici (voir la table des matières détaillée).*

# INDEX DES NOMS LIVRE BETA

## AUTEURS ANCIENS ET MÉDIÉVAUX

## AUTEURS MODERNES ET CONTEMPORAINS

# BIBLIOGRAPHIE GÉNÉRALE

## ARISTOTE

### *Œuvres complètes*


*Aristote. Œuvres complètes*, P. Pellegrin (éd.), Paris, Flammarion, 2014.

*Aristoteles. Werke in deutscher Übersetzung*, E. Flashar (éd.), 20 vol., Berlin, Akademie Verlag, 1956.

*Aristotelis Opera*, I. Bekker (éd.), Berlin, Reimer, 1831-1870.

*Aristotelis Opera*, vol. I-II et IV-V, O. Gigon (éd.), graece ex rec. I. Bekkeri, Berlin, 1831, Berlin, W. De Gruyter, 1960-1961.

*The complete works of Aristotle, The Revised Oxford Translation*, J. Barnes (éd.), 2 vol., Princeton, Bollingen Series, 1984.


### *Éditions et traductions de la* Métaphysique *(Met.)*


*Aristotelis Metaphysica*, recognovit et enarravit, Pars Prior et Pars Posterior, H. Bonitz (éd.), Bonn, 1848-1849.

*Aristotle's* Metaphysics, *a Revised Text with Introduction and Commentary*, W. D. Ross (éd.), 2 vol., Oxford, Clarendon Press, 1924.

*Die* Metaphysik *des Aristoteles*, A. Schwegler (éd.), Tübingen, Fues, 1847-1848, réédition Frankfurt, Minerva, 1960.

*Introduzione, traduzione e commentario della* Metafisica *di Aristotele*, trad. G. Reale, Milano, Bompiani, 2004 [2].

*Metaphysica*, W. Christ (éd.), Leipzig, Teubner, 1903.

*Metaphysica*, W. Jaeger (éd.), Oxford, Oxford Classical Texts, 1957.

*Métaphysique* (« *editio major* »), trad. J. Tricot, 2 vol., Paris, Vrin, 1952.

*Métaphysique* (« *editio minor* »), trad. J. Tricot, 2 vol., Paris, Vrin, 1933.

*Métaphysique*, trad. C. Rutten et A. Stevens, dans R. Bodéüs (éd.), *Aristote, Œuvres. Éthique, Politique, Rhétorique, Poétique, Métaphysique*, Paris, Gallimard, 2014.

*Métaphysique*, trad. M.-P. Duminil et A. Jaulin, Paris, GF-Flammarion, 2008.

*Metaphysics. Book B and Book K 1-2*, trad. A. Madigan, Oxford, Clarendon Press, 1999.

### *Autres traductions citées*

*Aristote. Éthique à Nicomaque*, trad. R. Bodéüs, Paris, GF-Flammarion, 2004.

## ALEXANDRE D'APHRODISE

### *Commentaria in Aristotelem graeca (CAG)*

*In Aristotelis* Metaphysica *commentaria*, M. Hayduck (éd.), *CAG* I, Berlin, 1891. (*In Met.*)

*In Aristotelis* Analyticorum *priorum librum 1 commentarium*, M. Wallies (éd.), *CAG* II. 1, Berlin, 1883. (*In An. Pr.*)

*In Aristotelis* Topicorum *libros octo commentaria*, M. Wallies (éd.), *CAG* II. 2, Berlin, 1891. (*In Top.*)

*In librum* De sensu *commentaria*, P. Wendland (éd.), *CAG* III. 1, Berlin, 1901. (*In De sensu*)

*In Aristotelis* Meteorologicorum *libros commentarium*, M. Hayduck (éd.), *CAG* III. 2, Berlin, 1899.

*Praeter Commentaria scripta minora : De Anima liber cum Mantissa*, I. Bruns (éd.), dans *Supplementum Aristotelicum*, II. 1, Berlin, 1887. (*DA*)

*Praeter Commentaria scripta minora : Quaestiones, De Fato, De Mixtione*, I. Bruns (éd.), dans *Supplementum Aristotelicum*, II. 2, Berlin, 1892.

### *Autres éditions*

*Alexandre d'Aphrodise, Commentaire perdu à la* Physique *d'Aristote (Livres IV-VIII). Les scholies byzantines*, trad. M. Rashed, Berlin, W. De Gruyter, 2011.

*Alexandri Aphrodisiensis Commentarius in libros metaphysicos Aristotelis*, H. Bonitz (éd.), Berlin, Reimer, 1847.

*Die durch Averroes erhaltenen Fragmente Alexanders zur* Metaphysik *des Aristoteles*, J. Freudenthal, Berlin, 1884.

*Scholia in Aristotelem*, C. A. Brandis (éd.), Berlin, Reimer, 1836.

### *Traductions*

a) *Commentaire à la Métaphysique (In Met.)*

*Alexandri Aphrodisiei Commentaria In duodecim Aristotelis libros de prima Philosophia*, J. G. de Sepúlveda, Rome, 1527; Paris, 1536; Venise, 1544, 1551, 1561.

*Commentario alla* Metafisica *di Aristotele*, G. Movia (éd.), Milan, Bompiani (Traduction des Livres A et B : P. Lai; Livre α : M.C. Pogliani; Γ et Θ : M. Casu; Δ : A. Borgia; E : N. Cauli; Z et I : S. Loche; H : E. Carta; K : P. Serra; Λ : R. Salis; M et N : E. Cattanei), 2007.

*On Aristotle's* Metaphysics *1*, trad. W. E. Dooley, London-New York, Duckworth-Cornell University Press, 1989.

*On Aristotle's* Metaphysics *2-3*, trad. W. E. Dooley et A. Madigan, London-New York, Duckworth-Cornell University Press, 1992.

*On Aristotle's* Metaphysics *4*, trad. A. Madigan, London-New York, Duckworth-Cornell University Press, 1993.

*On Aristotle's* Metaphysics *5*, trad. W. E. Dooley, London-New York, Duckworth-Cornell University Press, 1993.

b) *Autres traductions citées*

*L'anima*, trad. P. Accattino et P. Donini, Rome-Bari, Biblioteca universale Laterza, 1996.

*On Aristotle* Prior Analytics *1.1-7*, trad. J. Barnes, S. Bobzien, K. Flannery et K. Ierodiakonou, London-New York, Duckworth-Cornell University Press, 1991.

*On Aristotle* Topics *1*, trad. J. M. Van Ophuijsen, London-New York, Duckworth-Cornell University Press, 2000.

*Quaestiones 1.1. – 2.15*, trad. R. W. Sharples, London-New York, Duckworth-Cornell University Press, 1992.

*Quaestiones 2.16 – 3. 15*, trad. R. W. Sharples, London-New York, Duckworth-Cornell University Press, 1994.

*Supplement to On the soul*, trad. R. W. Sharples, New York, Cornell University Press, 2004.

*Traité du destin*, trad. P. Thillet, Paris, Les Belles Lettres, 1984.

*Autres auteurs anciens et médiévaux*

AÉTIUS, *Placita philosophorum*, H. Diels (éd.) dans H. Diels (éd.), *Doxographi Graeci*, Berlin, W. De Gruyter, 1879, réédition 1965.

AMMONIUS, *In Porphyrii Isagogen sive V Voces commentarium*, A. Busse (éd.), *CAG* IV. 3, Berlin, 1891.

ARISTOPHANE, *Nuées*, dans *Comédies*, t. 1, trad. H. Van Daele, V. Coulon (éd.), Paris, Les Belles Lettres, 1923.

ASCLÉPIUS, *In Aristotelis* metaphysicorum *libros A-Z*, M. Hayduck (éd.), *CAG* VI. 2, Berlin, 1888. (*In Met.*)

ASPASIUS, *In Ethica Nicomachea*, G. Heylbut (éd.), *CAG* XIX. 1-2, Berlin, 1889. (*In EN*)

AVERROÈS, *Tafsîr mâ ba'd at-Tabî'at*, *Grand commentaire sur la* Métaphysique, M. Bouyges (éd.), 3 vol., Beyrouth, Dâr el-Machreq, 1938-1948.

– *Ibn Rushd's metaphysics, A translation with introduction of Ibn Rushd's commentary on Aristotle* Metaphysics, Book lām, C. Genequand, Leiden, Brill, 1986.

– *Grand commentaire de la* Métaphysique *d'Aristote, Livre Bêta,* introduction, traduction et notes par L. Bauloye, Paris, Vrin, 2002.

DIOGÈNE LAËRCE, éd. H. S. Long, *Vitae Philosophorum*, Oxford, Clarendon Press-Oxford University Press, 1964.

GALIEN, *Galeni De optimo docendi genere, Exhortatio ad medicinam (Protrepticus)*, A. Barigazzi (éd.), Corpus Medicorum Graecorum V, 1.1, Berlin, Akademie Verlag, 1991.

JAMBLIQUE, *Protreptique*, H. Pistelli (éd.), Leipzig, Teubner, 1888, réédition 1967.

PHILOPON, *De aeternitate mundi contra Aristotelem*, Fragments reconstr. et trad. C. Wildberg, London, Duckworth, 1987.

PLATON, *Œuvres complètes*, Paris, Les Belles Lettres, t. I-XII, 1920-1983.

– *Œuvres complètes*, trad. L. Robin et J. Moreau, 2 vol., Paris, Gallimard, 1969².

– *Œuvres complètes*, L. Brisson (éd.), Paris, Flammarion, 2008.

SIMPLICIUS, *In Aristotelis physicorum libros quatuor priores [—posteriores]*, H. Diels (éd.), *CAG* IX et X, Berlin, 1882-1885. (*In Phys.*)

– *In Aristotelis* De anima, M. Hayduck (éd.), *CAG* XI, Berlin, 1882. (*In DA*)

– *In Aristotelis* De caelo, I.L. Heiberg (éd.), *CAG* VII, Berlin, 1894. (*In De caelo*)

– *In Aristotelis* Categorias, C. Kalbfleisch (éd.), *CAG* VIII, Berlin, 1907. (*In Cat.*)

SYRIANUS, *In* Metaphysica *commentaria*, G. Kroll (éd.), *CAG* VI. 1, Berlin, 1902. (*In Met.*)

– *On Aristotle* Metaphysics *3-4*, D. trad. O'Meara et J. Dillon, London-New York, Duckworth-Cornell University Press, 2008.

THÉOPHRASTE, *Métaphysique*, trad. A. Laks et G. Most (éd.), Paris, Les Belles Lettres, 2001.

– *On First Principles (known as his Metaphysics)*, D. Gutas (éd.), Leiden, Brill, 2010.

## LITTÉRATURE SECONDAIRE

ACCATTINO (P.), « Alessandro di Afrodisia e Aristotele di Mitilene », *Elenchos* 6, 1985, p. 67-74.

– « Generazione dell'anima in Alessandro di Afrodisia *De anima* 2.10-11.13 ? », *Phronesis* 40, 2, 1995, p. 182-201.

– « Alejandro de Afrodisia intérprete del *De Anima* de Aristóteles », *Estudios de Filosofía* 40, 2009, p. 53-78.

AUBENQUE (P.), « Sur la notion aristotélicienne d'aporie », dans *Aristote et les problèmes de méthode*, Communications présentées au *Symposium Aristotelicum* tenu à Louvain du 24 août au 1 er septembre 1960, Louvain, Peeters, 1961, p. 3-19.

– *Le problème de l'être chez Aristote*, Paris, PUF, 1962.

AUFFRET (T.), « L'angle de contingence chez Platon et Protagoras », *Les Études philosophiques* 175, 1, 2018, p. 139-162.

BALANSARD (A.), JAULIN (A.) (éd.), *Alexandre d'Aphrodise et la métaphysique aristotélicienne*, Louvain, Peeters, 2017.

BANDINI (A.-M.), *Catalogus codicum graecorum Bibliothecae Laurentianae*, Florentiae, Typis Regiis, 1770.

BENATOUÏL (T.), *Faire usage : la pratique du stoïcisme*, Paris, Vrin, 2006.

BERTI (E.), « Storiografia filosofica e dialettica in Aristotele » dans A. Santucci (ed.), *Pensiero antico e pensiero moderno in Rodolfo Mondolfo*, Bologna, Cappelli, 1979, p. 48-77.

– « La fonction de *Metaph. Alpha Elatton* dans la philosophie d'Aristote », dans *Zweifelhaftes im Corpus Aristotelicum. Studien zu einigen Dubia*, Berlin-New York, W. De Gruyter, 1983, p. 260-294.

– « *Aporiai* 6-7 », dans M. Crubellier et A. Laks (éd.), *Aristotle's* Metaphysics *Beta*, *XVIth* Symposium Aristotelicum, Oxford, Oxford University Press, 2009, p. 105-133.

BONELLI (M.), *Alessandro di Afrodisia e la metafisica come scienza dimostrativa*, Napoli, Bibliopolis, 2001.

– « Alexandre d'Aphrodise et la cause matérielle », *Journal of Ancient Philosophy* III, 2, 2009.

BROADIE (S.), « *Aporia 8* », dans M. Crubellier et A. Laks (éd.), *Aristotle's* Metaphysics *Beta*, *XVIth* Symposium Aristotelicum, Oxford, Oxford University Press, 2009, p. 135-150.

BURNYEAT (M.), « *Apology* 30b2-4 : Socrates, money, and the grammar of *gignesthai* », *Journal of Hellenistic Studies* 123, 2003, p. 1-25.

CALVIÉ (L.), « À propos de l'édition Hayduck du Commentaire d'Alexandre d'Aphrodise à la *Métaphysique* d'Aristote », *DIDASKALOS. Alexandre et la métaphysique aristotélicienne* [Carnet de recherche], 28 septembre 2014, 18 juin 2015 [2].

– « Le *Paris. gr.* 1878 [Pb/P] : *recentior, non deterior ?* », *DIDASKALOS. Alexandre et la métaphysique aristotélicienne* [Carnet de recherche], 20 juillet 2016.

CASTELLI (L. M.), « Collections of *topoi* and the Structure of Aristotle's *Topics* : Notes on an Ancient Debate (Aristotle, Theophrastus, Alexander and Themistius) », *Antiquorum Philosophia* 7, 2013, p. 65-91.

– « Alexander of Aphrodisias : Methodological Issues and Argumentative Strategies between Ethical Problems and Commentary on the *Topics* », dans M. Bonelli (éd.), *Aristotele e Alessandro di Afrodisia (Questioni Etiche e Mantissa), Metodo e oggetto dell'etica peripatetica*, Napoli, Bibliopolis, 2015, p. 19-42.

CAVINI (W.), « *Aporia 11* », dans M. Crubellier et A. Laks (éd.), *Aristotle's* Metaphysics *Beta*, *XVIth* Symposium Aristotelicum, Oxford, Oxford University Press, 2009, p. 175-188.

CERAMI (C.), « Changer pour rester le même : forme, δύναμις et ἕξις chez Alexandre d'Aphrodise » dans A. Balansard et A. Jaulin (éd.), *Alexandre d'Aphrodise et la métaphysique aristotélicienne*, Louvain, Peeters, 2017, p. 237-280.

CHIARADONNA (R.), *Sostanza movimento analogia. Plotino critico di Aristotele*, Napoli, Bibliopolis, 2002.

– « Galen on what is persuasive (*pithanon*) and what approximates to truth », dans P. Adamson, R. Hansberger et J. Wilberding (éd.), *Philosophical Themes in Galen*, London, *Bulletin of the Institute of Classical Studies* 114, 2014, p. 61-88.

CORDONIER (V.), « Matière, qualités, mélange. La physique élémentaire d'Aristote chez Galien et Alexandre d'Aphrodise », *Quaestio. Annuario di storia della metafisica* 7, 2007, p. 79-103.

– « Corps, Matière, Contact. La cohérence du sensible selon Alexandre d'Aphrodise », *Les Études philosophiques* 86, 3, 2008, p. 353-378.

CÔTÉ (A.), « Aristote admet-il un infini en acte et en puissance en *Physique* III 4 ? », *Revue Philosophique de Louvain* 88, 80, 1990, p. 487-503.

CRILLY (W. H.), *The Role of Alpha Minor in Aristotle's* Metaphysics. *A Study in Aristotle's Methodology*, Fribourg, Université de Fribourg, 1962.

CRUBELLIER (M.), « *Aporiai* 1-2 », dans M. Crubellier et A. Laks (éd.), *Aristotle's* Metaphysics Beta, *XVIth* Symposium Aristotelicum, Oxford, Oxford University Press, 2009, p. 47-72.

– « Alexandre sur le statut du principe de contradiction », dans A. Balansard et A. Jaulin (éd.), *Alexandre d'Aphrodise et la métaphysique aristotélicienne*, Louvain, Peeters, 2017, p. 113-130.

– et LAKS (A.) (éd.), *Aristotle's* Metaphysics *Beta*, *XVIth* Symposium Aristotelicum, Oxford, Oxford University Press, 2009.

DI GIOVANNI (M.), PRIMAVESI (O.), « Who Wrote Alexander's Commentary on *Metaphysics* Λ ? New Light on the Syro-Arabic Tradition », dans C. Horn (éd.), *Aristotle's 'Metaphysics' Lambda – New Essays*, Berlin, W. De Gruyter, 2016, p. 11-66.

FAZZO (S.), *Aporia e sistema. La materia, la forma, il divino nelle Quaestiones di Alessandro di Afrodisia*, Pise, Edizioni ETS, 2002.

– « Nicolas, l'auteur du Sommaire de la Philosophie d'Aristote. Doutes sur son identité, sa datation, son origine », *Revue des Études Grecques* 121, 1, 2008, p. 99-126.

FLANNERY (K. L.), « Mathematical entities in Alexander and Pseudo-Alexander of Aphrodisias », dans V. Celluprica, *Il Libro B della* Metafisica *di Aristotele*, Napoli, Bibliopolis, 2003, p. 127-157.

FUENTES GONZÁLEZ (P.), « Andrés Darmario, copista en Granada de Alejandro de Afrodisíade », *Bibliothèque d'Humanisme et Renaissance* 61, 1999, p. 719-728.

GATSIOUFA (P.), « Der Kommentar Alexanders von Aphrodisias zur *Metaphysik* im *Codex sacromontanus* : textkritische Bemerkungen », dans M. Tziatzi *et al.* (éd.), Lemmata, Berlin-Boston, De Gruyter, 2015, p. 370-393.

– « El códice sacromontano del Comentario a la *Metafisica* de Alejandro de Afrodisíade : Filiación textual », *Estudios griegos e indœuropeos* 25, 2015, p. 301-316.

GIGON (O.), « Die Geschichtlichkeit der Philosophie bei Aristoteles », *Archivo di Filosofia*, 1954, p. 129-150.

– « Versuch einer Interpretation von *Metaphysik Alpha Elatton* », dans *Zweifelhaftes im Corpus Aristotelicum. Studien zu einigen Dubia*, Berlin – New York, W. De Gruyter, 1983, p. 193-220.

GOLITSIS (P.), *Les Commentaires de Simplicius et de Jean Philopon à la* Physique *d'Aristote. Tradition et Innovation*, Berlin, W. De Gruyter, 2008.

– « La *recensio altera* du Commentaire d'Alexandre d'Aphrodise à la *Métaphysique* d'Aristote et le témoignage des manuscrits byzantins *Laurentianus plut.* 87, 12 et *Ambrosianus* F113 sup. », dans J. Signes Codoñer et I. Pérez Martin (éd.), *Between Textual Criticism and Quellenforschung*, Turnhout, Brepols, 2014, p. 199-230.

– « The manuscript tradition of Alexander of Aphrodisias'commentary on Aristotle's *Metaphysics* : towards a new critical edition », *Revue d'Histoire des Textes* 11, 2016, p. 55-94.

GRIFFIN (M.), « What Does Aristotle Categorize ? Semantics and the Early Peripatetic Reading of the *Categories* », *Bulletin of the Institute of Classical Studies* 55, 1, 2012, p. 65-108.

GUYOMARC'H (G.), « Les sources post-hellénistiques du questionnaire de Porphyre », *Methodos* 13, 2013, en ligne : http://methodos.revues.org/3093.

– *L'Unité de la métaphysique selon Alexandre d'Aphrodise*, Paris, Vrin, 2015.

– « *Métaphysique* et *Organon* selon Alexandre d'Aphrodise. L'utilité de la logique pour la philosophie première », dans A. Balansard et A. Jaulin (éd.), *Alexandre d'Aphrodise et la métaphysique aristotélicienne*, Louvain, Peeters, 2017, p. 83-111.

HARLESS (G. C.) (éd.), *Joannis Alberti Fabricii Bibliotheca graeca sive notitia scriptorum veterum graecorum*, Hamburgi, Apud C. E. Bohn, 1793 [4].

HARLFINGER (D.) « Prefazione », dans W. Leszl (éd.), *Il De ideis di Aristotele e la teoria delle idee*, Firenze, Olschki, 1975, p. 17-20.

HECQUET-DEVIENNE (M.), « L'authenticité de *Métaphysique Alpha* (*meizon* ou *elatton*) d'Aristote, un faux problème ? Une confirmation codicologique », *Phronesis* 50, 2005, p. 129-149.

HINTIKKA (J.), « Aristotelian Infinity », *The Philosophical Review* 75, 2, 1996, p. 197-218.

HOFFMANN (P.), « What was Commentary in Late Antiquity ? The Example of the Neoplatonic Commentators », dans M.L. Gill et P. Pellegrin (éd.), *A Companion to Ancient Philosophy*, Malden (Mass.), Blackwell Publishing, 2006, p. 597-622.

JAEGER (W.), *Aristotle : Fundamentals of the History of his Development*, trad. R. Robinson, Oxford, Clarendon Press, 1948 [2].

KOTWICK (M. E.), *Alexander of Aphrodisias and the text of Aristotle's* Metaphysics, Berkeley, California Classical Studies, 2016.

KUPREEVA (I.), « *Aporia* and *Exegesis*. Alexander of Aphrodisias », dans G. Karamanolis et V. Politis (éd.), *The Aporetic Tradition in Ancient Philosophy*, Cambridge, Cambridge University Press, 2017, p. 228-247.

LAKS (A.), « *Aporia* Zero (*Metaphysics*, B 1, 995a24-995b4) », dans M. Crubellier et A. Laks (éd.), *Aristotle's* Metaphysics *Beta, XVIth* Symposium Aristotelicum, Oxford, Oxford University Press, 2009, p. 25-46.

LAVAUD (L.), *D'une métaphysique à l'autre. Figures de l'altérité dans la philosophie de Plotin*, Paris, Vrin, 2008.

LEAR (J.), « Aristotelian Infinity », *Proceedings of Aristotelian Society* 80, 1979-1980, p. 187-210.

LOUGUET (C.), « Les Présocratiques dans le commentaire d'Alexandre d'Aphrodise à la *Métaphysique* d'Aristote : un essai de typologie », dans A. Balansard et A. Jaulin (éd.), *Alexandre d'Aphrodise et la métaphysique aristotélicienne*, Louvain, Peeters, 2017, p. 25-82.

LUNA (C.), *Trois études sur la tradition des commentaires anciens à la* Métaphysique *d'Aristote*, Leiden-Boston, Brill, 2001.

– « Alessandro di Afrodisia e Siriano sul libro B della *Metafisica* : tecnica e struttura del commento », *Documenti E Studi Sulla Tradizione Filosofica Medievale* 15, 2004, p. 39-79.

– « Mise en page et transmission textuelle du commentaire de Syrianus sur la *Métaphysique* », dans C. D'Ancona Costa (éd.), *The Libraries of the Neoplatonists*, Leiden-Boston, Brill, 2007, p. 121-134.

MAEHLER (H.), « L'évolution matérielle de l'*hypomnema* », dans M.-O. Goulet-Cazé *et al.* (ed.), *Le Commentaire entre tradition et innovation*, Paris, Vrin, 2000, p. 29-36.

MANSION (S.), « La critique de la théorie des idées dans le ΠΕΡΙ ΙΔΕΩΝ d'Aristote », *Revue philosophique de Louvain* 47, 1949.

MENN (S.), « *Aporiai 13-14* », dans M. Crubellier et A. Laks (éd.), *Aristotle's* Metaphysics *Beta, XVIth* Symposium Aristotelicum, Oxford, Oxford University Press, 2009, p. 211-265.

– *The Aim and the Argument of Aristotle's* Metaphysics, Non publié.

MIGNUCCI (M.), « Alessandro interprete di Aristotele : luci e ombre del commento a *Metaph.* Γ », dans G. Movia (éd.), *Alessandro di Afrodisia e la* Metafisica *di Aristotele*, Milano, Vita e pensiero, 2003, p. 93-116.

MITCHAM (A.), « A non-aristotelian simile in *Metaphysics* 2.1 », *Classical Philology* 65, 1970, p. 44-46.

MORAUX (P.), « Aristoteles, der Lehrer Alexanders von Aphrodisias », *Archiv für Geschichte der Philosophie* 49, 1967, p. 169-182.

– « Ein neues Zeignis über Aristoteles, den Lehrer Alexanders von Aphrodisias », *Archiv für Geschichte der Philosophie* 67, 1985, p. 266-69.

– et WIESNER (J.) (éd.), *Zweifelhaftes im Corpus Aristotelicum. Studien zu einigen Dubia : Akten des 9.* Symposium Aristotelicum (Berlin, 7.-16. September 1981), Berlin-New York, W. De Gruyter, 1983.

– et WIESNER (J.) (éd.), *Alexander von Aphrodisias (Der Aristotelismus bei den Griechen von Andronikos bis Alexander von Aphrodisias, t. 3)*, Berlin, W. De Gruyter, 2001.

MOTTE (A.), RUTTEN (C.) (éd.), *Aporia dans la philosophie grecque des origines à Aristote*, Louvain, Peeters, 2000.

MUELLER (I.), « *Aporia* 12 (and 12 bis) », dans M. Crubellier et A. Laks (éd.), *Aristotle's* Metaphysics *Beta, XVIth Symposium Aristotelicum*, Oxford, Oxford University Press, 2009, p. 189-209.

MUGLER (C.), *Dictionnaire historique de la terminologie géométrique des Grecs*, 2 vol., Paris, Klincksieck, 1958-1959.

OWENS (J.), *The Doctrine of Being in the Aristotelian* Metaphysics, Toronto, Pontifical Institute of Medieval Studies, 1951, 1978 [3].

PASQUALI (G.), *Storia della tradizione e critica del testo*, Firenze, Le Monnier, 1952 [2].

PRIMAVESI (O.), *Die Aristotelische Topik : ein Interpretationsmodell und seine Erprobung am Beispiel von Topik B*, München, C.H. Beck, 1996.

RAPP (C.), « *Aporia* and Dialectical Method in Aristotle », dans G. Karamanolis et V. Politis (éd.), *The Aporetic Tradition in Ancient Philosophy*, Cambridge, Cambridge University Press, 2017, p. 112-136.

RASHED (M.), « Priorité de l'ΕΙΔΟΣ ou du ΓΕΝΟΣ entre Andronicos et Alexandre : vestiges arabes et grecs inédits », *Arabic Sciences and Philosophy* 14, 2004, p. 9-63.

– *Essentialisme. Alexandre d'Aphrodise entre logique, physique et cosmologie*, Berlin, W. De Gruyter, 2007.

ROMANO (F.), TAORMINA (D. P.) (éd.), *Hyparxis e Hypostasis nel Neoplatonismo*, Florence, Leo S. Olschki, 1994.

SHARPLES (R.), « Alexander of Aphrodisias : Scholasticism and Innovation », dans H. Temporini et W. Haase (éd.), *Aufstieg und Niedergang der römischen Welt. Geschichte und Kultur Roms im Spiegel der neueren Forschung*, 36.1, Berlin, W. De Gruyter, 1987, p. 1176-1243.

SCHIRONI (F.), « Greek Commentaries », *Dead Sea Discoveries* 19, 2012, p. 399-441.

SOULIER (P.), *Simplicius et l'infini*, Paris, Les Belles Lettres, 2014.

SUSEMIHL (F.), « Bericht über Aristoteles und die ältesten Akademiker und Peripatetiker für 1891 », *Jahresbericht über die Fortschritte der Classischen Alterthumswissenschaft* 75, 1893, p. 94-95.

SZLEZAK (T. A.), « *Alpha Elatton* : Einheit und Einordnung in die *Metaphysik* », *Zweifelhaftes im Corpus Aristotelicum. Studien zu einigen Dubia*, Berlin-New York, W. De Gruyter, 1983, p. 221-259.

VAN OPHUIJSEN (J. M.), « Where Have the Topics Gone », dans W. W. Fortenbaugh et D. Mirhady (éd.), *Peripatetic Rhetoric after Aristotle*, New Brunswick, Transaction Publishers, 1994, p. 131-173.

VUILLEMIN-DIEM (G.), « Anmerkungen zum Pasikles-Bericht und zu Echtheitszweifeln am grösseren und kleineren Alpha in Handschriften und Kommentaren », *Zweifelhaftes im Corpus Aristotelicum. Studien zu einigen Dubia*, Berlin-New York, W. De Gruyter, 1983, p. 157-192.

WITTWER (R.), « Aspasian Lemmatology », dans A. Alberti et R. W. Sharples (éd.), *Aspasius : the Earliest extant Commentary on Aristotle's Ethics*, Berlin, W. De Gruyter, 1999, p. 51-84.

Ces traductions sont le fruit d'une collaboration entamée fin 2009, puis soutenue par l'Agence Nationale de la Recherche (2013-2017), dans un projet dirigé avec dévouement et énergie par Anne Balansard. Nous sommes aussi grandement reconnaissants à tous les autres membres de l'équipe, qui ont discuté collectivement la majorité des traductions ici présentées : Cristina Cerami, Michel Crubellier, Annick Jaulin et Claire Louguet. Nous remercions chaleureusement Laurent Calvié pour ses conseils paléographiques et philologiques, avisés et enthousiastes. Le travail de Gérard Journée, qui a su mettre à notre disposition un outil informatique indispensable, a été décisif.

Laurent Lavaud remercie plus particulièrement Anne Balansard et Annick Jaulin qui l'ont aidé à lire le manuscrit O, et Claire Louguet, pour avoir relu intégralement l'état final de la traduction.

Gweltaz Guyomarc'h remercie plus particulièrement Michel Crubellier, qui a généreusement relu l'avant-dernier état de cette traduction : sa dette à son égard outrepasse ce seul travail.

Si ces traductions sont nées d'un effort commun et d'une amicale collaboration, leurs défauts, en revanche, ne sauraient être imputables qu'à leurs auteurs.

## TABLE DES MATIÈRES



ALEXANDRE D'APHRODISE

***COMMENTAIRE AU LIVRE PETIT ALPHA DE LA* MÉTAPHYSIQUE *D'ARISTOTE***



**LE LIVRE PETIT ALPHA DE LA *MÉTAPHYSIQUE***

ALEXANDRE D'APHRODISE

***COMMENTAIRE AU LIVRE BETA DE LA* MÉTAPHYSIQUE *D'ARISTOTE***



***COMMENTAIRE AU LIVRE BETA DE LA* MÉTAPHYSIQUE *D'ARISTOTE***

## GLOSSAIRES ET INDICES

Achevé d'imprimer en décembre 2020
sur les presses de
*La Manufacture - Imprimeur* – 52200 Langres
Tél. : (33) 325 845 892

—

N° imprimeur : 201266 - Dépôt légal : décembre 2020
*Imprimé en France*